Heiko Goller: *Das LAMP-Buch*

SuSE PRESS

Heiko Goller

Das LAMP-Buch

Webserver mit Linux, Apache, MySQL und PHP

SuSE PRESS

Die Deutsche Bibliothek – CIP-Einheitsaufnahme

Goller, Heiko:
Das LAMP-Buch : Webserver mit Linux, Apache, MySQL und PHP /
Heiko Goller. – Nürnberg : SuSE-Press, 2002
ISBN 3-935922-09-4

Umschlaggestaltung: Fritz Design GmbH, Erlangen
Gesamtlektorat: Dr. Markus Wirtz
Fachlektorat: Peter Albrecht, Michael Eicks, Bruno Gerz, Jürgen Henge-Ernst, Fabian Herschel, Harald Müller, Stefan Schmidt
Satz: LaTeX
Druck: Kösel, Kempten
Printed in Germany on acid free paper.

Inhaltsverzeichnis

Kapitel 1

Einleitung

Sie haben sich entschlossen, ein Buch über LAMP zu lesen, und möchten nun sicherlich wissen, ob dieses Buch auch das richtige für Sie ist. Zunächst einmal sei also grundsätzlich geklärt, was LAMP eigentlich ist: „LAMP“ ist – wie im Computer-Bereich üblich – eine Abkürzung, und zwar für ein Webserversystem, das sich aus den folgenden Komponenten zusammensetzt:

Betriebssystem: Linux
: Die Basis des Ganzen ist das Open-Source-Betriebssystem Linux, das aufgrund seiner Stabilität und Sicherheit für diesen Einsatzzweck geradezu prädestiniert ist.

Webserver: Apache
: Der eigentliche Webserver in einem solchen System ist der ebenfalls frei erhältliche und derzeit übrigens meistverbreitete Webserver überhaupt: Apache.

Datenbank: MySQL
: Um dynamische Webseiten zu erzeugen (was auch eines der Ziele in diesem Buch ist), benötigen Sie sehr häufig eine Datenbank. In einem LAMP-System ist das MySQL.

Skriptsprache: PHP
: Zu guter Letzt wird noch eine serverseitige Skriptsprache benötigt, die für die Auswertung der Datenbank zuständig ist und für die Rückgabe der dynamischen Webseiten an den Browser sorgt. Hier ist es PHP, obwohl auch häufig Perl in diesem Zusammenhang zum Einsatz kommt.

Die Entscheidung für diese vier Komponenten zum Aufbau eines LAMP-Systems gründet in wichtigen Eigenschaften, die alle Bestandteile gemeinsam haben:

1. Die Komponenten sind „Open Source" und damit frei verfügbar.
2. Die Komponenten werden permanent weiterentwickelt, Sicherheitslücken werden nach Bekanntwerden innerhalb kürzester Zeit geschlossen.
3. Die Komponenten sind überaus sicher und stabil.
4. Die Komponenten stellen zum Teil einen Quasi-Standard für Webserver dar. UNIX und dessen Derivate sind die meisteingesetzten Webserverbetriebssysteme, Apache ist absoluter Marktführer bei den Webservern, MySQL besitzt bei Internetanwendungen einen sehr hohen Stellenwert, PHP ist das meisteingesetzte Modul zu Apache.

Die Aufgabe dieses Systems besteht nun darin, Webseiten für Clients zu präsentieren, die sich zum Teil aus Informationen der Datenbank zusammensetzen, aber natürlich auch statische Elemente enthalten.

Auch der umgekehrte Fall ist in LAMP-Systemen meist noch erwünscht bzw. erforderlich: Benutzer der Webseiten sollen auch in der Lage sein, Informationen an den Server zurückzuschicken, damit dieser sie in der Datenbank speichert.

Als Bindeglied zwischen Datenbank und Client wird im aktuellen Fall die serverseitige Skriptsprache PHP verwendet. Diese Sprache kann sehr einfach Informationen für einen Webclient darstellen. Der Inhalt dieser Webseiten kann dann wiederum aus Daten einer Datenbank oder auch anderen dynamischen Informationen bestehen. PHP eignet sich für diese Aufgabe aufgrund mehrerer Faktoren: Zum einen arbeitet PHP sehr eng mit dem Webserver Apache zusammen (im aktuellen Fall wird PHP sogar als Modul zu Apache geladen). Zum anderen bietet PHP für sehr viele Datenbanksysteme (darunter natürlich auch MySQL) eine direkte Schnittstelle, um auf Daten zugreifen zu können.

1.1 Was lernen Sie in diesem Buch?

Mit diesem Buch erhalten Sie eine Anleitung für verschiedene Situationen, mit denen Sie während der ersten Wochen/Monate Arbeit mit einem LAMP-System garantiert konfrontiert werden. Sie werden viele der gelernten Funktionen anhand von Beispielen durcharbeiten und bekommen damit zum Ende des Buches einen Überblick über die Arbeitsweise eines LAMP-Systems.

Im ersten Teil des Buches können Sie einen Rundgang durch die Bestandteile des LAMP-Systems machen. Dieser „Schnelldurchlauf" ist für den fortgeschritteneren Benutzer gedacht, der sofort loslegen möchte. Hier werden Sie die grundlegenden Arbeitsweisen kennen lernen und die wichtigsten Schritte anhand eines konkreten Beispiels nachvollziehen.

1.2 Wer sollte dieses Buch lesen?

Ob Sie nun in einer Werbeagentur oder bei einem Provider, als Webdesigner, als Mediendesigner oder in einem der zahlreichen anderen neuen Berufe arbeiten, die mit diesem Thema zu tun haben – hier finden Sie einen direkten, praxisnahen Einstieg in den Aufbau eines Webservers. Aber auch Programmierer, die auf den Zug „Webprogrammierung" aufspringen wollen, werden hier fündig.

Immer wieder trifft man auch Systemadministratoren, die einen Intranetbereich erstellen sollen, in dem dynamisch Informationen für eine geschlossene Benutzergruppe präsentiert werden sollen – auch diese möchte das vorliegende Buch ansprechen.

Natürlich dürfen hier die ganzen „Hobby"-Webseitenersteller nicht vergessen werden (häufig ist die Webseite schon weit über das Stadium eines Hobbys hinausgewachsen). Falls Sie zu dieser Gruppe gehören, so werden auch Sie (hoffentlich) von diesem Buch profitieren.

Sollten Sie bei einem ISP (Internet Service Provider) tätig sein, so können die hier gezeigten Informationen auch für Sie nützlich sein.

Lassen Sie sich auch nicht dadurch abschrecken, dass das Buch auf Linux als Betriebssystem aufbaut. Kommen Sie aus der Macintosh- bzw. aus der Windows-Welt, so wird Ihnen mit diesem Buch der Umstieg auf ein LAMP-System deutlich erleichtert. Mit Linux in Verbindung mit Apache, MySQL und PHP verfügen Sie zweifellos über eine der besten Kombinationen, um die Anforderungen an dynamische Webseiten zu erfüllen.

Kurz gesagt: Dieses Buch richtet sich an all diejenigen, die mit dem Thema „dynamische Webseiten" in irgendeiner Weise zu tun haben.

1.3 Was sollten Sie schon können?

Einige Grundkenntnisse werden allerdings bereits vorausgesetzt, um mit diesem Buch sinnvoll arbeiten zu können:

HTML: Als wichtigste Voraussetzung sollten Sie *grundlegende* HTML-Kenntnisse mitbringen. Es wird im Buch nur auf die notwendigsten Elemente aus dem Bereich HTML eingegangen. Dies betrifft hauptsächlich die Formulare. Für weitere Informationen zum Thema HTML sollten Sie sich die im Literaturverzeichnis angegebenen Quellen anschauen.

Linux: Es ist sicherlich auch sehr hilfreich (aber nicht unbedingt erforderlich), wenn Sie bereits über etwas Erfahrung mit dem Betriebssystem Linux verfügen. Allerdings besteht durchaus berechtigte Hoffnung, dass auch diejenigen, die bislang noch nicht mit Linux arbeiten, von LAMP überzeugt werden und so den Weg zu Linux finden.

1.4 Beispiel für den fortgeschrittenen Benutzer

Im Folgenden soll ein Beispiel erläutert werden, das die wichtigsten Funktionen und Bestandteile eines LAMP-Systems verwendet. Dieses Beispiel ist für den bereits erfahreneren Benutzer gedacht, der schnell Ergebnisse sehen möchte, ohne sich zuvor das Hintergrundwissen anzueignen, das in den nachfolgenden Kapiteln vermittelt wird.

Falls Sie neu in die Materie LAMP einsteigen, sollten Sie den Rest dieses Kapitels überspringen und direkt mit Kapitel 2 beginnen. Nachdem Sie die anderen Kapitel über Linux, Apache, MySQL und PHP gelesen haben, können Sie sich nochmals diesem Beispiel als Fallstudie widmen.

In den weiteren Kapiteln werden andere Beispiele verwendet, um unterschiedliche Fälle aus der Praxis und Herangehensweisen an diese Thematik kennen zu lernen.

Das erste Beispiel ist eine kleine Anwendung für einen Pizzabäcker. Hier wird dem Kunden eine Webseite präsentiert, die es ihm ermöglichen soll, eine Pizza zu bestellen. Das allein ist natürlich relativ trivial, daher soll im Verlauf dieses Beispiels diese Bestellung immer weiter verfeinert werden, um dann beispielsweise die Pizza komplett belegen zu können. Auf der anderen Seite muss unser Pizzabäcker auch die Daten der Pizzen bzw. die Zutaten verändern können. Dafür soll ebenfalls ein eigener Bereich geschaffen werden, der nur für den Pizzabäcker erreichbar ist.

1.5 Das Beispiel „Pizzaverkauf“

1.5.1 Vorbereitung des Systems

Als Vorbereitungen für die Beispiele benötigen Sie natürlich ein lauffähiges Linux-System. Im weiteren Verlauf wird davon ausgegangen, dass dies ein SuSE Linux ist und Sie die Grundinstallation bereits durchgeführt haben.

Darüber hinaus sollten noch die verschiedenen Komponenten, die für ein LAMP-System benötigt werden, installiert werden. Diese Komponenten (Pakete) heißen bei SuSE Linux ab Version 7.1 (die Pakete sind zumeist auch auf älteren Versionen enthalten, aber möglicherweise in anderen Serien oder unter anderem Namen abgelegt) wie folgt:

Apache – Paketname: apache
Serie: n
Gruppe (SuSE Linux < 8): Netzwerk/Daemonen
Gruppe (SuSE Linux ≥ 8): Produktivität/Netzwerk/Web/Server

MySQL – Paketname: mysql
Serie: ap
Gruppe (SuSE Linux < 8): Anwendungen/Datenbanken
Gruppe (SuSE Linux ≥ 8): Produktivität/Datenbanken/Server

PHP4 – Paketname: mod_php4, mod_php4_core
Serie: n
Gruppe (SuSE Linux < 8): Netzwerk/Daemonen
Gruppe (SuSE Linux ≥ 8): Produktivität/Netzwerk/Web/Server

Zusätzlich zu den oben genannten Paketen können Sie die Funktionalität Ihres LAMP-Systems noch mit den unten aufgeführten Komponenten erweitern. Besonders wichtig (aber eben nicht unbedingt erforderlich) ist dabei phpMyAdmin (dieses Paket ist seit Version 7.3 enthalten). Mit diesem Tool können Sie sehr einfach administrative Arbeiten an Ihrer Datenbank durchführen (siehe Kapitel 6).

In der Apache-Dokumentation sind die Konfigurationsdirektiven für Apache als HTML-Seiten nachzulesen (siehe B.1.1).

Auch die PHP-Dokumentation finden Sie als HTML-Seiten unter den optionalen Komponenten.

Um in Ihrer Datenbank einige der neuen Funktionen von MySQL verwenden zu können, installieren Sie das Paket mysql-max (dies ist als Paket in SuSE Linux seit Version 7.3 enthalten). Diese neuen Funktionen umfassen unter anderem Transaktionen mit dem Tabellentyp Berkley DB (BDB) (siehe 4.10.5) und auch Replikationen mit anderen Servern. Sobald Sie dieses Paket installiert haben, wird der Standard-MySQL-Dämon automatisch durch den Dämon ersetzt, der diese Funktionen zur Verfügung stellt.

Durch den MySQL-Client sind Sie in der Lage, mit einer textbasierenden Konsole SQL-Kommandos an Ihren MySQL-Server zu senden. Die Funktionsweise des MySQL-Clients wird im Abschnitt 4.7 genauer beschrieben.

Apache Dokumentation – Paketname: apache-doc
Serie: n
Gruppe (SuSE Linux < 8): Netzwerk/Daemonen
Gruppe (SuSE Linux ≥ 8): Produktivität/Netzwerk/Web/Server

MySQL Client – Paketname: `mysql`
Serie: `ap`
Gruppe (SuSE Linux < 8): `Anwendungen/Datenbanken`
Gruppe (SuSE Linux ≥ 8): `Produktivität/Datenbanken/Clients`

MySQL Server mit Transaktionen – Paketname: `mysql-max`
Serie: `ap`
Gruppe (SuSE Linux < 8): `Anwendungen/Datenbanken`
Gruppe (SuSE Linux ≥ 8): `Produktivität/Datenbanken/Server`

phpMyAdmin – Paketname: `phpMyAdmin` - Serie: `n`
Gruppe (SuSE Linux < 8): `Anwendungen/Netzwerk`
Gruppe (SuSE Linux ≥ 8): `Produktivität/Netzwerk/Web/Frontends`

PHP-Dokumentation – Paketname: `phpdoc`
Serie: `doc`
Gruppe (SuSE Linux < 8): `Dokumentation`
Gruppe (SuSE Linux ≥ 8): `Produktivität/Netzwerk/Web/Server`

Nachdem Sie die Pflichtpakete und idealerweise auch gleich die optionalen Pakete installiert haben, müssen Sie Linux nun noch mitteilen, dass Apache und MySQL immer gestartet werden.

Falls Sie SuSE Linux bis Version 7.3 verwenden, erledigen Sie dies mit der SuSE-eigenen Konfigurationsdatei `rc.config` wie nachfolgend beschrieben:

Editieren Sie hierzu als `root` die Datei `rc.config` (entweder mit einem Texteditor wie `vi` oder mit dem in YaST 2 integrierten `RC.Config-Editor`). Setzen Sie die benötigten Variablen wie folgt:

```
START_HTTPD=yes
START_MYSQL=yes
```

Mit Version 8.0 hat sich der Start von Serverdiensten grundlegend geändert, denn nun wird die komplette Konfiguration im Verzeichnis `/etc/sysconfig` abgelegt. Um hier den Webserver und die Datenbank ab dem nächsten Systemstart automatisch starten zu lassen, geben Sie in einer Konsole als `root` folgende Befehle ein:

```
linux: # insserv apache
linux: # insserv mysql
```

Alternativ dazu können Sie auch mit YaST 2 unter *System* den *Runlevel-Editor* verwenden. Eine Beschreibung dazu finden Sie in den Kapiteln 3 und 4.

Um sofort mit den beiden Dämonen arbeiten zu können, haben Sie unter SuSE Linux die Möglichkeit, diese über die so genannten rc-Skripte zu starten. Apache wird über folgenden Aufruf gestartet:

```
linux: # rcapache start
Starting httpd [ PHP4 ]                                        done
```

Beim Starten von Apache sehen Sie auch die geladenen Module zu Apache in den eckigen Klammern. Im obigen Fall wird das PHP 4-Modul zu Apache bereits hinzugeladen. Für Sie heißt das, dass sowohl die Installation von Apache als auch die Installation von PHP4 erfolgreich war. Genauere Informationen zur Aktivierung und zum Start von Apache können Sie im Abschnitt 3.3.4 nachlesen.

Der Start von MySQL läuft prinzipiell nach dem gleichen Muster. Das heisst, dass Sie auch hier mit dem rc-Skript den eigentlichen Dämon starten. Allerdings sollte nach dem Start von MySQL noch ein Passwort für den Datenbankadministrator festgesetzt werden (dies erscheint auch als Textinformation beim ersten Start von MySQL). Der Ablauf des Startens von MySQL und der Passwortänderung wird im Abschnitt 4.6.2 noch genauer erläutert.

```
linux: # rcmysql start
Creating MySQL privilege database and starting MySQL
...
PLEASE REMEMBER TO SET A PASSWORD FOR THE MySQL root USER !
This is done with:
/usr/bin/mysqladmin -u root -p password 'new-password'
/usr/bin/mysqladmin -u root -h linux -p password 'new-password'
See the manual for more instructions.
...
```

Für den Moment genügt es, wenn Sie den Anweisungen der Textinformationen folgen und hier folgende zwei Kommandos als `root` eingeben:

```
linux: # mysqladmin -u root -p password 'neuespasswort'
linux: # mysqladmin -u root -h linux -p password 'neuespasswort'
```

Ersetzen Sie bei den beiden Kommandos oben den Text `neuespasswort` mit Ihrem gewünschten Passwort für den Datenbankadministrator. Sie müssen zusätzlich noch den Rechnernamen Ihres Linux-Rechners in der zweiten Zeile statt des Textes `linux` eintragen. Achtung: Mit einigen SuSE-Linux-Versionen (unter anderem auch 8.0) wird diese Änderung nicht auf Anhieb funktionieren. In der Datenbank steht als Host eingetragen `linux`, während mit dem Kommando `mysqladmin` als Host `linux.local` mitgeliefert wird. Da es allerdings völlig ausreicht, von `localhost` einen Zugriff zu haben, müssen Sie sich momentan keine weiteren Gedanken machen. Nur im produktiven Einsatz sollte dieser Eintrag nicht ohne Passwort stehen bleiben oder am besten komplett entfernt werden. Lesen Sie dazu den Abschnitt 4.12.1.

Damit sind die ersten Hürden zum LAMP-System bereits genommen. Alle wichtigen Bestandteile sind lauffähig. Nun müssen Sie die Veröffentlichung Ihrer dynamischen Webseiten vorbereiten.

1.5.2 Vorbereitungen unter Linux

Im nächsten Teil der Vorbereitungen geht es nun um konkrete Benutzer-Einstellungen unter Linux. Damit das Pizzaprojekt ungestört von sonstigen Aktivitäten auf Ihrem Rechner laufen kann, sollten Sie zunächst einen eigenen Benutzer für dieses Projekt anlegen. Dies kann am einfachsten mit YaST 2 geschehen (siehe 2.4.2) oder aber auch mit dem Kommandozeilenprogramm `useradd`. Legen Sie mit einer der beiden Methoden einen Benutzer `pizza` an.

Im folgenden Beispiel für die Verwendung von `useradd` werden die Parameter `-m` und `-c` benutzt. Der Parameter `-m` bewirkt, dass das Home-Verzeichnis des Pizzabäckers mit angelegt wird und einige wichtige Grunddateien in dieses Verzeichnis bereits kopiert werden. Die Angabe `-c` kann verwendet werden, um den vollständigen Namen, Büronummer etc. anzugeben. Hier wird als Kommentar der Name `Pizzabäcker` eingetragen.

```
linux: # useradd -m -c "Pizzabäcker" pizza
linux: # passwd pizza
New Password:
Re-enter new password:
Password changed
```

Sie könnten bei `useradd` auch gleich ein Passwort mit dem Parameter `-p` übermitteln. Dieses Passwort müsste allerdings bereits in verschlüsselter Form angegeben werden. Um dies zu vermeiden, wird an der nächsten Kommandozeile mit `passwd pizza` das Passwort für den User `pizza` eingestellt. Weisen Sie dem Benuzter `pizza` ein Passwort zu (verwenden Sie kein leeres Passwort, da einige Systemdienste nur mit einem eingetragenen Passwort funktionieren).

Die Grundeinstellungen für die Berechtigungen des Home-Verzeichnisses dieses Benutzers hängen allerdings davon ab, wie Sie den Benutzer angelegt haben. Falls Sie YaST 2 verwendet haben, so ist das Home-Verzeichnis standardmäßig nur für den Benutzer selbst freigegeben. Da Sie aber Seiten ins World Wide Web stellen möchten, muss auch die Gruppe `Sonstige` auf dieses Verzeichnis Zugriff haben. Dies kann wieder auf verschiedene Arten erledigt werden: Sie können entweder mit dem Kommando `chmod` die Berechtigungen setzen. Falls Sie sich als Benutzer `pizza` bereits unter KDE angemeldet haben, können Sie alternativ dazu auch mit dem *Konqueror* die Berechtigungen verändern. Setzen Sie als Mindesteinstellung die Berechtigung x (heißt im *Konqueror* „*Öffnen*“) für die Gruppe `Sonstige`.

Hier soll als Beispiel `root` das Kommando `chmod` verwenden, um das Home-Verzeichnis des Benutzers `pizza` anzupassen:

```
linux: # chmod o+x ~pizza
```

Der Parameter `o+x` bewirkt, dass für `Sonstige` die Berechtigung `x` hinzugefügt wird und alle anderen bereits bestehenden Berechtigungen unverändert bleiben. Eine genauere Beschreibung zu `chmod` finden Sie im Abschnitt 2.5.1. Die Angabe `~pizza` kann verwendet werden, um das Home-Verzeichnis eines bestimmten Benutzers zu kennzeichnen. Direkt im Anschluss an die Tilde wird der Benutzername notiert. Dadurch können Sie von jeder beliebigen Stelle im Dateisystem auf die Home-Verzeichnisse der User zugreifen. Alternativ dazu hätten Sie natürlich auch den kompletten Pfad `/home/pizza` schreiben können.

1.5.3 Die ersten Webseiten

Nun sollten Sie sich als Benutzer `pizza` am System anmelden, um hier lokale Arbeiten durchführen zu können (administrative Aufgaben können ja über eine `root`-Konsole weiterhin erledigt werden).

Nach der Anmeldung testen Sie zunächst einmal, ob Apache funktioniert und auch für den Benutzer `pizza` ein eigenes Verzeichnis zur Verfügung steht. Dies wird am besten mit dem *Konqueror* als Web-Browser (oder auch mit jedem anderen Browser) durchgeführt. Starten Sie den Web-Browser und geben Sie folgenden URL ein:

```
http://localhost/~pizza/
```

Durch diesen Aufruf sollte ein leeres Verzeichnis im Browser angezeigt werden (siehe Abbildung 1.1).

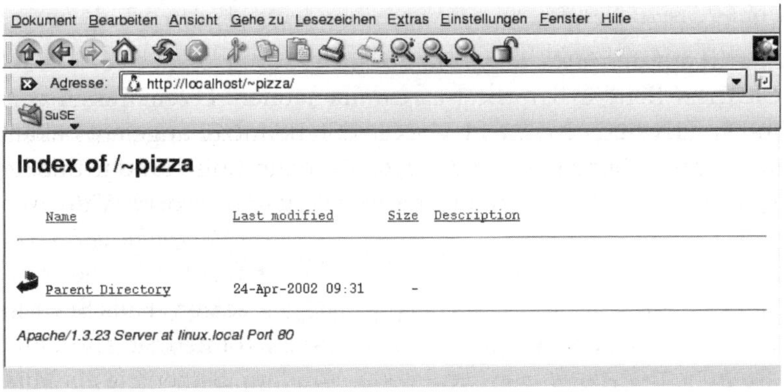

Abbildung 1.1: *Konqueror* mit leerem Verzeichnis

Dieses Verzeichniss soll nun mit einer ersten HTML-Seite gefüllt werden. Dazu müssen Sie zuerst einmal wissen, an welcher Stelle diese Webseite im lokalen Dateisystem abzulegen ist. URLs, bei denen nach dem Rechnernamen (hier `localhost`) ein Benutzername mit vorangestellter Tilde (`~pizza`) angegeben ist, suchen im Home-Verzeichnis des angegebenen Benutzers ein Unterverzeichnis `public_html` und zeigen die darin befindlichen Dateien an (siehe Abschnitte 3.3.3 und 3.3.8). Im aktuellen Fall hat der User `pizza` in seinem Home-Verzeichnis auch tatsächlich ein Unterverzeichnis `public_html`. Dieses Verzeichnis wurde beim Anlegen des Benutzers mit YaST 2 oder mit `useradd` automatisch angelegt.

Wechseln Sie nun (als Benutzer `pizza`) in dieses Verzeichnis `public_html` und erzeugen Sie darin eine neue Datei `willkommen.html` mit einem beliebigen Texteditor. Der Inhalt dieser Datei sollte in etwa wie folgt aussehen:

```
<html>
<head><title>Pizzabäcker Bestellservice</title></head>
<body>
<h1 align="center">Herzlich Willkommen</h1>
<h2 align="center">zum</h2>
<h1 align="center">Pizzabäcker Bestellservice</h1>
<h3 align="center">
    <a href="bestellung.php">Pizzabestellung</a>
</h3>
</body>
</html>
```

Nach dem Speichern dieser Seite aktualisieren Sie im (hoffentlich noch geöffneten) Web-Browser die bisher leere Seite des Benutzers `pizza`. Es ist nun ein Link auf die Seite `willkommen.html` vorhanden. Zum Testen dieser Seite klicken Sie diesen Link an. Damit sollten Sie Ihre erste Seite für den Pizzabäcker bereits festgelegt haben. Falls Sie nun noch erreichen möchten, dass diese Seite als Standardseite beim Zugriff auf den URL `http://localhost/~pizza/` verwendet wird, so sollten Sie diese Seite in `index.html` umbenennen. Dieser Dateiname ist in der Apache-Direktive `DirectoryIndex` als Standard für einen direkten Verzeichnisaufruf definiert (siehe Abschnitt B.1.1). Benennen Sie die Seite entweder mit dem *Konqueror* oder mit folgendem Kommando in der Konsole um:

```
pizza@linux:~/public_html > mv willkommen.html index.html
```

Der vorhande Link auf die Seite `bestellung.php` kann natürlich noch nicht funktionieren, da Sie diese Seite erst einmal anlegen müssen. Die wichtigste Frage für die Bestellseite sollte dabei sein: Was kann bzw. muss der Kunde alles eingeben?

Folgende Informationen sollen zuerst einmal für das Beispiel eingegeben werden:

- Anrede
- Vorname
- Name
- Straße
- PLZ
- Ort
- E-Mail
- Gewünschte Zutaten für die Pizza

Diese Bestellseite wird also ein Formular, das z. B. folgendermaßen aussehen könnte (speichern Sie dieses Formular unter dem Namen `bestellung.php`).

```
<html>
<head><title>Pizzabäcker Bestellseite</title></head>
<body>
<h3>Pizzabestellung</h3>
<form action="bestellung-2.php">
<table>
<tr>
<td>Anrede</td>
<td><select name="anrede"><option>Herr<option>Frau</td>
</tr>
<tr>
<td>Vorname</td>
<td><input type="text" name="vorname"></td>
</tr>
<tr>
<td>Name</td>
<td><input type="text" name="name"></td>
</tr>
<tr>
<td>Straße</td>
<td><input type="text" name="strasse"></td>
</tr>
<tr>
<td>PLZ Ort</td>
<td><input type="text" name="plz" size="9">
    <input type="text" name="ort"></td>
</tr>
<tr>
<td>E-Mail</td>
<td><input type="text" name="email"></td>
</tr>
```

```
<tr>

<td>Zutaten</td>
<td><input type="checkbox" name="zutaten[]" value="Salami">
    Salami<br>
    <input type="checkbox" name="zutaten[]" value="Schinken">
    Schinken<br>
    <input type="checkbox" name="zutaten[]" value="Champignons">
    Champignons<br>
    <input type="checkbox" name="zutaten[]" value="Peperoni">
    Peperoni<br>
    <input type="checkbox" name="zutaten[]" value="Paprika">
    Paprika<br>
</td>
</tr>
</table>
<input type="submit" value="bestellen">
</form>
</body>
</html>
```

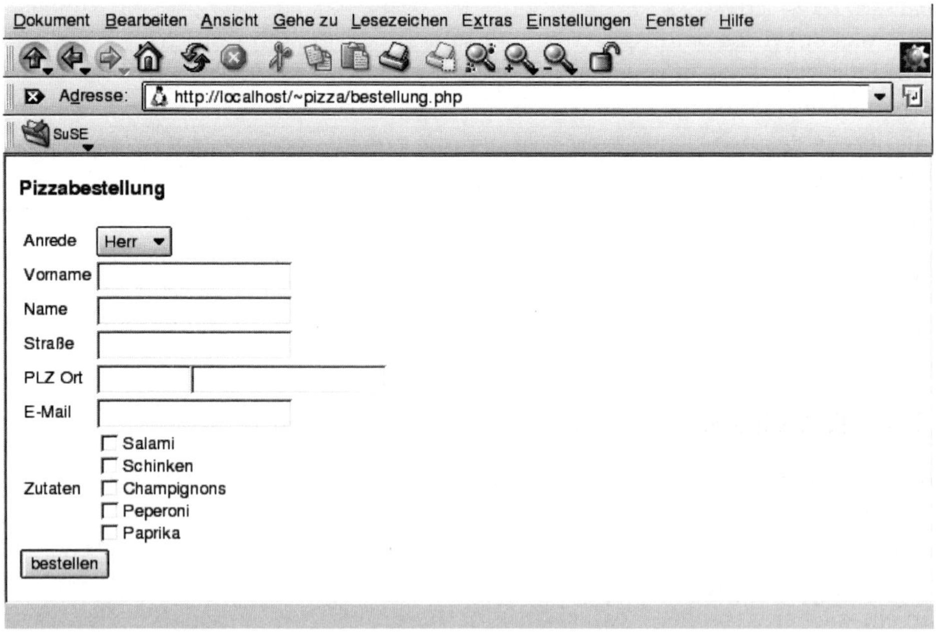

Abbildung 1.2: *Konqueror* mit der Bestellseite

Auf der Bestellseite, die Sie in Abbildung 1.2 sehen, kann nun der Benutzer seine persönlichen Daten angeben und im unteren Bereich die Zutaten bestimmen, mit denen die Pizza belegt werden soll. Beim Formular ist auf Folgendes zu achten:

- Beim Beginn des Formulars (`<form>`-Tag) muss angegeben werden, an welches Skript die eingegebenen Daten gesendet werden sollen (der Name hinter `action`).
- Zur übersichtlicheren Darstellung wird das Formular in eine Tabelle eingepackt.
- Jedes Eingabefeld muss einen eindeutigen `name` bekommen. Dieser Feldname im Formular wird in PHP anschließend zum Variablennamen (siehe Abschnitt 5.6.5.4).
- Durch Anhängen der eckigen Klammern (`[]`) an den Feldnamen können Sie auch mehreren Feldern (oben sind das die Zutaten) den gleichen Namen geben. Die angewählten Informationen werden in der Auswertung in ein Array gespeichert (siehe Abschnitt 5.6.4).

Eventuell haben Sie sich bereits gefragt, warum diese Seite überhaupt mit der Endung `.php` gespeichert wurde und nicht mit `.html`, obwohl keinerlei PHP-Code auf der Seite zu erkennen ist. Die Endung soll hier nur bereits als Vorbereitung für einen später noch zu ergänzenden PHP-Teil in dieser Seite dienen, um nicht alle Links auf diese Seite später wieder ändern zu müssen. Da PHP-Seiten vom Grundgerüst her wie normale HTML-Seiten betrachtet werden und nur an speziell gekennzeichneten Stellen die PHP-Funktion wirksam wird, wird im aktuellen Fall diese Seite auch als normale HTML-Seite an den Browser geschickt.

Mit dieser Ergänzung ist nun bereits die erste Webseite eines einfachen Bestellsystems für den Pizzabäcker eingerichtet. Weitere Ergänzungen betreffen nun den Komfort bei der Verwaltung der Pizzazutaten und der eingegangenen Bestellungen. Zudem sollen noch Sicherheitsfunktionen für die administrativen Seiten und ein eigener virtueller Host für die Pizzabestellungen eingerichtet werden.

1.5.4 Ein virtueller Host für den Pizzabäcker

Im Moment ist die Seite des Benutzers `pizza` nur über den etwas unschönen URL `http://localhost/~pizza/` (oder natürlich auch über die IP-Adresse Ihres Rechners) zu erreichen. Der Webserver Apache unterstützt die Möglichkeit, sog. *virtuelle Hosts* auf einem Server zur Verfügung zu stellen. Im Folgenden soll nun ein solcher virtueller Host unter dem Namen `web-pizza.local` eingerichtet werden.

Dies erfordert einige Schritte, die als `root` durchgeführt werden müssen. Zuerst bedienen Sie sich eines kleinen Tricks, um den neuen Namen (ohne DNS zu verwenden) `web-pizza.local` auf Ihrem Linux-Rechner bekannt zu machen. Editieren Sie die Datei /etc/hosts und tragen Sie folgende Zeile am Ende dieser Datei ein:

```
192.168.1.201   web-pizza.local          web-pizza
```

Ersetzen Sie die IP-Adresse 192.168.1.201 durch die IP-Adresse Ihres Linux-Rechners. Dadurch können Sie lokal von Ihrem Rechner den „neuen Rechner" web-pizza.local erreichen.

Im zweiten Schritt müssen Sie Apache so konfigurieren, dass ein Zugriff auf die Domain web-pizza.local auf die Startseite des Pizzabäckers umgeleitet wird.

Hierfür gibt es zwei Möglichkeiten, um diesen virtuellen Host in Apache zu integrieren: Sie können eine mit SuSEconfig verträgliche Variante wählen; auf diese Weise können Sie nach wie vor einige Einstellungen mit Variablen in Konfigurationsdateien vornehmen und damit die Apache-Konfiguration festlegen. Alternativ dazu ist es natürlich möglich, diese Einstellungen direkt in der Apache-Konfigurationsdatei httpd.conf vorzunehmen.

Falls Sie nicht mit SuSEconfig arbeiten möchten bzw. kein SuSE Linux verwenden, tragen Sie direkt in der Datei /etc/httpd/httpd.conf (oder wo auch immer Ihre httpd.conf abgelegt ist) die Direktiven ein, die unten als eigenständige Datei vhosts.conf beschrieben sind.

Für einen SuSEconfig-kompatiblen Eintrag gehen Sie wie folgt vor:

Bearbeiten Sie zuerst die Datei /etc/rc.config.d/apache.rc.config bzw. ab SuSE Linux 8.0 die Datei /etc/sysconfig/apache. Diese Datei enthält einige Konfigurationsvariablen, die SuSEconfig verwendet, um die eigentliche Apache-Konfigurationsdatei /etc/httpd/httpd.conf zu erzeugen. Eine nähere Erläuterung der einzelnen Variablen, die Sie in der SuSE-eigenen Datei apache.rc.config bzw. /etc/sysconfig/apache setzen können, finden Sie im Abschnitt 3.3.3.

Für den Augenblick ergänzen Sie die Variable HTTPD_CONF_INCLUDE_FILES um den Eintrag /etc/httpd/vhosts.conf. Falls Sie bereits einen Eintrag (oder auch mehrere) in dieser Variablen haben, geben Sie nach dem letzten Eintrag noch ein Leerzeichen ein und hängen dann den obigen Wert an. Der Eintrag in der Datei apache.rc.config bzw. /etc/sysconfig/apache sieht im einfachsten Fall nun wie folgt aus:

```
HTTPD_CONF_INCLUDE_FILES="/etc/httpd/vhosts.conf"
```

Durch die Angabe von /etc/httpd/vhosts.conf wie oben beschrieben veranlassen Sie SuSEconfig dazu, dass der Apache-Konfigurationsdatei ein Eintrag hinzugefügt wird, der die genannte Datei hinzulädt. In vhosts.conf bestimmen Sie die eigentlichen Einstellungen für den bzw. später auch für mehrere virtuelle(n) Host(s).

Legen Sie nun noch die Datei /etc/httpd/vhosts.conf als root mit folgendem Inhalt an:

```
NameVirtualHost 192.168.1.201

<VirtualHost 192.168.1.201>
        ServerName web-pizza.local
        ServerAdmin web.pizza@localhost
        DocumentRoot /home/pizza/public_html
        ErrorLog /home/pizza/vhost_error.log
        CustomLog /home/pizza/vhost_access.log combined
</VirtualHost>
```

Ersetzen Sie in der obigen Datei die IP-Adresse 192.168.1.201 wieder durch die IP-Adresse Ihres Rechners. Die entscheidende Zeile ist die Zeile ServerName: Hier geben Sie den Namen an, der auf ein anderes Startverzeichnis gelegt werden soll. Dieses Startverzeichnis wird durch die Angabe DocumentRoot festgelegt. Hier steht das Verzeichnis des Pizzabäckers, in dem die Startseite und die Bestellseite abgelegt sind. Die Angabe ErrorLog bestimmt die Datei, in die Fehlermeldungen von Apache für diesen virtuellen Host mitprotokolliert werden sollen. Mit der CustomLog-Angabe wird noch ein Logfile angelegt, in das die gesamten Zugriffe auf den virtuellen Host geschrieben werden (siehe Abschnitt 3.4). Eine ausführlichere Beschreibung zu virtuellen Hosts finden Sie im Abschnitt 3.5.

Diese Einstellungen müssen zum einen jetzt noch mit Hilfe von SuSEconfig in die allgemeine Konfigurationsdatei von Apache geschrieben werden und dann zum anderen Apache auch als aktuelle Konfiguration zugewiesen werden. Geben Sie als root die folgenden Kommandos ein:

```
linux: # SuSEconfig -module apache
Starting SuSEconfig, the SuSE Configuration Tool...
Running module apache only
Reading /etc/rc.config and updating the system...
Executing /sbin/conf.d/SuSEconfig.apache...
Installing new /etc/httpd/suse_include.conf
Finished.
linux: # rcapache restart
Shutting down httpd                                         done
Starting httpd [ PHP4 ]                                     done
```

Falls Sie kein SuSEconfig verwenden, müssen Sie nur Apache neu starten, um die Konfiguration erneut einzulesen.

Durch diese Angaben ist nun der virtuelle Host http://web-pizza.local von Ihrem Rechner aus erreichbar. Testen Sie diesen virtuellen Host in Ihrem Web-Browser.

1.5.5 Die ersten PHP-Seiten

Jetzt sollten Sie sich wieder der eigentlichen Web-Programmierung widmen und damit auch in PHP einsteigen. Dazu muss zunächst einmal geklärt werden, wie Sie PHP in HTML-Seiten integrieren können. Im einfachsten Fall schreiben Sie an der Stelle im HTML-Quelltext, an der PHP beginnen soll, die Zeichenkette `<?php`, und am Ende des PHP-Teils wiederum die Zeichenkette `?>`. Der darin befindliche Teil wird vom PHP-Interpreter ausgewertet und das Ergebnis dieser Auswertung an den Browser gesendet. Eine nährere Erläuterung zur Integration von PHP in HTML finden Sie im Abschnitt 5.3.

Nun sollen auf der Auswertungsseite zunächst einmal die Informationen angezeigt werden, die Sie im Formular eingetragen haben. Das folgende Skript ist nur als ein erster Schritt zur eigentlichen Bestellung zu sehen. Speichern Sie diese Seite als `bestellung-2.php` ab.

```
<html>
<head><title>Pizzabäcker Bestellservice</title></head>
<body>
<h1 align="center">Vielen Dank</h1>
Folgenden Daten wurden vom Formular übermittelt:<br>
<?= $anrede; ?><br>
<?php
echo "$vorname $name<br>\n";
echo "$strasse<br>\n";
echo "$plz $ort<br>\n";
echo "$email<br>\n";
?>
Sie möchten eine Pizza mit folgenden Zutaten:
<?php
# $zutaten ist ein Array also muss eine Schleife
# die Zutaten ausgeben:
foreach($zutaten as $z){
        echo "$z ";
}
?>
</body>
</html>
```

Im obigen Beispiel wurde bereits mehrfach zwischen dem HTML-Teil und dem PHP-Teil hin und her gewechselt. In PHP ist dies ohne weiteres beliebig oft möglich. Dies erleichtert Ihnen die Erstellung von festen HTML-Bestandteilen. Sie können diese Teile mit einem HTML-Editor erzeugen und dann nur Ihre PHP-Programmierung in der HTML-Seite ergänzen.

Der erste PHP-Teil (`<?= $anrede; ?>`) zeigt bereits, wie Sie auf sehr einfache Weise den Inhalt einer PHP-Variable in den HTML-Code integrieren können. Durch das Gleichheitszeichen (=) direkt nach dem Beginn des PHP-Teils weisen Sie PHP an, das nachfolgende Element sofort auszugeben. Direkt danach steht hier die Variable `$anrede`. Der Wert dieser Variablen wurde durch die Auswahl des Benutzers im Formular gesetzt (Sie haben im Formular bei `<select>` den Parameter `name="anrede"` festgelegt). Jede Eingabe bzw. Auswahl im Formular wird in der PHP-Seite automatisch in eine Variable geschrieben. Allerdings geschieht dies nur, solange der Parameter `register_globals` in der PHP-Konfiguration den Wert `on` hat. Sollte das nicht der Fall sein, so müssen Sie über andere Variablen den Wert auslesen. Lesen Sie dazu Abschnitt 5.16.1.

Im zweiten PHP-Teil wird deutlich mehr an den Browser ausgegeben, daher werden hier mehrere `echo` Kommandos für die Ausgabe verwendet (Sie hätten auch alles in einer Zeile schreiben können, aber dadurch verliert der Code an Übersichtlichkeit).

Der dritte PHP-Teil beginnt mit zwei Kommentarzeilen in „Shell/Perl-Schreibweise“ (das Doppelkreuz # am Zeilenanfang). Im Anschluss daran wird mit einer Kontrollstruktur (die `foreach`-Schleife wird im Abschnitt 5.7.6 erläutert) der Inhalt des Arrays `$zutaten` durchlaufen, und jede einzelne Zutat wird über die Variable `$z` an den Browser ausgegeben.

Jetzt wird es wieder Zeit, diese Seiten einmal auszuprobieren. Starten Sie vom URL `http://localhost/~pizza/` (Sie müssten jetzt bereits die „Willkommen“-Seite sehen, da diese als `index.html` abgespeichert ist). Von da aus gelangen Sie über den Link `Bestellung` zum Bestellformular. Füllen Sie das Formular aus und senden Sie Ihre Bestellung ab. Nun wird Ihre Bestellung von `bestellung-2.php` ausgewertet und Sie bekommen die einzelnen Eingaben aus dem Formular wieder angezeigt.

1.5.6 Ein dynamisches Formular

Das Bestellformular wäre für den Pizzabäcker noch etwas komfortabler, wenn für die Zutaten nicht jede einzeln als `checkbox` angelegt werden müsste, sondern wenn dies automatisch erledigt werden könnte.

Dazu muss die Seite `bestellung.php` jetzt ebenfalls mit dynamischem Inhalt erzeugt werden. Ändern Sie die Seite `bestellung.php` wie folgt ab:

Löschen Sie in der Tabelle den Inhalt der Zutatenzelle (die HTML-Tags von

```
<input type="chechbox" name="zutaten[]" value="salami">
```

bis zu

```
Paprika<br>
```

nach der letzten checkbox). In der nun leeren Zelle (<td> </td>) tragen Sie folgenden PHP-Code ein:

```
<?php
$zutaten=array( "Salami",
                "Schinken",
                "Champignons",
                "Peperoni",
                "Paprika");
foreach($zutaten as $z){
   echo "<input type=\"checkbox\" name=\"zutaten[]\"
         value=\"$z\">$z<br>\n";
}
?>
```

Mit dieser Ergänzung wird das Bestellformular dynamisch erzeugt. Die einzelnen checkbox-Einträge werden im Array $zutaten festgelegt. Die foreach-Schleife durchläuft dieses Array komplett und weist bei jedem Durchlauf der Variablen $z eine der Zutaten aus dem Array zu. Diese Variable wird in der Ausgabe mit echo in die checkbox-Eingabefelder geschrieben.

Der Vorteil bei dieser Methode im Vergleich zur HTML-Variante ist vielleicht auf den ersten Blick nicht erkennbar. Stellen Sie sich allerdings vor, Sie hätten nicht nur fünf Zutaten zu verwalten, sondern einige hundert sollen zur Auswahl stehen, und diese Auswahl soll möglicherweise auch noch häufig verändert werden. Bei solch großen Mengen ist die Verwendung von Arrays deutlich einfacher als die Pflege direkt in HTML.

1.5.7 Bestellung als E-Mail absenden

Die eigentliche Bestellung wird bisher nur als Text wieder im Browser des Bestellers dargestellt. Der Pizzabäcker erfährt bislang gar nicht, dass ein Interessent diese Pizza bestellen möchte. Im einfachsten Fall soll die Bestellung jetzt an den Pizzabäcker per E-Mail versendet werden. Dazu benötigen Sie die E-Mail Adresse des Pizzabäckers. Da bei der Standardinstallation auf jedem SuSE Linux *sendmail* (oder ein anderer MTA) installiert ist, kann der User pizza auf jeden Fall mit der E-Mail Adresse pizza@localhost erreicht werden. Sie sollten allerdings (hauptsächlich aus optischen Gründen) noch einen Alias in /etc/aliases wie folgt anlegen. Bearbeiten Sie als Benutzer root die Datei /etc/aliases mit einem beliebigem Texteditor und fügen Sie die folgende Zeile am Ende dieser Datei an:

```
web.pizza:                 pizza
```

Um diesen Alias zu aktivieren, geben Sie nun noch (wieder als `root`) folgendes Kommando in einer Konsole ein:

```
linux: # newaliases
```

Falls Sie die E-Mail an einen anderen Rechner versenden möchten, so müssen Sie *sendmail* zuvor für den Einsatz mit Remote-Rechnern konfigurieren. Dies würde allerdings den Umfang dieses Abschnitts sprengen, daher nur noch kurz der Hinweis, wie Sie `sendmail` starten können (nur notwendig bis SuSE Linux 7.3, seit Version 8.0 wird *sendmail* in den Runlevels 3 & 5 automatisch gestartet):

```
linux: # rcsendmail start
```

Jetzt kann die Datei `bestellungen-2.php` bearbeitet werden, um die Bestellung als E-Mail an den Benutzer `pizza` abzuschicken. Bearbeiten Sie diese Datei, sodass sie folgenden Inhalt hat:

```
<html>
<head><title>Pizzabäcker Bestellservice</title></head>
<body>
<h1 align="center">Vielen Dank</h1>
Folgenden Daten wurden vom Formular übermittelt:<br>
<?= $anrede; ?><br>
<?php
echo "$vorname $name<br>\n";
echo "$strasse<br>\n";
echo "$plz $ort<br>\n";
echo "$email<br>\n";
?>
Sie möchten eine Pizza mit folgenden Zutaten:
<?php
$bestellung="$anrede\n$vorname $name\n$strasse\n$plz $ort\n";
$bestellung.="$email\n\n";
$bestellung.="bestellt eine Pizza mit folgenden Zutaten:\n\n";

# $zutaten ist ein Array, daher muss
# eine Schleife die Zutaten ausgeben:
foreach($zutaten as $z){
        echo "$z ";
        $bestellung.="$z\n";
}
if($email){
        $header="From: $vorname $name <$email>\n";
}else{
        $header="From: Web Pizza <web.pizza@localhost>\n";
}
```

```
mail("web.pizza@localhost","Pizzabestellung",
        $bestellung,$header);
?>
</body>
</html>
```

Dieses PHP-Skript erzeugt für den Besteller wieder die gleiche Ergebnisseite, wie sie auch schon in der ersten Version angezeigt wurde. Allerdings wird „nebenbei" die Bestellung noch als E-Mail an die Adresse `web.pizza` geschickt. Hierfür wird zuerst in die Variable `$bestellung` der Inhalt der Variablen (`$anrede, $vorname, $name, $strasse, $ort, $email`), die vom Benutzer im Bestellformular eingetragen wurden, geschrieben. An diese Benutzerdaten wird der Text `bestellt eine Pizza mit folgenden Zutaten:` angehängt. Dazu wird der Zuweisungsoperator (`.=`) verwendet (siehe Abschnitt 5.6.2.3).

Mit Hilfe der `foreach`-Schleife wird schließlich an den Inhalt dieser Variablen nun noch jede Zutat, die gewählt wurde, angehängt.

Im letzten Teil wird mit der Kontrollstruktur `if` (siehe Abschnitt 5.7.1) zuerst überprüft, ob die Variable `$email` einen Inhalt hat. Falls dies der Fall ist, so wird in die Variable `$header` als Absender der Pizzabesteller und dessen E-Mail-Adresse eingetragen. Falls keine E-Mail Adresse übermittelt wurde, wird der oben angelegte Alias als Absender festgelegt (dieser Alias wird nur deshalb verwendet, da *sendmail* den Header umschreibt, falls kein Punkt enthalten ist).

Zu guter Letzt wird die E-Mail an den Empfänger `web.pizza@localhost` mit dem Betreff `Pizzabestellung`, dem Inhalt `$bestellung` und dem zusätzlichen Header `$header` (für den Absender) abgeschickt. Eine genauere Erläuterung der `mail`-Funktion finden Sie im Abschnitt 5.14.

1.5.8 Zutaten aus einer Textdatei

Jetzt können Sie sich wieder den Anpassungen der Webseite des Pizzabäckers widmen. Momentan werden die Zutaten nach wie vor noch statisch in der Datei `bestellung.php` festgelegt. Ihr Pizzabäcker muss diese Daten allerdings von Zeit zu Zeit anpassen, um hier auf saisonale Gegebenheiten reagieren zu können. Aus diesem Grund sollen die Zutaten in einer externen Datei gespeichert werden. Diese Datei soll jede der Zutaten jeweils in einer eigenen Zeile enthalten. Legen Sie daher als Benutzer `pizza` mit einem Texteditor die Datei `zutaten.txt` im Home-Verzeichnis des Users `pizza` an. Tragen Sie folgende Zutaten ein:

```
Salami
Schinken
Champignons
```

```
Peperoni
Paprika
Zwiebeln
```

Diese Datei soll nun von der Seite `bestellung.php` ausgewertet werden. Die Zutaten sollen nicht mehr aus dem statischen Array kommen, sondern dieses Array wird nun aus der Textdatei erzeugt. Öffnen Sie die Datei `bestellung.php` und kommentieren Sie die statische Arrayzuweisung aus, indem Sie dieser Zeile das Doppelkreuz voranstellen bzw. die Zeilen mit `/*` und `*/` einklammern (siehe Abschnitt 5.3). Alternativ können Sie die komplette Arrayzuweisung auch aus dieser Seite entfernen.

Jetzt muss dieses Array `$zutaten` aus dem Inhalt der Datei `zutaten.txt` generiert werden. Ergänzen Sie dazu den nachfolgenden Code in Ihrem Skript:

```
⋮
<?php
$fh=fopen("../zutaten.txt","r");
while($zeile=fgets($fh,4096)){
        $zutaten[]=$zeile;
}
fclose($fh);
/* $zutaten=array("Salami",
        "Schinken",
        "Champignons",
        "Peperoni",
        "Paprika"); */
foreach($zutaten as $z){
        echo "<input type=\"checkbox\" name=\"zutaten[]\"
               value=\"$z\">$z<br>\n";
}
?>
⋮
```

Der Befehl `fopen` öffnet die Datei `zutaten.txt` im übergeordneten Verzeichnis zum Lesen (dies bewirkt der zweite Parameter `r`). Der Rückgabewert wird zur weiteren Verwendung in der Variable `$fh` abgespeichert (dies ist der so genannte „Dateihandle“). Im Anschluss wird eine `while`-Schleife solange durchlaufen, wie Sie aus der Datei `zutaten.txt` noch Zeilen auslesen (`fgets`). Jede dieser Zeilen wird in der Variablen `$zeile` zwischengespeichert. Bei jedem Schleifendurchlauf wird der Inhalt der temporären Variablen `$zeile` an das Array `$zutaten` angehängt (siehe Abschnitt 5.6.4). Das letzte Kommando `fclose` schließt den Dateihandle, der in der Variablen `$fh` gespeichert ist, wieder. Weitere Informationen zum Umgang mit Dateien finden Sie im Abschnitt 5.11.

Nun kann Ihr Pizzabäcker durch einfaches Bearbeiten der Datei `zutaten.txt` seine Zutatenliste verändern. Wenn Sie die Seite `bestellen.php` im Browserfenster aktualisieren, müssten Sie bereits eine Veränderung auf der Bestellseite feststellen. In der Textdatei sind als Zutat noch `Zwiebeln` hinzugekommen. Dieser Eintrag muss auf Ihrer Bestellseite nun ebenfalls als Checkbox sichtbar sein.

1.5.9 Einen geschützten Bereich festlegen

Die Textdatei mit den Zutaten ist ja bereits eine Erleichterung für den Pizzabäcker, um die Zuaten unabhängig von HTML und PHP eingeben zu können. Allerdings ist dafür nach wie vor ein direkter Zugriff auf den Linux-Rechner durch den Pizzabäcker notwendig. Entweder muss der Pizzabäcker sich auf dem Rechner direkt anmelden – per Telnet oder SSH – oder die Datei `zutaten.txt` muss mit Hilfe von FTP auf den Server geladen werden.

Im Idealfall sollte der Pizzabäcker aber auch über eine Webschnittstelle in der Lage sein, die Zutaten zu bearbeiten. Diese Webschnittstelle soll es ermöglichen, bereits existierende Zutaten zu bearbeiten, einzelne Zutaten zu löschen und neue Zutaten hinzuzufügen.

Da allerdings diese Bearbeitung der Zutaten nur vom Pizzabäcker selbst erledigt werden soll, muss hierfür ein eigener administrativer Bereich erstellt werden. Im einfachsten Fall sollte sich der Pizzabäcker auf seiner Administrationsseite per Benutzername und Passwort authentifizieren und dann mit der Bearbeitung der Zutaten beginnen können.

Apache bietet hierfür eine Möglichkeit, bestimmte Verzeichnisse über einen Benutzernamen und ein Passwort zu schützen. Seit SuSE Linux 7.3 ist dieses Feature nun standardmäßig aktiviert, sodass Sie als Benutzer `pizza` einen geschützten Bereich sofort anlegen können. Achtung! Bei einigen älteren Versionen muss dieses Feature erst aktiviert werden! Hierfür müssten Sie der Direktive `AllowOverride` für die benutzereigenen Webverzeichnisse `public_html` den Wert `AuthConfig` zuweisen. Falls das bei Ihnen der Fall sein sollte, dann sollten Sie Abschnitt 3.3.9 für weitere Informationen zu Rate ziehen.

Legen Sie zuerst ein Verzeichnis an, in dem alle administrativen Webseiten abgelegt werden sollen. Da dieses Verzeichnis vom Web aus erreichbar sein soll, muss es unterhalb von `~/public_html` angelegt werden. Nennen Sie das Verzeichnis `admin`. Dies kann natürlich sowohl mit dem *Konqueror* als auch über die Konsole durchgeführt werden.

Das folgende Beispiel zeigt die Konsolenvariante:

```
pizza@linux:~ >  cd public_html
pizza@linux:~/public_html >  mkdir admin
pizza@linux:~/public_html >  cd admin
```

Für einen Bereich, der mit Benutzername und Passwort geschützt sein soll, müssen Sie eine Datei anlegen, in der die Benutzernamen und die zugehörigen Passwörter abgelegt sind. Mit Apache ist hier das Tool `htpasswd` mitgeliefert, das diese Aufgabe für Sie erledigt (siehe Abschnitt 3.7.2). Geben Sie in einer Konsole folgendes Kommando ein, um eine neue Benutzer/Passwortdatei anzulegen:

```
pizza@linux:~/public_html/admin > htpasswd -c ~/.htpasswd \
> web-admin
New password:
Re-type new password:
Adding password for user web-admin
```

Durch den Parameter `-c` legen Sie fest, dass Sie eine neue Datei anlegen möchten (für weitere Einträge in der Datei ist dieser Parameter nicht mehr anzugeben!). Die Datei, die angelegt wird, soll im Home-Verzeichnis des Pizzabäckers angelegt werden und `.htpasswd` heißen. Die letzte Angabe bei diesem Kommando (`web-admin`) legt fest, welcher Benutzername angelegt werden soll. Im Anschluss daran werden Sie nach dem Passwort für diesen Benutzer gefragt. Verwenden Sie hier keinen Benutzer, der im System vorhanden ist und auch kein Passwort, dass Sie im System verwenden!

Anschließend muss noch angegeben werden, dass alle Seiten, die im Verzeichnis `admin` und den darunter befindlichen Verzeichnissen sind, durch Benutzername und Passwort geschützt werden sollen. Diese Funktion erledigt die Datei `.htaccess`. Legen Sie im Verzeichnis `admin` die Datei `.htaccess` mit folgendem Inhalt an:

```
AuthName "Administration der Pizza"
AuthType Basic
AuthUserFile /home/pizza/.htpasswd
require user web-admin
```

Die Angabe `AuthName` gibt den Namen des Authentifizierungsbereichs an. Der Browser wird allen Seiten, die den gleichen Authentifizierungsbereich verwenden, den Benutzernamen und das Passwort senden, das Sie bei Ihrer ersten Anmeldung dieser Sitzung eingegeben haben. Auf diese Weise muss der Benutzer die Authentifizierung nur einmal durchführen und kann ab dann mit den administrativen Webseiten ohne weitere Anmeldungen arbeiten – zumindest bis der Browser beendet wird.

Bei `AuthUserFile` geben Sie die Datei an, die die Kombinationen aus Benutzername und Passwort enthält, die zur Anmeldung verwendet werden dürfen.

Die letzte Angabe `require` legt noch fest, welcher Benutzer für diesen Bereich erforderlich ist. Dies ist wichtig, da in Ihrer Passwortdatei ja mehrere Benutzer eingetragen sein können, aber für diesen administrativen Bereich soll nur der Benutzer `web-admin` zugelassen sein.

Versuchen Sie nun, in Ihrem Web-Browser einen Zugriff auf den administrativen Bereich unter dem URL `http://web-pizza.local/admin/` durchzuführen. Sie erhalten die Aufforderung, sich mit Benutzername und Passwort anzumelden. Falls Sie als Benutzername `web-admin` und als Passwort Ihr oben festgelegtes Passwort eingeben, so zeigt Ihnen der Browser das leere `admin` Verzeichnis an.

Weitere Informationen zu `htpasswd` und `.htaccess` finden Sie im Abschnitt 3.3.9.

1.5.10 Zutaten im geschützten Bereich bearbeiten

Um in Ihrem geschützten Bereich nun die Zutaten zu bearbeiten, müssen Sie noch einige Dateien anlegen. Die erste Datei soll die Datei `index.html` sein, in der eine Auswahl der möglichen Aktionen präsentiert wird. Legen Sie im Verzeichnis `admin` die Datei `index.html` mit folgendem Inhalt an:

```
<html>
<head><title>Pizzaadministration</title></head>
<body>
<h3>Pizzaadministration</h3>
Wählen Sie eine Funktion:<br>
<ul>
<li><a href="loeschen.php">Zutaten löschen</a></li>
<li><a href="neu.php">Neue Zutat hinzufügen</a></li>
</ul>
</body>
</html>
```

Von nun an kann Ihr Pizzabäcker im administrativen Bereich wählen, ob er Zutaten aus der Liste entfernen oder neue Zutaten hinzufügen möchte.

Betrachten Sie zunächst einmal die Funktion „Löschen“. Hierfür legen Sie eine weitere Datei mit dem Namen `loeschen.php` an. Diese Datei sollte folgenden Inhalts sein:

```
<html>
<head><title>Pizza Zutaten löschen</title></head>
<body>
<h3>Zutaten löschen</h3>
Zutaten werden gelöscht, falls sie nicht angehakt sind.<br>
<form action="speichern.php">
<?php
$fh=fopen("../../zutaten.txt","r");
while($zeile=fgets($fh,4096)){
      $zutaten[]=$zeile;
```

```
}
fclose($fh);
foreach($zutaten as $z){
        echo "<input type=\"checkbox\" name=\"zutaten[]\"
              value=\"$z\" CHECKED>$z<br>\n";
}
?>
<input type="submit" value="speichern">
</form>
</body>
</html>
```

In dieser Datei wird die komplette Zutatenliste ausgegeben, wie es bereits bei der Pizzabestellungsseite der Fall war. Der einzige große Unterschied besteht darin, dass in der `checkbox` noch der Parameter `CHECKED` vorhanden ist. Die Standardeinstellung bei den Zutaten soll ja bewirken, dass die Zutaten beibehalten werden. Nur diejenigen Zutaten, die der Pizzabäcker entfernt haben möchte, sollen durch explizites Wegklicken aus der Zutatenliste gelöscht werden.

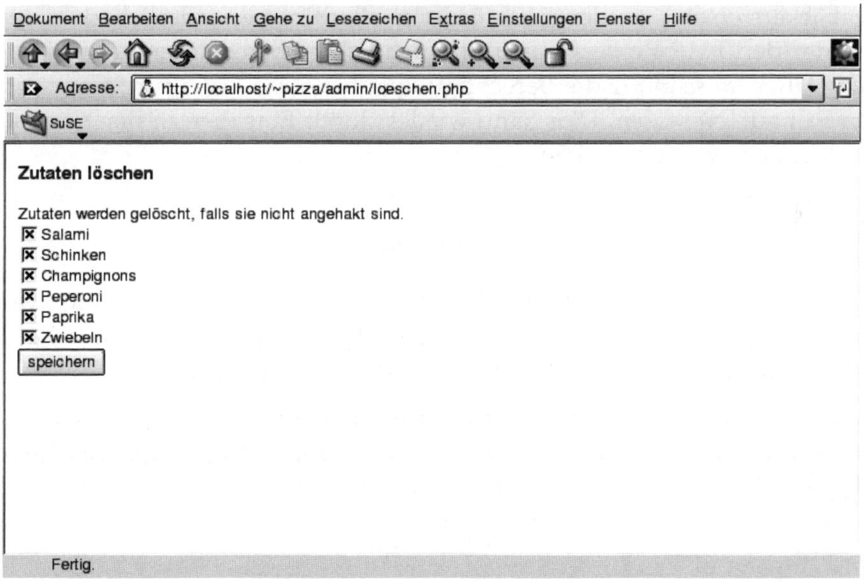

Abbildung 1.3: Auswahl der Zutaten zum Löschen

`speichern.php` ist die nächste Datei, die Sie für diese Funktion benötigen. Legen Sie auch diese Datei im Verzeichnis `admin` an und fügen Sie folgenden Inhalt ein:

```
<html>
<head><title>Pizza Zutaten speichern</title></head>
<body>
<h3>Zutaten gespeichert</h3>
Folgende Zutaten wurden gespeichert:<br>
<?php
$fh=fopen("../../zutaten.txt","w");
foreach($zutaten as $z){
        echo "$z<br>\n";
        fwrite($fh, "$z\n");
}
fclose($fh);
?>
</body>
</html>
```

Hier wird nun die Datei `zutaten.txt` zum Schreiben geöffnet. Im aktuellen Fall sogar zum Überschreiben. Durch die Angabe von `w` wird die Datei auf jeden Fall neu angelegt. Das heißt, dass die alten gespeicherten Zutaten durch die Auswahl des Pizzabäckers ersetzt werden. Hierfür ist es allerdings erforderlich, dass der Benutzer, der den PHP-Prozess ausführt, auch Schreibberechtigung auf dieser Datei hat. Daher müssen Sie die Berechtigungen für diese Datei für `Sonstige` auf jeden Fall auf `rw` setzen. Dies kann wieder durch Eingaben in der Konsole oder mit dem *Konqueror* geschehen.

Hier der Konsolenbefehl:

```
pizza@linux:~ >  chmod o+w ~/zutaten.txt
```

Mit der Funktion `fwrite` schreibt die obige Routine die einzelnen Zutaten in die Textdatei. Achten Sie dabei darauf, dass nach jeder Zutat auch eine neue Zeile begonnen werden muss! Dies erledigen Sie durch Anhängen von `\n`.

Die Funktion für eine neue Zutat sieht hierbei noch etwas einfacher aus. Dazu werden ebenfalls zwei Dateien benötigt. Die erste Datei stellt nur ein Formular dar, in dem der Benutzer den Namen der neuen Zutat eingeben kann. Speichern Sie dieses Formular unter dem Namen `neu.php`:

```
<html>
<head><title>Neue Pizzazutat</title></head>
<body>
<h3>Neue Zutat</h3>
<form action="speichern-neu.php">
Zutat: <input type="text" name="zutat"><br>
<input type="submit">
</body>
</html>
```

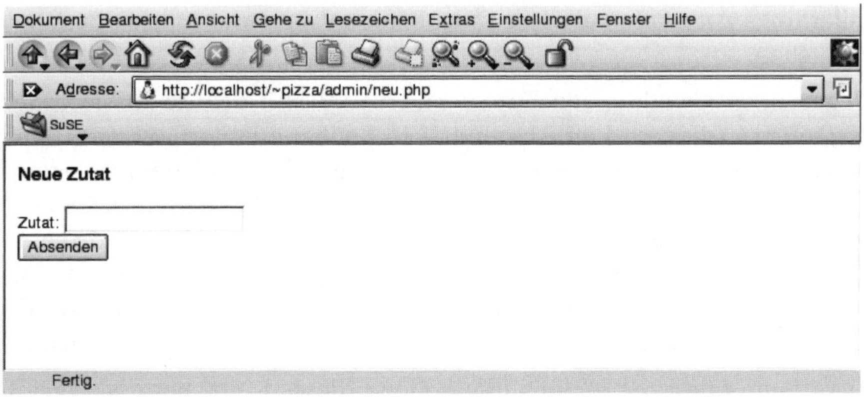

Abbildung 1.4: Eintragen einer neuen Zutat

Das eigentliche Speichern der neuen Zutat übernimmt dann die folgende Datei, die Sie unter dem Namen `speichern-neu.php` ablegen:

```
<html>
<head><title>Neue Pizza Zutat speichern</title></head>
<body>
<h3>Zutat gespeichert</h3>
Folgende Zutat wurde gespeichert:<br>
<?php
$fh=fopen("../../zutaten.txt","a");
echo "$zutat<br>\n";
fwrite($fh, "$zutat\n");
fclose($fh);
?>
</body>
</html>
```

Diese Datei entspricht in weiten Teilen der Datei, die Sie bereits beim Löschen der Zutaten gesehen haben. Der wichtigste Unterschied besteht nun darin, wie die Datei zum Schreiben geöffnet wird. Sie geben hier als Modus `a` an. Dies bewirkt, dass neue Informationen, die geschrieben werden sollen, an die Datei angehängt werden. Dadurch bleiben die alten Informationen in Ihrer Zutatenliste jeweils erhalten und die neue Zutat wird ans Ende der Datei angehängt.

1.5.11 Eine Datenbank für den Pizzabäcker

Die bisherige Zutatenverwaltung soll nun auf ein Datenbanksystem umgestellt werden. Um Werte in eine Datenbank als Pizzabäcker schreiben zu können, müssen Sie allerdings zuerst einmal diese Datenbank anlegen und für den Benutzer `pizza` freigeben.

Das Anlegen und Verwalten von Datenbanken kann mit dem textbasierenden Tool `mysqladmin` (dies wird im Abschnitt 4.11.1 näher erläutert) oder auch mit `phpMyAdmin`, das im Kapitel 6 ausführlicher vorgestellt wird, erledigt werden. Diese Aufgabe muss vom Datenbankadministrator durchgeführt werden. Als Standard ist das der Datenbankbenutzer `root`. Bevor Sie mit `phpMyAdmin` arbeiten können, muss in der Konfigurationsdatei von `phpMyAdmin` zuerst der Benutzername und das Passwort des Datenbankadministrators eingetragen werden (oder bei Versionen >= 2.2.3 als Authentifizierung `cookie` festgelegt werden).

Hier die Variante mit `mysqladmin` (Sie können dieses Kommando als Benutzer `pizza` ausführen, da Sie ja das Passwort des Datenbankadministrators `root` kennen):

```
pizza@linux:~ > mysqladmin create pizza -u root -p
Enter password:
```

Das Passwort, nach dem Sie gefragt werden, ist jenes, welches Sie nach dem ersten Start von MySQL ebenfalls mit `mysqladmin` festgelegt haben (siehe Abschnitt 1.5.1).

Jetzt muss dem Datenbankbenutzer `pizza` noch die Berechtigung gegeben werden, um auf die Datenbank `pizza` zugreifen zu können. Dies wird ebenfalls mit `phpMyAdmin` oder aber mit dem Textclient `mysql` erledigt. Weitere Informationen zum Eintragen der Berechtigungen für Benutzer in MySQL finden Sie im Abschnitt 4.12.2. Die Bedienung des textbasierenden Tools `mysql` können Sie im Abschnitt 4.7 nachlesen.

Geben Sie in einer Konsole folgendes Kommando ein:

```
pizza@linux:~ > mysql -u root -p
Enter password:
Welcome to the MySQL monitor.  Commands end with ; or \g.
Your MySQL connection id is 22 to server version: 3.23.48-Max-log

Type 'help;' or '\h' for help. Type '\c' to clear the buffer.

mysql> GRANT SELECT,INSERT,UPDATE,DELETE,INDEX,ALTER,CREATE,DROP
    -> ON pizza.* TO pizza@localhost IDENTIFIED BY 'passwort'
    -> WITH GRANT OPTION;
Query OK, 0 rows affected (0.01 sec)

mysql> quit
Bye
```

Tragen Sie statt `passwort` das Passwort ein, das für den Zugriff auf die Datenbank `pizza` vom Benutzer `pizza` aus verwendet werden soll. Um den Zugriff als Benutzer `pizza` auf die Datenbank `pizza` zu testen, geben Sie folgendes Kommando ein:

```
pizza@linux:~ >  mysql -u pizza -p
Welcome to the MySQL monitor.  Commands end with ; or \g.
Your MySQL connection id is 27 to server version: 3.23.41-Max-log

Type 'help;' or '\h' for help. Type '\c' to clear the buffer.

mysql> use pizza
Database changed
mysql> quit
Bye
```

Damit ist gewährleistet, dass Sie als Benutzer `pizza` bereits jetzt Zugriff auf die eben erstellte Datenbank haben.

1.5.11.1 Eine Tabelle für die Zutaten

Für die Tabelle, in der die Zutaten gespeichert werden, sollten Sie zunächst noch einige Vorüberlegungen treffen. Zunächst müssen Sie überlegen, welche Informationen noch zu jeder Zutat gespeichert werden sollen. Hier liegt es nahe, dem Pizzabäcker die Arbeit etwas zu erleichtern und die Zutaten nicht immer gleich pauschal aus der Zutatenliste zu entfernen, sondern die Zutaten nur zu deaktivieren bzw. später auch wieder zu reaktivieren. Daher soll in der Tabelle für die Zutaten eine Spalte vorhanden sein, die angibt, ob diese Zutat derzeit verfügbar ist oder nicht. Dementsprechend soll dann der normale Benutzer diese Zutat sehen oder eben nicht.

Die weiteren Vorüberlegungen betreffen die Art und Weise, wie die Informationen in der Tabelle abgelegt werden sollen. Diese verschiedenen Speichermöglichkeiten zeigt Ihnen Abschnitt 4.2 genauer.

Legen Sie eine Tabelle mit Namen `zutaten` an, in der die beiden folgenden Felder definiert sind:

Feldname	Felddefinition
`Zutat`	`VARCHAR(30) NOT NULL PRIMARY KEY`
`Verfuegbar`	`ENUM('j','n') NOT NULL`

Auch hier haben Sie wieder die Möglichkeit, diese Tabelle mit `phpMyAdmin` zu erstellen, oder aber mit dem Kommandozeilentool `mysql`.

Hier das Beispiel für die Erstellung mit `mysql`:

```
pizza@linux:~ > mysql -u pizza -p
Welcome to the MySQL monitor.  Commands end with ; or \g.
Your MySQL connection id is 29 to server version: 3.23.48-Max-log

Type 'help;' or '\h' for help. Type '\c' to clear the buffer.

mysql> use pizza
Database changed
mysql> CREATE TABLE zutaten (
    -> Zutat VARCHAR(30) NOT NULL PRIMARY KEY,
    -> Verfuegbar ENUM('j','n') NOT NULL);
Query OK, 0 rows affected (0.00 sec)

mysql> quit
Bye
```

Zunächst teilen Sie dem SQL-Server mit, dass die nachfolgenden Kommandos auf die Datenbank `pizza` angewendet werden sollen (`use pizza`). Im anschließenden SQL-Befehl `CREATE TABLE` legen Sie die Tabelle `zutaten` mit den obigen Feldern und den zugehörigen Felddefinitionen an. Nähere Informationen zu `CREATE TABLE` stehen im Anhang C.1.

1.5.11.2 Die Zutatentabelle mit Werten füttern

Da die Tabelle `zutaten` derzeit noch leer ist, sollten Sie zunächst einmal einige Einträge vornehmen. Auch dies kann wieder auf verschiedene Arten geschehen: Natürlich bietet sich auf der einen Seite wieder `phpMyAdmin` an oder alternativ wiederum das textbasierende Tool `mysql`. Beim Eintragen dieser Werte wird das Feld `Verfuegbar` unten nicht verwendet. MySQL trägt in diesem Fall den Standardwert (`j`) (der erste eingetragene Wert des `ENUM`-Feldes) ein. Dadurch werden vorerst alle Zutaten als verfügbar gekennzeichnet.

Hier das Beispiel mit `mysql`:

```
pizza@linux: > mysql -u pizza -p
Welcome to the MySQL monitor.  Commands end with ; or \g.
Your MySQL connection id is 29 to server version: 3.23.48-Max-log

Type 'help;' or '\h' for help. Type '\c' to clear the buffer.

mysql> use pizza
Database changed
mysql> INSERT INTO zutaten (Zutat) VALUES ('Salami');
Query OK, 1 row affected (0.00 sec)
```

```
mysql> INSERT INTO zutaten (Zutat) VALUES ('Schinken');
Query OK, 1 row affected (0.00 sec)

mysql> INSERT INTO zutaten (Zutat) VALUES ('Champignons');
Query OK, 1 row affected (0.00 sec)

mysql> quit
Bye
```

Durch das SQL-Kommando `INSERT INTO` können Sie Werte in Tabellen eintragen. Als ersten Parameter geben Sie immer die Tabelle an, in die die Werte aufgenommen werden sollen. Im Anschluss an den Tabellennamen steht in runden Klammern eine Liste mit Feldnamen, in die Sie einen Wert eintragen möchten. Nach der schließenden runden Klammer steht das Schlüsselwort `VALUES`, um anzuzeigen, dass in der nächsten runden Klammer die zugehörigen Werte eingetragen werden. Achten Sie beim Eintragen von Werten darauf, dass diese in Anführungszeichen geschrieben werden, falls es sich nicht um Zahlenwerte handelt (auch um ein Datum müssen Anführungszeichen gesetzt werden!).

Eine genauere Erläuterung zum `INSERT INTO`-Kommando bekommen Sie im Abschnitt 4.8.6.

1.5.11.3 Zutaten aus der Tabelle anzeigen

Da Sie nun die Zutaten in einer Datenbank gespeichert haben, sollen diese Zutaten ab sofort auch in Ihrer Bestellseite sichtbar sein. Derzeit wird das Zutatenarray aus einer Datei generiert. Dieser Teil muss nun durch einen Datenbankzugriff ersetzt werden. Sie können den Teil wieder durch Kommentare einfach deaktivieren oder aber auch ganz aus Ihrem Quellcode löschen. Führen Sie dies von `$fh=fopen("../zutaten.txt","r");` bis zu `fclose($fh);` durch und ersetzen Sie diesen Teil wie folgt:

```
$dbh=mysql_connect("localhost","pizza","passwort");
mysql_select_db("pizza");
$result=mysql_query("SELECT * FROM zutaten");
while($row=mysql_fetch_array($result)){
        if($row["Verfuegbar"]=="j"){
                $zutaten[]=$row["Zutat"];
        }
}
mysql_close($dbh);
```

In der ersten Zeile dieses veränderten Codes bauen Sie mit dem Kommando `mysql_connect` eine Verbindung mit dem Datenbankserver auf. Der Datenbankserver ist in diesem Fall der eigene Rechner, daher können (bzw. sogar müssen!) Sie hier als Rechner `localhost` angeben. Der nächste Parameter ist der Datenbankbenutzername, mit dem auf die Datenbank zugegriffen werden soll. Sie haben oben mit dem `GRANT`-Kommando genau diesen Benutzer für den Zugriff von `localhost` angelegt. Die letzte Angabe ist hier das Passwort, dass Sie ebenfalls oben mit dem `GRANT`-Kommando in MySQL hinterlegt haben. Der Rückgabewert dieser Funktion ist der Datenbankhandle, mit dem die weitere Kommunikation mit dem Server durchgeführt wird. Dieser Handle wird daher in einer Variablen `$dbh` abgelegt. Weitere Informationen zu `mysql_connect` finden Sie im Abschnitt 5.12.1.

Das Kommando `mysql_select_db` legt fest, mit welcher Datenbank Sie auf dem Server arbeiten möchten. Durch das `GRANT` Kommando weiter oben haben Sie festgelegt, dass der Datenbankbenutzer `pizza` nur Zugriff auf die Datenbank `pizza` hat. In dieser Datenbank ist auch die Tabelle `zutaten` abgelegt, daher wählen Sie hier `pizza` aus. Weitere Infos hierzu stehen im Abschnitt 5.12.4.

Die eigentliche Abfrage wird mit dem Kommando `mysql_query` an den Datenbankserver abgeschickt. Die Abfrage, die Sie hier an den Server senden, kann jedes beliebige SQL-Kommando enthalten. Im aktuellen Beispiel wird als Abfrage das `SELECT`-Kommando (siehe Abschnitt 4.8.7) abgeschickt, um sämtliche Informationen (`*`) ohne Bedingungen (keine `WHERE`-Klausel) aus der Tabelle `zutaten` zu holen. Ein Zeiger auf diese Ergebnismenge wird in der Variablen `$result` abgelegt.

Da die Ergebnismenge (die Zutaten) normalerweise nicht nur aus einem Element besteht, muss mit Hilfe einer `while`-Schleife jedes dieser Ergebnisse ausgelesen werden, wobei das Auslesen selbst die Funktion `mysql_fetch_array` erledigt. Diese Funktion liefert einen Hash (siehe Abschnitt 5.6.4) als Rückgabewert. Dieser Hash hat als Schlüssel den jeweiligen Feldnamen aus der SQL-Abfrage und als Wert den eigentlichen Feldinhalt. Informationen über die Funktion `mysql_fetch_array` stehen im Abschnitt 5.12.9.

Da Sie ja in der Tabelle bereits vorbereitet haben, dass nur Zutaten angezeigt werden sollen, die momentan verfügbar sind, wird in der nächsten Zeile geprüft, ob die aktuelle Zutat auch bei `Verfügbar` den Wert `j` stehen hat. Falls dies der Fall ist, so wird das Array `$zutaten` mit der aktuell aus der Datenbank ausgelesenen Zutat `$row["Zutat"]` ergänzt.

Am Ende der Routine wird die Verbindung mit der Datenbank über den Befehl `mysql_close` wieder geschlossen.

Zum Ausprobieren, ob die Zutaten auch tatsächlich aus der Datenbank gelesen werden, rufen Sie den URL `http://web-pizza.local/bestellen.php` auf. Hier sollten im Moment nur die drei Zutaten („Salami", „Schinken", „Champignons") angezeigt werden, die Sie mit den `INSERT`-Kommandos oben eingetragen haben.

1.5.11.4 Neue Zutaten in die Tabelle schreiben

Der etwas einfachere Teil der Administration für die Zutaten betrifft das Aufnehmen einer neuen Zutat in die Tabelle. Hierfür könnnen Sie die Administrationsseiten `index.html` und `neu.php` unverändert lassen. Die einzige Datei, die geändert werden muss, ist die Datei `speichern-neu.php`. Ändern Sie diese Datei so ab, dass Folgendes darin enthalten ist:

```
<html>
<head><title>Neue Pizza-Zutat speichern</title></head>
<body>
<h3>Zutat gespeichert</h3>
Folgende Zutat wurde gespeichert:<br>
<?php
$dbh=mysql_connect("localhost","pizza","passwort");
mysql_select_db("pizza");
mysql_query("INSERT INTO zutaten (Zutat) VALUES ('$zutat')");
echo "$zutat<br>\n";
mysql_close($dbh);
?>
<a href="index.html">Startseite der Administration</a>
</body>
</html>
```

Hier wird wieder zuerst eine Verbindung mit dem Datenbankserver über den Befehl `mysql_connect` aufgebaut. Im Anschluss daran wählen Sie erneut die Datenbank `pizza` aus, um die nachfolgende(n) Aktion(en) mit dieser Datenbank auszuführen.

Der interessante Teil ist hier das Kommando `mysql_query`, mit dem Sie den SQL-Befehl an den Datenbankserver schicken. Da in diesem Fall kein Ergebnis vom Datenbankserver benötigt wird, wird der Rückgabewert dieser Funktion nicht in einer Variablen abgelegt. Das SQL-Kommando zum Speichern von Werten in der Tabelle `zutaten` ist wieder das `INSERT INTO`-Kommando, das Sie bereits oben gesehen haben. Hier wird als Wert der Inhalt der Variablen `$zutat`, die im Formular eingetragen wurde, in die Tabelle gespeichert. Zusätzlich wird in der nächsten Zeile noch für eine Bildschirmausgabe gesorgt.

Da die `Zutat` in der Tabelle als `PRIMARY KEY` festgelegt worden ist, können Sie auf diese Weise auch keine Zutat doppelt in die Tabelle speichern. Primärschlüssel haben immer als Eigenschaft, dass sie eindeutig sein müssen. Weitere Informationen über Primärschlüssel sind im Abschnitt 4.3 nachzulesen.

1.5.11.5 Zutaten aktivieren/deaktivieren

Nach der relativ einfachen Funktion, mit der Sie eine neue Zutat hinzufügen können, soll nun noch die etwas komplexere Variante betrachtet werden, mit der Sie bestehende Zutaten aktivieren bzw. deaktivieren können. Diese Funktion soll es dem Pizzabäcker ermöglichen, Zutaten nur einmal in der Datenbank aufzunehmen und dann die Zutaten je nach Bedarf anzeigen zu lassen oder aus der Liste herauszulassen. Idealerweise sollte in der Auswahl auch gleich angezeigt werden, welche Artikel derzeit in der Tabelle als verfügbar markiert sind.

Legen Sie die folgende Datei in Ihrem Administrationsverzeichnis `admin` mit dem Dateinamen `aendern.php` an.

```
<html>
<body>
<form action="aendern-db.php">
<table>
<tr>
<th>Zutat</th><th>Verfügbar?</th>
<?php
$dbh=mysql_connect("localhost","pizza","passwort");
mysql_select_db("pizza");
$result=mysql_query("SELECT * FROM zutaten ORDER BY Zutat");
while($row=mysql_fetch_array($result)){
        if($row["Verfuegbar"]=="j"){
                $checkj="CHECKED";
                $checkn="";
        }else{
                $checkn="CHECKED";
                $checkj="";
        }
        echo "<tr>\n";
        echo "<td>".$row['Zutat']."</td>";
        echo "<td><input type=\"radio\"
            name=\"Verfuegbar[$row[Zutat]]\"
            $checkj
            value=\"j\">j\n";
        echo "<input type=\"radio\"
            name=\"Verfuegbar[$row[Zutat]]\"
            $checkn
            value=\"n\">n</td>\n";
        echo "</tr>\n";
}
mysql_close($dbh);
?>
</table>
```

```
<input type="submit" value="speichern">
</form>
<a href="index.html">Startseite der Administration</a>
</body>
</html>
```

Hier wurde in der Abfrage der Zutaten am SELECT-Befehl noch etwas ergänzt: Durch die Angabe von ORDER BY Zutat legen Sie fest, dass die Werte, die aus der Datenbank abgefragt werden, nach der Zutat alphabetisch sortiert werden sollen. Dies soll dem Pizzabäcker das Durchsuchen der einzelnen Zutaten erleichtern. Den Zusatz könnten Sie übrigens auch auf Ihrer Bestellseite bei SELECT ergänzen, um auch dort eine sortierte Ausgabe der Zutaten zu bekommen. Weitere Informationen zu ORDER BY finden Sie im Abschnitt 4.8.9.

Der Test if($row["Verfuegbar"])=="j") überprüft, ob die gerade gewählte Zutat als verfügbar in der Tabelle markiert ist. Die beiden Variablen $checkj und $checkn werden je nachdem, ob die Zutat verfügbar ist oder nicht, auf CHECKED und auf leer gesetzt. Der Text CHECKED wird als Parameter bei den Radiobuttons hinzugefügt, um den Radiobutton zu aktivieren, der für die aktuelle Zutat den korrekten Zustand enthält.

Bei den Radiobuttons wird als Name Verfuegbar[Zutat] festgelegt. Wobei Zutat durch die aktuelle Zutat ersetzt wird. Beispielsweise steht bei der Zutat Salami als Name Verfuegbar[Salami]. Als Wert des jeweiligen Radiobuttons wird entweder j oder eben n angegeben. Und je nachdem, ob diese Zutat eben verfügbar war oder nicht, wird noch der Parameter CHECKED gesetzt. Dies erzeugt auf der PHP-Seite, die später für die Auswertung zuständig ist, einen Hash, der jede Zutat als Schlüssel enthält und dessen zugehöriger Wert jeweils j oder n ist. Dies erzeugt ein Formular für den Administrator dieser Seite, in dem er für jede einzelne Zutat angeben kann, ob diese Zutat verfügbar ist oder nicht.

Testen Sie dieses Formular unter dem URL:
http://web-pizza.local/admin/aendern.php

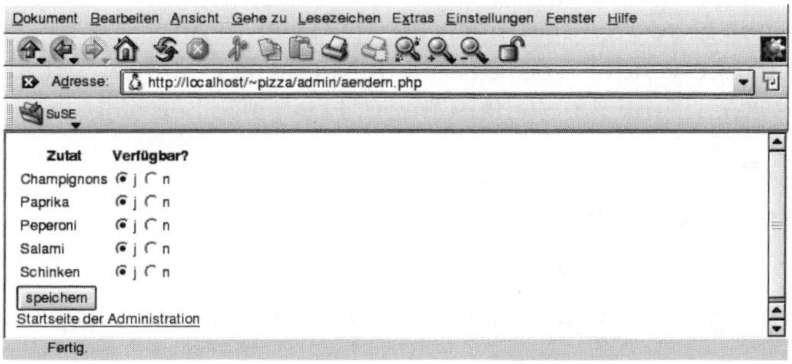

Abbildung 1.5: Auswahl der aktiven/inaktiven Zutaten

Nun benötigen Sie noch die Seite `aendern-db.php`, die Ihre Eingaben aus dem eben erstellten Formular in der Datenbank speichert. Diese PHP-Datei hat als einzige Aufgabe, den Inhalt des Hash, der vom Formular erzeugt wurde, in die Datenbank wieder zu speichern.

Legen Sie folgende Datei ebenfalls im `admin` Verzeichnis als `aendern-db.php` an:

```
<html>
<body>
<table>
<?php
$dbh=mysql_connect("localhost","pizza","passwort");
mysql_select_db("pizza");
foreach($Verfuegbar as $zutat=>$auswahl){
        mysql_query("UPDATE zutaten SET Verfuegbar='$auswahl'
                 WHERE Zutat='$zutat'");
        echo "<tr><td>$zutat</td><td>$auswahl</td></tr>\n";
}
?>
</table>
<a href="index.html">Startseite der Administration</a>
</body>
</html>
```

Mit der `foreach`-Schleife durchläuft diese Routine den Hash `$Verfuegbar`. Dieser Hash hat als Schlüssel die Zutat und als Wert `j` oder `n` gespeichert, je nachdem, was der Benutzer auf dem Formular vorher eingestellt hatte. Für jede der Zutaten in `$Verfuegbar` wird jetzt das SQL-Kommando `UPDATE` verwendet, um den Wert des Hash in die Tabelle zu schreiben. Dazu geben Sie nach `UPDATE` an, in welcher Tabelle Sie Werte verändern möchten (hier `zutaten`). Im Anschluss daran wird mit `SET` angegeben, welches Tabellenfeld (`Verfuegbar`) welchen neuen Wert bekommen soll (`='$auswahl'`). Ohne die Angabe von `WHERE` würde das `UPDATE`-Kommando allerdings auf alle Elemente der Tabelle `zutaten` angewendet werden. Daher geben Sie hier noch an, dass der aktuelle `UPDATE`-Befehl für den Datensatz angewendet werden soll, der beim Feldnamen `Zutat` den Wert der Variablen `$zutat` enthält. Steht in Ihrem Hash also beispielsweise

```
$Verfuegbar[Salami]="n",
```

so wird als SQL-Kommando ausgeführt:

```
UPDATE zutaten SET Verfuegbar='n' WHERE Zutat='Salami'
```

Weiterführende Informationen zum SQL-Befehl `UPDATE` bekommen Sie im Abschnitt 4.8.20.

Zusätzlich zum `UPDATE`-Kommando wird noch eine Bildschirmausgabe der Zutaten und deren Werte mit dem `echo`-Kommando erzeugt.

Zuletzt sollten Sie noch die Datei `index.html` im Verzeichnis `admin` bearbeiten, sodass der Link zum Löschen jetzt *Ändern* heisst und auf die Datei `aendern.php` verweist.

1.6 Beispiel im weiteren Verlauf

Als Beispielprojekt dient in den folgenden Kapiteln eine Kursverwaltung. Um bereits jetzt einen Überblick über die geplanten Funktionen zu bekommen, soll dieses Projekt hier erläutert werden.

Die Problemstellung lautet wie folgt:

Sie führen diverse Schulungen durch und bieten diese über das Internet an. Interessenten sollen sich über eine Weboberfläche über die angebotenen Kurse informieren können: Name des Kurses, Anfangs- und Enddatum des Kurses, maximale Teilnehmerzahl, Dozent, Schulungsort und – nicht zu vergessen – der Preis pro Person.

Neben der Darstellung für den Benutzer ist auch ein administrativer Bereich vorgesehen, in dem Sie selbst Kurse anlegen, verändern und löschen können. Diese Änderungen sollen ebenfalls über eine Weboberfläche durchgeführt und dann direkt in die Datenbank eingetragen werden. Dieser administrative Bereich soll natürlich nicht jedermann zur Verfügung stehen. Daher müssen für diesen Teil besondere Sicherheitsvorkehrungen getroffen werden.

Zu guter Letzt soll ein Benutzer auch in der Lage sein, einen dieser Kurse gleich über die Weboberfläche zu buchen. Die Eintragungen in dieser Buchungsmaske sollen ebenfalls wieder in einer Tabelle Ihrer Datenbank abgelegt werden. Dazu gehört zum einen, dass der Teilnehmer angelegt wird, und zum anderen, dass diesem Teilnehmer auch der entsprechende Kurs zugewiesen wird.

Kapitel 2

Linux

2.1 Einführung

2.1.1 Geschichtliche Entwicklung

Linus Torvalds, ein finnischer Student, hatte 1991 die Idee, sein Wissen über Speicherverwaltung und Systemarchitektur eines 386-Prozessors umzusetzen und ein kleines UNIX- bzw. eigentlich minix-ähnliches Betriebssystem zu programmieren. Dieses kleine Projekt (er schrieb damals: „just a hobby, won't be big and professional like gnu"), das er am 25. August 1991 in einer USENET-Newsgroup vorstellte, hat sich im Laufe der Zeit sehr schnell zu einem kompletten Betriebssystem entwickelt. Mittlerweile arbeiten viele Hundert Entwickler allein am so genannten Kernel, also dem Kern des Systems. Allerdings hat Linus Torvalds nach wie vor das letzte Wort, was mit dem Kernel passiert und was nicht.

Möglich wurde dieses gemeinsame Projekt durch die „GNU General Public License" (GPL), eine Lizenz, nach der Software (unter anderem eben auch der Linux-Kernel) frei, d. h. im Quelltext verfügbar ist, und die es jedem erlaubt, Änderungen am Programmcode vorzunehmen, solange er diese Änderungen wiederum mit der Software publik macht.

Dass dieses kleine Projekt der „Hobby"-Phase entwachsen ist, sieht man allein an der Zahl der derzeit installierten Systeme weltweit. Die Entwicklungsschritte des Kernels spiegeln sich in der Versionsnummer ebenfalls wieder.

Die Version 0.01 ist die „Ur-Version" des Kernels, also die Ausgangsbasis aus dem Jahre 1991. Es hat bis 1994 gedauert (und auf dem Weg natürlich unzählige so genannte „Patches" gegeben), bis die Version 1.0 als erste (offizielle) stabile Version verfügbar war. Von diesem Moment an wurde auch die Nummerierungsart für die Kernelversionen definiert:

Der erste Bestandteil einer Kernelversion ist der so genannte „Major-Release". Diese Nummer sollte sich nur dann ändern, wenn wirklich grundlegende Überarbeitungen des Kernels vorgenommen wurden. Die zweite Nummer, getrennt durch einen Punkt, gibt den „Minor-Release" an und ist für die meisten Anwender der interessanteste Teil. Ist diese Nummer eine gerade Zahl, so bedeutet es, dass diese Kernelversion eine „stabile" ist. Sollte hier eine ungerade Zahl stehen, ist der Kernel nur für Entwickler gedacht, die hier eventuell neue Treiber oder auch Umstrukturierungen ausprobieren können. Der letzte Teil der Versionsnummer ist der so genannte „Patchlevel". Diese bei jedem Minor-Release fortlaufende Nummer gibt an, wie viele Patches es bereits seit der Veröffentlichung der Minor-Release zu diesem Kernel gibt.

Eine wichtige Eigenschaft des Kernels ist seine Portierbarkeit; daher ist Linux mittlerweile auf sehr vielen unterschiedlichen Plattformen verfügbar – zum Teil durch Eigeninitiative von Linux-Enthusiasten, aber auch durch von Hardwareherstellern finanzierte Entwicklungen. So ist Linux mittlerweile auf folgenden Plattformen prinzipiell lauffähig:

- Alpha
- ARM
- i386 (80386, 80486, Pentium, und alle Kompatiblen CPUs wie AMD, Crueso, Cyrix ...)
- ia64 (64bit Prozessor von Intel „Itanium")
- m68k (680x0 CPUs von Motorola)
- mips/mips64 (beispielsweise die Rechner SGI Indy/Indigo2, ...)
- ppc (PowerPC CPUs, beispielsweise PowerMac, Be, ...)
- s390/s390x (Rechner der S/390 Serie von IBM)
- sparc/sparc64 (Rechner mit einer SUN SPARC CPU)
- ...

Es befindet sich derzeit sogar ein Linux für PlayStation 2 in Entwicklung ...

2.1.2 Eigenschaften

Linux hat sich nicht nur wegen der freien Verfügbarkeit und der Portierungen auf verschiedene Systeme schnell verbreitet, sondern auch bzw. gerade weil es ein ganzes Bündel an besonderen Leistungsmerkmalen mitbringt. Hier ein kleiner Ausschnitt der bemerkenswertesten Eigenschaften eines Linux-Systems:

Multitasking: Die Möglichkeit, mehrere Programme (scheinbar) gleichzeitig ausführen zu können, bezeichnet man als „Multitasking". Linux beherrscht dies nahezu uneingeschränkt.

Multiuser: Ein Linux-System kann von mehreren Personen gleichzeitig bzw. unabhängig voneinander bedient werden. Dies geschieht natürlich in den seltensten Fällen direkt am Rechner, sondern im Normalfall über Netzwerkfunktionen. Jeder am Rechner angemeldete Benutzer beeinflusst die anderen nur in einem geringen Maß (abhängig vom Ressourcenverbrauch der jeweils gestarteten Programme).

Multiprozessor: Unter „Multiprocessing" versteht man die Möglichkeit, vom Betriebssystem aus mehrere CPUs anzusprechen. Dadurch wird eine Lastverteilung im System möglich: Sobald ein Prozessor mit einer Aufgabe beschäftigt ist, wird die nächste Aufgabe auch dem nächsten Prozessor zugeteilt.

Virtueller Speicher: Im laufenden Betrieb eines Linux-Systems steht dem Benutzer mehr Speicher zur Verfügung als im Rechner tatsächlich an physikalischem Speicher vorhanden ist. Dies wird duch das Auslagern von zwar geladenen, aber nicht benötigten Daten auf die Festplatte erreicht. Linux lagert hier allerdings nicht den kompletten Prozess auf die Festplatte aus, sondern nur einzelne Speicherbereiche („Paging"). Dadurch wird ein Prozess deutlich schneller ausgeführt als auf anderen Betriebssystemen, die mit dem so genannten „Swapping" arbeiten.

Virtuelle Konsolen: Ein Linux-System unterstützt mehrere virtuelle Konsolen, von denen bis zu 64 gleichzeitig zur Verfügung stehen können. Zwischen den unterschiedlichen Konsolen können Sie mit Tastaturkommandos hin- und herschalten, unabhängig von der Grafikhardware, die Ihr System verwendet.

Unterschiedliche Dateisysteme: Der Zugriff auf die unterschiedlichsten Dateisysteme erfolgt unter Linux über eine einheitliche Schnittstelle. Linux unterstützt nahezu alle gängigen Dateisysteme der verbreitetsten Betriebssysteme, natürlich auch von nicht Linux-Betriebssystemen.

Netzwerkfähigkeit: Die Netzwerkfähigkeiten haben Linux bereits zu einem der meistverwendeten Serverbetriebssysteme gemacht. Sie können mit Linux alle gängigen Netzwerkprotokolle (TCP/IP, AppleTalk, IPX/SPX,...) verwenden und auch die unterschiedlichsten Clients von Linux aus bedienen.

Speicherschutz: Speicherschutz ist eine grundlegende Eigenschaft eines Linux-Systems, um den Multiuser-Betrieb reibungslos abwickeln zu können. Hierbei schirmt das System den Speicher der einzelnen Prozesse so ab, dass nur der Prozess selbst Zugriff hat und damit auch das gesamte System geschützt wird. Ein einzelner Prozess kann nicht auf Speicherbereiche anderer Prozesse zugreifen und diese zum Absturz bringen.

Portabilität: Da Linux auf sehr unterschiedlichen Systemarchitekturen läuft, können auch die Anwendungen durch einfaches Neukompilieren meist direkt auf anderen Rechnersystemen zum Laufen gebracht werden.

2.2 Distributionen

Wenn Sie sich heute ein Linux-System beschaffen möchten, so haben Sie mehrere Möglichkeiten: Die naheliegendste ist der Kauf einer so genannten „Distribution". Eine Distribution ist eine Sammlung von Installationshilfen, Anwendungen, Treibern usw., die aus dem Linux-Kernel und vielen tausend anderen Komponenten erst ein funktionierendes System machen. Die meisten dieser Programme sind wiederum frei verfügbare Software und können auch anderweitig aus dem Internet heruntergeladen werden.

Die Vorteile einer Distribution sind:

- Sie bekommen eine komplette Installationsroutine, die das System auf Ihrem Rechner installiert.
- Die Installation erfolgt von einer (meist allerdings mehreren) CDs bzw. von DVD. Dadurch ersparen Sie sich langwierige Downloadsitzungen.
- Sie bekommen meist auch gedruckte Dokumentation und evtl. sogar Installationssupport.
- Sehr häufig bieten die Distributoren auch Demo-Versionen von kommerziellen Programmen an, die Sie auf diese Weise testen können. Einige dieser kommerziellen Programme sind für den privaten Gebrauch sogar kostenlos verfügbar.
- Die Programme sind aufeinander abgestimmt.
- Die Programme sind bereits vorkompiliert, und Sie brauchen sich nicht mehr mit Compilern und Konfigurationen der Quellpakete auseinandersetzen.
- Die Verwaltung eines Systems wird meist über ein zentrales Programm der Distribution durchgeführt.
- Sie müssen nicht nach den einzelnen Programmen im Internet suchen.

2.3 Installation

Voraussetzung für die Installation des hier zugrunde liegenden SuSE Linux ist unter anderem, dass auf Ihrer Festplatte noch genügend freier Speicher vorhanden ist. Falls auf Ihrem Rechner bereits Windows 9x/ME installiert ist bzw. ein

Betriebssystem, das als Dateisystem FAT verwendet, sollten Sie vor der Installation Ihre Partition defragmentieren. SuSE Linux bietet während der Installation die Möglichkeit, diese Partition zu verkleinern, um Platz für Linux zu schaffen.

Für die Installation ist folgendes zu berücksichtigen:

- Linux wird auf einer eigenen Partition installiert, d. h., dass auf jeden Fall noch Platz auf der Festplatte vorhanden sein muss. Wie bereits erwähnt, kann YaST 2 während der Installation eine bereits vorhandene FAT(32)-Partition verkleinern.
- Ihr Rechner muss von CD bzw. DVD bootfähig und auch darauf eingestellt sein. Dies muss im BIOS Ihres Rechners vorgenommen werden. Falls Ihr Rechner kein Booten von CD/DVD unterstützt, so können Sie auch über einen Diskettensatz booten und dann die weitere Installation von CD/DVD durchführen.
- Ihre Hardware muss natürlich von SuSE Linux unterstützt werden. Für Fragen bezüglich Kompatibilität können Sie in der SuSE-Hardwaredatenbank unter der Adresse `http://hardwaredb.suse.de` nachschlagen.

2.3.1 Installation mit YaST 2

Die Installation von SuSE Linux soll anhand der Version 7.3 beispielhaft kurz vorgestellt werden. Falls Ihre Grafikkarte es erlaubt, erfolgt die Installation normalerweise im grafischen Modus. Hierbei wird beim Starten des Rechners die CD 1 bzw. die DVD ins Laufwerk gelegt und es erscheint beim Booten von der CD/DVD die Auswahl der Auflösung und der gewünschten Installation („Normale“ oder „Sichere“). Bei der sicheren Installation wird die Hardware nicht „bis an die Grenzen ausgereizt“, daher funktioniert diese Methode meist auch bei problematischer Hardware.

Die eigentliche Installation soll hier nur in kurzen Schritten aufgezeigt werden. Für weitere Informationen stehen Ihnen die mit SuSE Linux mitgelieferten Installationshilfen zur Verfügung.

Nachdem Sie gewählt haben, nach welcher Methode Sie die Installation durchführen möchten, wird YaST 2 gestartet und überprüft die vorhandene Hardware, wie in der Abbildung 2.1 gezeigt.

Während der nachfolgenden Installation erwartet YaST 2 folgende Angaben von Ihnen:

1. Sie müssen die Sprache für die Installation wählen; in der Regel ist dies wohl *Deutsch*.
2. Geben Sie an, mit welchem Tastaturlayout Sie arbeiten möchten und welche Zeitzone gesetzt werden soll. Standardeinstellungen hierbei sind *Deutsch* als

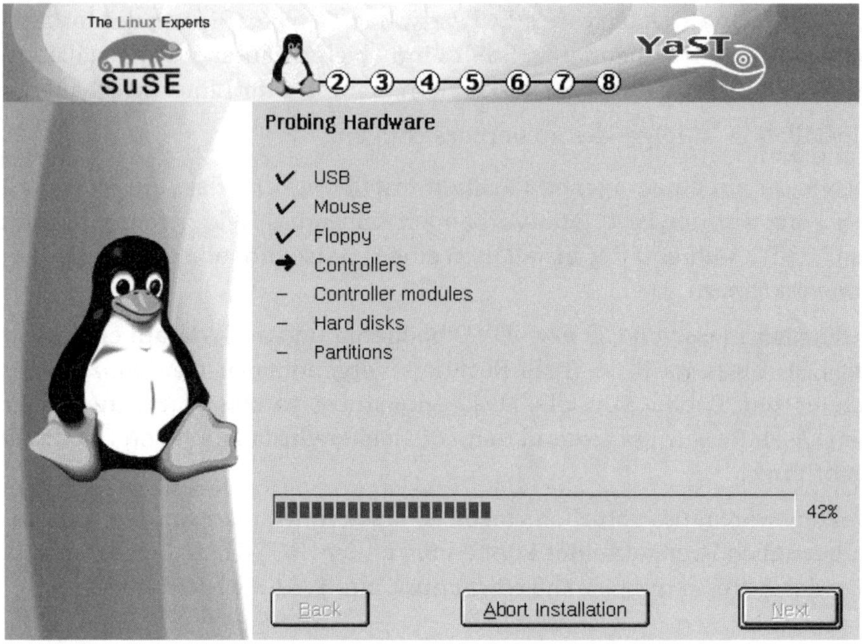

Abbildung 2.1: Installation mit YaST 2

Tastaturlayout und *Europa/Deutschland* für die Zeitzone. Eine weitere Frage nach der Einstellung der Rechneruhr ist in den meisten Fällen mit *Ortszeit* zu beantworten. Es kann allerdings auch richtig sein, dass der Rechner auf GMT (*Greenwich Mean Time*) eingestellt ist (dies ist die Referenzzeit, nach der alle anderen Zeitzonen ausgerichtet werden).

3. Auf der nächsten Seite wählen Sie die Art der Installation. Falls Ihr Rechner noch kein SuSE-Linux-System installiert hat, so wählen Sie *Neuinstallation*, andernfalls können Sie mit *Update des bestehenden Systems* ein Update auf die aktuelle Version durchführen oder auch mit *Installiertes System booten* Ihre bereits auf dem Rechner befindliche Installation starten.

4. Nun kommt die Auswahl der Partition, in die Linux installiert werden soll. Falls Ihre Festplatte keine Daten enthält und auch kein weiteres Betriebssystem, so können Sie den Vorschlag akzeptieren. Andernfalls sollten Sie hier die Partitionierung entsprechend abändern. Weitere Informationen finden Sie im SuSE-Installationshandbuch.

5. Für die hier verwendeten Funktionen reicht das *Standard-System* aus, da alle weiteren benötigten Komponenten in den folgenden Kapiteln nachinstalliert werden.

6. Bei der Frage nach dem Installationsort von LILO (dem Bootmanager von Linux) hängt die Antwort von Ihrem System ab. Falls bereits ein anderes Betriebssystem vorhanden ist, wird Ihnen SuSE Linux hier den Vorschlag machen, LILO auf einer Diskette zu speichern. Wer Linux nur bei Bedarf starten möchte und beim Bootsektor auf Nummer sicher gehen will, der lässt diese Einstellung. Andernfalls können Sie hier auch einstellen, dass LILO in den „Master Boot Record" (MBR) der ersten Festplatte geschrieben werden soll. Damit wird LILO beim Starten Ihres Rechners eine Auswahl präsentieren, mit der Sie das zu startende System wählen können.
7. Anschließend fragt YaST 2 nach dem Passwort für den Benutzer `root`. Dieser Benutzer ist der Systemadministrator eines Linux-Systems. Merken Sie sich das Passwort, das Sie hier vergeben, sehr gut! Nur dieser Benutzer kann nachträglich Programme installieren, Benutzer anlegen etc.
8. Im nächsten Fenster legen Sie noch den Benutzer fest, der mit dem System „normal" arbeiten soll. Das entscheidende Feld ist hier der *Loginname (Benutzername)*. In den weiteren Beispielen in diesem Buch wird davon ausgegangen, dass hier `user` eingetragen wurde. Sie können natürlich Ihren gewünschten Namen eingeben, allerdings müssen Sie dann in den Beispielen auch Ihren hier eingetragen Benutzernamen verwenden.
9. In diesem Schritt bekommen Sie Ihre Auswahl noch einmal zur Kontrolle angezeigt und könnten diese auch auf Diskette speichern, falls Sie ein weiteres Mal mit den selben Einstellungen installieren müssen.
10. Zu guter Letzt wird noch eine Sicherheitsabfrage durchgeführt, ob Sie sich wirklich sicher sind, dass SuSE Linux mit den gewählten Einstellungen installiert werden soll.
11. Nun beginnt die Vorbereitung der Festplatte und die Programmpakete werden kopiert.
12. Nach dem Kopieren wird der Bootloader geschrieben und eventuell eine oder mehrere CDs für weitere zu installierende Software benötigt.
13. Jetzt beginnt bereits die Konfiguration Ihres installierten Linux-Systems mit der Auswahl des Monitors für die grafische Oberfläche. Falls keine grafische Oberfläche installiert wurde – das ist dann der Fall, wenn Sie ein *Minimal-System* gewählt haben – entfällt dieser Teil natürlich.
14. Nun ist noch die Bildschirmdarstellung einzustellen. Hier können die Auflösung, die Farbtiefe eingestellt und ein eventuell vorhandener 3D-Beschleuniger aktiviert werden.
15. Abschließend wird `SuSEconfig` gestartet und Ihr installiertes System auf die Hardware eingestellt. Desweiteren werden hier die einzelnen Programme angepasst und Konfigurationsdateien für die meisten Dienste erzeugt.

Im Anschluss an diesen Teil kann Ihre Hardware konfiguriert werden. Diese Schritte werden im nächsten Kapitel erläutert. Bevor Sie allerdings die Hardwarekonfiguration anklicken, sollten Sie sämtliche Geräte, die an Ihrem Rechner angeschlossen sind und konfiguriert werden sollen, anschalten. Dadurch kann die Hardware von YaST 2 erkannt werden.

2.3.2 Nach der Installation

Die erste Aktion, die Sie nach der Installation durchführen müssen, ist die Anmeldung am System. Dabei verwenden Sie als Benutzernamen den Namen, den Sie während der Installation festgelegt haben (siehe Seite 45).

Sobald die Anmeldung erfolgt ist, sehen Sie in der grafischen Oberfläche einen Willkommensbildschirm, auf dem Sie verschiedene grundlegende Informationen abrufen können. Gehen Sie hier zunächst mit *Weiter* auf die nächste Seite. Mit dem Schieberegler können Sie dort festlegen, welche optischen Effekte von KDE auf Ihrem System verwendet werden sollen. Falls Sie wissen möchten, welche Effekte im einzelnen das sind, klicken Sie hier auf *Details anzeigen*.

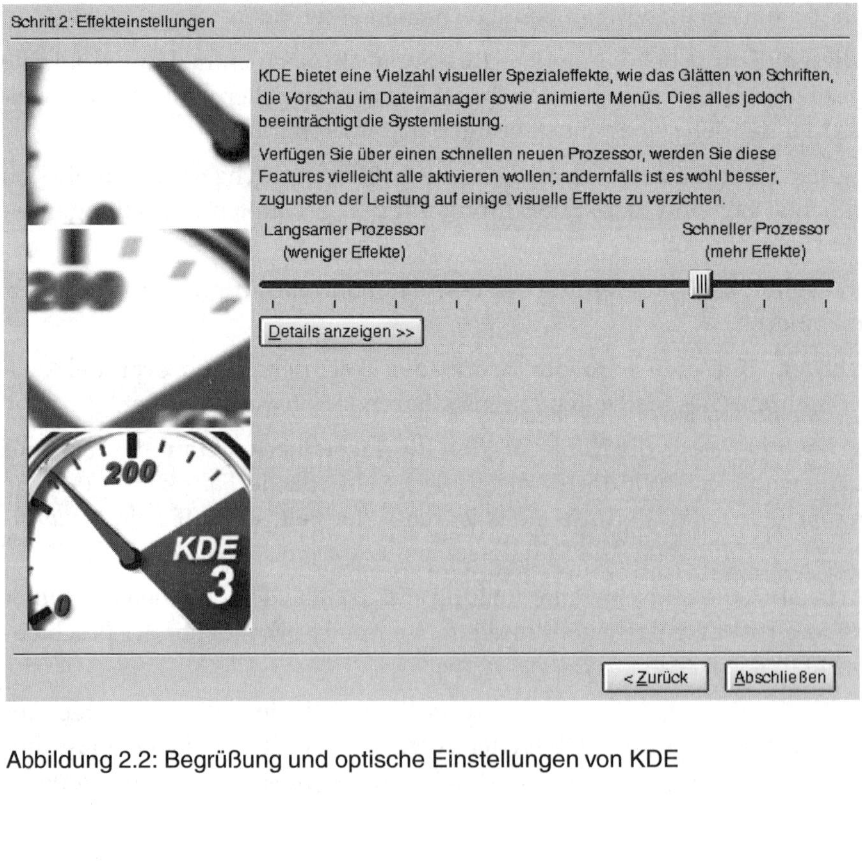

Abbildung 2.2: Begrüßung und optische Einstellungen von KDE

Nach Abschluss dieser Einstellungen zeigt Ihnen *Kandalf* (so heißt die kleine Figur, die die kurzen Hilfstexte zu KDE präsentiert) nützliche Tipps und Tricks für die Arbeit mit dem KDE-Desktop.

Die wichtigsten Elemente der grafischen Oberfläche, die Sie im Verlauf dieses Buches benötigen werden, sehen Sie in der Abbildung 2.3.

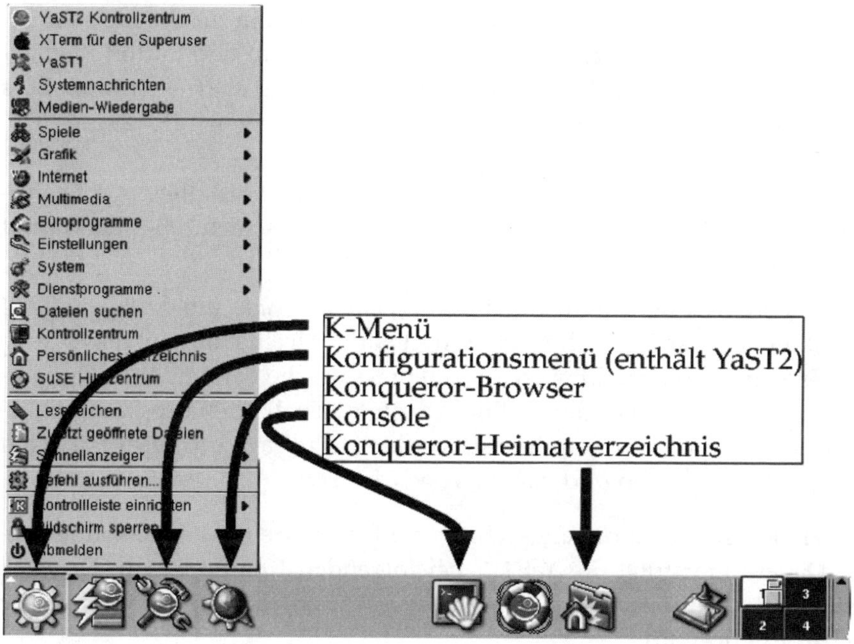

Abbildung 2.3: Die wichtigsten Elemente der grafische Oberfläche KDE

Dies wären im Einzelnen:

K-Menü: hier finden Sie die meisten der installierten Programme wieder.

YaST2: YaST ist die Abkürzung für „Yet another Setup Tool". Dieses Programm haben Sie bereits während der Installation von SuSE Linux verwendet. Mit dem YaST 2 Kontrollzentrum können Sie in alle installierten Module des YaST 2 wechseln, um weitere Konfigurationen vorzunehmen.

Konqueror (Browser): Mit diesem Button starten Sie den Standardbrowser unter KDE als Browser. Dieser kann sowohl lokale Funktionen im Dateisystem durchführen als auch im Internet arbeiten.

Konsole: dient dazu, Kommandozeileneingaben vorzunehmen. Sie benötigen die Konsole beispielsweise, um verschiedene Dienste zu starten bzw. zu beenden.

Konqueror (Home-Verzeichnis): hier starten Sie den *Konqueror* als Dateimanager. Der Konqueror zeigt Ihnen als Startverzeichnis Ihr Home-Verzeichnis an.

2.4 Konfiguration mit YaST 2

YaST 2 dient unter SuSE Linux als Konfigurationsprogramm für die meisten Systemeinstellungen. Zum Starten von YaST 2 klicken Sie auf den Button *Konfigurationsmenü* (siehe Abbildung 2.3) und wählen darin *YaST 2 Kontrollzentrum*. Dies startet die Schaltzentrale von YaST 2. Die Aufgabengebiete von YaST 2 sind:

Software: Mit dem Punkt *Software* können Sie Programme installieren bzw. vorhandene Programme wieder deinstallieren. Dies geschieht über den Punkt *Software installieren/löschen*.

Eine weitere wichtige Möglichkeit ist das *Online-Update*, um das System auf dem aktuellen Stand zu halten. Hierzu ist natürlich eine Internetverbindung erforderlich. Dieser Punkt prüft auf einem Server die vorhandenen Updates und vergleicht diese mit den in Ihrem System installierten Programmpaketen. Falls ein Update vorhanden ist, werden Sie gefragt, ob dieses Paket auf Ihren Rechner geladen und installiert werden soll.

Hardware: Hier können Sie die angeschlossene Hardware für Linux konfigurieren. Dabei unterstützt Sie YaST 2 bei folgenden Komponenten: Drucker, Festplattenpartitionierung, Scanner, Soundkarten, TV-Karten, Grafikkarte (X11-Konfiguration).

Einige Komponenten konnten bereits während der Installation konfiguriert werden, andere nun erst im laufenden Betrieb.

Netzwerk/Basis: Die Grundkonfiguration des Netzwerks können Sie bereits während der Installation durchführen. Darüber hinaus sind nun Einstellungen für folgende Dienste möglich: ADSL bzw. T-DSL (siehe Kapitel 2.4.1.2), E-Mail (befindet sich vor SuSE Linux 8.0 unter dem Menüpunkt *Netzwerk/Erweitert* als *Konfiguration von Sendmail*), Hostname & DNS (ist ab SuSE Linux 8.0 unter *Netzwerk/Erweitert* zu finden), Konfiguration des Modems (siehe Kapitel 2.4.1.4), Konfiguration von ISDN (siehe Kapitel 2.4.1.3), Start oder Stopp von Systemdiensten.

Einige dieser Punkte werden Sie in den nachfolgenden Kapiteln genauer kennen lernen.

Netzwerk/Erweitert: Da die Netzwerkkonfiguration im obigen Punkt nur einige Grundeinstellungen enthält (für die meisten Anwender sind diese allerdings völlig ausreichend), existiert noch der Punkt *Netzwerk/Erweitert*. Hier können Administratoren weitere Funktionalitäten beeinflussen: Hostname

& DNS (ist vor SuSE Linux 8.0 im Punkt *Netzwerk/Basis*), Netzwerkkonfiguration für Experten, Konfiguration von *Sendmail* (ist ab SuSE Linux 8.0 im Punkt *Netzwerk/Basis* unter *E-Mail* in einer deutlich verbesserten Form zu finden), LDAP-Client, NFS-Client, NFS-Server, NIS+-Client, NIS-Client, NIS-Server konfigurieren, Routing.

Da die Behandlung all dieser Einstellungen den Rahmen dieses Buches sprengen würden, sei hier auf weiterführende Literatur verwiesen.

Sicherheit & Benutzer: Ein wichtiger Punkt für die Administration eines Linux-Systems ist die Benutzerverwaltung. Hier können Sie neue Benutzer in Ihrem System aufnehmen, Gruppen anlegen, Zuordnungen zwischen Gruppen und Benutzern durchführen und Gruppen bzw. Benutzer wieder löschen. Dies wird in Kapitel 2.4.2 näher erläutert.

System: Der Punkt *System* beschäftigt sich mit der Erstellung von Bootdisketten, Einstellungen zum Booten etc. Einer der Punkte, der für Sie hierbei immer wieder wichtig sein wird, ist *RC.Config-Editor* (zumindest bis Version 7.3 von SuSE Linux). Ab der Version 8.0 spielt der *RC.Config-Editor* keine Rolle mehr und ist durch die beiden Punkte *Runlevel-Editor* und *Sysconfig-Editor* ersetzt worden. Die einzelnen Einstellungen und deren Auswirkungen werden jeweils in den Kapiteln 3 und 4 vorgestellt.

Sonstiges: Zu guter Letzt haben Sie unter *Sonstiges* unter anderem noch die Möglichkeit, sich ein Protokoll des laufenden Systems oder des Bootvorgangs zu betrachten (der Inhalt ist in der Datei `/var/log/messages` zu finden – diese Datei enthält die wichtigsten Informationen über Aktivitäten Ihres Systems – bzw. in `/var/log/boot.msg` – in dieser Datei sind die Informationen gespeichert, die beim Booten des Systems angezeigt werden) und eine Support-Anfrage zu stellen.

2.4.1 Netzwerk-/Internetzugang

Die Konfiguration des Netzwerk-/Internetzugangs kann mit SuSE Linux über YaST 2 erfolgen. Dazu bietet Ihnen YaST 2 die Möglichkeit, den Zugang über Netzwekkarte, DSL, ISDN und Modem durchzuführen. Die verschiedenen Möglichkeiten sollen im Folgenden erläutert werden:

2.4.1.1 Netzwerkkarte

Bei der Konfiguration der Netzwerkkarte können Sie zwischen der Installation mit einem DHCP-Server und der festen Vergabe einer IP-Adresse wählen.

Bei der Installation mit einem DHCP-Server wird beim Starten Ihres Rechners die IP-Adresse automatisch vom DHCP-Server zugewiesen. Für diese Methode muss natürlich auch ein DHCP-Server in Ihrem Netzwerk vorhanden sein und möglicherweise auch für Ihren Zugriff konfiguriert sein.

Häufig wird allerdings die IP-Adresse nicht dynamisch vergeben, sondern bereits hier fest eingestellt. Dazu wählen Sie den Punkt *Konfiguration der statischen Adresse* und tragen bei IP-Adresse Ihre feste IP-Adresse ein. Um hier nicht in Konflikt mit anderen Rechnern zu kommen, sollten Sie sich eine IP-Adresse vom Netzwerkadministrator geben lassen. Falls Ihr Linux-Rechner Ihr einziger Rechner ist, können Sie diese IP-Adresse prinzipiell beliebig wählen. Wählen Sie in diesem Fall eine der privaten IP-Adressen. In den nachfolgenden Beispielen wird die IP-Adresse `192.168.1.201` verwendet. Die zugehörige Subnetzmaske lautet `255.255.255.0`.

Beim Button *Rechnername und Nameserver* legen Sie fest, wie Ihr Rechner heißt, zu welcher Domäne Ihr Rechner gehört und auf welche Nameserver er Zugriff hat. Fragen Sie auch nach diesen Einträgen den zuständigen Netzwerkadministrator. Bei einem Einzelplatzrechner können Sie die Vorgaben übernehmen (Rechnername: `linux` und Domain: `local`).

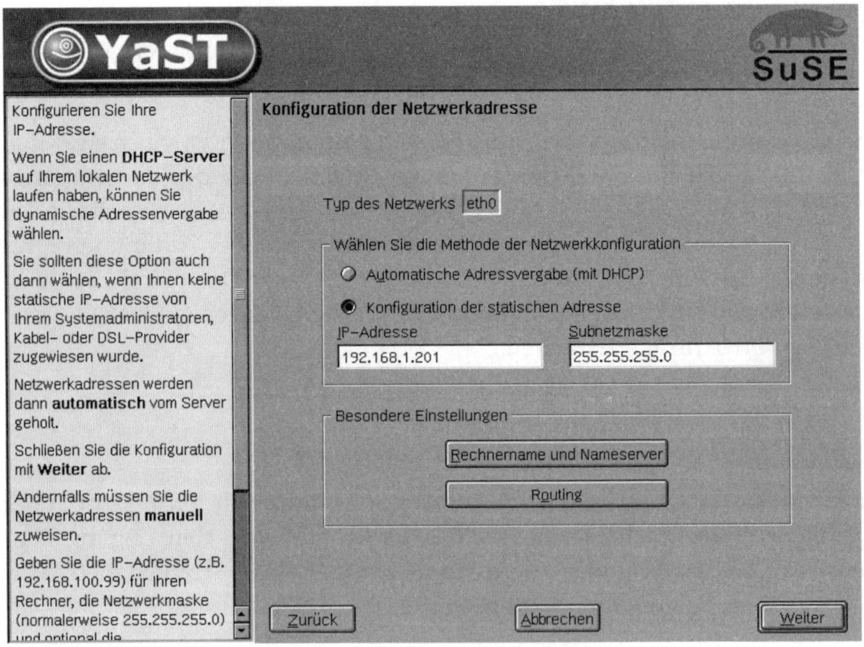

Abbildung 2.4: Einstellen der IP-Adresse der Netzwerkkarte

Beim Punkt *Routing* können Sie noch ein eventuell vorhandenes Standardgateway eintragen. Dieser Punkt bleibt beim Einzelplatzrechner leer, in einem Netzwerk ist das Standardgateway Ihres Netzwerkes zu erfragen.

Gehen Sie nun auf *Weiter*, dadurch werden Ihre Einstellungen gespeichert und YaST 2 wird wieder auf die Hardwareauswahl zurückspringen.

2.4.1.2 DSL

Die DSL-Installation setzt eine Netzwerkkarte voraus, die an Ihr DSL-Modem angeschlossen ist. Falls Ihr Rechner zwei oder mehr Netzwerkkarten besitzt, so werden diese Netzwerkkarten der Reihe nach mit `eth0`, `eth1`, ... bezeichnet. Im Folgenden soll davon ausgegangen werden, dass Ihr Rechner mit der ersten Netzwerkkarte (`eth0`) am internen Netzwerk angeschlossen ist und die zweite Netzwerkkarte (`eth1`) für DSL verwendet werden soll.

Für die DSL-Einstellungen rufen Sie das YaST 2-Kontrollzentrum auf. Falls Sie nicht als User `root` angemeldet sind, so werden Sie nach dem `root`-Passwort gefragt. In YaST 2 wählen Sie dann den Menüpunkt *Netzwerk/Basis* und finden dort die Möglichkeit, eine ADSL- und eine T-DSL-Konfiguration durchzuführen (bis SuSE Linux 7.3). Der Unterschied der beiden Varianten besteht eigentlich nur in der Art und Weise, wie Ihre Zugangsdaten abgefragt werden.

Ab SuSE Linux 8.0 steht nur noch der Punkt *Konfiguration von DSL* zur Verfügung, der beide Varianten abdeckt.

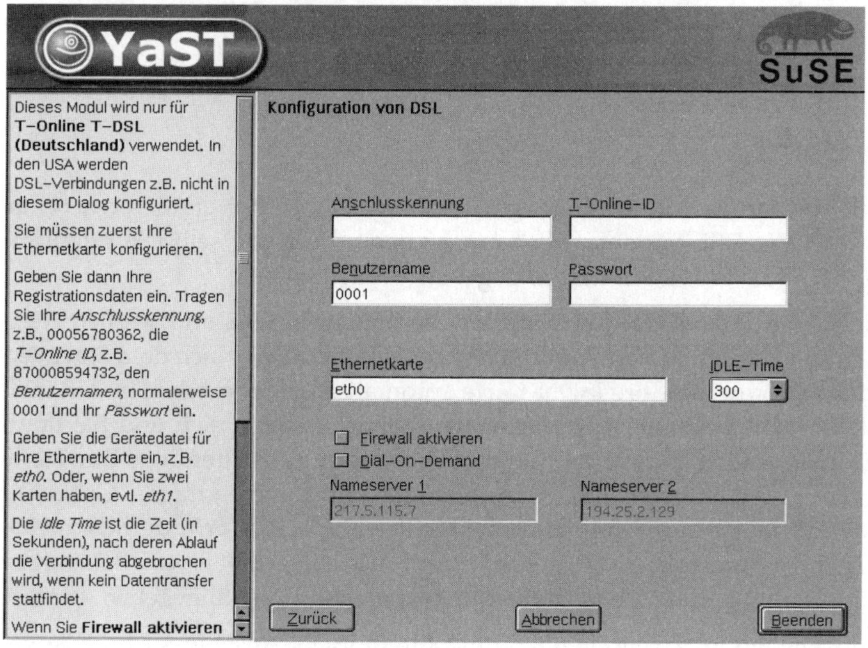

Abbildung 2.5: Einstellen des DSL-Anschlusses

Die T-DSL Abfrage sieht hier als Zugangsdaten die Abfrage nach *Anschlusskennung, T-Online-Nummer* und *Mitbenutzerkennung* vor. Bei der ADSL-Variante werden Sie dagegen nur nach einer *Mitbenutzerkennung* gefragt. Dies entspricht Ihrem Benutzernamen, den Sie zum Anmelden bei Ihrem Provider benötigen.

Im Anschluss daran werden Sie noch nach dem *Persönlichen Kennwort* gefragt, auch dies ist das vom Provider vorgegebene.

Bei der Frage nach der *Ethernetkarte* geben Sie die Bezeichnung Ihre Netzwerkkarte an, an der Ihr DSL-Modem angeschlossen ist (im aktuellen Beispiel wäre das also `eth1`).

Die Angabe der *Idletime* ist die Anzahl der Sekunden Inakitivität, nach denen die Verbindung mit dem Provider wieder getrennt wird.

Mit dem Schalter *Firewall aktivieren* können Sie dafür sorgen, dass beim Verbindungsaufbau die Firewall mit gestartet werden soll. Durch diese Firewall werden alle Verbindungen, die vom Internet aus auf Ihren Rechner versucht werden, abgeblockt.

Durch die Angabe von *Dial-On-Demand* legen Sie fest, dass die Verbindung mit Ihrem Provider automatisch gestartet werden soll, sobald von Ihrem Rechner aus ein Zugriff auf einen Rechner im Internet erfolgt. Damit diese Einstellung funktioniert, müssen Sie bei *Nameserver* im unteren Bereich die Werte eintragen, die Sie von Ihrem Provider bekommen haben. Bei der T-DSL Verbindung werden diese Nameserver automatisch von YaST 2 eingetragen.

2.4.1.3 ISDN

Die Konfiguration des Internetzugangs über eine ISDN-Karte verläuft etwas komplizierter als die DSL-Variante. Hier muss zuerst die Karte selbst konfiguriert werden, bevor die Providerdaten eingegeben werden können

Zum Einbinden Ihrer ISDN-Karte starten Sie wieder YaST 2 und wählen *Netzwerk/Basis* aus, darin nun den Punkt *Konfiguration von ISDN*. Nach dem Start versucht dieses Modul nun Ihre ISDN-Karte automatisch zu erkennen. In den meisten Fällen ist die automatische Hardwareerkennung erfolgreich und Sie brauchen sich nicht weiter um diesen Punkt zu kümmern. Falls allerdings Ihre Karte nicht erkannt wird, müssen Sie die Einstellungen von Hand eintragen. Geben Sie in der Maske, die Sie in Abbildung 2.6 sehen, Ihre Karte, falls erforderlich die *IO-Adresse* und den Interrupt (*IRQ*), der bei Ihrer Karte eingestellt ist, an. Bei einigen Kartentypen muss zusätzlich noch die Memory-Basisadresse angegeben werden.

Besonders wichtig im Zusammenhang mit Ihrem ISDN-Anschluss ist die Angabe des *ISDN-Protokolls*. Hierbei ist bei neueren ISDN-Anschlüssen das *Euro-ISDN* Protokoll die richtige Wahl. Falls allerdings Ihre ISDN-Karte an einer Telefonanlage angeschlossen ist, die intern das ältere *1TR6*-Protokoll verwendet, müssen Sie dieses hier einstellen.

Im Anschluss daran bietet Ihnen YaST 2 eine Auswahl verschiedener bereits vorkonfigurierten Provider, deren Rufnummern und wichtigste Eingenschaften für den Zugang hinterlegt sind. Falls Ihr Provider nicht gelistet ist, können Sie über den Button *Neu* Ihre Providerdaten auch manuell eingeben.

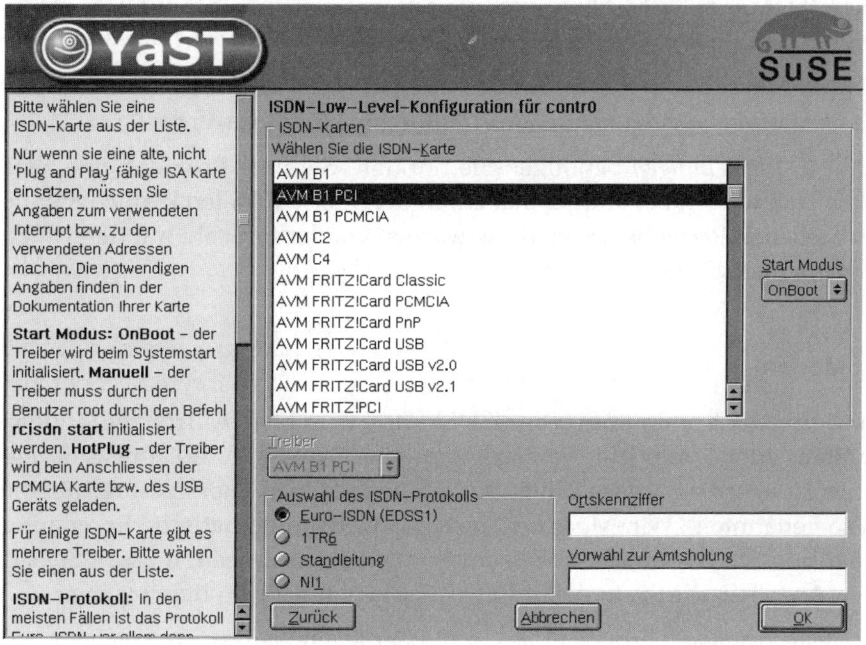

Abbildung 2.6: Einstellen der ISDN-Karte

Die Liste der Internetprovider enthält auch einige Call-by-Call Anbieter, sodass Sie auch ohne einen festen Provider über Linux ins Internet gelangen können.

Bei der Angabe Ihrer Providerdaten werden Sie noch nach dem *ISDN-Typ* gefragt. Auch diese Information sollten Sie beim Provider erfragen (meist ist das *ISDN SyncPPP*).

Nach dem Klick auf *Weiter* müssen Sie noch einige Daten zur Verbindung angeben. Die erste Eingabe hierbei ist die *eigene Telefonnummer*. Hier geben Sie die MSN ein, die für die Interneteinwahl verwendet werden soll. An einer Telefonanlage müssen Sie häufig nur die Durchwahl eingeben, unter der dieser Anschluss in der Anlage konfiguriert ist. Falls Sie die Standardnummer zum Wählen verwenden möchten, so lassen Sie hier die `0` stehen.

Der *Wählmodus* gibt an, ob Ihre Verbindung bei Bedarf *Automatisch* gestartet werden soll (dies entspricht der Einstellung *Dial-On-Demand* bei DSL), ob Sie die Interneteinwahl *Manuell* starten möchten oder ob Ihre Konfiguration momentan noch gar nicht aktiv sein soll (*Aus*).

Der *IDLE-Timeout* gibt wieder (wie bei DSL) an, nach wie viel Sekunden Inaktivität die Verbindung abgebrochen werden soll. Falls Sie von Ihrem Telefonanbieter einen Gebührenimpuls bekommen, können Sie dieses Auflegen durch die Angabe von *ChargeHUP* bis vor den nächsten Gebührenimpuls hinauszögern.

Der Haken *ISDN beim Systemstart initialisieren* sorgt dafür, dass Ihre ISDN-Hardware bereits beim Booten des Rechners aktiviert wird.

Auch *Aktivate Firewall* bewirkt wieder, dass die Firewall beim Verbindungsaufbau gestartet wird und alle eingehenden Verbindungen blockiert werden.

Den Punkt *IP-Einstellungen* benötigen Sie nur, falls Sie vom Provider eine feste IP-Adresse zugewiesen bekommen haben. In den meisten Fällen können Sie die hier vorgegebenen Werte belassen, diese werden bei der Einwahl mit den Daten des Providers überschrieben.

2.4.1.4 Modem

Ähnlich wie bei der Konfiguration der ISDN-Karte wird beim Aufruf der Modem-Konfiguration zuerst versucht die Hardware selbstständig zu erkennen. Beachten Sie hierzu allerdings, dass Linux derzeit noch keine Unterstützung für die meisten so genannten „Win-Modems" bietet. Falls die automatische Erkennung fehlschlägt und Sie wissen, dass Sie kein Win-Modem besitzen, müssen Sie die folgenden Angaben, die Sie in Abbildung 2.7 sehen, für Ihr Modem machen.

Die wichtigste Angabe hierbei ist das *Gerät*. Hier legen Sie fest, an welchem Anschluss Ihr Modem physikalisch vom Rechner aus erreichbar ist. Diese Geräte entsprechen folgenden Geräten unter MS DOS:

DOS	Linux
`COM1`	`ttyS0`
`COM2`	`ttyS1`
`COM3`	`ttyS2`
`COM4`	`ttyS3`
`USB`	`ttyACM0`
`USB`	`ttyACM1`
`USB`	`ttyACM2`
`USB`	`ttyACM3`

Weitere wichtige Angaben sind:

Amtsholung: Hier geben Sie die Nummer an, die für eine Amtsleitung in Ihrer Telefonanlage vorgegeben ist. Meist verwenden Sie hier 0.

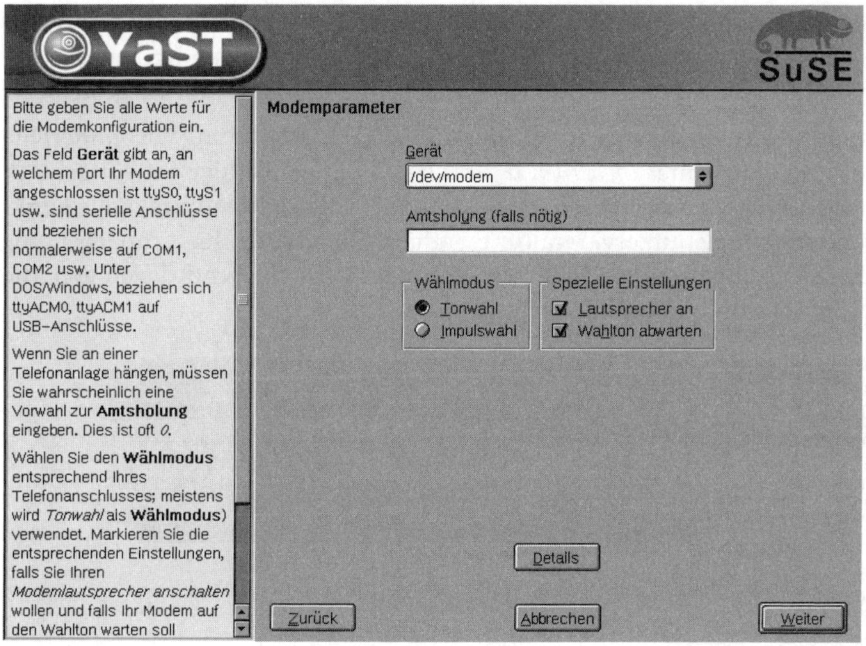

Abbildung 2.7: Einstellen eines Modems

Wählmodus: Bei den meisten Telefonanschlüssen ist es bereits möglich, den Wählmodus auf Tonwahl (Sie hören beim Wählen Töne im Telefon) einzustellen. Falls Ihr Anschluss bzw. Ihre Anlage nur über Impulswahl (Sie hören beim Wählen ein Klackern im Telefon) funktioniert, so geben Sie das hier ein.

Wahlton abwarten: Falls das Modem auf den Wahlton warten soll, so wählen Sie diesen Punkt aus. Diese Funktion sollten Sie unbedingt abschalten, sobald Sie an einer Telefonanlage angeschlossen sind, die eine Amtsholung erfordert, da hier der Wahlton erst nach der Amtsholung zum Modem gesendet wird.

Nun erfolgt noch die Einstellung des Providers, die aber genauso abläuft, wie bereits bei der ISDN-Konfiguration gesehen. Im Anschluss daran können Sie, ebenfalls wie bei ISDN & DSL schon gesehen, die *Firewall aktivieren* und eine *Automatische Einwahl* (Dial-on-Demand) festlegen.

2.4.2 Benutzerverwaltung

Eines der wichtigsten Argumente für den Einsatz eines Linux-System ist dessen hohe Sicherheit. Diese Sicherheit basiert sehr stark darauf, dass für verschiedene Bereiche auch unterschiedliche Benutzer im System vorhanden sind und diese auch sehr unterschiedliche Berechtigungen haben. Im Folgenden werden die wichtigsten Merkmale zur Benutzerverwaltung unter SuSE Linux vorgestellt.

Den Eintrag für die Benutzerverwaltung mit YaST 2 (Abbildung 2.8) finden Sie im Kontrollzentrum unter *Sicherheit & Benutzer*. Wählen Sie hier am einfachsten den Eintrag *Bearbeiten und Anlegen von Benutzern*, da dieser Menüpunkt alle Funktionalitäten für die Benutzerverwaltung enthält. Sie erhalten hier zunächst eine Übersicht über alle normalen Benutzer. Normaler Benutzer sind diejenigen, die keine systemrelevanten Funktionen ausführen.

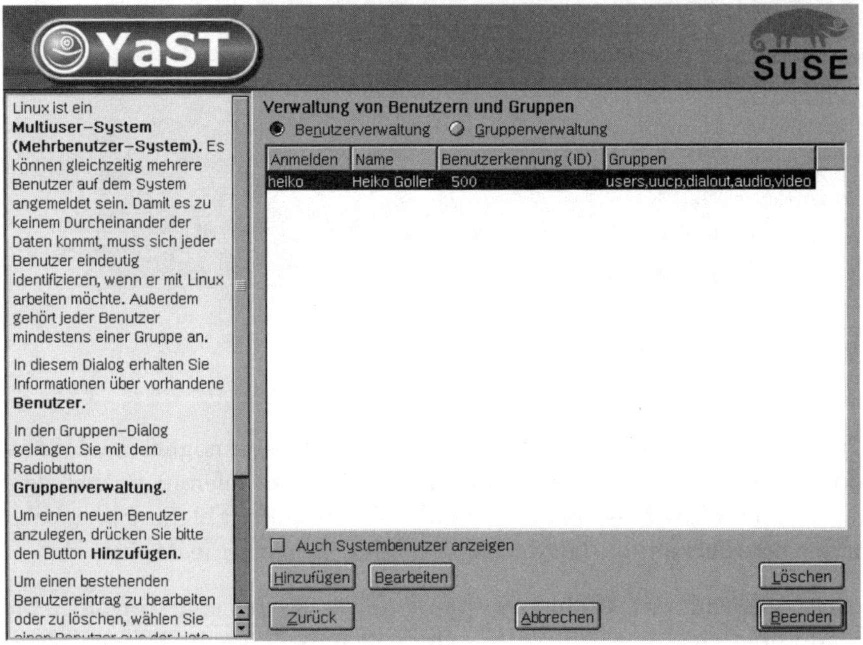

Abbildung 2.8: Benutzerverwaltung

Falls Sie diese Benutzer auch angezeigt haben möchten, so können Sie dies durch den Haken *Auch Systembenutzer anzeigen*. Zu diesen Systembenutzern gehört auch der Benutzer `root`. Dieser Benutzer hat im System grundsätzlich alle Berechtigungen und sollte nur zu reinen Administrationszwecken verwendet werden.

2.4.2.1 Neue Benutzer anlegen

Um einen neuen Benutzer anzulegen, können Sie entweder direkt den Menüpunkt *Neuen Benutzer anlegen* unter *Sicherheit & Benutzer* auswählen, oder durch einen Klick in der oben erwähnten Benutzerverwaltung auf *Hinzufügen*.

Tragen Sie in der Maske, die Sie in Abbildung 2.9 sehen, die Daten des neuen Benutzers ein. Beachten Sie dabei, dass YaST 2 nur Buchstaben und Ziffern für einen Benutzernamen akzeptiert. Falls Sie versuchen sollten, etwas anderes als Buchstaben und Ziffern einzutragen, wird Sie YaST 2 diesen Benutzer nicht anlegen lassen.

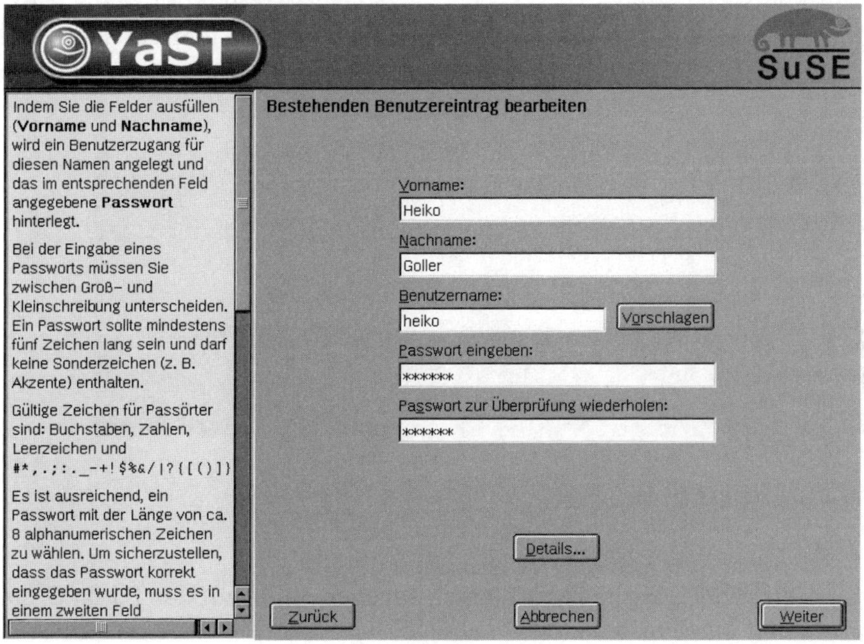

Abbildung 2.9: Daten für einen neuen Benutzer

Falls Sie über die obige Benutzerverwaltung den neuen Benutzer angelegt haben, ist dieser im System erst dann vorhanden, sobald Sie auch die Benutzerverwaltung selbst verlassen.

2.4.2.2 Neue Gruppe anlegen

Durch die Verwendung von Gruppen können Sie bestimmte Benutzer in einem Verbund zusammenfassen. Damit sind Sie in der Lage, Berechtigungen nicht nur individuell für einzelne Benutzer, sondern diese für alle Mitglieder gleichzeitig zu bestimmen.

Sie können die Gruppenverwaltung wieder über die allgemeine Benutzerverwaltung von oben aufrufen, indem Sie auf den Button *Gruppenverwaltung* klicken. Dadurch zeigt Ihnen YaST 2 anstelle der Benutzer die vorhandenen Gruppen an.

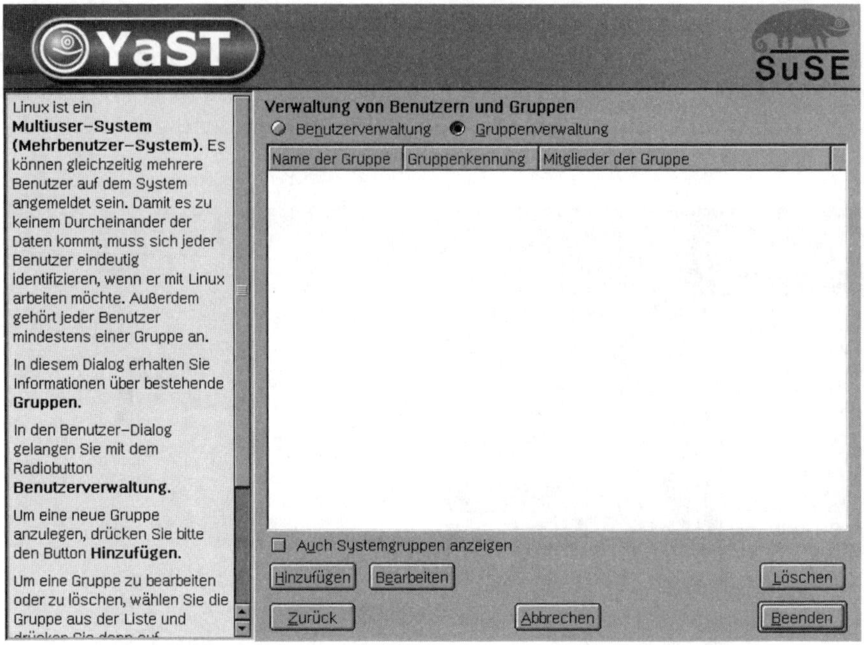

Abbildung 2.10: Gruppenverwaltung

Alternativ dazu können Sie im Kontrollzentrum auch direkt auf den Punkt *Gruppen bearbeiten und anlegen* klicken.

Die Zuordnung von Benutzern zu einzelnen Gruppen kann die Systemadministration deutlich erleichtern. Linux kann im Dateisystem keine individuellen Berechtigungen auf Benutzerebene für mehrere Benutzer vornehmen, daher bietet sich die Verwendung von verschiedenen Gruppen, die unterschiedliche Berechtigungen im Dateisystem haben sollen, geradezu an.

2.4.2.3 Neue Gruppe bzw. Gruppe bearbeiten

Falls Sie eine neue Gruppe anlegen oder eine bestehende Gruppe bearbeiten, können Sie die Mitglieder dieser Gruppe wie in Abbildung 2.11 gezeigt bearbeiten.

Sie haben hier die Möglichkeit, über die Schalter die Mitglieder der Gruppe auszuwählen. Die Passwortfelder im unteren Bereich können Sie festlegen, falls Sie für das Wechseln in diese Gruppe vom Benutzer ein Passwort verlangen möchten.

Falls alle Benutzer untereinander Daten austauschen sollen, so sollten Sie zumindest alle Mitglied in der Gruppe `users` sein.

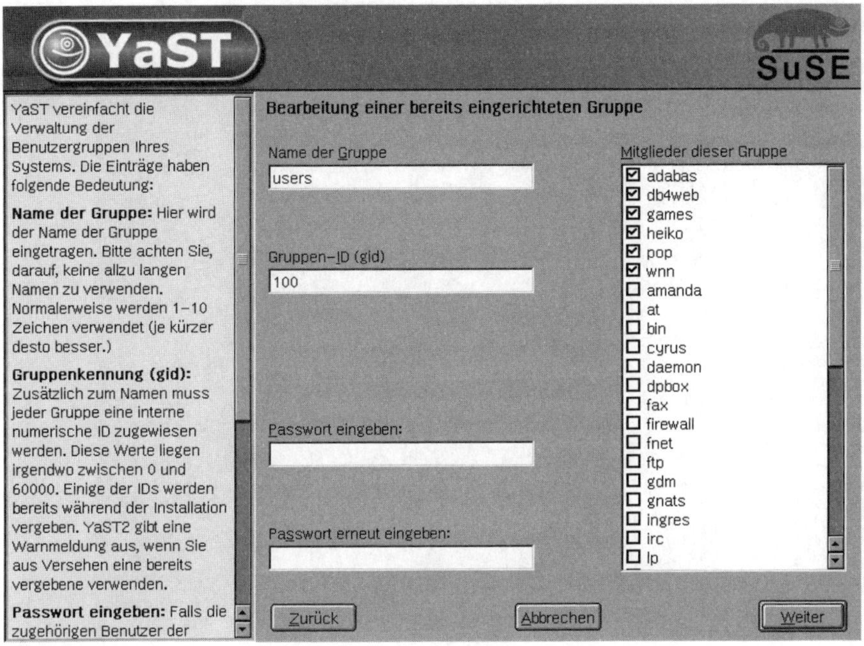

Abbildung 2.11: Gruppe anlegen bzw. bearbeiten

2.4.2.4 Einstellungen für Passwörter

Sie können über den Punkt *Einstellungen zur Sicherheit* bestimmte Vorgaben für die Passwörter Ihrer Benutzer festlegen. In Abbildung 2.12 sehen Sie das zugehörige YaST 2 Modul.

Hier stehen drei vorgegebene und eine benutzerdefinierte Einstellung zur Verfügung. Diese Einstellungen verändern das Verhalten von Linux in Bezug auf Passwörter wie folgt:

Überprüfung neuer Passwörter: Mit dieser Einstellung bewirken Sie, dass neue Passwörter nur zugelassen werden, falls diese in keinem Wörterbuch vorkommen oder auf andere Weise leicht erraten oder ausprobiert werden können.

Plausibilitätstest für Passwörter: Falls Sie diesen Punkt anwählen, so müssen Passwörter aus einer Kombination von Buchstaben und anderen Zeichen (Ziffern, Sonderzeichen etc.) bestehen.

MD5-Verschlüsselung: Hiermit legen Sie fest, dass Passwörter mit der MD5-Verschlüsselung gespeichert werden sollen. Andernfalls wird das unter UNIX übliche `crypt`-Verfahren verwendet. Das `crypt`-Verfahren kann allerdings

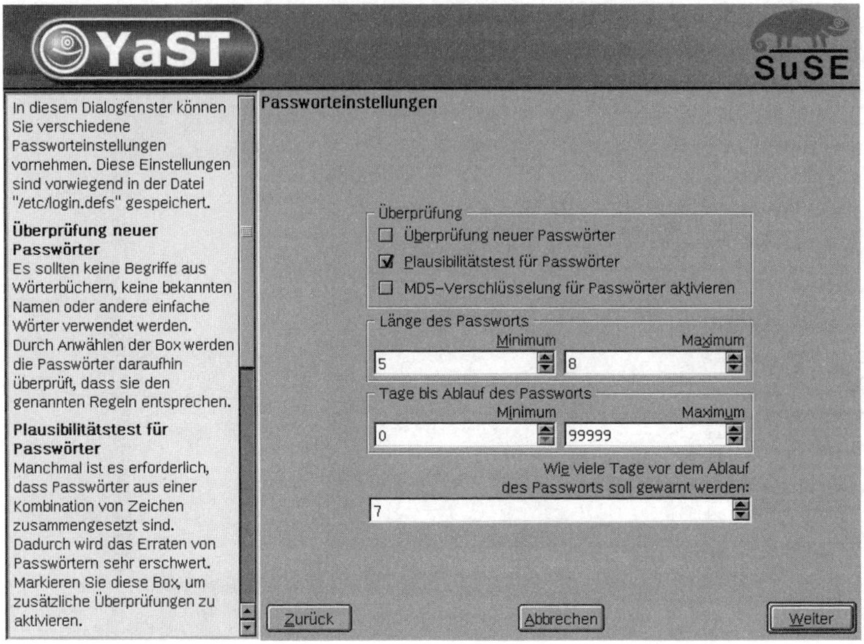

Abbildung 2.12: Passworteinstellungen

beispielsweise nur mit bis zu acht Zeichen im Passwort umgehen und ist daher nicht so sicher wie MD5.

Länge des Passworts: Die beiden Angaben bestimmen die minimale und die maximale Länge für Passwörter. Wie oben bereits erwähnt, können Sie bei der `crypt`-Verschlüsselung nur maximal acht Zeichen angeben.

Tage bis Ablauf des Passworts: Die Angabe legt die Anzahl der Tage fest, wie lange ein Passwort verwendet werden darf, bis es geändert werden muss. Die Angabe `99999` für das Maximum bestimmt eine unbegrenzte Haltbarkeit (dies entspricht ca. 274 Jahren. . .).

Wie viele Tage vor dem Ablauf des Passworts soll gewarnt werden: Verwenden Sie eine Ablaufzeit für Ihre Passwörter, so können Sie hier bestimmen, wie viele Tage vor dem Ablauf der Benutzer gewarnt werden soll, dass er sein Passwort ändern muss.

Die unterschiedlichen Einstellungen sind bei den vorgegebenen Möglichkeiten wie folgt festgelegt:

Tabelle 2.1: Passworteinstellungen

Einstellung	Level 1	Level 2	Level 3
Passworteinstellungen Überprüfung	⊖	⊕	⊕
Plausibilität	⊖	⊖	⊖
MD5	⊖	⊖	⊖
min. Länge	5	5	6
max. Länge	8	8	8
min. Tage bis Ablauf	0	1	1
max. Tage bis Ablauf	99999	99999	99999
Warnung	7	14	14

2.5 Berechtigungen

Unter Linux ist der Zugriff auf Dateien und Verzeichnisse streng reglementiert. Der Befehl `ls -l` in der Konsole oder der *Konqueror* im Anzeigemodus *Detaillierte Verzeichnis-Ansicht* gibt jeweils die entsprechenden Informationen. Diese Informationen sehen beispielsweise bei `ls -l /etc/passwd` wie folgt aus:

```
linux: # ls -l /etc/passwd
-rw-r--r--    1 root     root        2165 Mär  7 07:03 /etc/passwd
```

Dabei haben die Angaben folgende Bedeutungen:

Tabelle 2.2: Bedeutung der Ausgabe von `ls -l`

Eintrag	Bedeutung
`-rw-r-r-`	Das erste Zeichen gibt den Dateityp an, den Sie momentan betrachten. Gängige Typen sind hierbei `d` für Verzeichnisse („Directory"), `l` für Links oder, wie hier, `-` für normale Dateien. Der Rest dieser Auflistung zeigt die grundlegenden Berechtigungen der Datei bzw. des Verzeichnisses an. Die Liste ist in drei Teile unterteilt, jeder dieser Teile besteht wiederum aus den drei möglichen Einträgen `rwx`. Diese Aufteilung wird in Tabelle 2.3 näher erläutert.
`1`	gibt an, wie viele Hardlinks auf diese Datei bzw. auf das Verzeichnis existieren.
`root`	Der erste Name gibt den Besitzer der Datei an.

Tabelle 2.2 – Fortsetzung

Eintrag	Bedeutung
`root`	Der zweite Name bestimmt die Gruppe, der diese Datei gehört.
`2165`	die Größe der Datei
`Mär 7 07:03`	das Datum der letzten Veränderung
`/etc/passwd`	Datei- bzw. Verzeichnisname

Die Berechtigungen gliedern sich dabei in die folgenden drei Bereiche:

`rw-`	`r--`	`r--`
Besitzer	Gruppe	Sonstige

Falls Sie nun auf diese Datei oder das Verzeichnis zugreifen wollen, wird zunächst geprüft, ob Sie der Besitzer der Datei sind. Ist dies der Fall, haben Sie die Berechtigungen, die im ersten Teil angegeben sind (`r` und `w`). Falls nicht, wird geprüft, ob Sie ein Mitglied der Gruppe sind, der die Datei gehört, und Sie bekommen in diesem Fall die Berechtigungen im mittleren Teil (`r`). Sollte keine der Bedingungen erfüllt sein, so bekommen Sie automatisch die Berechtigungen, die bei „Sonstige" („dem Rest der Welt") eingetragen sind. Eine Erläuterung der Berechtigungen finden Sie in Tabelle 2.3. Diese Berechtigungen, die Sie für „Sonstige" angeben, sind die wichtigsten in Bezug auf Ihre Webdokumente. Ein Benutzer, der vom Web aus auf Dateien zugreift, wird dies mit der Berechtigung tun, mit der der Webserver gestartet wurde. Dieser Benutzer ist bei SuSE Linux der Benutzer `wwwrun`, der zur Gruppe `nogroup` gehört. Ihre Dateien gehören aber dem jeweiligen Benutzer und im Normalfall der Gruppe `users`. Daher bleibt für den Zugriff vom Web aus nur noch die Berechtigung für „Sonstige".

Achten Sie daher immer darauf, dass für Dateien und Verzeichnisse auf jeden Fall für „Sonstige" die Berechtigung `r` eingetragen ist. Die Verzeichnisse müssen zusätzlich noch die Berechtigung `x` besitzen, um überhaupt den Wechsel in dieses Verzeichnis zu ermöglichen.

2.5.1 chmod

Um die Berechtigungen einer Datei oder eines Verzeichnisses zu ändern, gibt es unter Linux das Kommando `chmod`. Dieses kann auf zwei grundlegend unterschiedliche Weisen benutzt werden. Die erste Möglichkeit benutzt zur Vergabe der Berechtigungen ein System aus Oktalzahlen, die die Berechtigungen für den Besitzer, die Gruppe und Sonstige in einem Schritt absolut festlegen. Alternativ zu dieser Möglichkeit können Sie auch über eine symbolische Angabe die Berechtigungen für Ihre Dateien festlegen.

Bei der Vergabe über symbolische Angaben werden folgende Zeichen verwendet, um den Bereich anzugeben, der beeinflusst werden soll:

- `u` beeinflusst die Berechtigungen des Besitzers („user“) der Datei.
- `g` beeinflusst die Berechtigungen der Gruppe („group“), der die Datei gehört.
- `o` beeinflusst die Berechtigungen für den Rest der Welt („others“).
- `a` beeinflusst die Berechtigungen für alle („all“) drei Bereiche (entspricht `ugo`).

Im Anschluss an den Bereich, den Sie bearbeiten möchten, müssen Sie bei `chmod` angeben, wie dieser Bereich verändert werden soll. Dafür stehen folgende Möglichkeiten zur Verfügung:

- `+` legt fest, dass Berechtigungen zu den existierenden Rechten hinzugefügt werden
- `-` legt fest, dass Berechtigungen von den existierenden Rechten entfernt werden
- `=` legt fest, dass Berechtigungen explizit gesetzt werden. Dies überschreibt eventuell bereits vorhandene Berechtigungen mit den neuen.

Zu guter Letzt müssen Sie die Berechtigungen angeben. Sie können dabei aus den bereits oben genannten Angaben `rwx` wählen. Die einzelnen Angaben haben allerdings für Dateien und Verzeichnisse unterschiedliche Bedeutungen:

Tabelle 2.3: Bedeutung von `rwx` bei Dateien und Verzeichnissen

Eintrag	Datei	Verzeichnis
`r`	Datei kann gelesen werden	Inhalt des Verzeichnisses kann angezeigt werden
`w`	Inhalt der Datei kann verändert werden	im Verzeichnis können Einträge angelegt und gelöscht werden
`x`	Datei ist als ausführbar gekennzeichnet und kann gestartet werden	in das Verzeichnis kann gewechselt werden

Mit diesen Komponenten können Sie nun eine Berechtigung festlegen. Die Syntax für das Kommando `chmod` lautet:

`chmod [-R] berechtigung name [name2] ...`

Durch den optionalen Parameter `-R` können Sie bei einem Verzeichnis bestimmen, dass die Berechtigungen nicht nur für das Verzeichnis selbst, sondern auch für alle darin befindlichen Dateien und Unterverzeichnisse gelten sollen.

Hier einige Beispiele:

`chmod a+r *` Allen Einträgen im aktuellen Verzeichnis wird die Berechtigung „Lesen" für „Alle" hinzugefügt.

`chmod -R a+r ~/public_html/` Allen Dateien und Verzeichnissen im Unterverzeichnis `public_html` inklusive der Unterverzeichnisse wird die Leseberechtigung hinzugefügt.

`chmod o+w gaestebuch.txt` Die Datei `gaestebuch.txt` bekommt Schreibberechtigung für den Rest der Welt.

`chmod -R go-rwx ~/Mail` Das Verzeichnis `Mail` im Home-Verzeichnis bekommt alle Berechtigungen für die Gruppe und den Rest der Welt entzogen.

Anstelle dieser symbolischen Angaben werden die Benutzerberechtigungen häufig auch über Zahlenwerte gesetzt. Dabei wird jeweils eine Oktalzahl für den Benutzer, die Gruppe und Sonstige angegeben und damit die Berechtigungen immer absolut gesetzt. D. h., egal welche Berechtigungen die Datei oder das Verzeichnis vorher hatten, durch die Änderung wird nur das gültig sein, was bei `chmod` angegeben wurde.

Die Zahlen setzen sich durch Kombination der gewünschten Berechtigungen zusammen, die folgende Zahlenwerte besitzen:

r	w	x
4	2	1

Falls Sie nun als Berechtigung „Lesen" und „Schreiben" festlegen möchten, so müssen Sie dafür nur die zugehörigen Zahlenwerte aufsummieren, d. h. `4+2=6`. Diese Berechnung der Berechtigungen wird für alle drei Berechtigungsstufen (Benutzer, Gruppe, Sonstige) durchgeführt und ergibt damit die komplette Berechtigung, die Sie bei `chmod` angeben müssen.

Beispiele für die Angabe zu den Berechtigungen in Oktalzahlen:

`chmod 755 ~` Hiermit weisen Sie Ihrem Home-Verzeichnis die folgenden Berechtigungen zu:

Benutzer:	7 = 4+2+1	=> `rwx`
Gruppe:	5 = 4+1	=> `r-x`
Sonstige:	5 = 4+1	=> `r-x`

`chmod 600 ~/angebot.txt` Hiermit weisen Sie in Ihrem Home-Verzeichnis der Datei `angebot.txt` die folgenden Berechtigungen zu:

Benutzer:	6 = 4+2	=> `rw-`
Gruppe:	0 =	=> `---`
Sonstige:	0 =	=> `---`

`chmod -R 750 ~/projekt/` Hiermit weisen Sie in Ihrem Home-Verzeichnis dem Verzeichnis `projekt` und allen darin befindlichen Einträgen die folgenden Berechtigungen zu:

Benutzer:	7 = 4+2+1	=> `rwx`
Gruppe:	5 = 4+1	=> `r-x`
Sonstige:	0 =	=> `---`

2.5.2 chown

Falls Sie den Besitzer einer Datei ändern möchten, so stellt Ihnen nahezu jedes UNIX-System das Kommando `chown` zur Verfügung. Allerdings kann der Eigentümer einer Datei bei Linux nur durch den User `root` geändert werden. Die Syntax dieses Kommandos lautet wie folgt:

```
chown [-R] user[:group] eintrag [eintrag2] ...
```

Durch die Angabe von `-R` wird bei einem Verzeichnis auch bei allen darin befindlichen Einträgen der Besitzer geändert. Die Angabe `eintrag` kann dabei jeder beliebige Eintrag im Dateisystem sein (Dateien, Verzeichnisse, Links etc.).

Falls Sie sowohl Besitzer als auch die Gruppe ändern möchten, so können Sie an den neuen Besitzer noch den neuen Gruppennamen, durch einen Doppelpunkt getrennt, anhängen. Die Änderung der Gruppe kann wiederum jeder Benutzer selbstständig durchführen. Voraussetztung dabei ist allerdings, dass der Benutzer auch Mitglied in der neuen Gruppe ist.

2.5.3 chgrp

Mit dem Kommando `chgrp` können Sie nur die Gruppenzugehörigkeit eines Eintrages ändern. Die Funktionsweise entspricht dabei prinzipiell der Arbeitsweise von `chown`. Auch die Syntax ist der Syntax von `chown` ähnlich:

```
chgroup [-R] group eintrag [eintrag2] ...
```

2.6 Serverdienste

Für den Betrieb eines LAMP-Systems benötigt man neben den eigentlichen Bestandteilen Apache, MySQL und PHP sehr häufig einige andere Dienste, die vom Server zur Verfügung gestellt werden sollen; beispielsweise:

FTP: Diesen Dienst benötigen Sie, um von einem Remote-Rechner aus Dateien hochladen bzw. herunterladen zu können.

Telnet: Um Arbeiten auf einer Konsole von einem Remote-Rechner durchzuführen, wurde bisher häufig der Telnet-Dienst verwendet. Allerdings birgt dieser Dienst eine große Sicherheitslücke und wird daher immer stärker von SSH abgelöst.

SSH: Dies entspricht vom Standpunkt des Anwenders prinzipiell dem Telnet-Dienst. Allerdings wird von SSH ein Verschlüsselungsverfahren verwendet, um Daten während der Übertragung zwischen Client und Server sicherer zu machen.

2.6.1 FTP

Über FTP (*File Transfer Protocol*) können Sie auf einfache Art und Weise Dateien zwischen Rechnern austauschen. Bis SuSE Linux 7.3 werden die folgenden drei unterschiedlichen FTP-Server mitgeliefert:

`in.ftpd`: Dies ist der einfachste der FTP-Dämonen. Um mit diesem Dämon arbeiten zu können, müssen Sie ihn nur noch im Super-Dämon `inetd` aktivieren (siehe Abbildung 2.13).

`proftpd`: Der ProFTPD bietet neben einer relativ einfachen Konfiguration, die der des Apache sehr ähnlich ist, auch eine Unterstützung für virtuelle FTP-Server und einige weitere sehr nützliche Features.

`wu.ftpd`: Dieser Dämon ist der FTP-Dämon der Washington University. Dieser FTP-Dämon bietet einen enormen Funktionsumfang und damit auch die meisten Konfigurationsmöglichkeiten. Allerdings ist die Konfiguration dieses FTP-Dämons schwieriger als bei den beiden vorher genannten.

Mit der Version 8.0 wurden allerdings `proftpd` und `wu.ftpd` zugunsten folgender Pakete herausgenommen:

`pure-ftpd`: sicher, schnell, multilingual, ...

`vsftpd`: ebenfalls ein sehr schneller, sehr sicherer und sehr stabiler FTP-Dämon. „vs" steht hier für „very secure". `vsftpd` basiert auf keinem bereits vorhandenen Dämon und wurde komplett neu erstellt mit dem Ziel, möglichst wenige Sicherheitslücken zu enthalten. Daher sollten Sie `vsftpd` als Ihren FTP-Dämon wählen.

2.6.1.1 Installation von ProFTPD bzw. vsftpd

Um ProFTPD bzw. vsftpd zu installieren, starten Sie YaST 2 und wählen unter *Software installieren/löschen* das Paket anhand der folgenden Tabelle aus:

ProFTPD: Paketname: `proftpd`
Serie: `n`
Gruppe (SuSE Linux $<$ 8): `Netzwerk/Daemonen`
Gruppe (SuSE Linux $\geq$ 8): nicht mehr vorhanden

vsftpd: Paketname: `vsftpd`
Serie: `n`
Gruppe (SuSE Linux $<$ 8): noch nicht vorhanden
Gruppe (SuSE Linux $\geq$ 8): `Produktivität/Netzwerk/FTP/Server`

Nach der Installation muss Ihr FTP-Dämon allerdings im System noch aktiviert werden. Dies bedeutet im einfachsten Fall, dass in der Konfigurationsdatei des Super-Dämon `inetd` der gewählte FTP-Dämon noch aktiviert werden muss. Zur Aktivierung können Sie wieder zwei Alternativen verwenden: Die erste Möglichkeit besteht darin, in YaST 2 unter *Netzwerk/Basis* den Punkt *Start oder Stopp von Systemdiensten* anzuwählen. Im nachfolgenden Fenster wählen Sie *Ein, mit benutzerdefinierter Konfiguration...*. Das daraufhin angezeigte Fenster zeigt Ihnen die in SuSE Linux bereits für die Verwendung mit `inetd` vorbereiteten Dienste. Sie finden hier einige Zeilen, die jeweils mit `ftp` beginnen – für jeden mitgelieferten FTP-Dämon eine Zeile.

Achten Sie darauf, dass Sie jeweils nur eine dieser drei Zeilen aktivieren!

Suchen Sie die Zeile, an deren Ende bei `Server/Args` der Eintrag
`/usr/sbin/tcpd proftpd` bzw.
`/usr/sbin/tcpd vsftpd`
angegeben ist, und wählen Sie den Punkt *Aktivieren/Nicht aktivieren*. Damit wird der Text *Active!* in dieser Zeile in die erste Spalte geschrieben. Sobald Sie auf *Beenden* gehen, wird die Konfigurationsdatei von `inetd` neu erzeugt und kann nach erneutem Laden durch `inetd` Anfragen für den FTP-Server weiterleiten. Dieses erneute Laden der Konfiguration wird mit SuSE Linux 8.0 bereits von YaST 2 erledigt.

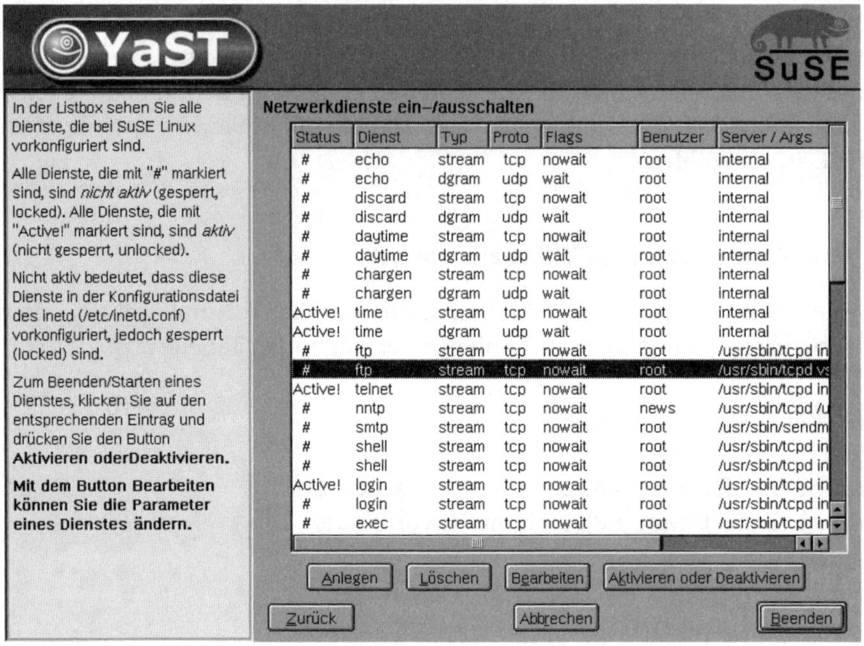

Abbildung 2.13: Aktivierung von `inetd`-Serverdiensten mit YaST 2

Falls Sie `inetd` bereits im System gestartet hatten, geben Sie als Benutzer `root` folgendes Kommando ein:

```
linux: # rcinetd reload
```

Um `inetd` das erste Mal zu starten, verwenden Sie dagegen:

```
linux: # rcinetd start
```

Nun können Sie über FTP Daten mit Ihrem Linux-Rechner austauschen.

Die Konfigurationsdatei, die von ProFTPD verwendet wird, steht im Verzeichnis `/etc/` und heißt `/etc/proftpd.conf`. Hier können Sie Konfigurationsdirektiven angeben, mit denen Sie Berechtigungen, Verzeichnisse, virtuelle Hosts etc. festlegen. Die einzelnen Direktiven können Sie in der mitgelieferten HTML-Datei `/usr/share/doc/packages/proftpd/Configuration.html` nachlesen.

Um mit vsftpd als Benutzer arbeiten zu können, muss die Zugehörige Konfigurationsdatei auf jeden Fall noch bearbeitet werden. Laden Sie als Benutzer `root` die Datei `/etc/vsftpd.conf` in einen Texteditor und entfernen Sie das Kommentarzeichen (#) bei folgenden Zeilen:

```
local_enable=YES
write_enable=YES
local_umask=022
```

Dadurch erreichen Sie, dass Sie sich nicht nur als anonymer Benutzer am FTP-Server anmelden können, sondern dass Sie Dateien zum Server hochladen dürfen und dass diese Dateien die Berechtigung `644` bzw. Verzeichnisse die Berechtigung `755` bekommen.

2.6.2 Telnet

Die Installation und Konfiguration des Telnet-Dämons verläuft hierbei relativ ähnlich der des FTP-Dämons. Falls der Telnet-Dämon noch nicht in Ihrem aktuellen System installiert ist, so finden Sie das Paket wie folgt:

Paketname: `telnet-server`
Serie: `n`
Gruppe (SuSE Linux $<$ 8): *Netzwerk/Daemonen*
Gruppe (SuSE Linux $\geq$ 8): *Produktivität/Netzwerk/Andere*

Nach der Installation ist der Dienst wieder mit dem Super-Dämon `inetd` zu aktivieren, und zwar exakt so, wie Sie es bereits bei ProFTPD/vsftpd gesehen haben. Suchen Sie die Zeile mit `telnet` heraus und wählen Sie wieder den Punkt *Aktivieren/Nicht aktivieren* (siehe Abbildung 2.13).

Hier sei nochmals darauf hingewiesen, dass die Installation des Telnet-Dämons ein sehr großes Sicherheitsrisiko darstellt. Falls Ihre Clients SSH unterstützen, so ist dies auf jeden Fall vorzuziehen!

2.6.3 SSH

Da die Kommunikation über das Telnet-Protokoll stets unverschlüsselt stattfindet, wird immer häufiger als Alternative zu Telnet SSH (*Secure Shell*) verwendet. Mit diesem Dienst können Sie ähnlich wie bei Telnet eine Verbindung zu einem Remote-Rechner herstellen. Allerdings wird in diesem Fall die Kommunikation über einen verschlüsselten Datenkanal durchgeführt. Desweiteren haben Sie über Zusatztools auch die Möglichkeit, Dateitransfer durchzuführen.

Bei den meisten Installationen wird standardmäßig bereits SSH installiert – genauer gesagt wird bei SuSE Linux OpenSSH mitinstalliert. Dieses Paket bietet einige Vorteile gegenüber anderen SSH-Implementierungen. Vorteile von OpenSSH sind unter anderem:

- frei verfügbar (Open Source)
- sicherer als andere SSH-Pakete

- ❑ bietet das unten erwähnte Programm `sftp`

Sollte auf Ihrem System noch kein SSH zur Verfügung stehen, so wählen Sie zur Installation in YaST 2 *Software installieren/löschen* und darin die Daten wie folgt:

Paketname: `openssh`
Serie: `sec`
Gruppe (SuSE Linux < 8): `Anwendungen/Netzwerk`
Gruppe (SuSE Linux ≥ 8): `Produktivität/Netzwerk/SSH`

In diesem Paket befinden sich sowohl der SSH-Dämon als auch die zugehörigen Clients. Die wichtigsten Clients sind:

`ssh`: Dies ist der Ersatz für den Telnet-Client, mit dem Sie eine Verbindung mit einem Remote-Rechner aufbauen können und dann eine Shell zur Kommandoausführung auf dem Fremdrechner zur Verfügung haben. Im einfachsten Fall verwenden Sie `ssh` wie folgt:

```
ssh benutzer@remotehost
```

Damit bauen Sie eine Verbindung mit dem Rechner `remotehost` als Benutzer `benutzer` auf. Bei der ersten Anmeldung an einem Remoterechner, dessen Signatur auf Ihrem Rechner noch nicht bekannt ist, werden Sie stets gefragt, ob die vom Server übermittelte Signatur korrekt ist. Achtung: Falls die Antwort auf diese Frage „ja" lauten soll, so müssen Sie „yes" eingeben, und nicht „y"!

`scp`: Der Befehl `scp` („Secure Copy") kann verwendet werden, um Dateien vom lokalen Rechner mit einem Remote-Rechner auszutauschen. Auch hier wird für den Transfer eine verschlüsselte Verbindung verwendet. Sie verwenden `scp` wie folgt:

```
scp [benutzer@remotehost:]datei1 [benutzer@remotehost:]datei2
```

Je nachdem ob Sie eine lokale Datei zum Remote-Rechner oder vom Remote-Rechner zum lokalen Computer eine Datei kopieren möchten, geben Sie `benutzer@remotehost:` bei der ersten Datei (die Quelldatei) oder bei der zweiten Datei (die Zieldatei) an.

`sftp`: Alternativ zu `scp` bzw. zu `ftp` kann auch `sftp` verwendet werden, um Dateien zwischen dem lokalen und dem Remote-Rechner auszutauschen. Die Bedienung von `sftp` basiert dabei auf der Bedienung von `ftp`. Um eine Datei vom Remote-Rechner zum lokalen Rechner zu kopieren, verwenden Sie beispielsweise das `get`-Kommando wie bei `ftp`, und um eine lokale Datei zum Remote-Rechner hochzuladen das `put`-Kommando. Der Aufruf von `sftp` sieht meist wie folgt aus:

```
sftp benutzer@remotehost
```

2.7 Übungen

Übung 1:

Legen Sie den Benutzer `dozent` an. Dieser Benutzer soll die Beispiele zur Kursverwaltung durchführen. Er soll als Passwort `schulung` gesetzt bekommen.

Die Lösung finden Sie in Anhang A.1.1.

Übung 2:

Legen Sie das Verzeichnis `public_html` für den Benutzer `dozent` an und setzen Sie die entsprechenden Berechtigungen für dieses Verzeichnis und das Home-Verzeichnis des Benutzers `dozent`, sodass ein Zugriff aus dem Web erfolgen kann.

Die Lösung finden Sie in Anhang A.1.2.

Kapitel 3

Apache

Ende 1990 wurde von Tim Berners-Lee ein System entwickelt, mit dem es möglich sein sollte, dass Wissenschaftler auf der ganzen Welt rund um die Uhr auf Informationen zugreifen. Dieses System nannte er das „World Wide Web" (WWW).

In diesen ersten Schritten wurde bereits das Übertragungsprotokoll „HyperText Transfer Protocol" (HTTP) festgelegt, ebenso wie die Seitenbeschreibungssprache „HyperText Markup Language" (HTML) und die Adressierung über „Uniform Resource Locator" (URL).

Berners-Lee schrieb am Genfer Hochenergieforschungszentrum CERN den ersten Webserver, der unter der Adresse `info.cern.ch` Informationen zur Verfügung stellte. Auf diesem Webserver waren auch die ersten in HTML geschriebenen Webseiten zu sehen. Kurze Zeit später wurde ebenfalls von einem Mitarbeiter des CERN einer der ersten Browser entwickelt. Dieser Browser war noch rein text-orientiert. Erst 1992 wurden die ersten grafischen Browser entwickelt.

Das ursprüngliche Projekt des CERN – der Webserver `httpd` – war auch die Grundlage für eine Entwicklung des „National Center for Supercomputing Applications" (NCSA). Eine Gruppe von Entwicklern schrieb den Webserver NCSA HTTPd. Dieser Webserver entwickelte sich im Lauf der Zeit zu einem der meist genutzten Webserver überhaupt. Neben dem NCSA HTTPd wurde von dieser Gruppe auch noch der grafische Browser *Mosaic* entwickelt.

Marc Andreessen war einer dieser Browserpioniere. Aus diesem Projekt stieg Andreessen allerdings später aus, um sich mehr dem kommerziellen Aspekt des Webs zu widmen. Er gründete mit einigen anderen Personen die Firma „Netscape", die den Netscape Browser entwickelte, dem noch ein (kommerzieller) Netscape Webserver folgte.

Auch ein anderer Entwickler des NCSA HTTPd, Rob McCool, verließ das NCSA. Damit hatte das Projekt NCSA HTTPd seine Kernmannschaft verloren, und Fehlerkorrekturen und neue Funktionen wurden nicht mehr organisiert.

Allerdings war der NCSA HTTPd im Quellcode frei verfügbar, sodass Programmierer in der Folgezeit ihren Webserver selbst verbessern konnten. Viele dieser Fehlerkorrekturen und Zusatzfunktionen wurden – wieder ohne jegliche Organisation – als so genannte „Patches" über diverse Newsgruppen verteilt.

Einige engagierte Entwickler sammelten diese Patches und richteten für dieses Projekt einen eigenen Server mit einer Maillingliste ein. Die Programmierer hatten so die Möglichkeit, ihre Patches der Öffentlichkeit über einen zentralen Server zur Verfügung zu stellen. So entstand ein neues Projekt aus den Überresten des NCSA HTTPd. Da dieses Projekt aus sehr vielen zusammengesammelten Patches bestand, wurde der Name dafür auch entsprechend gewählt: Apache („a patchy server"). Im April 1995 wurde die Version 0.6.2 des Apache veröffentlicht.

Seither hat sich der Apache zum weltweit führenden Webserver entwickelt. Dies zeigt auch die Statistik bei Netcraft sehr deutlich:
`http://www.netcraft.com/survey/`

3.0.1 Begriffe

Hier sollen nun einige weitere wichtige Begriffe, die im Zusammenhang mit dem World Wide Web oft fallen, erläutert werden:

Webserver: Der Begriff „Webserver" wird häufig für zwei verschiedene Dinge verwendet: Die erste Bedeutung ist die Software, die auf Anfragen eines Browsers reagiert und Webseiten und die zugehörigen Inhalte zurückliefert. Dies ist in unserem Fall eben Apache.

Die zweite Bedeutung ist oft der Rechner, auf dem die Webserver-Software (also z. B. der NCSA HTTPd oder auch Apache) läuft. Hier ist das also Ihr aktuelles Linux System, auf dem Apache installiert ist bzw. wird.

Browser: Ein Browser ist eine „Universalsoftware", die in der Regel verschiedene Internet-Protokolle versteht und den angeforderten Inhalt des zugehörigen Servers anzeigen kann. Beispielsweise ist der *Konqueror* in der Lage, über HTTP mit einem Webserver zu kommunizieren und die dabei heruntergeladenen HTML-Dateien anzuzeigen oder auch lokale Dateien und Verzeichnisse anzuzeigen.

HTTP: Abkürzung für „HyperText Transfer Protocol", also das „Hypertext Übertragungsprotokoll". Dieses Protokoll ist eines der Applikationsprotokolle, das TCP/IP benutzt. Hier wird der Datenaustausch zwischen Client (Browser, z. B. *Konqueror*) und Server (Webserver, z. B. Apache) geregelt. Die meiste Zeit unterhalten sich der Webserver und der Client, ohne dass Sie davon etwas mitbekommen. Diese Unterhaltung dient der Abstimmung zwischen den beiden Programmen.

HTML: Die Sprache, mit der die einzelnen Webseiten aufgebaut sind, heißt „HyperText Markup Language". Diese Sprache hat den großen Vorteil, dass sie plattformunabhängig ist und damit auf jedem Rechner und auf jedem Betriebssystem verarbeitet werden kann. Das heißt allerdings nicht, dass eine Webseite auf jedem Rechner auch gleich aussieht, denn für die Darstellung ist der Browser zuständig. Jeder Browser interpretiert die HTML-Anweisungen ein klein wenig anders, und daher wird ein und die selbe Seite auf nahezu jedem Browser bzw. Betriebssystem ein klein wenig (oder auch durchaus deutlich) anders aussehen.

URI/URL: „Uniform Resource Indentifier" bezeichnen eine allgemeine Adressierung für Dateien und Verzeichnisse. URL steht als Abkürzung für „Uniform Ressource Locator"; die URLs sind also eine Teilmenge der URIs.

Die URIs sind eindeutige Adressen eines Dokuments im Internet. Das heißt, jede Datei, die über das Internet erreichbar ist, hat eine dieser URIs, egal ob es eine HTML-Datei, ein Bild, ein Video, eine Sounddatei oder irgend eine andere Art von Datei ist.

3.0.2 Aufbau eines URI

Ein URI kann sich aus folgenden Bestandteilen zusammen setzen (was nicht heißt, dass ein URI immer so aussehen muss!):

`Protokoll://[Kennung@]Servername[:Port]/[Verzeichnis/]Dateiname[?Argumente]`

Hier einige Beispiele zur Verdeutlichung:

- Webadresse:
  `http://www.suse.de/products/susepress/index.html`
- FTP-Adresse (mit Benutzername; der Browser wird das zugehörige Passwort abfragen – siehe Abbildung 3.1)
  `ftp://user@192.168.1.201/`

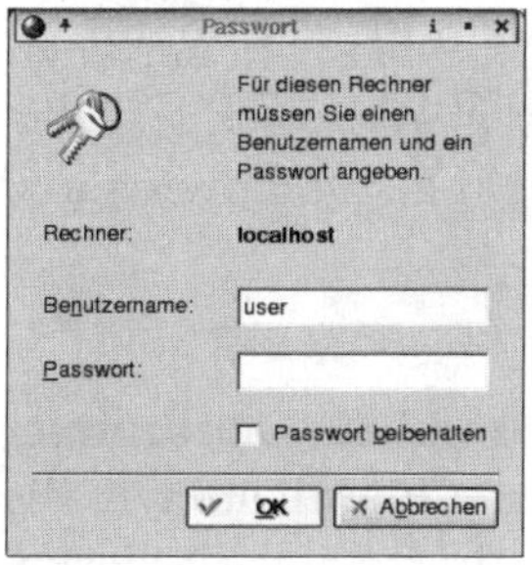

Abbildung 3.1: FTP Passwortabfrage im *Konqueror*

- Datei/Verzeichnis im lokalen Dateisystem
  `file:/home/user`

Dabei können die einzelnen Teile wie folgt verwendet werden:

Protokoll: Das Protokoll bezeichnet die Regeln, mit denen der Datenaustausch zwischen dem Server und dem Client festgelegt wird. Das Protokoll soll eine standardisierte, störungsfreie Übertragung ermöglichen. Die wichtigsten Protokolle, die Sie mit den meisten Browsern verwenden können sind:

`http`: HTTP wird für die Übertragung von Webseiten verwendet. Der Standardport für die Übertragung von HTTP ist Port 80.
Beispiel:

```
http://www.suse.de
```

`https`: Das Protokoll HTTP Secure wird für die Übertragung von sicheren Webseiten über eine SSL-Verbindung verwendet. Der Vorteil dabei ist, dass die kompletten Daten verschlüsselt übertragen werden. Für HTTPS wird als Standardport 443 verwendet.
Beispiel:

```
https://support.suse.de/en/register/
```

`ftp`: FTP wird für den reinen Dateitransfer (Upload und Download) benutzt. Wird kein Benutzername angegeben (siehe unten), so wird automatisch das anonyme FTP verwendet. Hierbei wird als Benutzername `anonymous` übermittelt und als zugehöriges Passwort im Normalfall eine E-Mail-Adresse. Der Port für die FTP-Kommunikation ist standardmäßig 21.
Beispiel:

```
ftp://ftp.suse.com
```

`file`: dient der Anzeige von Dateien und Verzeichnissen im lokalen Dateisystem. Bei `file` wird nach dem Protokoll nur noch der komplette Pfad zum Verzeichnis bzw. zur Datei angegeben (das Trennzeichen entfällt).
Beispiel:

```
file:/home/user
```

`mailto`: Hier wird als Ziel eine E-Mail-Adresse angegeben. Der Browser wird dann ein E-Mail Programm mit einer neuen E-Mail starten, die bereits als Empfänger die angegebene E-Mail Adresse enthält. Beachten Sie dabei, dass nach `mailto` nur der Doppelpunkt steht und dann bereits die E-Mail-Adresse. Hierbei wird meist ein externes Programm gestartet.

Beispiel:

```
mailto:vorname.name@domain.de
```

`news:` Mit der Angabe von `news` legen Sie fest, dass das angegebene Ziel eine Usenet Newsgroup sein soll. Dabei wird wieder nach `news` nur ein Doppelpunkt angegeben und dann bereits der Name der Newsgroup, auf die dieser URI deuten soll. Für die Darstellung der Usenet Newsgroups wird ebenfalls meist ein externes Programm gestartet.

Beispiel:

```
news:de.comm.infosystems.www.authoring
```

`telnet:` Es wird eine Remote-Sitzung auf dem angegebenen Rechner mit Hilfe des Telnet-Protokolls gestartet. Hierbei wird normalerweise wieder ein externes Programm gestartet, das dann die Verbindung mit dem Remote-Rechner aufbaut.

Beispiel:

```
telnet://server.domain.com/
```

Trenner: Zwischen dem Protokoll und dem Server steht als Trenner häufig `://` oder auch nur der Doppelpunkt (`:`).

Kennung: (hauptsächlich für FTP-Verbindungen) Die Kennung ist im einfachsten Fall der Benutzername, der für die Verbindung verwendet werden soll. Dies wird meist bei FTP-Servern benutzt. Hier kann zusätzlich noch das Passwort angegeben werden. Dieses Passwort wird vom Benutzernamen mit einem Doppelpunkt abgetrennt. Im Anschluss an die Kennung (ob mit Passwort oder ohne) kommt als Trennzeichen das `@`-Zeichen. Eine Anmeldung könnte damit wie folgt aussehen:

`ftp://user@192.168.1.201`

Hierbei verbinden Sie sich mit dem Rechner `192.168.1.201` und melden sich als Benutzer `user` an. Das zugehörige Passwort wird nachgefragt (beispielsweise fragt *Konqueror* nach, wie in Abbildung 3.1 gezeigt).

`ftp://user:password@192.168.1.201`

So melden Sie sich als Benutzer `user` mit dem Passwort `password` am Rechner `192.168.1.201` an. Allerdings wird hier das Passwort auch im Klartext zu lesen sein, und daher sollte diese Methode nur in Ausnahmefällen verwendet werden, da dies ein sehr großes Sicherheitsrisiko darstellt.

Die Angabe dieser Kennung ist optional.

Servername: Der Servername kann eine der folgenden Angaben sein:

- der „Fully Qualified Domain Name" (FQDN). Dieser besteht aus folgenden Angaben: Rechnername (z. B. `www`), Subdomain (z. B. `rz`), Domain (z. B. `uni-bayreuth`), Top-Level Domain (z. B. `de`)

- Rechnername (z. B. `localhost`)
- IP-Adresse des Rechners (z. B. `192.168.1.201`)

Port: Hier wird angegeben, auf welchem Port die Kommunikation mit dem Server durchgeführt wird. Jeder Dienst auf einem Server erwartet Anfragen auf einem bestimmten Port. Falls diese Angabe nicht in dem URI steht, so wird der Standardport verwendet, der in `/etc/services` definiert wird.

Verzeichnis: Mit der Verzeichnisangabe wird dem Server mitgeteilt, in welchem Unterverzeichnis sich die Daten befinden, auf die gerade zugegriffen werden soll. Falls der URI mit HTTP aufgerufen wird, so liegt das Verzeichnis unterhalb des im Apache festgelegten Startverzeichnisses. Dieses Verzeichnis wird mit der Direktive `DocumentRoot` in der Apache-Konfiguration festgelegt (siehe Abschnitt B.1.1). Wird diese Angabe weggelassen, so verweist der URI direkt nach `DocumentRoot`.

Dateiname: Hiermit teilen Sie dem Server mit, auf welche Datei Sie über diesen URI zugreifen möchten. Diese Datei kann jede beliebige, über das angegebene Protokoll erreichbare Datei sein. Das heißt, dass Sie beispielsweise bei HTML nicht nur `.html, .jpg, .png, .gif, ...` angeben können, sondern auch beispielsweise auch `.tgz, .rpm, ...`. Unterverzeichnisse werden jeweils mit einem / getrennt. Wird diese Angabe weggelassen, so bestimmt – bei Apache als Webserver – die Direktive `DirectoryIndex` (siehe Abschnitt B.1.1), welche Datei standardmäßig angezeigt werden soll.

Argumente: Über die Angabe von Argumenten können Daten beispielsweise an CGI-Skripte oder auch an PHP-Dateien auf dem Webserver übermittelt werden. Das erste Argument wird in dem URI mit einem Fragezeichen (`?`) vom Dateinamen, an den die Daten übermittelt werden sollen, abgetrennt. Nach dem Fragezeichen steht der Name des Arguments und möglicherweise eine Datenzuweisung mit einem Gleichheitszeichen (=). Weitere Argumente werden jeweils mit einem `&`-Zeichen abgetrennt.

Beispiele:

Hier wird an ein CGI-Skript das Argument `suchwort` mit dem Wert `LAMP` übergeben.

`http://www.server.dom/cgi-bin/suche.pl?suchwort=LAMP`

Dieser Aufruf startet das PHP-Skript `gaestebuch.php` und übergibt diesem Skript die Argumente `vorname` und `name` mit den Werten `Heiko` und `Goller`.

`http://linux/gast.php?vorname=Heiko&name=Goller`

Achtung: Die Länge eines URI ist auf 2048 Zeichen beschränkt, daher lassen sich mit dem URI auch nur begrenzt lange Pfade angeben bzw. eine begrenzte Datenmenge vom Browser zum Server übermitteln.

3.1 HTTP

Jetzt soll noch ein wenig näher auf die Eigenschaften von HTTP eingegangen werden. Dies ist notwendig, um einige Einstellungen des Apache verstehen zu können.

Zuerst sollte man wissen, dass HTTP ein „stateless" Protokoll ist. Das heißt, dass für jede Anfrage im Normalfall die Verbindung erneut aufgebaut werden muss und nach deren Beantwortung die Verbindung wieder getrennt wird. Bei jedem erneuten Aufbau weiß der Server nichts mehr von der letzten Verbindung. Einzige Ausnahme für diesen Zustand ist die Option `keepalive`. Die nächsten Anfragen eines Clients werden über die bereits bestehende Verbindung ausgeführt.

Die Daten, die zwischen dem Client und dem Server ausgetauscht werden, bestehen aus mehreren Teilen:

1. Verbindungsaufbau durch den Client: Der Client startet auf dem Standardport 80 (oder auf dem Port, der im URL angegeben wurde) eine TCP-Verbindung.
2. Anforderung des Client: Der Client schickt eine Anforderung an den Server, die das im URL angegebene Dokument vom Server abfragt. Dies geschieht beispielsweise mit der Methode `GET` . Eine Auflistung der verfügbaren Methoden finden Sie in der Tabelle 3.1.

Tabelle 3.1: HTTP-Methoden

Methode	Bedeutung
`OPTIONS`	Hier werden die verfügbaren Kommunikationsoptionen für den angegebenen URL vom Server abgefragt.
`GET`	Dieses Kommando fordert das angegebene Dokument vom Server an.
`HEAD`	Das Kommando `HEAD` funktioniert genau wie `GET`, jedoch gibt der Server nur den Header zurück.
`POST`	Mit dem `POST`-Kommando werden Daten an ein Dokument auf dem Server geschickt. Dies wird oft für die Datenübermittlung bei Formularen verwendet.
`PUT`	Die hier übermittelten Daten sollen unter dem angegebenen URI gespeichert werden. Der Unterschied zwischen `PUT` und `POST` ist, dass bei `POST` Daten an ein bestehendes Dokument übermittelt werden und bei `PUT` ein neues Dokument erzeugt wird bzw. ein bestehendes überschrieben wird. Dies kann nur mit ausreichenden Berechtigungen geschehen.

Tabelle 3.1 – Fortsetzung

Methode	Bedeutung
`DELETE`	Hiermit wird dem Server mitgeteilt, das angegebene Dokument zu löschen. Dies kann natürlich nur dann geschehen, wenn der Client ausreichende Berechtigungen hat.
`TRACE`	Mit `TRACE` wird im Client angezeigt, was beim Server angekommen ist. Dies sollte nur zur Fehlersuche verwendet werden.
`CONNECT`	Die Methode `CONNECT` ist noch reserviert.

Die Anfrage des Clients wird mit folgenden Aktionen des Servers beantwortet:

1. Serverstatus: Der Server antwortet zuerst mit einem Statuscode. Hierbei wird angegeben, ob die Anforderung korrekt bearbeitet werden konnte oder ob ein Fehler aufgetreten ist. Ist das der Fall, so wird auch der Grund dafür zurückgegeben. Eine Übersicht über die Statuscodes finden Sie im Anhang B.1.
2. Antwort Header: Der Server liefert beliebig viele Header-Informationen an den Client zurück.
3. Angeforderte Daten: Der Server sendet die angeforderten Daten an den Client.
4. Trennen: Die Verbindung wird getrennt, da alle angeforderten Daten übermittelt wurden. Falls die Option `keepalive` gesetzt war, wird allerdings die Verbindung für die nächsten Anfragen desselben Clients offen gehalten.

3.2 HTTP-Header

Bei der Konversation zwischen Client und Server werden über die Header verschiedene Informationen ausgetauscht, um die zurückgelieferten Daten zu beschreiben (Server-Header), oder um dem Server mitzuteilen, welche Einstellungen vom Client erwartet werden (Client-Header).

Die Header haben dabei immer folgendes Aussehen: `HeaderName: Data`.

Client und Server können noch weitere eigene Header erzeugen, mit denen sie weitere Zusatzinformationen untereinander austauschen. Im Folgenden werden die wichtigsten dieser Header erläutert.

Der Typ C/S gibt an, ob es sich bei diesem Header um einen Client- (C) oder um einen Server-Header (S) handelt.

`Accept: mime-type[, mime-type] ...` (C): Hier werden die Dokumententypen aufgelistet, die der Client akzeptiert.
Bsp.: `Accept: text/html, text/plain`

`Accept-Charset: charset[, charset] ...` (C): Hier gibt der Client an, mit welchem Zeichensatz die Daten akzeptiert werden.
Bsp.: `Accept-Charset: iso8859-5, unicode-1-1`

`Accept-Encoding: encoding[, encoding] ...` (C): Dieser Header bestimmt die akzeptierten Kodierungstypen für die Antwort vom Server.
Bsp.: `Accept-Encoding: compress, gzip`

`Accept-Language: language[, language] ...` (C): Dieser Header gibt an, in welcher Sprache der Client Dokumente akzeptiert.
Bsp.: `Accept-Language: de, en`

`Accept-Ranges: bytes|none` (S): Der Server informiert den Client mit diesem Header, ob er Teile eines Dokumentes zurückgeben kann oder nicht.
Bsp.: `Accept-Ranges: bytes`

`Age: seconds` (S): Der Header Age gibt an, wie viele Sekunden die Antwort zurückliegt. Dieser Header kommt nur dann zum Client, falls die Antwort von einem Cache erzeugt wurde.
Bsp.: `Age: 120`

`Allow: method[, method] ...` (S): Der Server informiert den Client, welche Methoden für die angeforderte Ressource erlaubt sind. Dieser Header muss auf jeden Fall bei einem Statuscode `405` (Method Not Allowed) mitgesendet werden.
Bsp.: `Allow: GET, HEAD, PUT`

`Authorization: credentials` (C): Der Client kann mit diesem Header seine Berechtigung gegenüber dem Server nachweisen. Hier wird MIME-codiert der Benutzername und das Passwort an den Server geschickt.
Bsp.: `Authorization: Basic aGVpa286Z29sbGVy`

`Cache-Control: no-cache|no-store|max-age|max-stale|`
`min-fresh|no-transform|only-if-cached|`
`cache-extension` (C): Mit diesem Header informiert der Client den Server über die erlaubten Cache-Methoden:

`no-cache`: Die Daten des Servers sollen nicht zwischengespeichert werden

`no-store`: Keine einzige Information der übermittelten Daten darf in einem Cache gespeichert werden. Dies ist für sensible Daten enorm wichtig.

`max-age=seconds`: Die hier angegebene Anzahl an Sekunden gibt an, wie alt eine Antwort maximal sein darf, um vom Client akzeptiert zu werden.

`max-stale=seconds`: Hier wird die „Kulanzzeit“ angegeben, in der der Client eine bereits abgelaufene Anfrage noch akzeptiert.

`min-fresh=seconds`: Die Antwort muss mindestens noch die angegebene Zeit lang aktuell sein.

`no-transform`: Mit dieser Angabe wird Proxies mitgeteilt, dass die Daten nicht konvertiert werden dürfen. Einige Proxies wandeln Daten um, um Speicherplatz und Traffic zu sparen.

`only-if-cached`: Hiermit gibt der Client an, dass er nur Daten akzeptiert, die aus einem Cache kommen.
Bsp.: `Cache-Control: no-cache`

`Cache-Control: public|private|no-cache|no-store|no-transform|must-revalidate|proxy-revalidate|max-age|s-maxage` (S): Mit diesem Header informiert der Server den Client über die erlaubten Cache-Methoden:

`public`: Die Daten dürfen von jedem Cache zwischengespeichert werden.

`private`: Die Daten dürfen nicht von einem öffentlichen Cache zwischengespeichert werden. Ein privater Cache darf die Daten allerdings speichern.

`no-cache`: Die Daten des Servers sollen nicht zwischengespeichert werden.

`no-store`: Keine einzige Information der übermittelten Daten darf in einem Cache gespeichert werden. Dies ist für sensible Daten enorm wichtig.

`no-transform`: Mit dieser Angabe wird Proxies mitgeteilt, dass die Daten nicht konvertiert werden dürfen. Einige Proxies wandeln Daten um, um Speicherplatz und Traffic zu sparen.

`must-revalidate`: Falls Daten im Cache liegen, müssen diese erneut überprüft werden.

`proxy-revalidate`: Dies entspricht der Anweisung `must-revalidate`, nur bezieht sich die Anweisung jetzt auf öffentliche Caches.

`max-age`: Dies ist das maximale Alter für die Daten, bevor sie aus dem Cache entfernt werden.

`s-maxage`: Dies ist die Anweisung `max-age`, nur bezieht sich diese jetzt auf alle öffentlichen Caches.
Bsp.: `Cache-Control: max-age=180`

`Connection: Close|Keep-Alive` (C/S): Mit diesem Header zeigt der Client bzw. der Server an, welche Art der Verbindung verwendet wird.
Bsp.: `Connection: close`

`Content-Encoding: encoding` (S): Hiermit teilt der Server dem Client mit, welche Kodierung für die nachfolgenden Daten verwendet wurde. Dies ist meist eine Kompression und soll den eigentlichen Datentyp des Inhalts nicht beeinflussen.
Bsp.: `Content-Encoding: gzip`

`Content-Language: language` (C/S): Hier wird die Sprache festgelegt, mit der die nachfolgenden Daten übertragen werden. Auf diese Weise kann der Client bestimmen, in welcher Sprache ein Dokument vom Server angefordert wird, falls dieses in mehreren Sprachen vorliegen sollte.
Bsp.: `Content-Language: en, de`

`Content-Length: bytes` (C/S): Beim Übertragen von Daten vom Server zum Client oder umgekehrt wird mit diesem Header die Anzahl der Bytes dem jeweiligen Partner mitgeteilt.
Bsp.: `Content-Length: 2345`

`Content-Location: URI` (C/S): In der `Content-Location` wird mitgeteilt, an welcher Stelle sich der angeforderte Inhalt tatsächlich befindet, falls sich dieser Ort von dem angeforderten URI unterscheidet.
Bsp.: `Content-Location: index.html.en`

`Content-MD5: md5-digest` (C/S): Mit diesem Header wird die MD5-Prüfsumme der übermittelten Daten mitgeliefert.
Bsp.: `Content-MD5: a500662fd7c769cbd84f201a5972777e`

`Content-Range: range/length` (C): Mit dieser Anforderung teilt der Client dem Server mit, welcher Teil des Inhalts zurückgeliefert werden soll.
Bsp.: `Content-Range: 0-499/1234`

`Content-Range: range/length` (S): Wird `Content-Range` vom Server an den Client zurückgegeben, so gibt der Server an, welchen Bereich er im Moment tatsächlich zurückliefert.
Bsp.: `Content-Range: 500-999/1234`

`Content-Type: media-type` (C/S): Der `Content-Type` gibt an, welchen Datentyp der eigentliche Nachrichteninhalt hat bzw. haben würde, falls die Anfrage nur eine `HEAD` Anfrage war. Dieser `Content-Type` ist normalerweise einer der MIME-Typen, also wieder mit einem Typ und einem Untertyp gekennzeichnet. Antworten eines Servers müssen diesen Typ enthalten, da andernfalls weder der Server noch der Client wüssten, welche Art von Daten gerade gesendet werden.
Bsp.: `Content-Type: text/html`

`Date: date` (C/S): Über das `date`-Feld kennzeichnen Server und Client Datum und Uhrzeit der Übertragung.
Bsp.: `Date: Sun, 21 Apr 2002 10:15:39 GMT`

`ETag: entity-tag` (S): Hier wird der aktuelle Wert des ETags für die angeforderte Variante zurückgeliefert.
Bsp.: `ETag: "xyzzyx"`

`Expect: expectation` (C): Der Client teilt hiermit dem Server mit, welchen Statuscode er als Antwort erwartet.
Bsp.: `Expect: "100-continue"`

`Expires: date` (C/S): Über den Header `Expires` wird bestimmt, ab wann die übertragenenen Daten als veraltet gelten. Veraltetete Daten dürfen von einem Cache (egal ob auf Client-Seite oder bei einem Proxy) nicht ohne Überprüfung der Originaldaten an den Client gesendet werden. Dies bedeutet nicht, dass sich die Originaldaten deshalb geändert haben müssen. Sie erzwingen lediglich eine erneute Überprüfung, ob die Daten, die im Cache liegen, tatsächlich noch aktuell sind.
Bsp.: `Expires: Sun, 21 Apr 2002 10:15:39 GMT`

`From: email` (C): Mit diesem Header wird die E-Mail Adresse der Person übermittelt, die diese Anfrage gerade gestartet hat. Dies passiert allerdings nicht ohne Nachfrage beim Benutzer selbst.
Bsp.: `From: webmaster@suse.de`

`Host: host[:port]` (C): Über den Header `Host` werden der Hostname und der Port (falls erforderlich) angegeben, auf die sich diese Anfrage bezieht. Auf diese Weise können virtuelle Hosts adressiert werden, die unterschiedliche Namen auf ein- und derselben IP-Adresse haben.
Bsp.: `Host: www.suse.de`

`If-Match: ETag[, ETag] ...` (C): Die aktuelle Anfrage wird von einer Bedingung abhängig gemacht. Der Server liefert das Dokument nur dann zurück, falls eines der ETags in der Anfrage einem der ETags der Antwort entspricht.
Bsp.: `If-Match: "xyzzy"`

`If-Modified-Since: date` (C): Die aktuelle Anfrage wird von einer Bedingung abhängig gemacht. Der Server liefert das Dokument nur dann zurück, falls das Dokument seit dem angegebenen Datum verändert wurde. Falls das Dokument nicht mehr verändert worden ist, wird der Statuscode `304 (not modified)` an den Client zurückgeliefert und keine Daten.
Bsp.: `If-Mofified-Since: Sun, 21 Apr 2002 10:47:30 GMT`

`If-None-Match: Etag[, Etag] ...` (C): Die aktuelle Anfrage wird von einer Bedingung abhängig gemacht. Der Server liefert das angeforderte Dokument nur dann zurück, falls keines der ETags in der Anfrage einem der ETags der Antwort entspricht.
Bsp.: `If-None-Match: "xyzzy"`

`If-Range: date` (C): Falls der Client bereits einen Teil der Daten im Cache hat, kann der Client mit diesem Header angeben, dass der Rest der Daten übermittelt werden soll, falls sie seit dem angegebenen Datum nicht mehr geändert worden sind. Falls die Daten jedoch geändert wurden, sollen die kompletten Daten übermittelt werden.
Bsp.: `If-Range: Sun, 21 Apr 2002 10:47:30 GMT`

`If-Unmodified-Since: date` (C): Die aktuelle Anfrage wird von einer Bedingung abhängig gemacht. Der Server liefert das angeforderte Dokument nur dann zurück, falls es seit dem angegebenen Datum nicht mehr geändert wurde, andernfalls liefert der Server den Statuscode `412 (Precondition Failed) zurück.`
Bsp.: `If-Unmodified-Since: Sun, 21 Apr 2002 10:47:30 GMT`

`Last-Modified: date` (S): Durch diesen Header gibt der Server an, wann das Dokument zuletzt geändert wurde.
Bsp.: `Last-Modified: Sun, 21 Apr 2002 10:47:30 GMT`

`Location: URI` (S): Mit der `Location`-Angabe leitet der Server die Anfrage des Clients an einen anderen URI um. Der URI muss in diesem Fall ein absoluter URI sein.
Bsp.: `Location: http://www.suse.de/index.html`

`Max-Forwards: number` (C): Über diesen Header bestimmt der Client die maximale Anzahl an Weiterleitungen über Proxies bzw. Gateways.
Bsp.: `Max-Forwards: 3`

`Pragma: directive` (C/S): Mit dem `Pragma`-Header können Implementierungsdirektiven mitgesendet werden, die jeder Empfänger auf der gesamten Strecke Client-Server auswerten kann.
Bsp.: `Pragma: no-cache`

`Proxy-Authenticate: challenge` (S): Der Header ist Bestandteil eines Statuscodes `407 (Proxy Authentication Required).`
Bsp.: `Proxy-Autheticate: Basic`

`Proxy-Authorization: credentials` (C): Dieser Header gestattet es dem Client, sich beim Proxy zu authentifizieren.
Bsp.: `Proxy-Authorization: Basic aGVpa286Z29sbGVy`

`Range: range` (C): Die Angabe von `Range` ermöglicht es dem Client, nur einen Teil der Daten vom Server anzufordern.
Bsp.: `Range: bytes=0-499`

`Referer: URI` (C): Mit diesem tatsächlich falschgeschriebenen Header (müsste „Referrer“ heißen) teilt der Client dem Server mit, von welchem URI er

auf diese Adresse gekommen ist. Auf diese Art kann ein Server jederzeit nachvollziehen, von welcher Adresse aus ein Link auf die jeweilige Ressource geführt hat.
Bsp.: `Referer: http://www.suse.de/index.html`

`Retry-After: date|seconds` (S): Falls der Server einen Statuscode `503 (Service Unavailable)` zurückliefert, wird mit diesem Header angegeben, wie lange der Server nicht erreichbar ist.
Bsp.: `Retry-After: 120`

`Server: product | comment` (S): Hiermit liefert der Server, der die Antwort bearbeitet, seinen Produktnamen inklusive der aktuellen Versionsnummer zurück. Falls noch zusätzliche Informationen bzw. Kommentare vorhanden sind, werden auch diese an den Client geliefert.
Bsp.: `Server: Server: Apache/1.3.20 (Linux/SuSE)`

`TE: transfer-coding` (C): Die Angabe `TE` bestimmt die Kodierungen, die der Client für Antworten vom Server akzeptiert.
Bsp.: `TE: deflate`

`Trailer: field-name[, field-name] ...` (C/S): Im Header `Trailer` werden die ganzen Header-Felder aufgezählt, die in der nachfolgenden `chunked` kodierten Nachricht enthalten sind.
Bsp.: `Trailer: Server, Content-Type, Expires`

`Transfer-Encoding: transfer-coding` (C/S): Mit diesem Header wird angegeben, mit welcher Kodierung die nachfolgenden Daten kodiert wurden.
Bsp.: `Transfer-Encoding: chunked`

`Upgrade: product` (C): Der Client kann hiermit angeben, welche zusätzlichen Kommunikationsprotokolle unterstützt werden und möglicherweise besser geeignet sind für die aktuelle Datenübertragung. Falls der Server dies akzeptiert, antwortet er mit einem Statuscode `101 Switching Protocols`. Dadurch kann mit dem kleinsten gemeinsamen Protokoll angefangen und durch den Header `Upgrade` das beste ausgehandelt werden.
Bsp.: `Upgrade: HTTP/1.1, SHTTP/1.3`

`User-Agent: product|comment` (C): Mit dem `User-Agent` teilt der Client dem Server mit, welche Software und welche Version dieses Dokument anfordert. Dies wird meist in Statistiken ausgewertet, um den am häufigsten verwendeten Client zu ermitteln.
Bsp.: `User-Agent: Mozilla/5.0 (compatible; konqueror/2.2.1; Linux)`

`Vary: field-name[, field-name] ...` (C): Die angegebenen Feldnamen beschreiben die Anfrage vom Client an den Server komplett.
Bsp.: `Vary: Upgrade, Host`

`Via: server` (C/S): Alle Gateways und Proxies, die auf der Strecke Client-Server die Daten übermitteln, müssen hier eintragen, dass sie an dem Datentransfer beteiligt waren. Es können mehrere dieser Header vorhanden sein, falls mehrere Stufen von Proxies die Daten übermittelt haben.
Bsp.: `Via: 1.1 nowhere.com (Apache/1.3.20)`

`Warning: warning-code warn-text` (C/S): In diesem Header stehen zusätzliche Informationen, die den Status der Übertragung beschreiben. Es können mehrere dieser Warnungen im Header existieren. Folgende Warnungen sind bisher definiert:

`110 Response ist stale` gibt an, dass die Daten veraltet sind.

`111 Revalidation failed` gibt an, dass die Überprüfung mit dem Server fehlgeschlagen ist und deshalb alte Daten zurückgeliefert werden.

`112 Disconnected operation` gibt an, dass der Cache für eine bestimmte Zeit vom Netz genommen wurde.

`113 Heuristic expiration` gibt an, dass der Cache Daten länger als 24 Stunden puffert und die Daten dementsprechend älter als 24 Stunden sind.

`199 Miscellaneous warning` gibt eine beliebige an den Benutzer weiterzuleitende Warnung an.

`214 Transformation applied` gibt an, dass ein Cache oder Proxy die Daten transformiert hat.

`299 Miscellaneous persistent warning` gibt eine beliebige an den Benutzer weiterzuleitende Warnung an.
Bsp.: `Warning: 111 Revalidation failed`

`WWW-Authenticate: challenge` (S): Dieser Header kommt in einer Antwort mit dem Statuscode `401 (Unauthorized)` vor und teilt dem Client mit, dass eine Authentifizierung stattfinden muss.
Bsp.: `WWW-Authenticate: Basic realm="Sicherheitszone"`

3.3 Arbeiten mit Apache

3.3.1 Installation

Der Apache ist in der Standardinstallation von SuSE Linux nicht mehr enthalten. Im Folgenden werden Sie daher die wichtigsten Schritte zur Installation von Apache auf Ihrem System kennen lernen.

Zur Installation starten Sie YaST 2 und wechseln dort zum Punkt *Software installieren/löschen*. Sie finden folgende Pakete, die in Zusammenhang mit Apache stehen:

Apache – Paketname: `apache`
Serie: `n`
Gruppe (SuSE Linux < 8): `Netzwerk/Daemonen`
Gruppe (SuSE Linux ≥ 8): `Produktivität/Netzwerk/Web/Server`

Apache Dokumentation – Paketname: `apache-doc`
Serie: `n`
Gruppe (SuSE Linux < 8): `Netzwerk/Daemonen`
Gruppe (SuSE Linux ≥ 8): `Produktivität/Netzwerk/Web/Server`

Apache Module – Paketname: `apache-contrib`
Serie: `n`
Gruppe (SuSE Linux < 8): `Netzwerk/Daemonen`
Gruppe (SuSE Linux ≥ 8): `Produktivität/Netzwerk/Web/Server`

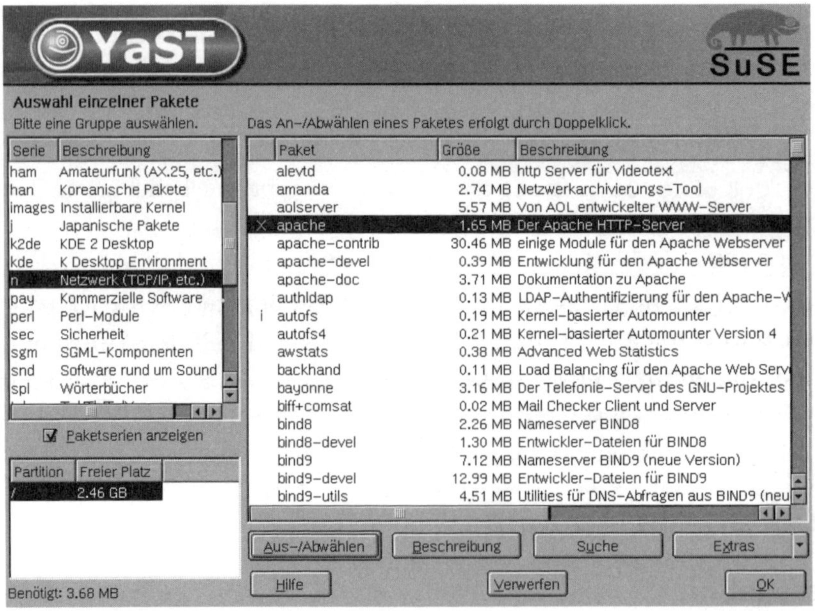

Abbildung 3.2: Installation mit Yast 2

3.3.2 Konfiguration

Die Konfiguration von Apache wird in der Datei `httpd.conf` vorgenommen. Im Folgenden soll auf einige der wichtigsten Konfigurationsdirektiven eingegangen werden. In Anhang B.3 finden Sie eine komplette Auflistung der Kern- und Basisdirektiven.

Die ursprüngliche Konfiguration des NCSA und damit auch des Apache war auf die folgenden Dateien verteilt: `access.conf`, `httpd.conf` und `srm.conf`. Diese hatten klar getrennte Aufgaben. So war die Datei `access.conf` nur dazu da, um Zugriffsberechtigungen festzulegen. Da sehr viele Funktionen nun allerdings nicht mehr exakt einer dieser drei Dateien zugeordnet werden können, hat man sich seit Apache 1.3.4 darauf geeinigt, nur noch eine Hauptkonfigurationsdatei zu verwenden – die Datei `httpd.conf`. Die anderen beiden existieren meist noch auf den Systemen, sind aber leer.

Bei SuSE Linux finden Sie die Konfigurationsdateien unter `/etc/httpd/`. Allerdings wird bei SuSE Linux ein Teil der Konfiguration von Apache bereits in `SuSEconfig` mit aufgenommen und wird daher in einer der beiden Dateien
SuSE Linux bis 7.3: `/etc/rc.config.d/apache.rc.config`
SuSE Linux 8.0: `/etc/sysconfig/apache`
oder über den `RC.Config-Editor` (bis SuSE Linux 7.3) in YaST 2 angepasst.

3.3.3 Variable für `SuSEconfig`

Sie sollten sich zuerst die Anpassungen betrachten, die Sie mit der SuSE-eigenen Konfigurationsdatei
`/etc/rc.config/apache.rc.config` bzw.
`/etc/sysconfig/apache`
durchführen können. Das Skript `/sbin/SuSEconfig` wertet den Inhalt der Variablen aus und erzeugt aus diesen Angaben eine neue Konfigurationsdatei für Apache (`/etc/httpd/httpd.conf`). Einige der Einstellungen werden in separaten Dateien, die ebenfalls in `/etc/httpd` gespeichert werden, abgelegt.

Sobald Sie eine dieser Variablen verändert haben, müssen Sie im Anschluss daran das Skript `SuSEconfig` als Benutzer `root` ausführen. Nachdem die neue Apachekonfigurationsdatei erzeugt wurde, müssen Sie Apache noch anweisen, diese Konfiguration erneut einzulesen. Dies erledigen Sie am besten mit dem Skript `rcapache`, wie im Folgenden zu sehen ist:

```
linux: # /sbin/SuSEconfig -module apache
Starting SuSEconfig, the SuSE Configuration Tool...
Running module apache only
Reading /etc/rc.config and updating the system...
Executing /sbin/conf.d/SuSEconfig.apache...
```

```
Finished.
linux: # rcapache reload
 PHP4 status Reload httpdr                                 done
```

Folgende Variable können in dieser Datei gesetzt werden:

HTTPD_PERFORMANCE

Mit dieser Variablen werden die httpd.conf-Werte – wie in Tabelle 3.2 aufgelistet – gesetzt. Damit beeinflussen Sie die Anzahl der Reserveserver, der Server, die beim Start gestartet werden, und die Anzahl der gleichzeitigen Zugriffe. Je nach Einsatzgebiet und erwarteter Anzahl der Verbindungen sollten Sie hier den Wert dementsprechend anpassen.

Syntax	HTTPD_PERFORMANCE="slim|mid|thick|enterprise"
Standardwert	slim
Beispiel	HTTPD_PERFORMANCE="thick"

In folgender Tabelle ist aufgelistet, welcher Wert von HTTPD_PERFORMANCE welche Einstellungen in der httpd.conf vornimmt:

Tabelle 3.2: Einstellungen in httpd.conf durch HTTPD_PERFORMANCE

httpd.conf-Direktive	HTTPD_PERFORMANCE-Einstellung			
	slim	mid	thick	enterprise
MinSpareServers	1	5	10	50
MaxSpareServers	1	10	20	150
StartServers	1	5	50	150
MaxClients	150	150	150	250

HTTP_START_TIMEOUT

Hiermit bestimmen Sie die Zeit, die beim Starten des Apache über rcapache oder beim Systemstart verstreichen darf, bevor das System eine Fehlermeldung bringt. Diese Zeit sollten Sie höher setzen, falls Sie eine SSL-Verschlüsselung verwenden.

Syntax	HTTPD_START_TIMEOUT=seconds
Standardwert	2
Beispiel	HTTPD_START_TIMEOUT=10

HTTPD_SEC_ACCESS_SERVERINFO

Diese Variable ist eine der Sicherheitsvariablen und bestimmt, ob der Zugriff auf den Serverstatus über den URL `http://localhost/server-status` erlaubt werden soll oder nicht.

Syntax	`HTTPD_SEC_ACCESS_SERVERINFO="yes|no"`
Standardwert	`no`
Beispiel	`HTTPD_SEC_ACCESS_SERVERINFO="yes"`

HTTPD_SEC_SAY_FULLNAME

Diese Variable ist eine der Sicherheitsvariablen und bestimmt, ob der Server an jede servergenerierte Seite (Fehlermeldungen, FTP-Directories etc., allerdings an keine CGI-Dokumente) seine Versionsnummer und den Hostnamen anhängen soll oder nicht. Mit der Angabe `email` wird zusätzlich zur generierten Seite noch ein `mailto:` Link an den `ServerAdmin` erzeugt. Siehe auch Abschnitt 3.3.3.

Syntax	`HTTPD_SEC_SAY_FULLNAME="yes|no|email"`
Standardwert	`no`
Beispiel	`HTTPD_SEC_SAY_FULLNAME="email"`

HTTPD_SEC_SERVERADMIN

Hier wird die E-Mail Adresse des Serveradministrators eingestellt. Diese wird von `HTTPD_SEC_ACCESS_SERVERINFO` benutzt, falls die E-Mail Adresse unter einer generierten Seite stehen soll.

Syntax	`HTTPD_SEC_SERVERADMIN="email"`
Standardwert	`root@FQHOSTNAME`
Beispiel	`HTTPD_SEC_SERVERADMIN="webmaster@linux.local"`

HTTPD_SEC_PUBLIC_HTML

Sie können mit dieser Variablen bestimmen, ob für jeden User ein eigenes Webverzeichnis zur Verfügung gestellt werden soll. Falls diese Variable auf `yes` gesetzt wird, können Benutzer in Ihrem Home-Verzeichnis ein Unterverzeichnis `public_html` erzeugen. Alle darin enthaltenen Daten werden für das Web unter dem URL `http://FQHOSTNAME/~username/` freigegeben. Beachten Sie dabei allerdings, dass ein Zugriff aus dem Web über die Berechtigung `Sonstige` geregelt wird, daher müssen alle Daten, die im Web sichtbar sein sollen, Leseberechtigung für `Sonstige` haben! Desweiteren müssen alle Verzeichnisse im kompletten Pfad zumindest die Berechtigung `x` besitzen, damit in dieses Verzeichnis gewechselt werden kann. Da die Standardberechtigung für Benutzerverzeichnisse häufig 700 ist, müssen Sie also noch das Home-Verzeichnis Ihrer Benutzer mit der Berechtigung x für `Sonstige` versehen.

Syntax	`HTTPD_SEC_PUBLIC_HTML="yes|no"`
Standardwert	`yes`
Beispiel	`HTTPD_SEC_PUBLIC_HTML="no"`

HTTPD_CONF_INCLUDE_FILES

Mit dieser Angabe können Dateien (durch Leerzeichen getrennt) angegeben werden, die in die Datei `httpd.conf` mit eingelesen werden sollen. Dies ist besonders nützlich, falls Sie Ihre Konfiguration weiterhin mit `SuSEconfig` und den hier besprochenen Variablen durchführen möchten, da eine direkte Änderung der Datei `httpd.conf` deren Checksumme verändern würde und damit `SuSEconfig` diese Datei nicht mehr generiert. Diese eingebundenen Dateien können beispielsweise Angaben über virtuelle Hosts oder auch über Zugriffsberechtigungen auf den gesamten Webserver enthalten.

Syntax	`HTTPD_CONF_INCLUDE_FILES="filename [filename] ..."`
Standardwert	`/etc/httpd/susehelp.conf`
Beispiel	`HTTPD_CONF_INCLUDE_FILES="/etc/httpd/vhosts.conf /etc/httpd/susehelp.conf"`

HTTPD_SEC_MOD_DAV

Falls Sie das Modul `WebDAV` verwenden möchten, müssen Sie diese Variable auf `yes` setzen. Das WebDAV-Modul wird zur Versionsverwaltung, zum Up- und Download und allem, was zur Verwaltung einer Homepage nötig ist, benutzt. Einige Webdesign-Programme können über diese Schnittstelle bereits Dateien zum Server hochladen.

Syntax	`HTTPD_SEC_MOD_DAV="yes|no"`
Standardwert	`no`
Beispiel	`HTTPD_SEC_MOD_DAV="yes"`

HTTPD_SEC_MOD_PERL

Um das Modul `mod_perl` verwenden zu können, müssen Sie diese Variable auf `yes` setzten (dies ist glücklicherweise der Standardwert). Über dieses Modul ist es möglich, Perl-Programme direkt als Bestandteil des Apache auszuführen und nicht mehr bei jedem Aufruf den externen Perl-Interpreter/Compiler zu starten, was einen Performanceverlust mit sich bringt.

Syntax	`HTTPD_SEC_MOD_PERL="yes|no"`
Standardwert	`yes`
Beispiel	`HTTPD_SEC_MOD_PERL="no"`

HTTPD_SEC_MOD_PHP

Um das Modul `mod_php` verwenden zu können, müssen Sie diese Variable auf `yes` setzten (dies ist glücklicherweise der Standardwert). Über dieses Modul ist es möglich, PHP-Programme direkt als Bestandteil des Apache auszuführen.

Syntax	`HTTPD_SEC_MOD_PHP="yes|no"`
Standardwert	`yes`
Beispiel	`HTTPD_SEC_MOD_PHP="no"`

3.3.4 Start des Apache-Webservers

Nach der Installation des Apache-Webservers können Sie nun entscheiden, ob Sie Apache bei Bedarf jeweils manuell starten möchten oder ob Apache automatisch beim Systemstart mit gestartet werden soll.

Da sich der Startvorgang mit der Version 8.0 von SuSE Linux grundlegend geändert hat, müssen hier zwei unterschiedliche Varianten gezeigt werden.

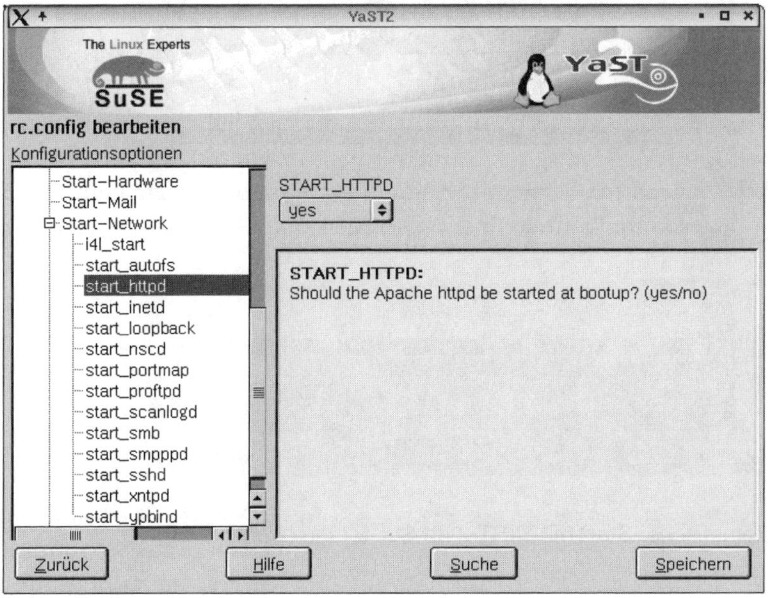

Abbildung 3.3: Automatischer Start mit YaST 2 bis SuSE Linux Version 7.3

3.3.5 Automatischer Start mit SuSE Linux bis Version 7.3

Für den automatischen Start von Apache beim Systemstart müssen Sie nur einen Eintrag in der `/etc/rc.config` Datei abändern. Dies kann entweder manuell mit einem Editor Ihrer Wahl geschehen oder auch mit dem `RC.Config-Editor` von YaST 2.

Starten Sie YaST 2 und wählen Sie dann den Punkt *System, RC.Config-Editor*. Im `RC.Config-Editor` suchen Sie den Punkt *Start-Variablen* und darin den Unterpunkt *Start-Network*. Hier gibt es einen Eintrag `start_httpd`; dieser muss auf `yes` gesetzt werden. Dies sehen Sie auch in Abbildung 3.3.

3.3.6 Automatischer Start mit SuSE Linux ab Version 8.0

Mit der Version 8.0 wurde die Datei `rc.config` zugunsten der LSB-Konformität nahezu vollständig „ausgemustert“. Der automatische Start wird jetzt entweder über den *Runlevel-Editor* oder alternativ mit dem Kommandenzeilen-Werkzeug `insserv` konfiguriert.

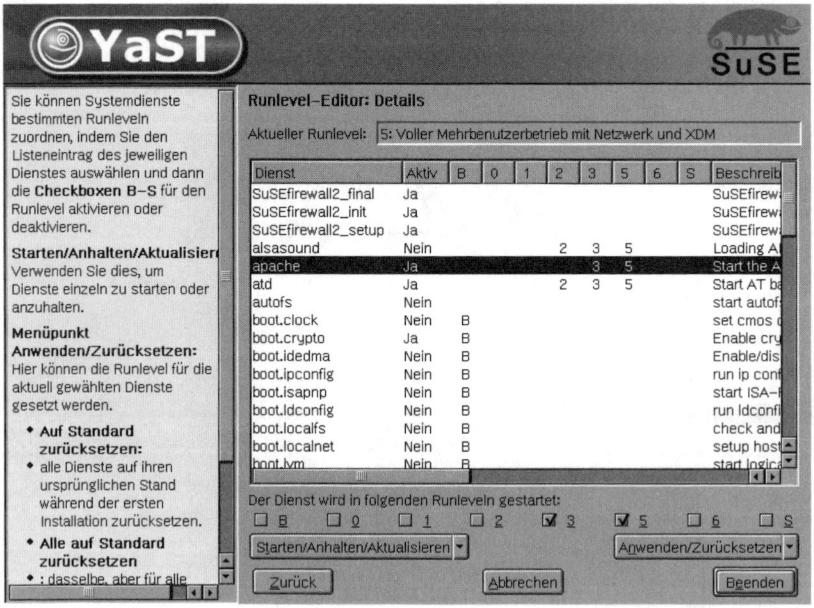

Abbildung 3.4: Automatischer Start mit YaST 2 ab SuSE Linux Version 8.0

Für die Konfiguration mit dem *Runlevel-Editor* rufen Sie diesen in YaST 2/*System* auf und wählen darin *Runlevel-Eigenschaften....* In der Maske, die in Abbildung 3.4 gezeigt wird, wählen Sie *apache*, dann den Punkt *Anwenden/Zurücksetzen* und darin *Dienst aktivieren* aus. Nach dem Beenden des Runlevel-Editors wird diese Konfiguration gespeichert, und damit steht Apache ab dem nächsten Neustart zur Verfügung.

Falls Ihnen eine Konfiguration über textbasierende Tools lieber ist, so ist diese mit dem Programm `insserv` ebenfalls möglich. Die Syntax von `insserv` lautet wie folgt:

```
insserv [-r] skriptname|verzeichnisname
```

Um Apache mit `insserv` ab dem nächsten Systemstart zu aktivieren, geben Sie als Benutzer `root` folgendes Kommando ein:

```
linux: # insserv apache
```

Der optionale Parameter `-r` wird verwendet, um den angegebenen Dienst ab dem nächsten Start wieder zu deaktivieren. Die Angabe `skriptname` bestimmt das Skript, das beim Systemstart ausgeführt werden soll, um diesen Dienst zu starten. Diese Skripten stehen im Verzeichnis `/etc/init.d/` bzw. im verlinkten Verzeichnis `/etc/rc.d/`.

Für den sofortigen Einsatz von Apache geben Sie als `root` folgendes ein (dies geht bei allen SuSE Versionen):

```
linux: # rcapache start
Starting httpd [ ]                                          done
linux: #
```

Ab jetzt läuft Ihr Webserver in der Standardeinstellung, die mit SuSE Linux mitgeliefert wurde.

3.3.7 Verbindungstest

Da HTTP ein textbasierendes Protokoll ist, lässt sich auf sehr einfache Weise überprüfen, ob Apache auch wirklich läuft. Da der Standardport für den Webserver 80 ist, können Sie über eine einfache `telnet`-Verbindung auf diesen Port die Funktionsweise testen. Geben Sie folgendes Kommando ein:

```
linux: # telnet localhost 80
Trying ::1...
telnet: connect to address ::1: Connection refused
Trying 127.0.0.1...
Connected to localhost.
Escape character is '^]'.
GET / HTTP/1.0

HTTP/1.1 200 OK
Date: Sun, 21 Apr 2002 07:39:04 GMT
```

```
Server: Apache/1.3.23 (Unix) PHP/4.1.0
Content-Location: index.html.en
Vary: negotiate,accept-language
TCN: choice
Connection: close
Content-Type: text/html
Content-Language: en
Expires: Sun, 21 Apr 2002 07:39:04 GMT

<!DOCTYPE HTML PUBLIC "-//W3C//DTD HTML 4.0 Transitional//EN">
<html>
<head>
<title>Webserver testpage</title>

:
:
</table>
</body>
</html>
Connection closed by foreign host.
linux: #
```

Im Abschnitt 3.1 haben Sie schon gesehen, welche Schritte der Reihe nach beim Aufruf einer Webseite eigentlich passieren. Dies soll am obigem Protokoll nun noch einmal erläutert werden.

1. *Verbindungsaufbau*: Die Verbindung wurde vom Client – im aktuellen Fall `telnet` – auf dem Port 80 aufgebaut.
2. *Anforderung des Client*: Durch die Eingabe von `GET` legen Sie die Übertragungsmethode fest (siehe Tabelle 3.1), mit der die Daten vom Server angefordert werden sollen. In dieser Anforderung wird noch angegeben, welche Datei vom Server geholt werden soll. In diesem Fall möchten Sie die Datei bzw. das Verzeichnis `/` vom Server holen. Welche Datei dabei geholt wird, ist in der Konfigurationsdatei des Webservers durch die Direktive `DirectoryIndex` (siehe Abschnitt B.1.1) festgelegt. Zuletzt bestimmen Sie mit der Angabe `HTTP/1.0` das Protokoll und die Version des Protokolls, mit dem Sie die Anfrage durchführen.
   Beachten Sie dabei, dass die Anfrage erst abgeschlossen ist, sobald eine leere Zeile an den Server übermittelt wird. Dies wird einfach dadurch erreicht, dass Sie nach der letzten Eingabe zweimal die Return-Taste drücken.
3. *Serverstatus*: Die Antwort des Servers beginnt mit der Zeile `HTTP/1.1 200 OK`. Hier wird zuerst das größtmögliche Protokoll des Servers zurückgegeben und direkt im Anschluss daran der Statuscode. Der hier zurückgegebene Statuscode lautet `200 OK`. Da die Anfrage eine `GET`-Methode war, wird im Anschluss an den Header die eigentliche HTML-Datei zurückgeliefert.

4. *Antwort Header*: Der Antwort-Header besteht immer aus dem Header-Namen – beispielsweise `Content-Type` – im Anschluss daran als Trennzeichen der Doppelpunkt (`:`) und dann der zugehörige Wert dieses Headers – hier `text/html`. Dieser Header muss immer an den Client zurückgegeben werden. Hiermit teilt der Server dem Client mit, welcher Datentyp im Anschluss an den Header an den Client geschickt wird. Der Wert des `Content-Type` entspricht dem MIME-Type. MIME steht als Abkürzung für „Multi Purpose Internet Mail Extension".
   Der Header wird wieder mit einer Leerzeile abgeschlossen.
5. *Angeforderte Daten*: Jetzt liefert der Server die Daten an den Client zurück, die in der Anfrage vom Server gefordert wurden. In diesem Fall wird der Inhalt der Datei `index.html.en` zurückgegeben.
6. *Trennen*: Nach der kompletten Übertragung der Datei `index.html.en` wird vom Server die Verbindung wieder getrennt.

Hier wurde die Verbindung sofort nach dem Datentransfer vom Server an den Client wieder getrennt. Dies erfordert für jede Verbindung mit einem Client, dass der Server einen eigenen Prozess startet. Jeder dieser Prozesse kostet allerdings Speicher und belastet damit den Server. Um den Server nun zu entlasten, verständigen sich Client und Server, ob `Keep-Alive` verwendet werden kann. Die meisten modernen Clients beherrschen diese Art der Übertragung mittlerweile.

Der Vorteil dieser Art der Übertragung liegt darin, dass Server und Client über eine Verbindung mehrere Anfragen aushandeln können. Allerdings ist die Anzahl der Anfragen durch Clients, die `Keep-Alive` verwenden, begrenzt. Dies wird seit Apache 1.2 mit dem Parameter `MaxKeepAliveRequests` eingestellt. Zudem wird auch jede `KeepAlive`-Verbindung nach der mit `KeepAliveTimeout` bestimmten Zeit Inaktivität wieder beendet.

Verbindungen mit einem Webserver werden allerdings in den seltensten Fällen per `telnet` durchgeführt (außer zu Testzwecken, wie eben hier), sondern normalerweise mit einem Browser wie dem *Konqueror*. Starten Sie in Ihrer grafischen Benutzeroberfläche den Web-Browser (*Konqueror*).

Abbildung 3.5: *Konqueror*-Symbol

Geben Sie in der Adresszeile folgendes ein:

```
http://localhost/
```

Damit fordern Sie von Ihrem eigenen Rechner die Startseite. Diese wiederum bestimmt Apache mit der Konfigurationsdirektive `DirectoryIndex` (siehe Abschnitt B.1.1). Im *Konqueror* sehen Sie nun die in Abbildung 3.6 gezeigte Seite.

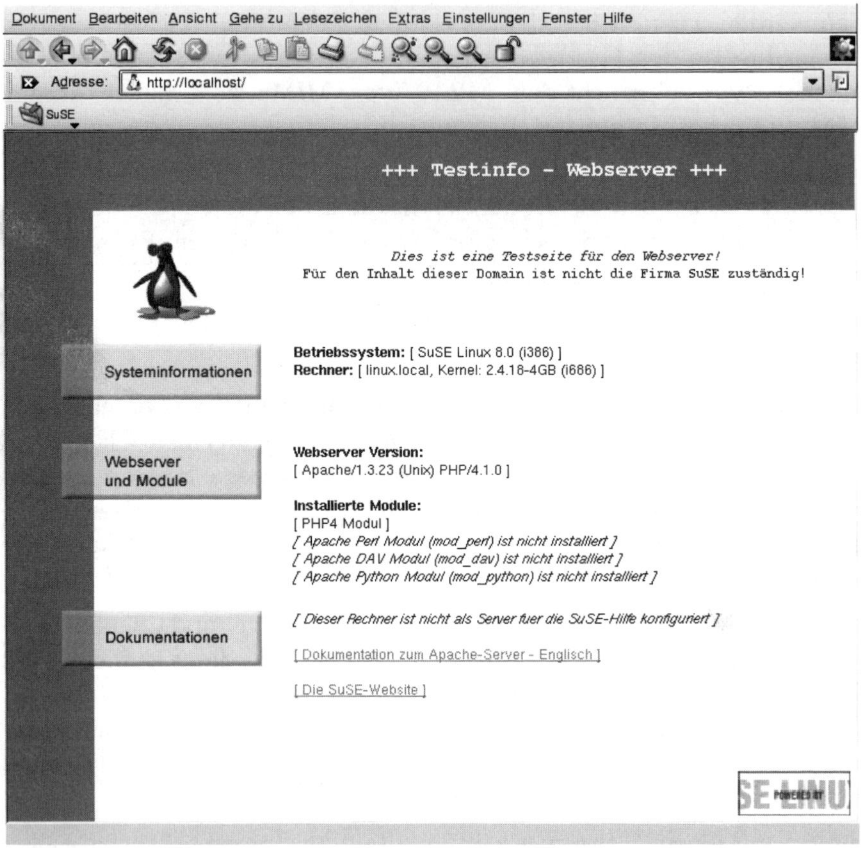

Abbildung 3.6: *Konqueror* `localhost`

3.3.8 Persönliche Webverzeichnisse

Mit der Standardeinstellung in SuSE Linux können Sie als Benutzer in Ihrem Home-Verzeichnis ein Unterverzeichnis `public_html` anlegen und darin Ihre Webdaten ablegen.

Falls dieses Verzeichnis noch nicht existiert, so legen Sie es bitte jetzt an:

```
user@linux: > mkdir ~/public_html
```

Achten Sie darauf, dass alle im Pfad liegenden Verzeichnisse zumindest die Berechtigung `eXecute` für `Sonstige` haben, damit ein Zugriff vom Web aus erfolgen kann.

Geben Sie dafür folgendes Kommando ein:

```
user@linux: > chmod o+x ~ ~/public_html
```

Um die Funktion der persönlichen Webverzeichnisse auszutesten, müssen Sie allerdings noch eine Datei (am besten natürlich eine HTML-Datei) in diesem Verzeichnis ablegen.

Erzeugen Sie mit einem Editor im Unterverzeichnis `public_html` die folgende HTML-Datei und speichern Sie diese als `index.html` mit folgendem Inhalt ab:

```
<html>
<body>
<h1>Erster Versuch</h1>
</body>
</html>
```

Damit ist alles für den Zugriff vorbereitet. Starten sie Ihren Webbrowser (z. B. *Konqueror*) und geben Sie folgende Adresse ein:

`http://localhost/~user/`

wobei `user` natürlich Ihr Benutzername ist.

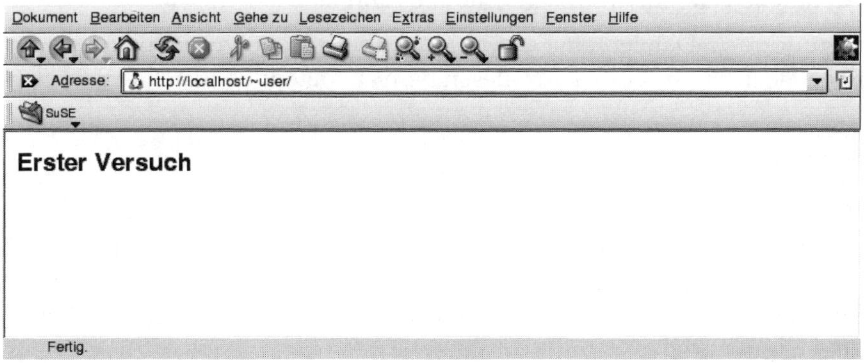

Abbildung 3.7: Persönliches Webverzeichnis

3.3.9 `.htaccess`

Eine der Möglichkeiten zur Zugriffskontrolle ist die Datei `.htaccess` bzw. die Datei, die Sie bei der Direktive `AccessFileName` in der Apache-Konfiguration angegeben haben (siehe Abschnitt B.1.1). Diese Datei ist besonders dann wichtig, wenn eine Zugriffskontrolle von Benutzern eingerichtet werden soll, die keine Möglichkeit haben sollen, die Apache-Konfigurationsdatei `httpd.conf` zu bearbeiten. Prinzipiell könnte allerdings jede Einstellung auch über `<Directory>`-Direktiven in der Apache-Konfiguration durchgeführt werden.

Der wichtigste Vorteil bei der Verwendung von `.htaccess`-Dateien ist dabei, dass die darin enthaltenen Direktiven jederzeit verändert werden können, ohne dass der Webserver neu gestartet werden muss.

Auch ist die Verwendung von `.htaccess`-Dateien für virtuelle Webserver (siehe 3.5) sehr zu empfehlen, da hier oft sehr individuelle Einstellungen der Besitzer des jeweiligen Hosts eingestellt werden müssen. Ohne die Möglichkeit der `.htaccess`-Dateien müsste stets der Serveradministrator die Konfigurationsdatei des Apache anpassen und den Webserver neu starten.

Genauso nützlich ist die Verwendung von `.htaccess`-Dateien, falls Sie Ihren Benutzern ein persönliches Webverzeichnis über die Direktive `UserDir` zur Verfügung stellen.

Ein Nachteil der `.htaccess`-Dateien soll allerdings auch erwähnt werden. Falls diese Datei in einem Verzeichnis existiert, werden sämtliche Verzeichnisse, die darunter liegen, ebenfalls mit den Direktiven der Datei behandelt. Dies bedeutet auch, dass beim direkten Zugriff auf eines der Unterverzeichnisse Apache zunächst einmal sämtliche darüberliegenden Dateien nach `.htaccess` Dateien durchsuchen und alle darin enthaltenen Direktiven bearbeiten muss. Dies kann zu einer deutlichen Geschwindigkeitseinbuße führen.

Um mit `.htaccess`-Dateien eine eigene Zugriffskontrolle vornehmen zu können, müssen Sie in `httpd.conf` für diesen Bereich folgende Einstellung vornehmen:

```
AllowOverride AuthConfig Limit
```

Um das Ganze als Benutzer ausprobieren zu können, ist allerdings keine Änderung der `/etc/httpd/httpd.conf` notwendig, da die Einstellungen seit SuSE Linux 7.3 in der Datei `/etc/httpd/suse_public_html.conf` vorgenommen werden. In älteren SuSE Linux Versionen suchen Sie den entsprechenden Eintrag in der Datei `httpd.conf`.

Diese Datei muss folgenden Inhalt haben:

```
<IfModule mod_userdir.c>
    UserDir public_html
</IfModule>

<Directory /home/*/public_html>
    AllowOverride FileInfo AuthConfig Limit
    Options MultiViews Indexes SymLinksIfOwnerMatch IncludesNoExec
    <Limit GET POST OPTIONS PROPFIND>
```

```
        Order allow,deny
        Allow from all
    </Limit>
    <LimitExcept GET POST OPTIONS PROPFIND>
        Order deny,allow
        Deny from all
    </LimitExcept>
</Directory>
```

Diese Datei erlaubt es, als Benutzer im Home-Verzeichnis ein Unterverzeichnis `public_html` anzulegen. Alle darin enthaltenen Verzeichnisse können mit einer Authentifizierung versehen werden (`AuthConfig`) und Sie können eine Zugriffsbeschränkung über `Allow from/Deny from` durchführen (`Limit`). Der URL für dieses Verzeichnis lautet `http://localhost/~user/`.

Hier sollen einige der möglichen Zugangsbeschränkungen anhand verschiedener Beispiele erläutert werden.

3.3.9.1 Zugriffskontrolle auf Host-Basis

Eine Methode der Zugriffskontrolle ist, Zugriff nur aufgrund der IP-Adresse oder des Rechnernamens bzw. einer Domain zu erlauben. Mit dem ersten Beispiel sollen zuerst einmal sämtliche Zugriffe auf die Ressource verboten werden. Dies erledigen Sie mit der folgenden `.htaccess`-Datei im Verzeichnis `public_html`:

```
Deny from all
```

Die Direktive `Deny from all` bewirkt, dass der Zugriff auf dieses Verzeichnis (und alle darunterliegenden Verzeichnisse) nicht mehr erlaubt ist. Nähere Informationen zu `Deny from` finden Sie im Abschnitt B.1.3.

Mit dieser Einstellung ist es allerdings nicht einmal mehr möglich, mit dem URL `http://localhost/~user/` auf Ihre Webseite zuzugreifen. Sie bekommen folgende Meldung:

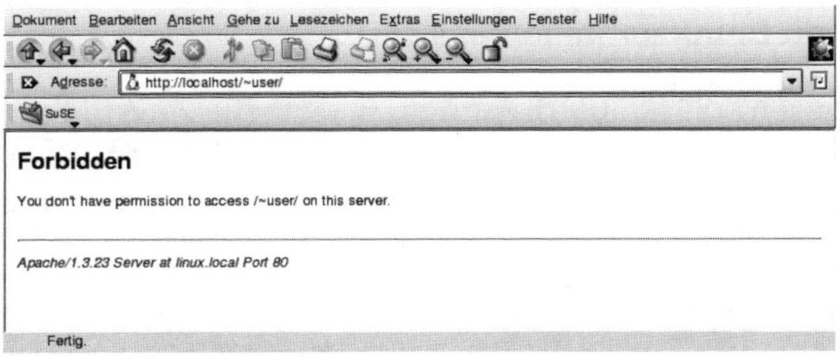

Abbildung 3.8: Zugriff nicht erlaubt

Um nun wenigstens von Ihrem eigenen Rechner aus wieder Zugriff auf diese Webseite zu bekommen, ändern Sie die Daten `.htaccess` wie folgt:

```
Deny from all
Allow from 127.0.0.1
```

Die Direktive `Allow from` wird dazu verwendet, bestimmten Rechnern, die vorher mit `Deny from` ausgeschlossen wurden, wieder den Zugriff zu erlauben. Nähere Informationen zu `Allow from` finden Sie im Abschnitt B.1.3.

Jetzt muss der Zugriff mit dem URL `http://localhost/~user/` wieder funktionieren. Wie sieht es allerdings mit den Zugriffen aus dem Web aus? Versuchen Sie doch einmal einen Zugriff über Ihre IP-Adresse. Falls Ihre IP-Adresse `192.168.1.201` lautet, wäre `http://192.168.1.201/~user/` der zugehörige URL. Über diesen URL bekommen Sie ebenfalls `Forbidden`.

Diese Einschränkung soll nun noch etwas gelockert werden. Mit der nachfolgenden Konfiguration erlauben Sie zusätzlich den Zugriff aus der Domain `suse.de`.

```
Deny from all
Allow from 127.0.0.1
Allow from suse.de
```

Falls Sie den umgekehrten Weg gehen möchten, also alle Zugriffe erlauben und nur von einer IP-Adresse keine Zugriffe wünschen, so wird dies mit folgender Konfiguration durchgeführt:

```
Order Allow,Deny
Allow from all
Deny from 127.0.0.1
```

Die Direktive `Order` bestimmt die Reihenfolge, in der die Zugriffsbeschränkungen/Zugrifferlaubnis abgearbeitet werden soll. Hier legen Sie fest, dass zuerst einmal alles erlaubt sein soll und davon im Anschluss ein Verbot abgezogen wird. Nähere Informationen zu `Order` finden Sie im Abschnitt 4.8.9.

3.3.9.2 Zugriffskontrolle mit Benutzername/Passwort

In den nachfolgenden Beispielen soll erläutert werden, wie Sie die Zugriffe mit einem Benutzernamen und dem zugehörigen Passwort schützen können. Dazu muss zunächst einmal eine Datei angelegt werden, in der die Benutzernamen und deren Passwörter verschlüsselt abgespeichert sind.

Diese Datei legen Sie mit dem Apache-Tool `htpasswd` an. Eine exakte Erläuterung der Funktionsweise von `htpasswd` finden Sie im Abschnitt 3.7.2.

Zunächst soll als Benutzer `user` eine neue Passwortdatei `.htpasswd` in Ihrem Home-Verzeichnis angelegt werden und der Benutzer `webuser` darin mit Passwort erzeugt werden. Geben Sie dazu am Prompt das Kommando `htpasswd -c` ein, danach den Dateinamen Ihrer Passwortdatei und im Anschluss den Benutzernamen, der neu angelegt werden soll. Das Programm `htpasswd` wird Sie anschließend zweimal nach dem gewünschten Webpasswort für diesen User fragen; geben Sie hier jeweils `web` ein.

```
user@linux: > htpasswd -c ~/.htpasswd webuser
New password:web
Re-type new password:web
Adding password for user webuser
```

Die neu angelegte Datei enthält nun den Benutzernamen `webuser` und das verschlüsselte Passwort.

Mit dieser Datei soll nun der Webzugriff auf das Webverzeichnis des Benutzers `user` geschützt werden. Dies wird ebenfalls in `~/public_html/.htaccess` eingestellt. Bearbeiten Sie `.htaccess` mit einem beliebigen Texteditor und löschen Sie eventuell vorhandene Einträge heraus. Geben Sie folgende Konfiguration ein:

```
AuthName "Authentifizierung erforderlich"
AuthType Basic
AuthUserFile /home/user/.htpasswd
require user webuser
```

Ein Zugriff auf den URL `http://localhost/~user/` liefert Ihnen die in Abbildung B.1 auf Seite 377 gezeigte Anmeldemaske. Geben Sie als Benutzername `webuser` und als Passwort `web` bzw. das Passwort, das Sie mit `htpasswd` festgelegt haben, an. Damit haben Sie Zugriff auf diese Seite. Solange Sie den Browser nicht beenden, wird er sich die Kombination `webuser/web` für den Bereich `Authentifizierung erforderlich` (der String, der bei `AuthName` angegeben wurde) merken und automatisch bei weiteren Anfragen des Servers für diesen Bereich absenden.

Jetzt soll der Zugriff nicht nur für einen Benutzer, sondern für die Gruppe namens `dozenten` erlaubt werden. Hierzu müssen Sie zuerst alle Mitglieder der Gruppe `dozenten` in Ihre Passwortdatei aufnehmen. Geben Sie für diese Benutzer jeweils als Passwort `d1, d2, d3` ein.

```
user@linux: > htpasswd ~/.htpasswd dozent1
New password:
Re-type new password:
Adding password for user dozent1

user@linux: > htpasswd ~/.htpasswd dozent2
New password:
Re-type new password:
```

```
Adding password for user dozent2

user@linux: > htpasswd ~/.htpasswd dozent3
New password:
Re-type new password:
Adding password for user dozent3
```

Nun muss noch eine Gruppendatei erstellt werden. Dies erledigen Sie mit einem Texteditor. In der Gruppendatei steht zuerst der Gruppenname, anschließend ein Doppelpunkt und dann die Mitglieder dieser Gruppe. Erzeugen Sie folgende Datei in Ihrem Home-Verzeichnis unter dem Namen `.htgroup`.

```
dozenten: dozent1 dozent2 dozent3
```

Nun muss noch die Datei `.htaccess` angepasst werden, damit nur noch die Mitglieder der Gruppe `dozenten` Zugriff bekommen.

```
AuthName "Zugriff erforderlich"
AuthType Basic
AuthUserFile /home/user/.htpasswd
AuthGroupFile /home/user/.htgroup
require group dozenten
```

Falls Sie nun auf den URL `http://localhost/~user/` zugreifen möchten, werden Sie wieder nach einem Benutzernamen und Passwort gefragt. Mit einem beliebigem der drei Benutzer `dozent[123]` können Sie sich nun anmelden. Allerdings ist eine Anmeldung als `webuser` nicht mehr möglich!

3.3.9.3 Zugriffskontrolle mit Benutzername/Passwort und hostbasierend

Sie haben nun gesehen, wie man einen hostbasierenden Schutz aufbaut und wie ein Zugriffsschutz mit Benutzername und Passwort funktioniert. Im Folgenden wird dieses nun noch kombiniert. Sie möchten von Ihrem eigenen Rechner aus auf den gesperrten Bereich ohne Eingabe des Benutzernamens und des Passworts zugreifen können. Falls der Zugriff allerdings von einem Remote-Rechner erfolgt, so soll nach Benutzername und Passwort gefragt werden.

Ändern Sie Ihre `.htaccess`-Datei wie folgt ab:

```
AuthName "Zugriff erforderlich"
AuthType Basic
AuthUserFile /home/user/.htpasswd
AuthGroupFile /home/user/.htgroup
require group vertrieb
Allow from 127.0.0.1
Deny from all
Satisfy any
```

Durch die Angabe von Satisfy any bewirken Sie, dass es für einen Zugriff ausreicht, eine der beiden Bedingungen zu erfüllen. Der Zugriff mit dem URL http://localhost/~user/ funktioniert damit sofort, wohingegen ein Zugriff mit dem URL http://192.168.1.201/~user/ Benutzername und Passwort verlangt.

3.3.10 Datenbank-Authentifizierung

Die oben gezeigte Authentifizierung hat nach wie vor den großen Nachteil, dass Benutzer, Gruppen und Passwörter in Textdateien gespeichert werden. Da jeder Zugriff auf einen geschützten Bereich eine Authentifizierung nach sich zieht (sobald der Benutzer angemeldet ist allerdings unsichtbar für den Benutzer), bedeutet dies bei größeren Benutzerzahlen einen nicht zu vernachlässigenden Geschwindigkeitsnachteil.

Um nun schneller an gesuchte Informationen zu kommen, können als Alternative zum Speichern der Daten in Textdateien die Daten auch in einer Datenbank abgelegt werden. Apache unterstüzt sehr viele gängige Datenbanksysteme, um Authentifizierungsdaten mit diesen auszutauschen. Im Folgenden sollen die wichtigsten Direktiven für den Zugriff auf DB/DBM vorgestellt werden. Der Zugriff auf dieses Datenbanksystem erfolgt über die Module mod_auth_db bzw. mod_auth_dbm. Die Module werden mit dem Paket apache bereits installiert.

Um die Authentifizierung durch eine Datenbank durchzuführen, müssen Sie zuerst die Datenbank mit Benutzernamen und Passwörtern anlegen. Dies erledigen Sie mit dem Tool dbmmanage. Hierbei wird eine DB-Datenbank angelegt.

```
user@linux: > dbmmanage ~/passwords adduser webdbuser
New password:
Re-type new password:
User webdbuser added with password encrypted to cQWHJeELAET16 using crypt
```

Dies erzeugt eine Datenbank mit dem Namen passwords in Ihrem Home-Verzeichnis und legt darin den Benutzer webdbuser mit dem von Ihnen angegebenen Passwort an.

Um einen geschützten Bereich anzugeben, müssen Sie wieder einige Eintragungen in der Datei .htaccess in Ihrem public_html vornehmen:

```
AuthName "Authentifizierung erforderlich"
AuthType Basic
AuthDBUserFile /home/user/passwords
require valid-user
```

Die Direktive AuthDBUserFile bzw. AuthDBMUserFile gibt den kompletten Pfad zur Datenbank mit den gespeicherten Benutzernamen und Passwörtern an. Die übrige Konfiguration verläuft wie oben bereits gesehen.

3.3.11 httpd.conf

Die Datei `httpd.conf` ist die Hauptkonfigurationsdatei für Apache. Bei SuSE Linux ab Version 7.3 sollte es allerdings vermieden werden, diese Datei direkt zu verändern, da einige Einträge von `SuSEconfig` automatisch eingestellt werden. Um trotz allem eigene Einträge in der Hauptkonfiguration vorzunehmen, können Sie in der Variablen `HTTPD_CONF_INCLUDE_FILES` Dateien angeben, die zur `httpd.conf` hinzugeladen werden sollen. In diesen Dateien könne Sie beliebige eigene Direktiven eintragen. Diese Variable finden Sie bis SuSE Linux 7.3 in der Datei `/etc/rc.config.d/apache.rc.config` bzw. ab Version 8.0 unter `/etc/sysconfig/apache`

Um eine eigene Datei anzugeben, können Sie bis Version 7.3 die Variable mit dem `RC.Config-Editor` in YaST 2 bearbeiten. Sie finden diese Variable unter `etc`. Tragen Sie hinter den eventuell vorhandenen Namen jeweils durch Leerzeichen getrennt die Dateinamen mit Pfadangabe ein, die Sie zur `httpd.conf` hinzuladen möchten.

Ab Version 8.0 bearbeiten Sie die Datei `/etc/sysconfig/apache` mit einem Texteditor und verändern die Variable darin. Um die Einstellungen in dieser Variablen zu verarbeiten, starten Sie noch `SuSEconfig` und erzeugen damit eine neue Konfigurationsdatei. Starten Sie nun noch `rcapache` mit dem Parameter `reload`, um diese Konfiguration auch in Apache zu aktivieren. Dies haben Sie bereits im Abschnitt 3.3.3 gesehen.

3.3.11.1 Eigene Fehlermeldungen

Im Folgenden sollen für die gängigsten Fehlermeldungen eigene Fehlertexte bzw. eigene Fehlerseiten im Webserver zur Verfügung gestellt werden. Die Direktive, die dazu notwendig ist, lautet `ErrorDocument`. Die Einstellungen für die benutzerdefinierten Fehlermeldungen sollen im folgenden Beispiel in der Datei `/etc/httpd/myerror.conf` gespeichert werden. Damit diese Datei zur `httpd.conf` geladen wird, hängen Sie den Wert `/etc/httpd/myerror.conf` an die Variable `HTTPD_CONF_INCLUDE_FILES` an. Das Editieren mit YaST 2 hat noch den Vorteil, dass im Anschluss an Ihre Konfigurationsänderungen automatisch `SuSEconfig` aufgerufen wird und alle Änderungen in `httpd.conf` eingetragen werden.

Nun müssen Sie die Datei `myerror.conf` noch anlegen. Da das Verzeichnis `/etc/httpd` dem Benutzer `root` gehört, muss diese Aktion auch als Benutzer `root` durchgeführt werden. Tragen Sie in diese Datei folgenden Inhalt ein:

```
ErrorDocument 404 "Diese Seite existiert nicht!
ErrorDocument 401 "Kein Zugriff für diesen Benutzer / dieses Passwort!
```

Für den Statuscode `404 Not Found` und `401 Unauthorized` legen Sie damit den angegeben Text als Fehlertext fest.

Nun müssen Sie dem Webserver noch mitteilen, dass eine neue Konfiguration vorhanden ist und diese eingelesen werden soll. Dies geschieht über folgendes Kommando:

```
linux: # rcapache reload
```

Jetzt testen Sie noch, ob die Einstellungen auch funktionieren. Geben Sie im Browser den nichtexisitierenden URL `http://localhost/gehtnicht.html` ein.

Achtung: Der *Internet Explorer* zeigt bei `404 Not Found` eine eigene Fehlermeldung an und ignoriert die vom Server kommende Seite, solange als Ziel kein absoluter URL angegeben wird. Sie können dieses Verhalten nur durch Abhaken des Eintrags *Kurze HTTP-Fehlermeldungen anzeigen* in den Einstellungen des *Internet Explorer* abschalten.

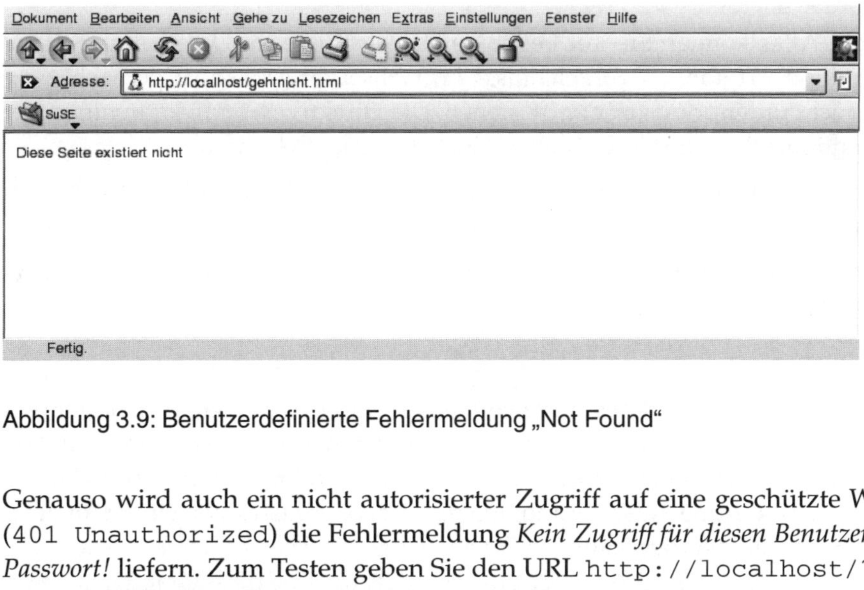

Abbildung 3.9: Benutzerdefinierte Fehlermeldung „Not Found"

Genauso wird auch ein nicht autorisierter Zugriff auf eine geschützte Webseite (`401 Unauthorized`) die Fehlermeldung *Kein Zugriff für diesen Benutzer / dieses Passwort!* liefern. Zum Testen geben Sie den URL `http://localhost/~user/` ein und melden sich unter einem falschen Namen an.

Benutzerdefinierte Fehlermeldungen können allerdings nicht nur aus einfachen Textmeldungen bestehen, sondern Sie können hier auch HTML-Dateien, CGI-Skripte und sogar externe URLs als Ziel angeben. Eine etwas ausgefeiltere Datei `myerror.conf` könnte wie folgt aussehen:

```
ErrorDocument 401 /cgi-bin/anmelden.pl
ErrorDocument 403 /intruderlog.php
ErrorDocument 404 http://second.host.de/notfound.php
ErrorDocument 500 /failures/skript-error.php
```

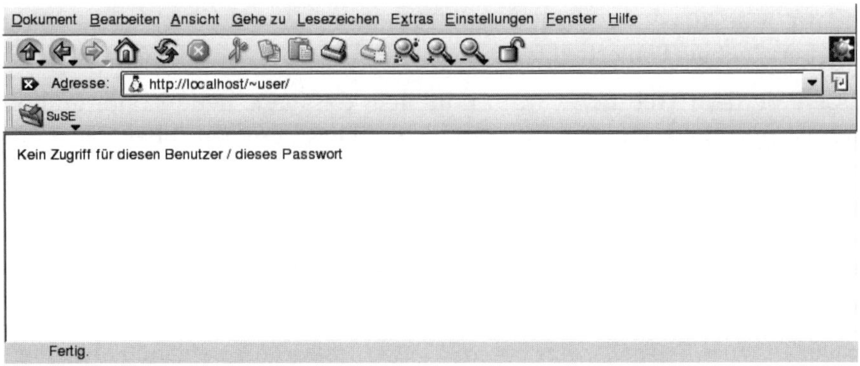

Abbildung 3.10: Falscher Benutzername bzw. falsches Passwort

3.3.11.2 `Alias`

Mit einem Alias können Sie auf beliebige Verzeichnisse im Dateibaum verweisen. Auf diese Art können Verzeichnisse im Webserver erreichbar gemacht werden, die nicht unter `DocumentRoot` stehen. Die Direktive `Alias` kann nur in der Serverkonfiguration oder in virtuellen Hosts festgelegt werden.

Im Folgenden soll ein Verzeichnis, in dem sich diverse Statistikauswertungen befinden, unter `http://localhost/statistik` verfügbar gemacht werden.

Editieren Sie die Datei `/etc/httpd/myalias.conf` als Benutzer `root` und geben diesen Inhalt ein:

```
Alias /statistik /var/lib/webalizer
```

Nun können Sie den Inhalt des Verzeichnisses `/var/lib/webalizer` unter dem URL `http://localhost/statistik/` betrachten. Da dies allerdings ein Verzeichnis ist, das eventuell nicht öffentlich zugänglich sein soll, verhindern Sie mit folgender Veränderung, dass der Inhalt dieses Verzeichnisses von einem Remote-Rechner betrachtet werden kann.

```
Alias /statistik /var/lib/webalizer
<Directory /var/lib/webalizer>
Order Deny,Allow
Deny from all
Allow from 127.0.0.1
</Directory>
```

Damit diese Datei wieder mit der Konfiguration des Apache eingelesen wird, muss wieder die Variable `HTTPD_CONF_INCLUDE_FILES` geändert werden. Tragen Sie ans Ende den Dateinamen mit Pfad ein (`/etc/httpd/myalias.conf`).

Nun geben Sie Apache wieder die Anweisung, seine Konfigurationsdatei neu zu laden.

```
linux: # rcapache reload
```

Die von webalizer (siehe Abschnitt 3.4.3) erzeugten Statistiken können damit unter dem URL http://localhost/statistik/ betrachtet werden. Aliase auf CGI-Verzeichnisse können allerdings nur mit der Direktive ScriptAlias erzeugt werden. CGI-Verzeichnisse werden beispielsweise für Perl-Skripte benötigt.

3.3.11.3 ScriptAlias

Verzeichnisse, die als CGI-Verzeichnisse zur Verfügung stehen sollen, sollten nicht im Document_Root stehen. Um diese Verzeichniss nun vom Web aus erreichbar zu machen, muss ebenfalls ein Alias darauf gesetzt werden. Dieser Alias soll aber gleichzeitig das Verzeichnis als CGI-Verzeichnis kennzeichnen. Diese Aufgabe erledigt die Direktive ScriptAlias.

Sie möchten für den Benutzer user ein eigenes CGI-Verzeichnis in seinem Home-Verzeichnis für das Web erreichbar machen. Dies soll unter dem globalen URL http://localhost/user-cgi geschehen. Das Verzeichnis des Benutzers lautet im folgenden Beispiel /home/user/cgi-bin. Ergänzen Sie folgende Konfiguration in der Datei /etc/httpd/myalias.conf:

```
ScriptAlias /user-cgi /home/user/cgi-bin
```

Dieses CGI-Verzeichnis sollte allerdings wieder mit besonderen Berechtigungen versehen werden. Auch hier ergänzen Sie einen <Directory>-Bereich.

```
ScriptAlias /user-cgi /home/user/cgi-bin
<Directory "/home/user/cgi-bin">
AllowOverride None
Options None
Order allow,deny
Allow from all
</Directory>
```

Um dieses User-CGI-Verzeichnis auszutesten, legen Sie als Benutzer user in Ihrem Home-Verzeichnis das Unterverzeichnis cgi-bin an:

```
user@linux: > mkdir ~/cgi-bin
```

In diesem Verzeichnis legen Sie ein CGI-Skript an. Erzeugen Sie mit einem beliebigen Texteditor die Datei test.pl im Verzeichnis cgi-bin mit folgendem Inhalt:

```
#!/usr/bin/perl
use CGI qw(:standard);
print header(),start_html;
print "Hello World";
print end_html;
```

Diese Datei muss nun für alle lesbar und ausführbar gemacht werden:

```
user@linux: > chmod a+x test.pl
```

Zuletzt lassen Sie die Konfiguration des Apache wieder neu laden, um den neuen Alias zu aktivieren, natürlich als Benutzer `root`!

Jetzt kann der Zugriff auf das neue CGI-Verzeichnis und das darin stehende CGI-Skript erfolgen: `http://localhost/user-cgi/test.pl`

Unter diesem URL muss eine einfache HTML-Seite mit `Hello World` erscheinen.

3.3.11.4 `Redirect`

Ähnlich wie ein Alias funktioniert auch die Direktive `Redirect`. Hierbei wird als Ziel allerdings kein lokaler Pfad angegeben, sondern es findet eine Umleitung an einen URL statt.

Falls Sie beispielsweise unter dem URL `http://localhost/suse/` eine Umleitung an den Webserver `http://www.suse.de` einrichten möchten, so würde das folgender Eintrag erledigen:

```
Redirect /suse http://www.suse.de
```

Die Einträge für Weiterleitungen können – im Gegensatz zu einem Alias – in der Serverkonfiguration, in virutellen Hosts, in einem `<Directory>`-Bereich und in einer `.htaccess`-Datei festgelegt werden.

Für die globalen Weiterleitungen empfiehlt es sich, ähnlich wie bei `Alias` und den benutzerdefinierten Fehlermeldungen, eine eigene Datei in `/etc/httpd/` anzulegen (beispielsweise `myredirect.conf`) und in dieser Datei die Weiterleitungen festzulegen. Tragen Sie anschließend mit YaST 2 in die Variable namens `HTTPD_CONF_INCLUDE_FILES` den Dateinamen mit Ihren Weiterleitungsdirektiven (`/etc/httpd/myredirect.conf`) ein und lassen Sie Apache die Konfiguration erneut laden.

Nun muss Sie ein Zugriff unter dem URL `http://localhost/suse/` auf die Homepage von SuSE weiterleiten.

3.4 Protokolldateien (Logfiles)

Der Webserver ist in der Lage, vielerlei Daten, die während einer Übertragung mit einem Client anfallen, zu protokollieren. In der Standardkonfiguration von SuSE Linux schreibt Apache die Dateien ins Verzeichnis `/var/log/httpd/`. Dort werden die Dateien `access_log` und `error_log` angelegt. Unter SuSE Linux kann auch noch in der Datei `access.combined.log` protokolliert werden (s. u.).

Mit den Direktiven `ErrorLog` und `CustomLog` können Sie den Speicherort und den Dateinamen allerdings auch anpassen. Dies ist besonders dann wichtig, sobald Sie eine Protokolldatei für jeden virtuellen Server anlegen möchten.

3.4.1 access_log

Die Datei `access_log` enthält die grundlegenden Informationen der Verbindungen zwischen Client und Server, wie beispielsweise IP-Adresse des Client, Datum und Uhrzeit etc.

Ein Eintrag in dieser Datei sieht folgendermaßen aus:

```
192.168.1.201 - - [21/Apr/2002:10:48:30 +0100]
"GET /user-cgi/test.pl HTTP/1.0" 200 284
```

Die Werte werden durch Leerzeichen voneinander getrennt. Falls ein Feld aus mehreren Werten besteht, so wird das Feld entweder in Anführungszeichen gesetzt oder mit eckigen Klammern eingeschlossen.

Die einzelnen Einträge haben folgende Bedeutung:

Remote Host: `192.168.1.201` Der erste Eintrag in einer Zeile ist der Hostname bzw. die Host-IP des Clients. Falls die Direktive `HostNameLookups` auf `On` steht, so trägt Apache den Hostnamen ein. Dies erfordert allerdings bei jedem Request einen DNS Aufruf und beeinträchtigt die Geschwindigkeit des Servers enorm. Standardmäßig wird hier die IP-Adresse des Clients mitgeschrieben. Diese IP-Adresse muss nicht unbedingt die IP-Adresse des Rechners sein, der die Seite tatsächlich abruft. Falls der Client über einen Proxy die Verbindung aufnimmt, so wird hier die IP-Adresse des Proxy-Servers eingetragen.

Remote logname: - Das zweite Feld enthält den Remote logname. Dieser Name würde vom Client aus an den Server gesendet werden, falls auf dem Client der `identd` Daemon läuft und im Apache `IdentityCheck` auf `On` gesetzt ist. Da allerdings beides meist nicht der Fall ist, steht hier fast immer ein „-".

Remote User: - Falls der URL, auf den gerade zugegriffen wurde, passwortgeschützt ist, dann wird in diesem Feld der Benutzername gespeichert, mit dem versucht wurde, auf den URL zuzugreifen. Sollte der Statuscode 401 sein, dann ist der Benutzername allerdings nicht unbedingt ein authentifizierter Benutzer! Bei nichtgeschützten Seiten steht hier steht „-".

Time: `[21/Apr/2002:10:48:30 +0100]` Im vierten Feld stehen Datum und Uhrzeit (bzw. das, was durch das Format angegeben wurde), zu der die Abfrage abgeschlossen wurde. Da hier Leerzeichen zwischen dem Datum und der Zeitzone stehen, wird dieses Feld komplett mit eckigen Klammern eingeschlossen.

Request: `"GET /user-cgi/test.pl HTTP/1.0"` In diesem Feld steht in Anführungszeichen der Anforderungstext, also der Text, der vom Client als erster an den Server gesendet wurde, bevor er die Header sendet. Diese Information ist eine der nützlichsten, da hier zum einen die HTTP-Methode (siehe Tabelle 3.1) steht, mit der auf die Ressource zugegriffen wurde, dann die Ressource selbst und zuletzt das Protokoll und die Version, mit der die Anfrage durchgeführt wurde. Diese Informationen werden von den Analyseprogrammen (siehe 3.4.3 und 3.4.4) ausgewertet.

Statuscode: `200` Der Statuscode beschreibt, ob die Anfrage erfolgreich war oder nicht. Eine Auflistung und Beschreibung der vorhanden Statuscodes finden Sie im Anhang B.2. Im aktuellen Fall wurde der Statuscode `200 OK` erzeugt.

Bytes: `284` Das letzte Feld gibt die Anzahl der übertragenen Bytes an. Dies entspricht bei normalen Dateien auch der Länge der Datei. Der HTTP- Header wird nicht mitgezählt. Falls keine Daten zum Client zurückgeliefert wurden, so wird hier ein „-" stehen.

3.4.2 error_log

Falls bei einer Übertragung ein Fehler auftritt, so wird Apache diese Fehler in der bei `ErrorLog` angegebenen Datei protokollieren. In der Grundeinstellung ist dies die Datei `/var/log/httpd/error_log`. In diese Datei werden neben den Übertragungsfehlern auch alle Diagnoseinformationen geschrieben, die Apache beim Starten und im laufenden Betrieb erzeugt. Falls Apache nicht das tut, was Sie von ihm erwarten, so sollten Sie zuerst einmal einen Blick in diese Datei werfen.

Das Format dieser Datei ist nicht mehr so stark formatgebunden wie die Datei `access_log`. Ein typischer Eintrag in dieser Datei sieht folgendermaßen aus:

```
[Sun Apr 21 10:48:35 2002] [error] [client 192.168.1.201] client
denied by server configuration: /var/lib/webalizer
```

Die einzelnen Einträge haben folgende Bedeutung:

Time: `[Sun Apr 21 10:48:35 2002]` Im ersten Feld steht der Zeitpunkt, zu dem der Fehler aufgetreten ist.

Severity: `[error]` Im zweiten Feld wird eingetragen, wie schwerwiegend der Fehler ist. Die Direktive `LogLevel` bestimmt, ab welchem Grad Fehler protokolliert werden sollen. Die Liste unten zeigt, welcher Fehler welche Bedeutung hat.

Client: `[client 192.168.1.201]` Im dritten Feld steht die IP-Adresse des Clients, der den Zugriff durchgeführt hat, der zum Fehler führte. Falls die Variable `HostnameLookups` auf `On` steht, so wird hier der Hostname des Clients stehen.

Error message: `client denied by server configuration: /var/lib/webalizer` Zuletzt steht der Text der Fehlermeldung. Dieser Text beschreibt – meist –, warum der Fehler aufgetreten ist und an welcher Stelle. Die aktuelle Fehlermeldung bedeutet, dass der Zugriff auf das Verzeichnis `/var/lib/webalizer` vom Client `192.168.1.201` aus nicht erlaubt ist.

Bei Fehlern in CGI-Skripten steht hier allerdings häufig der nichtssagende Text "`Premature end of script headers`". Dies kann sehr viele Ursachen haben.

In der folgenden Liste sind die einzelnen Fehlerstufen nach Fehlergrad sortiert aufgelistet. Sie sollten `LogLevel` mindestens auf `error` setzen, da andernfalls sehr große Logdateien entstehen.

`emerg`: System ist nicht benutzbar.
Bsp.: `Child cannot open lock file. Exiting`

`alert`: Es muss sofort etwas unternommen werden.
Bsp.: `getpwuid: couldn't determine user name from uid`

`crit`: Kritischer Zustand.
Bsp.: `socket: Failed to get a socket, exiting child`

`error`: Es ist ein Fehler aufgetreten.
Bsp.: `Premature end of script headers`

`warn`: Warnung
Bsp.: `child process 1234 did not exit, sending another SIGHUP`

`notice`: Notiz.
Bsp.: `httpd: caught SIGBUS, attempting to dump core in...`

`info`: Information.
Bsp.: `Server seems busy, (you may need to increase StartServers, or Min/MaxSpareServers)...`

`debug`: Debug-Informationen.
Bsp.: `Opening config file ...`

3.4.3 Auswertung mit `webalizer`

Da die Zugriffe auf eine Webseite im einzelnen meist nicht sehr interessant sind, gibt es zur Auswertung dieser Daten einige Tools. Diese Programme werten die Datei `access_log` aus und erzeugen einen Report, in dem eine Statistik über die erfolgten Zugriffe, die meistgenutzten Dateien, Herkunft der Links, benutzte Browser usw. steht.

Eines der bekanntesten und auch verbreitetsten Tools zur Auswertung dieser Zugriffe ist `webalizer`. Zur Installation von `webalizer` verwenden Sie YaST 2.

Paketname: `webalizer`
Serie: `n`
Gruppe (SuSE Linux < 8): `Netzwerk/Utilities`
Gruppe (SuSE Linux ≥ 8): `Produktivität/Netzwerk/Web/Utilities`

`webalizer` unterstützt neben den von Apache generierten `access_log` Logfiles auch die Logfiles des Proxyservers `squid` und des FTP-Daemons `wu.ftpd`. Daher ist `webalizer` sehr universell einsetzbar auf Internetgateways mit eigenem Webserver. Sehr praktisch für die Verarbeitung der Logfiles ist auch die Tatsache, dass die Logfiles für die Auswertung auch in `gzip` komprimierter Form vorliegen können und daher nicht mehr soviel Platz auf der Festplatte einnehmen. Bei SuSE Linux werden mit einem täglich ablaufenden Cron-Job die Größe und das Alter der Logfiles überprüft. Sobald eine bestimmte Größe erreicht ist, wird ein neues Logfile angelegt und das alte in `gzip` komprimierter Form abgelegt.

Die Konfiguration von `webalizer` wird in der Datei `/etc/webalizer.conf` vorgenommen. In dieser Datei stehen unter anderem der Name und der Pfad des Logfiles, das ausgewertet werden soll (hier ist der korrekte Wert bereits eingetragen: `/var/log/httpd/access_log`), und der Pfad, unter dem die Auswertung wieder abgelegt wird (`/var/lib/webalizer`). Diese Angaben können Sie an Ihre Gegebenheiten natürlich beliebig anpassen oder auch bei jedem Start die folgenden Parameter übergeben:

Tabelle 3.3: Parameter für `webalizer`

Parameter	Funktion
`-h`	Ausgabe der Hilfe
`-v, -V`	aktuelle Version
`-d`	Debug Informationen
`-F type`	Logfile Typus. `type` kann folgende Werte annehmen `clf` für Apache und andere Webserver, `ftp` für die Datei `xferlog` des `wu- ftpd` `squid` zur Auswertung von `squid` Proxy Logfiles
`-q`	Es werden keine Informationen ausgegeben (für Cronjobs).
`-Q`	Es wird gar nichts ausgegeben.
`-Y`	Es wird kein Länderdiagramm erzeugt. (Für Intranets)
`-G`	Es wird kein Diagramm der stündlichen Zugriffe erzeugt.
`-H`	Es wird keine Statistik über die stündlichen Zugriffe erzeugt.
`-L`	Die Legende wird nicht farbig kodiert.
`-c file`	Anstelle des Logfiles, das in der Datei `webalizer.conf` vorgegeben ist, soll die Datei `file` verwendet werden.
`-n name`	Hiermit bestimmen Sie den Rechnernamen, der in der Auswertung erscheinen soll.
`-o dir`	Falls die Auswertung nicht in das Verzeichnis, das in der Datei `webalizer.conf` vorgegeben ist, geschrieben werden soll, so können Sie hier den gewünschten Ort angeben.
`-t name`	Titelname, der in der Statistik erscheinen soll
`-a name`	Der hier angegebene Agent (meist ein Browser, könnte auch eine Suchmaschine sein) soll nicht ausgegeben werden.
`-r name`	Der hier angegebene Referrer soll nicht ausgegeben werden.
`-s name`	Die hier angegebene Site soll nicht ausgegeben werden.
`-u name`	Der hier angegebene URL soll nicht ausgegeben werden.
`-x name`	Die erzeugten Dateien sollen als Endung `name` haben. Im Normallfall ist das bereits `html`.
`-I name`	Der Name der Startseite kann hiermit angegeben werden. Im Normallfall ist das bereits `index`.
`-A num`	Mit dieser Zahl bestimmen Sie die maximale Anzahl der Agents, die angezeigt werden sollen.

Tabelle 3.3 – Fortsetzung

Parameter	Funktion
`-C num`	Mit dieser Zahl bestimmen Sie die maximale Anzahl der Länder, die angezeigt werden sollen.
`-R num`	Mit dieser Zahl bestimmen Sie die maximale Anzahl der Referrer, die angezeigt werden sollen.
`-S num`	Mit dieser Zahl bestimmen Sie die maximale Anzahl der Sites, die angezeigt werden sollen.
`-U num`	Mit dieser Zahl bestimmen Sie die maximale Anzahl der URLs, die angezeigt werden sollen.
`-e num`	Mit dieser Zahl bestimmen Sie die maximale Anzahl der Einstiegsseiten, die angezeigt werden sollen.
`-E num`	Mit dieser Zahl bestimmen Sie die maximale Anzahl der Seiten, nach denen Ihr Webserver verlassen wurde, die angezeigt werden sollen.
`-g num`	Gruppiert die Sites nach der hier angegebenen Anzahl. Im Normalfall gibt es keine Gruppierung. Die Nummer entspricht der Anzahl der Punkte, nach denen gruppiert werden soll.
`-X`	Falls Sie bestimmte Sites nicht ausgeben möchten, können Sie diese hier auflisten.
`-D name`	Zur DNS-Auflösung soll die hier angegebene Datei verwendet werden.
`-N num`	Diese Anzahl bestimmt, wie viele DNS-Anfragen gleichzeitig durchgeführt werden dürfen. Durch die Angabe von `0` deaktivieren Sie die Namensauflösung.

Starten Sie als Benutzer `root` die Auswertung mit folgendem Kommando:

```
linux: # webalizer -N 0 -t "Zugriffsstatistik für" \
> -n "linux.local"
Webalizer V2.01-09 (Linux 2.4.18-4GB) English
Using logfile /var/log/httpd/access_log (clf)
Error: Unable to open DNS cache file dns_cache.db
Creating output in /var/lib/webalizer
Hostname for reports is 'linux.local'
History file not found...
Generating report for April 2002
Generating summary report
Saving history information...
101 records in 0.18 seconds
```

Damit sind die Statistiken für die vorhandenen Zugriffe als Webseiten im Verzeichnis `/var/lib/webalizer` verfügbar. In Abschnitt 3.3.11.2 haben Sie genau dieses Verzeichnis für den Zugriff von `localhost` aus mit einem `Alias` freigegeben. Damit können Sie sich die Auswertung unter dem URL

`http://localhost/statistik/`

betrachten. Das Ergebnis dieses Aufrufs sehen Sie in Abbildung 3.11

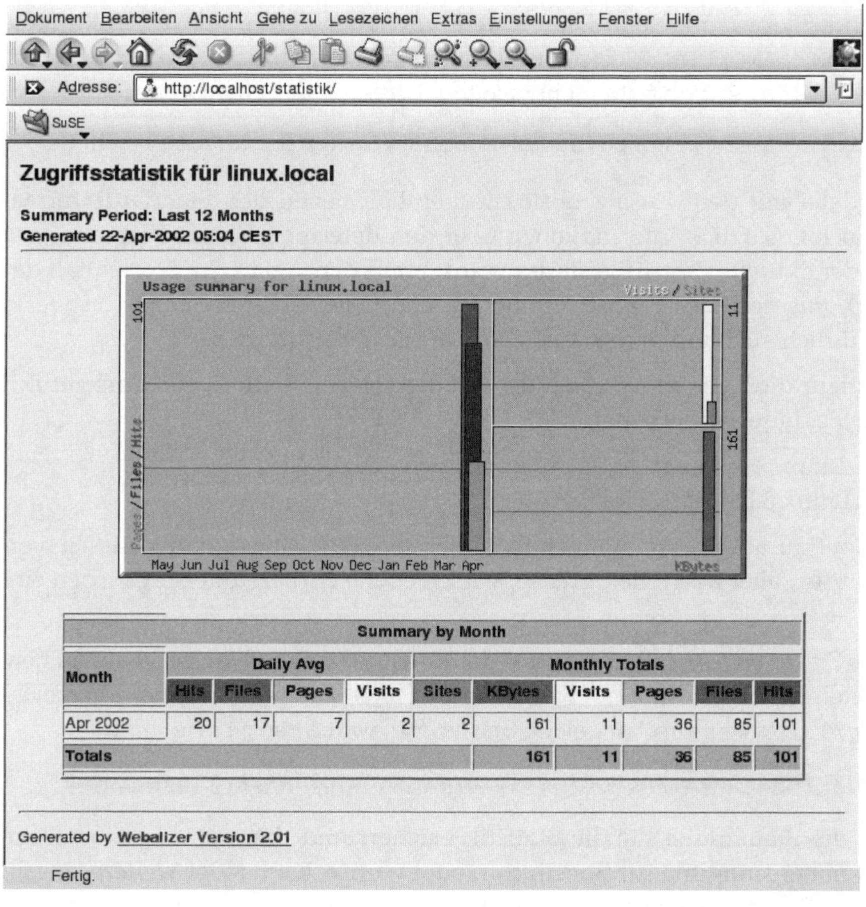

Abbildung 3.11: Auswertung mit `webalizer`

3.4.4 Auswertung mit `awstats`

Ein anderes Programm zur Auswertung von Logfiles ist das Perl-Skript `awstats`. Der große Vorteil dieses Skripts liegt darin, dass es wesentlich detaillierter zu konfigurieren ist als webalizer. Zur Installation von awstats wählen Sie in YaST 2:

Paketname: awstats
Serie: n
Gruppe (SuSE Linux < 8): Netzwerk/Utilities
Gruppe (SuSE Linux ≥ 8): Produktivität/Netzwerk/Web/Utilities

Mit der Installation von awstats wird im Verzeichnis /etc/httpd/ die Datei awstats.conf angelegt. Diese Datei wird über die SuSEconfig-Variable HTTPD_CONF_INCLUDE_FILES zur Webserverkonfiguration hinzugeladen. In der Datei awstats.conf steht eine weitere Direktive für eine Logdatei:

```
CustomLog /var/log/httpd/access.combined.log combined
```

Die Logdatei mit dem Zusatz combined enthält neben den Standardinformationen noch zusätzlich Informationen über den Referrer (also die Webseite, von der aus der aktuelle Zugriff gestartet wurde) und den Agent (im Normalfall der Browser), mit dem der Zugriff erfolgt ist. Die Datei access.combined.log kann natürlich auch mit dem webalizer ausgewertet werden.

Die Konfiguration von awstats muss mit der Datei awstats.pl durchgeführt werden. Sie finden diese Datei:

bis SuSE Linux 7.3: /usr/local/httpd/cgi-bin/
ab SuSE Linux 8.0: /etc/awstats/

In der Konfigurationsdatei können Sie unter anderem die Logdatei, das Zielverzeichnis usw., aber auch die Sprache, verschiedene Farben und dergleichen einstellen.

Der erste Start von awstats muss auf der Konsole als Benutzer root geschehen. Beim ersten Start wird die Steuerdatei für die Statistikauswertungen im Verzeichnis /var/lib/awstats/ angelegt. Starten Sie awstats.pl wie folgt:

```
linux: # /usr/local/httpd/cgi-bin/awstats.pl site=linux.local
```

Da jetzt die Steuerdatei für die Statistik existiert und diese Datei automatisch mit Schreibberechtigung für Sonstige erzeugt wurde, kann jeder weitere Zugriff über die CGI-Schnittstelle erfolgen. Um die Auswertung zu sehen, geben Sie als Adresse den URL http://localhost/cgi-bin/awstats.pl ein.

Die Auswertungen über dieses CGI-Skript werden bei jedem Aufruf dynamisch erzeugt. Damit sich die Rechenzeit bei größeren Logfiles in Grenzen hält, sollten Sie allerdings awstats regelmäßig über einen Cron-Job starten.

Eine Website mit ca. 1000 Zugriffen pro Tag sollte durch eine Batchdatei im Cronverzeichnis /etc/cron.daily einmal pro Tag aufgerufen werden. Diese Batchdatei könnte im einfachsten Fall wie folgt aussehen:

```
#!/bin/sh
/usr/local/httpd/cgi-bin/awstats.pl > /dev/null
```

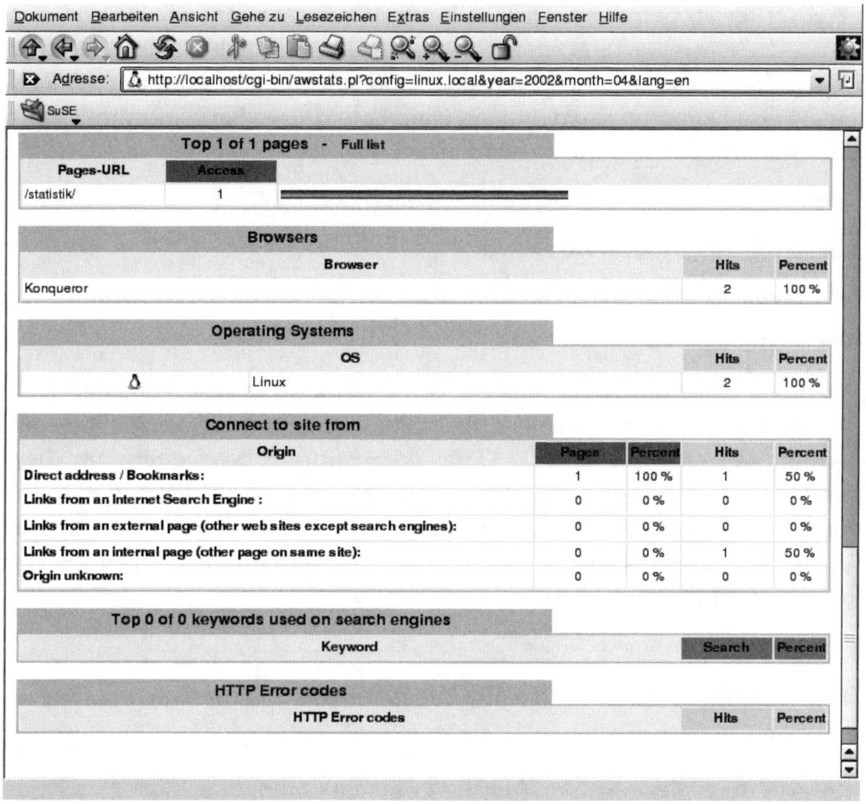

Abbildung 3.12: Auswertung mit `awstats`

Achten Sie darauf, dass diese Datei (hier unter dem Namen `awstatslog` gespeichert) als ausführbar gekennzeichnet ist:

```
linux: # chmod 700 awstatslog
```

Da als Steuerdatei für die Statistiken jeweils eine pro Monat erzeugt wird, muss auf jeden Fall einmal pro Monat (natürlich möglichst am 1. eines Monats) das Skript `awstats.pl` von der Konsole aus bzw. über einen Cron-Job gestartet werden, damit die neue Steuerdatei angelegt wird. Diesen Cron-Job legen Sie wie oben als Batchdatei im Verzeichnis `/etc/cron.monthly` an.

3.5 Virtuelle Webserver

Apache bietet bereits seit der Version 1.1 die Möglichkeit, auf einem Rechner mehrere Webserver zu betreiben. Dies ist besonders interessant für Internet Service Provider, die einen Rechner an mehrere Kunden vermieten möchten. Jeder Kunde für sich hat seinen eigenen Webspace und seine eigene Domain. Je nachdem, mit welchem Domainnamen nun ein Client auf diesen Server zugreift, wird Apache eine entsprechende Seite zurückliefern.

Mit Apache sind drei Varianten virtueller Webserver möglich:

- namensbasierte virtuelle Webserver
- IP-basierte virtuelle Webserver
- portbasierte virtuelle Webserver

Wichtig ist dabei, dass die ersten beiden Varianten jeweils einen eigenen DNS Eintrag bzw. mehrere IP-Adressen benötigen! Für einige Tests der virtuellen Webserver werden Sie im Folgenden die Datei `/etc/hosts` bearbeiten, um diese Einträge zu simulieren. Mit diesen Einträgen sind Sie nur in der Lage, von Ihrem lokalen Rechner aus auf den Webserver zuzugreifen. Ein Zugriff vom Internet aus ist nur dann möglich, wenn diese Einträge bei Ihrem offiziellen DNS-Server vorgenommen werden.

3.5.1 Namensbasierte virtuelle Webserver

Die erste Variante der virtuellen Webserver, die hier vorgestellt werden soll, sind die namensbasierten. Diese Art der Webserver macht es möglich, auf einem Rechner mit nur einer einzigen IP-Adresse unter unterschiedlichen Namen jeweils einen eigenen Webserver zu erreichen. Entscheidend dabei ist, dass beim DNS-Server für jeden Webserver ein eigener Eintrag existiert. Auf diese Weise lassen sich theoretisch unbegrenzt viele Webserver auf ein- und demselben Rechner unter der gleichen IP-Adresse erzeugen.

Ein weiterer wichtiger Faktor bei der Auswahl der Art des virtuellen Webservers ist die Tatsache, dass mit namensbasierten virtuellen Webservern für diesen Rechner nur eine einzige IP-Adresse benötigt wird. Da IP-Adressen immer rarer werden, ist auch deswegen die namensbasierte Variante zu bevorzugen.

Allerdings haben die namensbasierten virtuellen Webserver auch einige Nachteile:

- Die Funktion der namensbasierten virtuellen Webserver basiert auf einer Header-Eigenschaft des Protokolls HTTP/1.1. Einige sehr alte Browser unterstützen diese Technik noch nicht. Mit diesen Browsern ist es nicht möglich, auf einen virtuellen Webserver zuzugreifen. Da aber alle gängingen

Browser diese Funktionen mittlerweile integriert haben, brauchen Sie sich um diesen Nachteil keine Gedanken mehr machen.

- Namensbasierte virtuelle Webserver können nicht als SSL-gesicherte Server aufgebaut werden.

Damit Sie einen namensbasierten virtuellen Webserver nun testen können, legen Sie im Verzeichnis /etc/httpd/ die Konfigurationsdatei myvhost.conf mit folgendem Inhalt an:

```
NameVirtualHost 192.168.1.201

<VirtualHost 192.168.1.201>
ServerName linux.local
DocumentRoot /usr/local/httpd/htdocs
</VirtualHost>

<VirtualHost 192.168.1.201>
ServerName www.local
DocumentRoot /home/user/public_html
</VirtualHost>
```

Mit der Direktive NameVirtualHost weisen Sie Apache an, auf welcher IP-Adresse virtuelle Webserver existieren. Bei namensbasierten virtuellen Webservern wird jeder einzelne mit <VirtualHost 192.168.1.201> begonnen und mit </VirtualHost> beendet. Alle dazwischen liegenden Direktiven beziehen sich auf einen dieser Webserver. Welcher Webserver jeweils konfiguriert werden soll, wird mit ServerName angegeben. Hier steht der DNS-Name, auf den dieser Webserver reagieren soll. Die Direktive, die auf jeden Fall nach ServerName existieren muss, ist DocumentRoot. Ohne diese Angabe würden alle Webserver wieder zur Standardseite zeigen, die in httpd.conf festgelegt wurde. Im obigen Fall wird Ihr Rechner unter http://linux.local/ wieder die Daten des Standardservers liefern, wohingegen der URL http://www.local das Webverzeichnis des Benutzers user liefern wird.

Um dies allerdings zu testen, muss Ihrem Rechner noch ein DNS-Eintrag für die beiden Namen linux.local und www.local vorgegaukelt werden. Dies erledigen Sie mit folgendem Eintrag in /etc/hosts:

```
192.168.1.201   linux.local     linux
192.168.1.201   www.local       www
```

Im Normalfall müsste die erste Zeile in Ihrer hosts-Datei bereits existieren, also müssen Sie nur noch den Eintrag für www.local ergänzen. Ersetzen Sie allerdings die angegebenen IP-Adressen durch die IP-Adresse Ihres Rechners.

Nach dem Speichern muss ein ping auf den Rechner www.local vom Rechner selbst aus möglich sein (zum Abbrechen drücken Sie Strg+C):

```
user@linux: > ping www.local

PING www.local (192.168.1.201) from 192.168.1.201 : 56(84) bytes of data.
64 bytes from linux.local (192.168.1.201): icmp_seq=1 ttl=255 time=908 usec
64 bytes from linux.local (192.168.1.201): icmp_seq=2 ttl=255 time=103 usec

--- www.local ping statistics --- 2 packets transmitted, 2 received, 0%
loss, time 1009ms rtt min/avg/max/mdev = 0.103/0.505/0.908/0.403 ms
```

Nun binden Sie Ihre `myvhost.conf` noch in die Apache Konfiguration ein. Bearbeiten Sie wieder die Variable `HTTPD_CONF_INCLUDE_FILES` und tragen dort den Namen `/etc/httpd/myvhost.conf` zusätzlich ein. Veranlassen Sie anschließend `SuSEconfig`, eine neue Konfigurationsdatei zu erzeugen, und Apache, seine Konfigurationsdatei neu zu laden (`rcapache reload`).

Nun greifen Sie einmal mit dem URL `http://linux.local/` und mit dem URL `http://www.local` zu. Bei den beiden Varianten muss Ihr Browser jeweils unterschiedliche Ergebnisse liefern.

3.5.2 IP-basierte virtuelle Webserver

Um einen IP-basierten virtuellen Webserver aufzubauen, benötigen Sie für jeden Webserver eine eigene IP-Adresse. Wie oben bereits erwähnt, sind die IP-Adressen sehr rar geworden und daher wird diese Methode immer seltener verwendet. Im Normalfall lässt sich eine weitere IP-Adresse durch das Hinzufügen einer weiteren Netzwerkkarte erledigen. Da aber auch moderne Rechner hier Grenzen haben, was den Ausbau mit Netzwerkkarten betrifft, gibt es unter Linux eine Möglichkeit, mehrere IP-Adressen auf eine Netzwerkkarte zu binden. Da dies in YaST 2 bis SuSE Linux 8.0 noch nicht implementiert ist, müssen hier die entsprechenden Einstellungen von Hand vorgenommen werden.

Achtung: Diese IP-Adressen (hier `192.168.1.201` und `192.168.1.202`) dürfen von keinem anderen Rechner in Ihrem Netzwerk benutzt werden!

Eine temporäre Lösung, um eine zweite IP-Adresse auf Ihre Netzwerkkarte zu legen, ist mit dem Befehl `ifconfig` möglich. Dies hat allerdings den Nachteil, dass die zweite IP-Adresse bei jedem Neustart des Rechners erneut zugeteilt werden muss. Mit folgendem Befehl können Sie dies bewerkstelligen:

```
linux: # ifconfig eth0:1 192.168.1.202 netmask 255.255.255.0
```

Um die zweite IP-Adresse allerdings bei jedem Start des Rechners automatisch zuzuweisen, müssen Sie einige Eintragungen in der Systemkonfigurationen vornehmen:

- bis SuSE Linux 7.3:

Laden Sie sich die Datei `/etc/rc.config` in einen Editor, suchen Sie nach folgenden Zeilen und tragen Sie im ersten freien `NETDEV` den fett angezeigten Wert ein:

```
NETDEV_0="eth0"
NETDEV_1="ippp0"
NETDEV_2="eth0:1"
NETDEV_3=""
```

Danach suchen Sie nach folgenden Zeilen und tragen wieder in den ersten freien `IFCONFIG` den fett angezeigten Wert ein:

```
IFCONFIG_0="192.168.1.201 broadcast 192.168.1.255
  netmask 255.255.255.0"
IFCONFIG_1="192.168.0.1 dynamic pointopoint 192.168.0.99
  netmask 255.255.255.255 up"
IFCONFIG_2="192.168.1.202 broadcast 192.168.1.255
  netmask 255.255.255.0 up"
IFCONFIG_3=""
```

Jetzt starten Sie `SuSEconfig`, um die geänderten Einträge in die Systemkonfigurationsdateien einzutragen. Anschließend muss Ihr Netzwerk und Ihr Routing neu gestartet werden. Dies geschieht mit `rcnetwork restart` und mit `rcroute restart`.

- ab SuSE Linux 8.0:
  Da die Version 8.0 die Systemkonfiguration komplett verändert hat, müssen Sie hier die folgenden Schritte abarbeiten:
  Im Verzeichnis `/etc/sysconfig/network` befindet sich die Konfiguration Ihres Netzwerkes auf verschiedene einzelne Dateien verteilt. Eine dieser Dateien ist die Konfigurationsdatei für Ihre bereits vorhandene und konfigurierte Netzwerkkarte `eth0`. Diese Datei heißt `ifcfg-eth0`. Kopieren Sie diese Datei in die Datei `ifcfg-eth0:1`

```
linux: # cd /etc/sysconfig/network
linux: # cp ifconfig-eth0 ifconfig-eth0:1
```

Bearbeiten Sie diese neue Datei und tragen Sie anstelle der eingetragenen IP-Adresse die neue IP-Adresse ein:

```
BOOTPROTO="static"
BROADCAST="192.168.1.255"
IPADDR="192.168.1.202"
NETMASK="255.255.255.0"
NETWORK="192.168.1.0"
STARTMODE="onboot"
UNIQUE="7EWs.crXY4_vdlu7"
```

Nun können Sie die virtuelle Netzwerkkarte `eth0:1` durch das folgende Kommando aktivieren:

```
linux: # ifup eth0:1
```

Von un an reagiert Ihr Rechner sowohl unter der IP-Adresse `192.168.1.201` als auch unter `192.168.1.202`. Testen Sie dies wieder mit dem `ping`-Kommando:

```
user@linux: > ping 192.168.1.201
PING 192.168.1.201 (192.168.1.201) from 192.168.1.201 : 56(84) bytes of data. 64
bytes from 192.168.1.201 (192.168.1.201): icmp_seq=1 ttl=255 time=908 usec
:

user@linux: > ping 192.168.1.202
PING 192.168.1.202 (192.168.1.202) from 192.168.1.202 : 56(84) bytes of data. 64
bytes from 192.168.1.202 (192.168.1.202): icmp_seq=1 ttl=255 time=908 usec
:
```

Ändern Sie zuletzt noch die Datei `/etc/hosts` wie folgt:

```
192.168.1.201    linux.local    linux
192.168.1.202    www.local      www
```

Mit diesen Vorbereitungen ist es nun möglich, einen IP-basierenden virtuellen Webserver aufzubauen. Die Direktiven sind dabei annähernd die gleichen, wie Sie sie bereits bei namensbasierten virtuellen Webservern benutzt haben. Eine mögliche Konfiguration sieht folgendermaßen aus:

```
<VirtualHost 192.168.1.201>
ServerName linux.local
DocumentRoot /usr/local/httpd/htdocs
</VirtualHost>

<VirtualHost 192.168.1.202>
ServerName www.local
DocumentRoot /home/user/public_html
</VirtualHost>
```

Tragen Sie diese Konfiguration in Ihre Datei `myvhost.conf` ein und ersetzen die alte darin enthaltene Konfiguration.

Nun können Ihre Webserver mit folgenden URLs erreicht werden:

`http://linux.local/` bzw. `http://192.168.1.201/`
`http://www.local/` bzw. `http://192.168.1.202/`

3.5.3 Portbasierte virtuelle Webserver

Die dritte Möglichkeit, einen virtuellen Webserver einzurichten, ist, für jeden der Webserver einen eigenen Port festzulegen. Diese portbasierten Webserver sind bei der Konfiguration ebenfalls sehr einfach anzulegen. Der wichtigste Vorteil bei dieser Variante ist, dass für die Einrichtung eines solchen Webservers kein eigener DNS-Eintrag notwendig ist.

Der Standardport für einen Webserver ist der Port 80. Über die Direktive `Listen` können Sie Ihrem Webserver mitteilen, dass noch andere Ports überwacht werden sollen. Üblicherweise sollten hierfür Ports über 1024 verwendet werden. Vor dem Einsatz eines weiteren Ports sollte auch geprüft werden, ob dieser nicht von einer anderen Applikation belegt ist.

Legen Sie in Ihrer Datei `/etc/httpd/myvhost.conf` folgende Direktiven an:

```
Listen 8000
<VirtualHost 192.168.1.201:80>
DocumentRoot /usr/local/httpd/htdocs
</VirtualHost>

<VirtualHost 192.168.1.201:8000>
DocumentRoot /home/user/public_html
</VirtualHost>
```

Mit diesen Angaben weisen Sie Apache an, einen Webserver (derjenige, der auf Port 80 läuft) auf das Standardverzeichnis `/usr/local/httpd/htdocs` zu verweisen und den zweiten virtuellen Webserver (auf Port 8000) ins Verzeichnis `/home/user/public_html`.

Der große Nachteil ist, dass die portbasierenden Webserver bekannt gemacht werden müssen, da andernfalls niemand Ihren Webserver finden wird. Die Browser verwenden ohne weitere Angaben immer den Port 80. Um auf Ihren zweiten Webserver zugreifen zu können, müssen Sie (und auch alle anderen Interessenten) den URL `http://192.168.1.201:8000/` verwenden.

3.5.4 Nützliche Direktiven für virtuelle Hosts

Die grundlegenden Direktiven für virtuelle Hosts haben Sie oben bereits kennen gelernt. Im Folgenden sollen noch einige Direktiven erwähnt werden, die sehr häufig im Zusammenhang mit virtuellen Hosts verwendet werden.

Zwei der wichtigsten Direktiven sind sicherlich `ErrorLog` und `CustomLog`. Mit diesen Angaben können Sie für jeden virtuellen Host eine eigene Logdatei für Fehler und Zugriffe anlegen. Dies ist besonders interessant, um eine Auswertung für jeden Webserver einzeln anzulegen.

Sie sollten auch für jeden Webserver einen eigenen `ServerAdmin` festlegen, damit die E-Mail-Adresse für jeden dieser Webserver angepasst in Fehlermeldungen erscheint (falls Sie das eingestellt haben).

Mit der Direktive `ServerAlias` können Sie bei namensbasierten Webservern weitere Namen angeben, unter denen Ihr Webserver mit dem aktuellen virtuellen Host reagieren soll.

3.6 MIME-Typen

MIME („Multipurpose Internet Mail Extensions") ist eine Methode, die ursprünglich entwickelt wurde, um E-Mails einen Anhang anzufügen und dieser E-Mail eine Klassifizierung mitzuteilen, um welchen Dateityp es sich beim Anhang handelt. Diese Klassifizierung wurde in letzter Zeit deutlich erweitert, um festzulegen, welcher Dateityp bei der aktuellen Übertragung verwendet wird.

Dieser Mechanismus wird auch von Apache und den Browsern genutzt, um festzustellen, welche Daten gerade gesendet werden. Der Server sendet im Header `Content-type` – zusammen mit einigen anderen Informationen – den MIME-Type an den Browser. Der Browser entscheidet anhand dieser Information, was mit den ankommenden Daten geschehen soll. Wird beispielsweise ein MIME-Type `image/jpg` gesendet, so weiß der Browser, dass hier ein Bild gesendet und dieses dargestellt werden soll. Falls vom Server dagegen ein MIME-Type `application/x-shockwave-flash2-preview` an den Client geschickt wird, so wird dieser das zugehörige Plug-In starten, um diesen Inhalt anzuzeigen (meist *Macromedia Flash* oder ein anderes Programm zur Darstellung von Shockwave-Dateien).

Die MIME-Typen werden in verschiedene Klassen eingeteilt. Die Klassen geben den groben Datentyp an, z. B.: `application`, `audio`, `image`, `text` etc.

Jede dieser Klassen ist in weitere Unterklassen eingeteilt und gibt damit genauer an, um welchen Datentyp es sich bei den beschriebenen Daten handelt:
`application/x-dvi`, `audio/mpeg`, `image/png`, `text/html` etc.

Die registierten MIME-Types finden Sie im Konfigurationsverzeichnis des Apache. Der Link `/etc/httpd/mime.types` weist auf `/etc/mime.types`. In dieser Datei sind die momentan unter SuSE Linux eingetragenen MIME-Typen nachzulesen.

Diese MIME-Typen benötigen Sie beispielsweise in der CGI-Programmierung oder aber auch bei PHP-Skripten, die keinen HTML-Inhalt zurückgeben.

3.7 Apache Tools

3.7.1 `rcapache`

Mit dem Skript `/usr/sbin/rcapache` können Sie den Apache kontrollieren. `rcapache` ist ein symbolischer Link auf das Startskript, das auch beim Bootvorgang verwendet wird (`/etc/init.d/apache`), allerdings hat `rcapache` den Vorteil, dass es in einem Verzeichnis steht, das der Benutzer `root` im Pfad stehen hat und das damit von jedem belibigen Verzeichnis aus gestartet werden kann.

Die Parameter, die Sie beim Aufruf von `rcapache` übergeben können, finden Sie in folgender Tabelle:

Tabelle 3.4: Parameter für `rcapache`

Parameter	Funktion
`start`	startet den Webserver
`stop`	beendet den Webserver
`try-restart`	falls der Server läuft, wird er beendet und erneut gestartet. Falls der Server nicht läuft, passiert gar nichts!
`restart`	Der Server wird beendet und erneut gestartet – unabhängig davon, ob er vorher lief oder nicht!
`reload` bzw. `force-reload`	Konfiguration erneut einlesen
`status`	gibt aus, ob der Webserver läuft oder nicht
`probe`	prüft, ob es notwendig ist, dass Apache die Konfiguration erneut liest

3.7.2 `htpasswd`

Das Programm `htpasswd` benutzen Sie, um Passwortdateien für die Authentifizierung anzulegen. In der erzeugten Datei steht der Benutzername und im Anschluss daran (durch Doppelpunkt getrennt) das verschlüsselte Passwort dieses Benutzers.

Als Verschlüsselungsmethoden können folgende Varianten verwendet werden:

MD5: Passwörter, die mit dem MD5-Verfahren verschlüsselt wurden, können auf allen Plattformen eingesetzt werden. Das bedeutet, dass Sie eine Passwortdatei auf einem Linux-Rechner erstellen und diese Datei dann auch bei einem Provider verwenden können, der einen Windows-Server benutzt.

crypt: Dies ist das Standardverfahren unter Unix-Systemen. Mit `crypt` werden auch Passwörter in der Systempasswortdatei `/etc/shadow` verschlüsselt. Dieses Verfahren wird von Windows-Rechnern nicht unterstüzt.

Es stehen zwar noch weitere Verfahren zur Auswahl, diese werden aber entweder nur zur Kompatibilität zu anderen Webservern oder aus historischen Gründen unterstützt.

Die unterschiedlichen Aufrufmöglichkeiten zur Verwendung von `htpasswd` lauten wie folgt:

```
htpasswd [-cmdps] passwordfile username
htpasswd -b[cmdps] passwordfile username password
htpasswd -n[mdps] username
htpasswd -nb[mdps] username password
```

Die Parameter haben dabei die folgenden Bedeutungen:

Tabelle 3.5: Parameter für `htpasswd`

Parameter	Funktion
`-c`	Passwortdatei wird angelegt. Achtung: diesen Parameter nur zum Erzeugen der Passwortdatei verwenden; eine vorhandene Passwortdatei wird damit überschrieben.
`-n`	Die Zeile mit Benutzername und verschlüsseltem Passwort wird nicht in eine Datei geschrieben, sondern nur auf dem Bildschirm angezeigt. Hierbei dürfen Sie keine Passwortdatei angeben.
`-m`	Das MD5-Verfahren soll zur Verschlüsselung verwendet werden.
`-d`	Das `crypt`-Verfahren soll zur Verschlüsselung verwendet werden. Dies ist die Standardeinstellung unter Linux.
`-p`	Für Passwörter soll kein Verschlüsselungsverfahren verwendet werden. Die Passwörter werden im Klartext gespeichert. Dieses Verfahren funktioniert nur mit Apache unter Windows.
`-s`	Die SHA-Methode wird zur Verschlüsselung verwendet.
`-b`	Das Passwort wird nicht vom Benutzer abgefragt, sondern muss an der Kommandozeile mit übergeben werden. Dies kann verwendet werden, um viele Benutzer/Passwörter mit einer Batchdatei anzulegen.

3.7.3 dbmmanage

Zum Bearbeiten der Datenbank mit den Benutzernamen und Passwörtern wird mit Apache das Perl-Skript `dbmmanage` installiert. Die Syntax von `dbmmanage` entspricht dabei in etwa der, die auch für `htpasswd` verwendet wird (siehe Abschnitt 3.7.2). Sie können auch hier durch einen optionalen Parameter wählen, mit welchem Verschlüsselungsverfahren die Passwörter abgelegt werden sollen:

Tabelle 3.6: Parameter für `dbmmanage`

Parameter	Funktion
`-m`	Das MD5-Verfahren soll zur Verschlüsselung verwendet werden.

Tabelle 3.6 – Fortsetzung

Parameter	Funktion
-d	Das crypt-Verfahren soll zur Verschlüsselung verwendet werden. Dies ist die Standardeinstellung unter Linux.
-p	Für Passwörter soll kein Verschlüsselungsverfahren verwendet werden. Die Passwörter werden im Klartext gespeichert. Dieses Verfahren funktioniert nur mit Apache unter Windows.
-s	Die SHA-Methode wird zur Verschlüsselung verwendet.

Die verschiedenen Verwendungsmöglichkeiten lauten wie folgt:

```
dbmmanage [-dmsp] passwortdatei adduser benutzername
dbmmanage [-dmsp] passwortdatei add benutzername passwort
dbmmanage passwortdatei view [benutzername]
dbmmanage [-dmsp] passwortdatei update benutzername
dbmmanage passwortdatei delete benutzername
dbmmanage passwortdatei check benutzername
dbmmanage passwortdatei import < htpasswddatei
```

Um beispielsweise einen neuen Benutzer aufzunehmen, verwenden Sie das Kommando dbmmanage wie folgt:

```
user@linux: > dbmmanage passwords adduser webuser
New password:
Re-type new password:
User webuser added with password encrypted to B/Dan3V1hs1KM
using crypt
```

Um Einträge in Ihrer Passwortdatei zu betrachten, verwenden Sie dbmmanage folgendermaßen:

```
user@linux: > dbmmanage passwords view
webuser:B/Dan3V1hs1KM
```

Mit dem Parameter update können Sie das Passwort für einen bereits existierenden Eintrag verändern:

```
user@linux: > dbmmanage passwords update webuser
New password:
Re-type new password:
User webuser updated with password encrypted to wM9WBsn7foL8.
using crypt
```

Falls Sie eine Benutzer aus Ihrer Datenbank wieder löschen möchten, so verwenden Sie dbmmanage folgendermaßen:

```
user@linux: > dbmmanage passwords delete benutzername
'webuser' deleted
```

Um das Passwort eines Benutzers in der Datenbank zu verifizieren, können Sie den Parameter check verwenden:

```
user@linux: > dbmmanage passwords check benutzername
Enter password:
crypt password ok
```

Falls Sie eine bereits bestehende Authentifizierungsdatei, die mit htpasswd erstellt wurde, besitzen, können Sie mit dem Parameter import diese in die Datenbank importieren:

```
user@linux: > dbmmanage passwords import < ~/.htpasswd
User webuser added with password encrypted to TEqGyWlq/vEBM using crypt
User dozent1 added with password encrypted to jRpkGfe6026Nw using crypt
User dozent2 added with password encrypted to 7..9zhtbvLdVg using crypt
User dozent3 added with password encrypted to aYe6Hbhw6kux. using crypt
```

3.7.4 webmin

webmin ist ein webbasierendes Konfigurationstool. Mit webmin kann nicht nur Apache konfiguriert werden, sondern Sie können nahezu jede administrative Aufgabe über webmin durchführen. Der große Vorteil dabei ist, dass webmin im Browserfenster läuft und dadurch auch ohne Schwierigkeiten eine Remote-Administration von jedem beliebigen Rechner mit Browser durchgeführt werden kann.

webmin muss allerdings zur Installation aus dem Internet heruntergeladen werden, da es bei SuSE Linux nicht mitgeliefert wird. Sie können unter dem URL http://www.webmin.com die jeweils aktuelle Version bekommen, wobei hier mehrere Varianten zur Verfügung stehen. Die am leichtesten zu installierende Version ist die rpm-Variante. Nach dem Download können Sie mit folgendem Kommando (als Benutzer root) das Programm installieren:

```
linux: # rpm -i webmin-0.960-1.noarch.rpm
```

Nun können Sie sich unter dem URL http://localhost:10000 mit webmin verbinden. Benutzen Sie zur Anmeldung den Benutzernamen root und Ihr zugehöriges Passwort.

Nach der Anmeldung bekommen Sie die Startseite von webmin präsentiert, auf der Sie auswählen können, was eingestellt werden soll. Zuerst sollten Sie unter *Webmin-Configuration* den Punkt *IP Access Control* wählen und darin einstellen, von welchen Rechnern aus der Zugang zu webmin über das Netz erlaubt sein

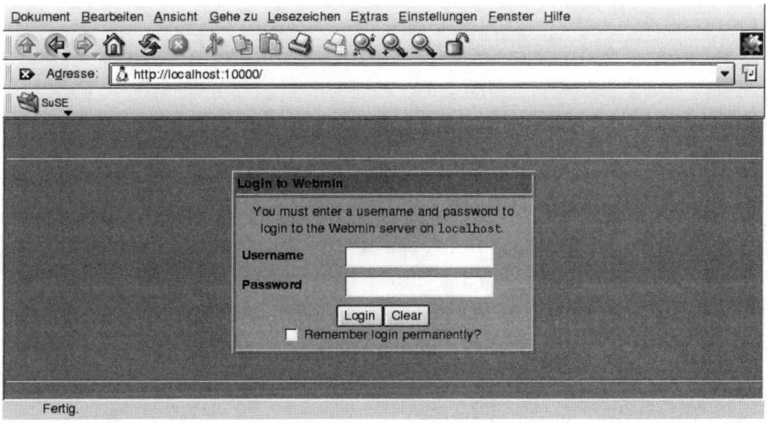

Abbildung 3.13: Anmeldebildschirm für `webmin`

soll. Falls Sie Ihr komplettes lokales Netz erlauben möchten, so wäre beispielsweise die Einstellung `192.168.1.0/255.255.255.0` korrekt.

Abbildung 3.14: Konfiguration für verschiedene Serverdienste mit `webmin`

Die eigentliche Apache-Konfiguration findet unter *Servers* statt. Beim ersten Start der Apache-Konfiguration fragt `webmin` nach, welche Apache-Module auf Ihrem

System installiert sind, diese Auflistung sollte im Normalfall bereits korrekt sein, bestätigen Sie die Anzeige. Nun können Sie die verschiedenen Direktiven des Apache einstellen.

3.7.5 `tidy`

Ein Tool, das eigentlich kein Tool für Apache, sondern eher für den HTML-Quellcode gedacht ist, ist `tidy`. Mit `tidy` können Sie Ihren HTML-Quelltext auf Syntax-Fehler überprüfen und diese sogar korrigieren lassen. Bei den meisten Browsern werden Sie gar nicht mitbekommen, dass in Ihrem HTML-Quellcode Fehler enthalten sind, da moderne Browser sehr viele Syntax-Vorgaben von HTML ignorieren und auch mit „falschem" Code arbeiten.

Zur Installation wählen Sie folgendes Paket:

Paketname: `tidy`
Serie: `ap`
Gruppe (SuSE Linux < 8): `Utilities/Text`
Gruppe (SuSE Linux ≥ 8): `Produktivität/Publishing/HTML/Tools`

`tidy` kann unter anderem folgende Fehler korrigieren:

- nicht geschlossene bzw. nicht korrekt geschlossene Tags
- falsche Reihenfolge beim Schließen
- Beenden von Links (`<a>`)
- fehlerhafte Aufzählungen
- fehlende Anführungszeichen um Attribute
- unbekannte Attribute auflisten

Desweiteren kann `tidy` einige „Verschönerungen" an Ihrem Code durchführen:

- Einrückungen werden für ein besseres Layout angepasst
- Ersetzen von `FONT, NOBR, CENTER` durch CSS
- Rudimentäre Unterstützung von ASP, PHP und XML

Für `tidy` können Sie einige Optionen verwenden. Um eine Auflistung zu bekommen, geben Sie `tidy -help | more` ein. Desweiteren ist es möglich, eine Konfigurationsdatei anzugeben, in der weitere Einstellungen eingetragen werden können. Lesen Sie dazu die Online-Hilfe zu `tidy` in der Paketbeschreibung.

3.8 Schnittstellen

Apache hat vielerlei Möglichkeiten, über Schnittstellen eine Verbindung zu externen Programmen aufzunehmen. Dabei geht es meist darum, Webinhalte nicht nur statisch zum Client zu übermitteln, sondern meist geht es um dynamische Daten. „Dynamisch" bedeutet allerdings nicht, dass auf der Webseite irgendwelche Filme oder Animationen abgespielt werden, sondern dass Webseiten bei jedem Aufruf nach bestimmten Kriterien neu generiert werden. Ein einfaches Beispiel dafür ist eine Wetterseite. Diese Wetterseite sollte immer die aktuellen Wetterdaten enthalten, und zwar ohne dass der Webmaster die HTML-Datei permanent anpassen muss. Ein weiteres Beispiel wäre eine Kursinformationsseite, die sich automatisch aus einer Datenbank die aktuellen Kurse, Räume, Dozenten etc. zieht und diese jeweils in der Webseite darstellt. Dies wird in den Kapiteln 4 und 5 anhand von Beispielen auch vorgeführt werden.

3.8.1 CGI-BIN

Die wichtigste und auch verbreitetste Schnittstelle für externe Programme und damit auch für dynamische Webseiten ist die CGI-Schnittstelle. CGI steht hierbei als Abkürzung für „Common Gateway Interface".

CGI-Programme können beliebige Dateien auf dem Server sein. Einzige Voraussetzung für den Einsatz als CGI-Programm ist, dass der Server diese Datei ausführen kann. Das bedeutet für Sie, dass es fast völlig egal ist, mit welcher Programmiersprache Sie Ihre CGIs programmieren. Sie können ausführbare C-Programme, Shell-Skripten, Python usw. als CGI-Programme verwenden. Wichtig ist dabei die Berechtigung für die Gruppe Sonstige. Diese Gruppe muss Lese- und Ausführberechtigung auf das CGI-Programm haben.

3.8.2 Perl

In den meisten Fällen wird für die CGI-Programmierung die Sprache Perl verwendet. Da allerdings bei jedem Aufruf für ein CGI-Skript ein externer Prozess für Perl gestartet werden muss, ist dies für die Performance des Skriptes ein großer Nachteil. Apache bietet allerdings ein Modul, um Perl direkt in Apache zu integrieren, um nicht jedesmal einen neuen Prozess starten zu müssen. Dies ist das Modul `mod_perl`. Dieses Modul finden Sie für die Installation mit YaST 2 wie folgt:

Paketname: `mod_perl`
Serie: `n`
Gruppe (SuSE Linux $<$ 8): `System-Umgebung/Daemonen`
Gruppe (SuSE Linux $\geq$ 8): `Produktivität/Netzwerk/Web/Server`

In SuSE Linux ist mittlerweile dieses Modul Standard für die CGI-Schnittstelle (zumindest, wenn `mod_perl` installiert ist). Mit SuSE Linux ist damit auch ein weiterer CGI-Pfad vom Web aus erreichbar. Ihre Skripte sind sowohl mit der herkömmlichen CGI-Methode unter dem URL `http://localhost/cgi-bin/` er-

reichbar als auch mit dem Modul `mod_perl` unter dem URL
`http://localhost/cgi-perl/`
Beide URLs verweisen auf das Verzeichnis `/usr/local/httpd/cgi-bin`.

3.8.3 PHP

Ein weiteres Modul, das zu Apache hinzugeladen wird, ist das Modul `mod_php` bzw. `mod_php4`. Mit diesem Modul wird die serverseitige Skriptsprache PHP zu Apache hinzugeladen. Nähere Informationen zu PHP finden Sie im Kapitel 5.

3.9 Übungen

Übung 1:
Erzeugen Sie für den Benutzer `dozent`, den Sie in Übung 1 angelegt haben, den virtuellen Host `kurse.local`.

Die Lösung finden Sie in Anhang A.2.1.

Übung 2:
Legen Sie im Verzeichnis `public_html` des Benutzers `dozent` ein Unterverzeichnis `admin` an, das für den administrativen Bereich verwendet werden soll. Der Zugriff auf dieses Verzeichnis soll wie folgt geschützt werden:

- Der Zugriff ist automatisch erlaubt, falls der Benutzer von `localhost` bzw. `127.0.0.1` auf diesen Bereich zugreift.
- Ein Zugriff aus dem Web muss mit Benutzername `kurs-admin` und Passwort `schulung` authentifiziert werden.

Die Lösung finden Sie in Anhang A.2.2.

Kapitel 4

MySQL

4.1 Erste Schritte

Zu Beginn die grundlegende Frage: Was ist MySQL überhaupt? MySQL ist ein relationales Datenbankmanagementsystem. Bei einem relationalen Datenbankmanagementsystem werden die Daten nicht in einem großen File abgespeichert, sondern in einzelnen Tabellen. Diese Tabellen werden über einzelne Merkmale miteinander verknüpft. Diese Verknüpfungen nennt man „Relationen". Durch diese Relationen ist es möglich, aus mehreren Tabellen kombinierte Informationen abzurufen.

Doch wozu benutzt man eigentlich eine Datenbank? Natürlich um Daten irgendwelcher Art im Rechner abzuspeichern. Allerdings ist das für eine Datenbank noch etwas genauer zu definieren: In einer Datenbank werden zusammengehörige Informationen abgespeichert. Diese Daten können dann eine nahezu unbeschränkte Größe annehmen und trotz allem in einer vernünftigen Zeit bearbeitet werden. Sie möchten z. B. eine Statistik über die Temperaturen machen, die zu bestimmten Tageszeiten in Ihrem Ort herrschen. Bei 3 Messungen pro Tag ergibt das bereits einen Datenbestand von 3 x 365=1095 Messwerten in nur einem Jahr. Falls das nun auf mehrere Orte erweitert wird, sagen wir auf 10 Orte, werden daraus bereits 10950 Datensätze. Nun erfassen Sie zur Temperatur noch den Niederschlag und bekommen jetzt 21900 Daten. Falls Sie das ohne eine Datenbank auswerten möchten, werden Sie sehr viel Zeit damit verbringen, Ihre Zahlen nach bestimmten Kriterien zu ordnen bzw. nach möglichen Fehlerquellen in Ihren Berechnungen zu suchen. Das zeigt auch folgendes Beispiel:

Sie wollen aus Ihren gewonnenen Datensätzen Rückschlüsse über die mittlere Temperatur pro Ort ziehen. Dazu müssten Sie Ihre gesamten Messwerte für jeden Ort einzeln zusammenrechnen und durch die Anzahl teilen. Nur ein einziger Eingabefehler verfälscht Ihr Resultat. Nun soll zusätzlich zur mittleren Temperatur noch die Gesamtniederschlagsmenge ausgerechnet werden. Das erfordert das Aufsummieren von über 10000 Zahlen. Jetzt sehen Sie, in welche Größen eine Datenbank wachsen kann. Und genau hier setzen die Vorteile von MySQL an. MySQL ist schnell im Umgang mit sehr großen Datenmengen, kann Daten einfach einer bestehenden Datenmenge hinzufügen, auf bestehende Daten zugreifen und bearbeiten – egal ob es simple Abfragen wie „Zeige mir alle Müller“ oder die eben erwähnte Berechnung eines „Mittelwerts“ aus allen Temperaturen eines Ortes sind.

4.1.1 Begriffe

Nun sollten Sie sich die Definitionen einiger Begriffe anschauen, über die Sie bei der Arbeit mit einer Datenbank immer wieder stolpern werden.

Datenbankmanagementsystem: Das Datenbankmanagementsystem ist die Software, die für den Zugriff auf die gespeicherten Daten bzw. zum Speichern der Daten auf der Festplatte zuständig ist. In Ihrem Fall ist das der MySQL-Dämon.

Datenbank: Die Datenbank ist ein Verbund von zusammengehörigen Daten. Dies entspricht einem Verzeichnis. In diesem Verzeichnis werden alle Daten, die zu dieser Datenbank gehören, abgelegt. Für das obige Beispiel wäre es die Datenbank „Temperaturerfassung“. In diese Datenbank kommen sämtliche Tabellen, die zur Erfassung und Auswertung der Temperaturstatistik notwendig sind.

Tabelle: Eine Tabelle ist der Ablageplatz für gleichartige Daten in einer Datenbank. Eine Tabelle enthält beispielsweise alle Temperaturmesswerte und den jeweiligen Messzeitpunkt. Eine andere Tabelle besteht aus allen Orten. Die Gleichartigkeit ist dadurch gegeben, dass jeder Eintrag in der Tabelle dasselbe Format hat: Z. B. „Ortnummer“ - „Messzeit“ - „Temperatur“ - „Niederschlag“

Datensatz: Ein Datensatz ist jeweils eine zusammenhängende Informationseinheit – ein Messwert mit allen Zusatzinformationen. Ein solcher Datensatz besteht aus den einzelnen Informationen, die in einem Feld abgespeichert werden.

Feld: Ein Feld ist die kleinste Informationseinheit in einer Datenbank. Hier werden einzelne Daten abgespeichert. In den Feldern steht z. B. Ort, Name, Niederschlag u. ä.

Fassen wir das Ganze wie folgt zusammen: Die Datenbank ist nur das „Verzeichnis“, in dem die Informationen gesammelt werden. Eine Datenbank enthält mindestens eine Tabelle. In einer Tabelle werden gleichartige Informationen – so genannte Datensätze – abgespeichert. Jeder Datensatz besteht aus verschiedenen Feldern, die die kleinste Informationseinheit darstellen.

Für Datenbank, Tabellen, Felder etc. gelten einige Einschränkungen bei der Namensgebung. Diese Einschränkungen zeigt zusammengefasst folgende Tabelle:

Tabelle 4.1: Einschränkungen bei der Namensgebung

Art	maximale Länge	Einschränkung
Datenbank	64 Zeichen	alle Zeichen, die in einem Verzeichnisnamen erlaubt sind, außer „/" und „."
Tabelle	64 Zeichen	alle Zeichen, die in einem Dateinamen erlaubt sind, außer „/" und „."
Feld	64 Zeichen	alle Zeichen
Alias	255 Zeichen	alle Zeichen

Am besten verwenden Sie nur alphanumerische Zeichen für alle Namen, die innerhalb von MySQL vorkommen, d. h., Sie sollten keine Sonderzeichen, Leerzeichen o. ä. verwenden.

Eine Datenbank wird als Verzeichnis im Datenverzeichnis des MySQL-Servers angelegt. Eine Tabelle wird als Datei in diesem Verzeichnis abgespeichert. Dies bedeutet, dass Datenbank- und Tabellennamen unter UNIX-Systemen die Groß- und Kleinschreibung berücksichtigen. Das ist unter Windows nicht der Fall.

4.1.2 Besonderheiten

Bevor Sie jetzt mit dem Entwurf von Datenbank und Tabellen loslegen können, sollten Sie einige der vielen Vorteile von MySQL kennen lernen:

Multi-User-Architektur: Das heißt, dass mehrere (verschiedene) Benutzer gleichzeitig in MySQL Daten abrufen/editieren/löschen können. Diese Funktion spielt eine besonders große Rolle, sobald eine Datenbank über das Netzwerk erreichbar ist (z. B. über das lokale Netz oder das Internet) und von dort aus mehrere Benutzer gleichzeitig mit der Datenbank arbeiten.

Multi-Threaded-Architektur: MySQL teilt Anfragen in so genannte „Threads" auf. Damit kann – besonders bei Mehrprozessorrechnern – eine höhere Performance erreicht werden. Jeder dieser Threads kann von einer eigenen CPU und damit tatsächlich gleichzeitig abgearbeitet werden.

Schnittstellen zu den gängigsten Programmiersprachen: wie zum Beispiel C, C++, Perl, PHP, Python etc. Damit ist es möglich, mit nahezu allen Programmiersprachen auf MySQL zuzugreifen.

Verfügbarkeit auf vielen Plattformen: Der MySQL-Dämon und auch viele Clients sind für die verbreitetsten Betriebssysteme erhältlich: Linux, Windows 9x, Windows NT, HP-UX, OS/2, IRIX etc. Damit ist man nicht an ein bestimmtes Betriebssystem gebunden oder möglicherweise von Internetprovidern abhängig, die nur auf bestimmten Betriebssystemen Ihre Dienste anbieten.

Hohe Geschwindigkeit: Bei Abfragen bietet MySQL eine sehr hohe Geschwindigkeit. Insbesondere die so genannten `JOINS`, die zum Abfragen von Werten aus mehreren Tabellen verwendet werden, sind in MySQL hochoptimiert.

Hohe Stabilität: In den wichtigsten Modulen von MySQL ist bereits seit einiger Zeit kein Bug mehr gemeldet worden.

GPL: Da MySQL unter der GPL vertrieben wird, ist es im Quellcode verfügbar und über einen C/C++ Compiler übersetzbar. MySQL kann kostenlos aus dem Internet heruntergeladen werden und ist in den meisten Situationen kostenlos einsetzbar.

ODBC-Schnittstelle: Für die Verbindung von einer 32-Bit-Windows-Applikation steht die Open-DataBase-Connectivity-Schnittstelle zur Verfügung. Diese Schnittstelle stellt den Quasi-Standard für Netzwerkzugriffe auf Datenbanken unter Windows dar. Damit lassen sich auch Zugriffe in einem heterogenen Netzwerk realisieren.

Privilegien- und Passwortsystem: sorgt für hohe Sicherheit. Mit diesem Sicherheitssystem kann man sowohl den Zugriff auf IP/Domain/Host-Adresse- als auch auf Benutzername/Passwort-Basis regulieren. Es ist völlig unabhängig vom Privilegiensystem des zugrundeliegenden Betriebssystems.

Kostenlos: Der Einsatz ist für den privaten und nichtkommerziellen Einsatz ist gratis.

Hohe Verbreitung bei ISPs: Sehr viele Internet Service Provider setzen MySQL als Web-Datenbank ein.

Guter Support: Bei Problemen mit MySQL gibt es mitlerweile sehr gute Unterstützung in Newsgroups und in Mailinglisten wie auch im kommerziellen Bereich bei der Firma MySQL selbst.

4.2 Datentypen

Sie haben im Kapitel 4.1.1 schon gesehen, dass Werte, die in einer Datenbank abgespeichert werden sollen, in so genannte „Felder“ aufgeteilt werden. Für jedes dieser Felder muss vor dem ersten Eintrag eine Definition abgelegt werden, welcher Art die Daten sind, die in dieses Feld hineingeschrieben werden sollen. Es wird also bereits beim Erstellen der Tabelle für jedes Feld ein „Datentyp“ festgelegt. In MySQL werden eine Reihe von Datentypen unterschieden: Zahlen (Ganzzahlige und Fließkomma), Zeichenketten, Datum und Uhrzeit.

Falls in einem Feld beispielsweise die Temperatur gespeichert werden soll, würden Sie hier als Datentyp einen der Zahlentypen wählen. Soll dagegen in einem Feld der Name der Stadt abgelegt werden, so ist das sicherlich einer der Zeichenkettentypen.

Damit Sie nun eine vernünftige Tabellendefinition anlegen können, müssen Sie sich zuerst die möglichen Datentypen und die darin speicherbaren Werte näher betrachten.

In der Beschreibung der Datentypen werden folgende Abkürzungen verwendet:

M : maximale Größe ($\leq$255)

D : Anzahl der Nachkommastellen (natürlich nur bei Fließkommazahlen) ($\leq$30)

Ein Eintrag, der in eckigen Klammern „[ ]“ steht, gilt als optional. Diese Angabe kann – falls gewünscht – eingegeben werden.

4.2.1 Numerische Datentypen

Sie benutzen numerische Datentypen, um Zahlenwerte abzuspeichern. MySQL kennt dabei mehrere Unterarten, und zwar

Ganzzahlige Werte (Integer): Diesen Typ verwenden Sie dann, wenn Zahlen ohne Nachkommastellen gespeichert werden sollen.

Fließkomma Werte (Floating Point): Bei Fließkommazahlen können Zahlen mit bis zu 30 Nachkommastellen abgespeichert werden.

4.2.1.1 Ganzzahlige Zahlen

Um Zahlen ohne Nachkommastellen abzulegen, wird in MySQL einer der ganzzahligen Datentypen (Integer) verwendet. Dies sind beispielsweise Angaben zu anwesenden Personen, bestellte Artikelmengen, Anzahl von Dateien in einem Verzeichnis oder Attraktionen in einem Vergnügungspark...

Die ganzzahligen Zahlen stehen in MySQL in verschiedenen Wertebereichen zur Verfügung. Der jeweilige Typ gibt einen Wertebereich vor, in dem Zahlen in diesem Feld abgelegt werden können. So kann z. B. ein `SMALLINT`-Feld Zahlen von 0 bis 65535 aufnehmen.

Ganzzahlige Werte werden dabei nochmals unterschieden in Zahlen mit Vorzeichen („signed") und Zahlen ohne Vorzeichen („unsigned"). Da der belegte Speicherplatz für beide Varianten der gleiche ist (siehe Tabelle 4.4), sind bei vorzeichenbehafteten Datentypen die Maximalwerte nur halb so groß wie bei Zahlen ohne Vorzeichen.

Beispiele für ganzzahlige Zahlen sind also `750`, `-4` oder `0`. In MySQL können auch hexadezimale Zahlen verwendet werden. Diese werden ebenfalls als ganzzahlige Zahlen in einem Zahlenkontext abgespeichert. Hexadezimale Zahlen haben vor der eigentlichen Zahl `0x` stehen. Diese hexadezimalen Zahlen dürfen auch negativ sein. Eines der Einsatzgebiete für diese Zahlen sind z. B. die Farben in HTML-Dokumenten.

Die hexadezimalen Zahlen haben isgesammt 16 Ziffern (von `0` bis `f`) und nicht wie im Dezimalsystem nur 10 (von `0` bis `9`). Dadurch lassen sich für den Computer wichtige Zahlen recht einfach darstellen. Beispielsweise können die Zahlen von 0 bis 255 im hexadezimalen Zahlensystem komplett mit zwei Stellen (`00 - ff`) geschrieben werden.

Beispiele für hexadezimale Zahlen sind: `0x ff` (= `255`), `-0x a` (= `-10`)

Folgende Tabellen geben die möglichen ganzzahligen Feldtypen für MySQL an. Sie können daraus ebenfalls den Wertebereich für jeden Feldtyp auslesen. In der ersten Tabelle sind alle Typen mit Vorzeichen angegeben, in der zweiten Tabelle stehen Feldtypen ohne Vorzeichen.

Tabelle 4.2: Datentypen für Ganzzahlige Zahlen signed

Datentyp	von	bis
`TINYINT(M)`	$-128(-2^7)$	$127(2^7-1)$
`SMALLINT(M)`	$-32\,768(-2^{15})$	$32\,767(2^{15}-1)$
`MEDIUMINT(M)`	$-8\,388\,608(-2^{23})$	$8\,388\,607(2^{23}-1)$
`INT(M)`	$-2\,147\,483\,648(-2^{31})$	$2\,147\,483\,647(2^{31}-1)$
`INTEGER(M)`	entspricht `INT`	
`BIGINT(M)`	$-9\,223\,372\,036\,854\,775\,808\ (-2^{63})$	$9\,223\,372\,036\,854\,775\,807\ (2^{63}-1)$

Da in den verschiedenen Integer Zahlentypen unterschiedlich große Zahlen abgelegt werden können, benötigen diese auch unterschiedlich viel Speicherplatz in der Datenbank. Dies ist der Hauptgrund, warum überhaupt verschiedene Feldtypen bei Datenbanken unterschieden werden. Sie wollen z. B. die Menge eines be-

Tabelle 4.3: Datentypen für Ganzzahlige Zahlen unsigned

Datentyp	von	bis
TINYINT	0	$255(2^8)$
SMALLINT	0	$65\,535(2^{16})$
MEDIUMINT	0	$16\,777\,215(2^{24})$
INT	0	$4\,294\,967\,295(2^{32})$
INTEGER	entspricht INT	
BIGINT	0	$18\,446\,744\,073\,709\,551\,615(2^{64})$

stimmten Artikels in Stück abspeichern (eine Zahl, die beispielsweise von 0 bis 50 variieren kann). Für dieses Feld könnte man natürlich alle ganzzahligen Datentypen beliebig verwenden, denn die Zahlen von 0 bis 50 sind ja auch bei BIGINT enthalten. Allerdings wäre das nicht sehr speichereffizient, da MySQL für diese Menge stets den Speicherplatz belegt, den eben eine Zahl, die in BIGINT möglich ist, benötigt. Für das Beispiel wäre es vollkommen ausreichend, als Feldtyp TINYINT (Zahlen von 0 bis 255 oder von -128 bis 127) auszuwählen.

Tabelle 4.4 zeigt den Speicherbedarf der verschiedenen Zahlentypen. Daraus erkennen Sie nun, dass BIGINT für jede abgespeicherte Stückzahl der Artikel 8 Byte belegen würde, wohingegen eine Ablage in einem TINYINT Feld nur 1 Byte benötigt. Sie haben also pro Datensatz bereits eine Speicherersparnis von 7 Byte – nur durch Ändern eines einzigen Felddatentyps.

Tabelle 4.4: Speicherplatz für Ganzzahlige Zahlen

Datentyp	belegter Speicherplatz
TINYINT	1 Byte
SMALLINT	2 Byte
MEDIUMINT	3 Byte
INT	4 Byte
INTEGER	entspricht INT
BIGINT	8 Byte

4.2.1.2 Fließkommazahlen

Falls Sie Zahlen mit Nachkommastellen abspeichern möchten, verwenden Sie die so genannten „Fließkommazahlen“. Dadurch werden Zahlen für Währungsbeträge, Entfernungen, durchschnittliche Noten oder Volumina o. ä. angegeben.

Auch hier werden von MySQL mehrere Wertebereiche unterschieden. Die Art der Daten, die abgespeichert werden soll, ist – wie bei den Integerzahlen – sehr wichtig für die Auswahl des Datentyps. Im Normalfall reicht es aus, `FLOAT` zu verwenden (hier stehen Zahlen mit bis zu 38 Stellen zur Verfügung). Allerdings kann es bei wissenschaftlichen Größen (Anzahl der Atome, Entfernungen im All, ...) nötig sein, `DOUBLE` zu verwenden.

`DECIMAL` als Datentyp schlägt hierbei eine komplett andere Richtung ein. Die Zahlen werden bei `DECIMAL` nicht als tatsächliche Zahl in die Datenbank geschrieben, sondern als Zeichenkette. Diese Zeichenkette enthält dann auch Vorzeichen und Dezimalpunkt (was sich aber mit MySQL 3.23 grundlegend verändert hat).

Bei Fließkommazahlen gibt es das Attribut „unsigned" nicht. Daher sind alle Zahlenbereiche sowohl im negativen als auch im positiven Bereich als Werte für diese Felder möglich. Beim Eintragen von Werten mit Nachkommastellen in MySQL ist zu beachten, dass der Punkt als Dezimaltrennzeichen zu verwenden ist. Für sehr große bzw. sehr kleine Zahlen können Sie allerdings auch die Exponentialschreibweise (s. u.) verwenden.

Beispiele für Fließkommazahlen sind `3.141592654`, `-14.3` oder `6.022e+23`

Tabelle 4.5: Datentypen für Fließkommazahlen signed

Datentyp	Erlaubte Werte signed
`FLOAT(M,D)`	-3.402823466E+38 bis -1.175494351E-38, 0, 1.175494351E-38 bis 3.402823466E+38
`FLOAT(x)`	Genauigkeit(x) $\leq$ 24 wie FLOAT von oben, 25 $\leq$ Genauigkeit(x) $<$ 53 wie DOUBLE von unten
`DOUBLE(M,D)`	-1.7976931348623157E+308 bis -2.2250738585072014E-308, 0, 2.2250738585072014E-308 bis 1.7976931348623157E+308
`DOUBLE PRECISION(M,D)`	wie `DOUBLE`
`REAL(M,D)`	wie `DOUBLE`
`DECIMAL(M,D)`	abhängig von der gewählten Breite maximal `DOUBLE`
`NUMERIC(M,D)`	wie `DECIMAL`

Natürlich benötigen die unterschiedlichen Fließkommazahlen ebenfalls verschieden großen Speicher beim Ablegen in der Tabelle. Deshalb sollten Sie auch hier auf die gewünschte Genauigkeit bzw. den gewünschten Wertebereich für Ihre Zahlen achten und den Feldtyp so wählen, dass zwar alle aktuellen und zukünftigen Werte gespeichert werden können, aber auch so wenig Festplattenplatz wie möglich verbraucht wird.

Den Speicherbedarf der Fließkommazahlen zeigt Tabelle 4.6:

Tabelle 4.6: Speicherplatz für Fließkommazahlen signed

Datentyp	belegter Speicherplatz
`FLOAT(M,D)`	4 Byte
`FLOAT(x)`	$x \leq 24$: 4 Byte
`FLOAT(x)`	$x > 24$: 8 Byte
`DOUBLE(M,D)`	8 Byte
`DECIMAL(M,D)`	abhängig von der gewählten Breite:
	$M+2$ Byte falls $D > 0$
	$M+1$ Byte falls $D = 0$
	$D+2$ Byte falls $M < D$

4.2.2 Zeichenketten Datentypen

Bei Strings handelt es sich um eine Aneinanderreihung von Zeichen. Diese Zeichenfolgen müssen Sie entweder in einfache Anführungszeichen (`'`) oder doppelte Anführungszeichen (`"`) einschließen. Sie verwenden diese Datentypen immer dann, wenn beliebige Texte (z. B. Namen) oder auch Kombinationen von Buchstaben und Zahlen (z. B. Artikelnummer) abgespeichert werden sollen. Zeichenketten sind aber nicht nur darauf beschränkt, alphanumerische Einträge (bestehend aus Buchstaben und Ziffern) aufzunehmen, sondern können nahezu jeden beliebigen Wert speichern.

Dabei müssen Sie allerdings berücksichtigen, dass einige Sonderzeichen nicht ohne weiteres innerhalb eines Strings verwendet werden können. Folgende Sonderzeichen sind innerhalb von Anführungszeichen möglich:

`\\` liefert einen Backslash \

`\%` liefert ein Prozentzeichen `%`. *Achtung:* nur an Stellen, an denen Jokerzeichen erwartet werden.

`\_` liefert einen Unterstrich _. *Achtung:* nur an Stellen, an denen Jokerzeichen erwartet werden.

`\0` liefer den ASCII-Wert 0 (NUL)

`\n` liefert eine neue Zeile

`\t` liefert einen Tabulator

`\r` liefert ein Carriage Return

`\b` liefert ein Backspace

`''` liefert ein einfaches Anführungszeichen `'`. *Achtung:* nur innerhalb einfacher Anführungszeichen.

`""` liefert ein doppeltes Anführungszeichen `"`. *Achtung:* nur innerhalb doppelter Anführungszeichen.

Zum Speichern von Zeichenketten (Strings) stellt MySQL folgende Datentypen zur Auswahl:

Tabelle 4.7: Datentypen für Zeichenketten

Datentyp	Anzahl Zeichen
CHAR(M) [BINARY]	0 bis 255
VARCHAR(M) [BINARY]	0 bis 255
TINYBLOB	0 bis 255
TINYTEXT	wie TINYBLOB
BLOB	0 bis 65535
TEXT	wie BLOB
MEDIUMBLOB	0 bis 16777215
MEDIUMTEXT	wie MEDIUMBLOB
LONGBLOB	0 bis 4294967295
LONTEXT	wie LONGBLOB
ENUM	ein Wert aus einer Liste
SET	ein oder mehrere Werte aus einer Liste

Diese Stringdatentypen können mit jedem beliebigem ASCII-Wert gefüllt werden. Das heißt, dass darin auch Bilder, Programme oder jeder andere binäre Wert gespeichert werden kann.

Einige Datentypen weisen eine maximale Länge auf, die Sie bereits bei der Erstellung der Tabellen festlegen, andere wiederum enthalten diese Grenze schon per Definition. Verwendet man beispielsweise den Datentyp `BLOB`, so ist automatisch die Anzahl der Zeichen, die abgespeichert werden können, auf 65535 eingestellt. Hingegen muss beim Entwurf der Tabelle bei den Datentypen `CHAR` und `VARCHAR` angegeben werden, wie viele Zeichen in das Feld geschrieben werden dürfen.

Die MySQL Datenbank nimmt bei den Felddatentypen übrigens eine Optimierung der Datentypen bei bestimmten Feldgrößen vor, sodass Sie sich nicht wundern dürfen, falls aus einen `VARCHAR(3)` ein `CHAR(3)` wird.

Im Vergleich zu den Zahlendatentypen, bei denen man relativ schnell erkennen kann, welcher Datentyp für welches Einsatzgebiet geeignet ist, sollten Sie sich die Zeichenkettentypen noch etwas näher betrachten.

`CHAR(M) [BINARY]`: Bei diesem Datentyp wird bereits bei der Definition der Tabelle eine exakte Größe und damit auch die Anzahl der Bytes, die für dieses Feld auf der Festplatte belegt werden, festgelegt. Das bedeutet, wenn Sie ein Feld als `CHAR(50)` festlegen, wird jeder Datensatz für dieses Feld exakt 50 Bytes belegen. Dies ist unabhängig vom tatsächlichen Inhalt, den dieses Feld eigentlich hat. Wird nun `'Hallo'` oder `'Hallo Welt! Welche Temperatur haben wir?'` in diesem Feld abgelegt, spielt für den verbrauchten Speicherplatz keine Rolle. In beiden Fällen werden 50 Bytes von diesem Feld belegt. Da dies in vielen Fällen, bei denen die Feldinhalte sehr unterschiedlicher Länge sind, zu einer großen Platzverschwendung führt, steht alternativ zu `CHAR(M)` der Typ `VARCHAR(M)` zur Verfügung.

`VARCHAR(M) [BINARY]`: Dieser Datentyp ist in vielerlei Hinsicht dem oben erwähnten `CHAR(M)` sehr ähnlich. Auch hier wird mit der Tabellendefinition eine maximale Größe für dieses Feld festgelegt. Nur belegen die Daten in diesem Feld nur die Anzahl der Zeichen, die tatsächlich gespeichert werden sollen plus ein Byte für die Länge des aktuellen Eintrags. Sollte also ein Feld als `VARCHAR(50)` festgelegt sein und Sie speichern in diesem Feld den Wert *'Hallo'*, dann belegt dieser Eintrag 6 Byte (5 Zeichen von `Hallo` + 1 Byte für die Länge).

Sowohl bei `CHAR` als auch `VARCHAR` werden Zeichen, die über die maximale Länge hinausgehen, beim Speichern abgeschnitten. Desweiteren werden Abfragen, die auf `CHAR` oder `VARCHAR` Feldern ausgeführt werden, ohne Berücksichtigung von Groß- und Kleinschreibung durchgeführt. Falls Sie dieses Verhalten nicht für Ihre Daten haben möchten, können Sie durch Angabe von `BINARY` bei beiden Datentypen dafür sorgen, dass eine exakte Suche und Sortierung durchgeführt wird.

`BLOB`: Folgendes gilt für alle `BLOB`-Typen: `TINYBLOB`, `MEDIUMBLOB`, `BLOB`, `LARGEBLOB`. Diese vier Varianten unterscheiden sich jeweils nur durch die maximale Größe der darin abspeicherbaren Daten. Die Bezeichnung `BLOB` steht hier für „Binary Large OBject". Beim Abspeichern in einem `BLOB` wird auf der Festplatte ein neues Objekt erzeugt und in diesem die Daten mit variabler Länge abgespeichert. Daher benötigen die verschiedenen `BLOB`-Varianten in der Tabelle nur jeweils Inhalt+1, Inhalt+2, Inhalt+3 oder Inhalt+4 Byte (je nach Typ). Wobei hier mit „Inhalt" die Größe des Feldinhaltes, der gespeichert wird, gemeint ist.

TEXT: Die TEXT-Varianten unterscheiden sich einzig und allein von BLOBs dadurch, dass bei Abfragen und Sortiervorgängen auf TEXT-Feldern die Groß- und Kleinschreibung nicht berücksichtigt wird und dies bei BLOB-Feldern eben der Fall ist.

Ein ganz wichtiger Punkt bei BLOB/TEXT-Feldern ist, dass diese Felder bis zur Version 3.23.2 nicht indiziert werden konnten. Daher waren Abfragen auf diesen Datentypen deutlich langsamer als beispielsweise bei CHAR oder VARCHAR.

ENUM: Bei ENUM-Feldern wird mit der Definition keine maximale Länge festgelegt. Hier wird eine Auswahl an möglichen Werten, die in dieses Feld gespeichert werden dürfen, in der Tabelle hinterlegt. Sie möchten beispielsweise bei einem Artikel eine Einheit hinterlegen, aber diese Einheiten dürfen nur „Stück“ oder „qm“ sein. Damit darf bei allen Datensätzen in diesem Feld nur eine dieser Einheiten gewählt sein. In ENUM-Feldern dürfen bis zu 65.535 verschiedene Vorgaben abgelegt werden. Dadurch wird auch der belegte Festplattenplatz von ENUM festgelegt. Falls Ihre Vorgaben zwischen 0 und 255 liegen, dann belegt das ENUM Feld 1 Byte, anderfalls 2 Byte.

SET: Der SET-Typ gleicht dem ENUM-Typ auf den ersten Blick. Auch hier können Sie mehrere Vorgaben bei der Tabellendefinition als erlaubte Werte hinterlegen. Allerdings ist es bei SET möglich, in einem Feld mehr als nur einen Wert abzulegen. Beispielsweise soll bei einem Artikel eine Kategorie hinterlegt werden. Bei manchen Artikeln ist aber eine eindeutige Zuordnung nicht möglich, also soll eine Mehrfachauswahl erlaubt werden. Ihr SET besteht also z. B. aus „Drucker“, „Fax“, „Scanner“, „Kopierer“ etc. und Sie möchten sowohl einfache Drucker als auch Multifunktionsgeräte, die als Drucker, Scanner und auch als Kopierer eingesetzt werden können, in Ihrem Artikelstamm aufnehmen. Mit Ihrem SET ist das jetzt möglich, da jede der vorgegebenen Kategorien sowohl einzeln als auch in Kombination mit anderen verwendet werden kann. Somit können einem Multifunktionsgerät die Kategorien „Drucker“, „Scanner“, „Kopierer“ gleichzeitig zugeordnet werden.

4.2.3 Datentypen für Datum und Zeit

Eine weitere Kategorie von Datentypen ist jene, in der explizit Datum und Zeitwerte abgelegt werden können. Sie werden bei sehr vielen Tabellen immer wieder die Notwendigkeit haben, ein Feld mit Datum und/oder Zeitangaben zu füllen. Stellen Sie sich wieder das bereits erwähnte Beispiel einer Temperaturmessung vor: Hier sollte natürlich bei jeder Messung das Datum, an dem die Messung stattgefunden hat, eingetragen sein. Falls Sie an einem Tag mehrere Messungen durchführen, dann ist es auch völlig offensichtlich, dass die Messzeit zum jeweiligen Messwert mit abgespeichert werden muss.

MySQL bietet Ihnen auch hier wieder die Möglichkeit, Datum- und Zeitangaben auf verschiedenste Arten zu speichern. Dabei unterscheiden sich die einzelnen Varianten zum einen durch die Art und Weise, wie Sie die Daten eingeben müssen, und zum anderen natürlich wieder durch den benötigten Speicherplatz auf der Festplatte.

Tabelle 4.8: Datentypen für Datum und Zeit

Datentyp	Datumsformat
`DATE`	`YYYY-MM-DD`
`DATETIME`	`YYYY-MM-DD HH:mm:SS`
`TIMESTAMP(M)`	M=14: `YYYYMMDDHHmmSS`
	M=12: `YYMMDDHHmmSS`
	M=8: `YYYYMMDD`
	M=6: `YYMMDD`
`TIME`	`HH:mm:SS`
`YEAR(2|4)`	bei 2: `YY`
	bei 4: `YYYY`

Für das Datum der Temperaturmessung können Sie zum einen das optisch etwas leichter lesbare Format von `DATETIME` verwenden (hier wird im „amerikanischen" Datumsformat `YYYY-MM-DD` gespeichert) oder zum anderen eine der `TIMESTAMP`-Varianten (entweder `TIMESTAMP(14)` oder `TIMESTAMP(12)`, da nur bei diesen beiden Typen das Datum und die Uhrzeit abgelegt werden). Eine weitere Möglichkeit ist, die Angaben für Messdatum und Messzeit in zwei separate Felder abzulegen. Hier müssen Sie dann für das Messdatum `DATE` und für die Messzeit `TIME` verwenden. In Tabelle 4.8 sind die verschiedenen Feldtypen für Datum und Zeit aufgelistet.

Tabelle 4.9: Speicherplatz – Datum und Zeit

Datentyp	belegter Speicherplatz
`DATE`	3 Byte
`DATETIME`	8 Byte
`TIMESTAMP(M)`	4 Byte
`TIME`	3 Byte
`YEAR`	1 Byte

Letztendlich spielt natürlich auch bei Datum und Zeit der belegte Speicherplatz eine Rolle bei der Wahl des Feldtyps. Allerdings ist hier meist doch die Funktionalität und das Format des abgespeicherten Wertes wichtiger als ein oder zwei Byte Speicherplatz mehr oder weniger. Daher sollten Sie Tabelle 4.9 nicht als wichtigstes Kriterium für die Auswahl Ihres Datum/Zeit-Feldes nehmen.

4.3 Indizes

Indizes dienen dazu, den Zugriff auf Inhalte Ihrer Tabellen zu beschleunigen. Dies wirkt sich besonders auf Abfragen über mehrere verknüpfte Tabellen aus. In MySQL werden dabei die Indizes in verschiedene Arten unterteilt: `INDEX`, `UNIQUE`, `PRIMARY KEY`.

Bei einer Tabelle ohne Index werden Werte normalerweise ungeordnet abgelegt. Falls Sie nun einen Datensatz in einer solchen Tabelle suchen würden, müsste die Datenbank der Reihe nach jede Zeile einzeln durchsuchen und vergleichen, ob diese Zeile die gesuchte ist. Dies ist natürlich ein sehr langwieriger und damit auch langsamer Prozess. Da die Datenbank normalerweise auch bei einer Übereinstimmung nicht weiß, ob dies alle Datensätze sind, die Ihrer Suche entsprechen, muss bei solch einer Suche immer die komplette Tabelle durchlaufen werden.

In der folgenden Tabelle sind in der ersten Spalte die Rechnungsnummern abgespeichert und in der dritten Spalte die Artikelnummern. Möchten Sie nun wissen, welche Artikel in der Rechnung mit der Nummer 51 abgerechnet wurden, so müsste Ihre Suche in jeder Zeile überprüfen, ob in der ersten Spalte die 51 eingetragen ist.

Zeilennr	RechnungsNr	Kunde	ArtikelNr	Menge
1	51	Müller	2	4
2	52	Meier	1	3
3	51	Müller	1	3
4	53	Müller	2	1
5	52	Meier	3	1
6	53	Müller	1	3

Ein Index kann auf eine oder mehrere Spalten einer Tabelle angewendet werden und speichert die Werte dieser Spalte(n) in sortierter Reihenfolge ab. Suchen Sie nun nach einem bestimmten Wert, so ist es deutlich einfacher, diesen über den Index zu finden. Darüber hinaus werden auch alle weiteren Treffer sofort gefunden, da diese im Index (wegen der Sortierung) in den nächsten Zeilen stehen.

Im Beispiel von oben würden Sie also einen Index auf die Rechnungsnummer legen und damit folgende Reihenfolge bekommen:

Index(RechnungsNr)	Zeilennr
51	1
51	3
52	2
52	6
53	4
53	5

Achtung: Die Daten bleiben nach wie vor in der ursprünglichen Reihenfolge gespeichert. Nur der Index (für das Beispiel die Spalte `RechnungsNr`) wird sortiert abgelegt und verweist dann auf den kompletten Eintrag in der Tabelle.

Eine Suche nach Rechnungsnummer 51 ist somit sehr schnell erledigt. Da alle Rechnungsnummern sortiert im Index abgelegt sind, muss die Datenbank nach dem ersten Treffer im Index nur noch die darauf folgenden Zeilen betrachten. Sobald hier ein anderer Wert als 51 folgt, ist klar, dass alle übrigen Daten in dieser Tabelle nicht mehr betrachtet werden müssen. Da die Werte im Index sortiert sind, kann nach einer Rechnung mit der Nummer 52 keine Rechnung mit der Nummer 51 mehr folgen.

Sollte der Wert, den Sie suchen, in der Mitte oder auch am Ende liegen, hat MySQL eingebaute Suchalgorithmen, um auch hier nicht die ganze Tabelle sequenziell – Zeile für Zeile – durchsuchen zu müssen.

Warum legt man denn nun die Werte nicht gleich nach `RechnungsNr` sortiert in der Tabelle ab? Möglicherweise möchten Sie nicht nur alle Einträge mit der Rechnungsnummer 51 abfragen, sondern eventuell auch nach Werten in einer anderen Spalte suchen. So könnte man auch nach allen Rechnungen suchen, die den Artikel 2 enthalten. Dazu müsste die Tabelle wiederum nach der Spalte `ArtikelNr` sortiert werden. Legt man dagegen einen weiteren Index auf `ArtikelNr`, so kann man gleichzeitig – ohne die Tabelle neu zu sortieren – nach `RechnungsNr` und nach `ArtikelNr` suchen. Ebenso ist es beim Einfügen eines neuen Wertes in die Tabelle nicht erforderlich, die Tabelle komplett neu zu sortieren, sondern nur den deutlich kleineren Index an den neuen Eintrag anzupassen.

Sollten Sie allerdings Abfragen über mehrere Tabellen durchführen, so erreichen Sie durch die Indizierung deutlich bessere Ergebnisse, was die Geschwindigkeit betrifft. Denn hier ergibt sich die Anzahl aller möglichen Kombinationen von Datensätzen aus dem Produkt der Datensätze der einzelnen Tabellen – man nennt dies übrigens das „Karthesische Produkt". Das bedeutet: Wenn Sie eine Abfrage aus zwei Tabellen machen würden, die jeweils 100 Datensätze enthalten, so ergibt sich für die Ergebnistabelle schon eine Datenmenge von 100*100=10.000 Datensätzen. Eine Abfrage über drei dieser Tabellen resultiert in 100*100*100=1.000.000 Datensätzen.

Diese Anfrage würde also tatsächlich 1 Million Datensätze durchsuchen müssen. Wären die Tabellen dagegen auf den Suchspalten indiziert, müsste jeweils nur eine der Tabellen vollständig durchsucht werden und bei den anderen nur jeweils der Index mit dem Ergebnis der ersten Tabelle verglichen werden. Dies hat eine deutlich höhere Performance als das Durchforsten von 1 Million Datensätzen, da hier effektiv nur etwas mehr als 100 Datensätze (die erste Tabelle vollständig und die anderen beiden eben nur partiell) durchsucht werden müssen.

Auch andere Funktionen greifen auf die Tatsache zurück, dass Werte im Index bereits sortiert vorliegen. So ist es beispielsweise viel schneller, eine Tabelle nach einer indizierten Spalte sortiert ausgeben zu lassen, als nach einer nicht indizierten.

Genauso verhält es sich bei Funktionen wie `MIN()` oder `MAX()`. Da hier nur der erste bzw. letzte Eintrag im Index betrachtet werden muss und aus Ihrer Tabelle nur noch der zugehörige Datensatz zurückgegeben wird, sind diese Funktionen natürlich auch deutlich schneller mit einem Index auf der Spalte als ohne.

Sollten Sie nur die Werte einer indizierten numerischen Spalte benötigen, so wird MySQL auch nur den Index lesen und diese Werte ausgeben, was ebenfalls einen Performance-Gewinn zur Folge hat, da die eigentlichen Datensätze in der Tabelle gar nicht mehr betrachtet werden müssen.

Man sollte allerdings nicht verschweigen, dass Indizes auch Nachteile haben. Warum sollte man sonst nicht auf jede Spalte einen Index legen?

Indizes werden in einer separaten Datei auf der Festplatte gespeichert und belegen daher Speicherplatz. Wenn Sie nun für jede Spalte einen Index anlegen würden, würde der Speicherplatz dieser Datei genauso groß, wenn nicht sogar größer als der der Originaltabelle werden.

Desweiteren werden Speicheroperationen wie z. B. einen neuen Eintrag in die Tabelle ablegen oder aber auch Operationen zum Löschen von Daten in der Tabelle mit jedem vorhandenen Index langsamer, da ja für jede Operation ebenfalls die Indizes mit verändert werden müssen.

Nun aber zu den einzelnen Arten von Indizes, die MySQL zur Verfügung stellt:

4.3.1 `INDEX`

Der einfachste Index, den Sie mit MySQL auf Ihre Daten legen können, ist der `INDEX`. Mit dieser Variante bestimmen Sie lediglich, dass die gewählten Indexdaten in sortierter Reihenfolge im Index abgelegt werden müssen.

Beim Speichern eines Datensatzes wird die Information, die als `INDEX` festgelegt wurde, automatisch in der zugehörigen Indextabelle einsortiert, um bei nachfolgenden Anfragen sofort an korrekter Stelle zu stehen.

INDEX wird häufig bei Namen (Artikelname, Nachname, Kundenname, ...) verwendet, da diese Informationen oft durchsucht werden müssen, aber nicht unbedingt eindeutig sind.

4.3.2 UNIQUE

Als etwas restriktivere Alternative zu INDEX steht Ihnen UNIQUE zur Verfügung. Die Arbeitsweise von UNIQUE ist der von INDEX sehr ähnlich, da auch hier die Informationen sortiert abgelegt werden. Aber zusätzlich zur Sortierung fordert UNIQUE noch, dass die Einträge im Index eindeutig sein müssen.

Falls Sie in einem Index, der als UNIQUE festgelegt ist, versuchen sollten, einen Wert abzulegen, der bereits vorhanden ist, so wird der ganze Speicherversuch mit einer Fehlermeldung abgebrochen.

Dies bietet sich beispielsweise für Kundennummern an, da diese sehr häufig zum Suchen verwendet werden und eine Kundennummer normalerweise eindeutig einem Kunden zugeordnet sein soll.

Achtung: UNIQUE wurde erst mit MySQL 3.23.0 als Index eingeführt. Bei älteren MySQL-Versionen führt diese Angabe zu einer Fehlermeldung.

4.3.3 PRIMARY KEY

Der Index PRIMARY KEY ist nahezu gleichzusetzen mit einem UNIQUE. Einziger Unterschied bei beiden Varianten ist, dass es pro Tabelle nur einen einzigen PRIMARY KEY geben darf. Der Name dieses PRIMARY KEY lautet hierbei PRIMARY.

Als Primärschlüssel wird normalerweise die Spalte hergenommen, über die der Datensatz eindeutig identifizierbar ist und über die Abfragen mit anderen Tabellen am häufigsten durchgeführt werden. Also beispielsweise eine Spalte, in der eine Artikelnummer steht.

4.4 Andere Attribute

4.4.1 NULL oder NOT NULL

Mit Hilfe des Attributes NOT NULL bestimmen Sie, dass ein Feld beim Eintragen von neuen Werten oder beim Ändern von bestehenden Datensätzen unbedingt einen Wert ungleich NULL haben muss. Dies sind so genannte „Pflichtfelder“.

Achtung: NULL ist nicht gleichbedeutend mit der Zahl 0 oder dem leeren String. NULL beschreibt einen Feldeintrag, der tatsächlich keinen Wert enthält bzw. in den keine Information eingetragen wird.

Für Felder, bei denen NULL eingetragen werden darf, kann man keine der normalen Vergleichsoperationen wie >, <, =, >=, ... verwenden. Um einen Feldinhalt auf NULL zu testen, muss der Vergleich lauten IS NULL. Falls Sie nur Felder auswerten möchten, die keinen NULL-Wert enthalten, so lautet der Vergleich IS NOT NULL.

Der Standardwert eines Feldes ist im Normalfall NULL, daher müssen Sie explizit angeben, wann ein Feld ein Pflichtfeld sein soll. Einige Felder müssen unbedingt als NOT NULL angegeben werden:

- Spalten, die als PRIMARY KEY indiziert sind
- Spalten, die als UNIQUE festgelegt sind
- Spalten, die das Attribut AUTO_INCREMENT haben

4.4.2 DEFAULT

Falls Sie bei Ihrer Felddefinition einen Standardwert für Felder angeben möchten, so können Sie dies über das Attribut DEFAULT tun. Felder ohne die Angabe DEFAULT enthalten den Wert NULL, falls dieses Feld nicht als NOT NULL definiert wurde. Numerische Felder mit der Angabe NOT NULL haben als Standardwert die Zahl 0.

4.4.3 AUTO_INCREMENT

Über das Attribut AUTO_INCREMENT können Sie bei einem numerischen Feld bestimmen, dass die Werte in diesem Feld automatisch um 1 hochgezählt werden sollen. Falls Sie in ein AUTO_INCREMENT-Feld nichts oder einen der Werte NULL bzw. 0 eintragen, fügt MySQL den höchsten vorhanden Wert in dieser Spalte plus 1 ein.

Sollte Ihre Tabelle leer sein, so wird 1 eingetragen. Die nächsten Einträge erhalten dann die Werte 2, 3, ...

Folgendes ist beim Eintragen in Tabellen mit einem AUTO_INCREMENT Feld zu berücksichtigen:

- AUTO_INCREMENT-Felder müssen als NOT NULL definiert sein, da auf jeden Fall hier ein Wert eingetragen wird (entweder durch Ihre Eingabe oder durch den AUTO_INCREMENT-Mechanismus).

- Ein Feld, das als AUTO_INCREMENT festgelegt wird, muss PRIMARY KEY oder UNIQUE als Indizierung eingestellt haben. Dies ist ein weiterer Grund dafür, dass NOT NULL festgelegt werden muss.
- Es dürfen keine negativen Werte in ein AUTO_INCREMENT Feld eingefügt werden. Negative Zahlen werden von MySQL hier als sehr große positive Zahlen interpretiert.
- Es darf nur ein einziges Feld pro Tabelle als AUTO_INCREMENT festgelegt werden.
- Falls Sie den Datensatz mit der höchsten Nummer in einem Feld, das als AUTO_INCREMENT definiert wurde, löschen, so wird dieser in einer MyISAM-Tabelle nicht wieder verwendet. In einer ISAM-Tabelle allerdings schon! Dies kann zu sehr großen Problemen führen. Stellen Sie sich vor, Sie haben eine Kundentabelle und darin die Kundennummer als AUTO_INCREMENT Feld festgelegt. Sie löschen den Kunden mit der höchsten Kundennummer. Der nächste, neu eingetragene Kunde würde diese Kundennummer wieder erhalten. Daher verwenden Sie bitte MyISAM-Tabellen (dies ist der Standard, seit MySQL 3.23), falls Sie ein AUTO_INCREMENT Feld ablegen möchten.
- Das Löschen aller Datensätze einer Tabelle bewirkt, dass der Zähler für AUTO_INCREMENT wieder bei 1 beginnt. Zahlen, die in dieser Spalte vor dem Löschen bereits vergeben waren, werden nun wiederverwendet.
- Sie dürfen selbst explizit Werte in ein Feld, das als AUTO_INCREMENT angelegt wurde, abspeichern. Dabei können Sie natürlich keinen bereits bestehenden Wert angeben, dies würde zu einer Fehlermeldung führen, da Sie ja als Index entweder PRIMARY KEY oder UNIQUE festgelegt haben und diese nur eindeutige Einträge zulassen. Falls Sie einen noch nicht vorhandenen Wert eintragen, wird dieser Datensatz abgespeichert. Sollte dieser Wert größer sein als der bisher größte Wert im AUTO_INCREMENT-Feld, so wird ab jetzt von diesem Wert aus die Folge weitergezählt. Dadurch entstehen möglicherweise Lücken in Ihren Werten. Diese Lücken können durch weitere explizite Einträge wieder geschlossen werden. MySQL wird allerdings immer vom größten vorhandenen Wert aus die Folge weiterzählen.

4.5 Beispieltabelle

Wozu benötigen Sie all diese Definitionen von Datenfeldern und deren Inhalten? Um das zu verdeutlichen, wollen wir einmal alles an einem Beispiel betrachten:

Sie möchten eine kleine Datenbank mit den wichtigsten Daten Ihrer Freunde erstellen. Nun sollten Sie sich überlegen, welche Informationen Sie überhaupt abspeichern möchten. Sicherlich gehören Vorname und Name dazu, aber auch der

Geburtstag und die Telefonnummer. Eventuell möchten Sie auch die Handynummer Ihrer Freunde mit ablegen. Darüber hinaus ist es immer praktisch, etwas über die Familie seiner Freunde zu wissen, und dafür speichern Sie vorerst die Anzahl der Kinder mit in die Tabelle.

Jetzt sollten Sie sich Gedanken darüber machen, in welchem Datentyp diese Informationen am besten abgelegt werden können. In Tabelle 4.10 steht nur ein Vorschlag, dieser ist nicht als einzige Lösung anzusehen!

Im Feld `Vorname` sollen natürlich Strings gespeichert werden, diese Strings können allerdings sehr unterschiedlicher Länge sein, und daher eignet sich für dieses Feld `CHAR` nicht so gut wie ein `VARCHAR`. Desweiteren möchten Sie beim Vornamen die Groß- und Kleinschreibung berücksichtigen und wählen daher als Attribut `BINARY` aus. Die Länge des Feldes können Sie durchaus etwas großzügiger wählen, da bei `VARCHAR` ja nur der tatsächliche Inhalt plus 1 Byte gespeichert wird.

Das Feld Name kann man nun auf die gleiche Art definieren. Der einzige Unterschied, den Sie hier berücksichtigen müssen, ist, dass gerade bei Nachnamen immer häufiger Doppelnamen vorkommen, und deshalb setzen Sie die Größe bei diesem Feld auf 50 Zeichen.

Das wahrscheinlich einfachste Feld dürfe das Geburtstagsfeld sein. Hier sollen nur Tag, Monat, Jahr gespeichert werden. Daher eignet sich `DATE` am besten für dieses Feld (es würde auch ein `TIMESTAMP(8)` oder `TIMESTAMP(6)` funktionieren, aber dieses Feld belegt immer 4 Byte und bei `DATE` benötigen Sie nur 3 Byte).

Für das Telefonfeld könnte man jetzt versucht sein, einen der Zahlendatentypen zu verwenden. Diese Typen können allerdings nur sehr bedingt mit Telefonnummern umgehen, da in Telefonnummern sehr häufig auch andere Zeichen außer den Ziffern gespeichert werden müssen. So wird normalerweise die Länderkennung mit einem führenden „+“ Zeichen eingeleitet. Auch die Vorwahl wird von der eigentlichen Rufnummer entweder durch einen Slash („/“) getrennt, oder aber auch in runden Klammern geschrieben, z. B. `(089) 212223`. Desweiteren wäre es oft sehr nützlich, die Rufnummer mit Leerzeichen in Gruppen getrennt abzuspeichern: `(089) 21 22 23`. Letztendlich trennt man die Rufnummer von der Durchwahl normalerweise noch mit einem „-“ ab und hat damit sehr viele Zeichen, die bei einer Zahlenfolge nicht vorkommen können. Schließlich wollen Sie mit Telefonnummern auch keinerlei Berechnungen durchführen. Um jetzt alle Varianten von Telefonnummern ohne Einschränkungen abspeichern zu können, wählt man für das Telefonfeld ebenfalls `VARCHAR` aus. Bei der Länge sollte man sich hier nicht zu stark einschränken.

Bei der Handynummer wählen Sie den gleichen Feldtyp und auch die gleiche Länge wie beim Feld `telefon`.

Bleibt noch das Feld mit der Anzahl der Kinder. Da Sie davon ausgehen können, dass keiner Ihrer Freunde mehr als 255 Kinder hat und die Anzahl der Kinder auch keinen negativen Wert annehmen kann, ist die beste Wahl für dieses Feld `TINYINT UNSIGNED`.

Tabelle 4.10: Tabelle „Freunde“

Feldname	Felddatentyp
`vorname`	`VARCHAR(30) BINARY`
`name`	`VARCHAR(50) BINARY`
`geburtstag`	`DATE`
`telefon`	`VARCHAR(30)`
`handy`	`VARCHAR(30)`
`kinder`	`TINYINT UNSIGNED`

Dies wäre also die Felddefinition der ersten kleinen Übungstabelle. Bevor Sie nun diese Tabelle anlegen können, müssen Sie allerdings zuerst MySQL auf Ihrem Rechner installieren.

4.6 Arbeiten mit MySQL

4.6.1 Installation

MySQL wird bei SuSE Linux nicht automatisch installiert. Hier müssen Sie noch nacharbeiten. Die notwendigen Pakete finden Sie wie folgt:

MySQL Server – Paketname: `mysql`
- Serie (SuSE Linux 6.1 bis 7.0): `pay`
- Serie (SuSE Linux ab 7.1): `pay`
- Gruppe (SuSE Linux 7.2 bis 7.3): `Anwendungen/Datenbanken`
- Gruppe (SuSE Linux seit 8.0): `Produktivität/Datenbanken/Server`

MySQL Server mit Transaktionen – Paketname: `mysql-max`
- Serie (SuSE Linux ab 7.3): `ap`
- Gruppe (SuSE Linux 7.3): `Anwendungen/Datenbanken`
- Gruppe (SuSE Linux seit 8.0): `Produktivität/Datenbanken/Server`

MySQL Client – Paketname: `mysql-client`
- Serie (SuSE Linux 6.1 bis 7.0): `pay`
- Serie (SuSE Linux ab 7.3): `ap`
- Gruppe (SuSE Linux bis 7.3): `Anwendungen/Datenbanken`
- Gruppe (SuSE Linux seit 8.0): `Produktivität/Datenbanken/Clients`

MySQL Bibliothek – Paketname: `mysql-shared`
Serie (SuSE Linux 6.1 bis 7.0): `pay`
Serie (SuSE Linux ab 7.3): `ap`
Gruppe (SuSE Linux bis 7.3: `Anwendungen/Datenbanken`
Gruppe (SuSE Linux seit 8.0): `Entwicklung/Bibliotheken/Andere`

Auf dem Server benötigen Sie die Pakete `mysql` und `mysql-shared`. Das Paket `mysql-client` müssen Sie installieren, um einen textbasierenden Client für den MySQL-Server zur Verfügung zu haben. Über diesen Client können Sie dann direkt mit dem Server kommunizieren.

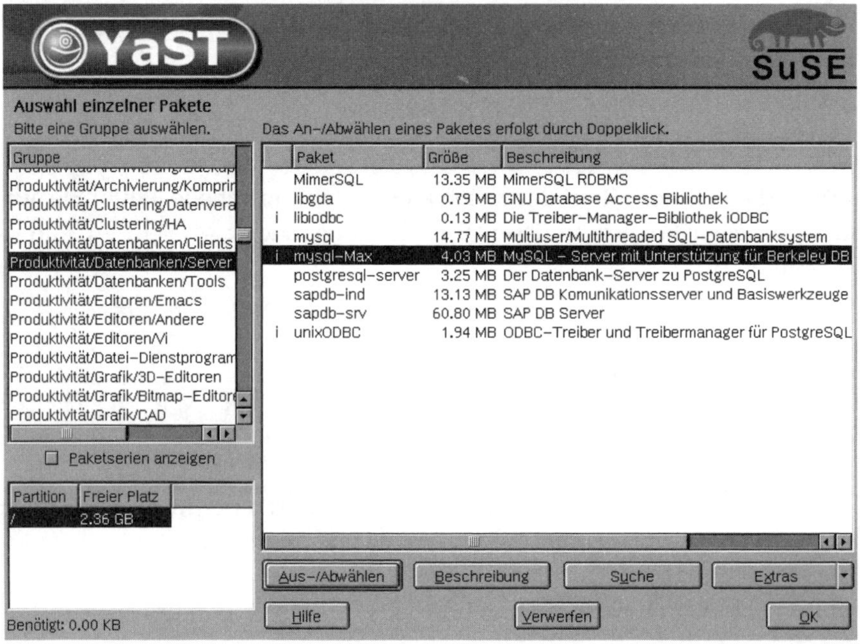

Abbildung 4.1: Installation mit Yast 2

Zur Installation starten Sie YaST 2 und wechseln in die Paketauswahl. Dort wählen Sie die Serie oder Gruppe – wie in der obigen Tabelle gezeigt – aus und darin die nötigen Pakete.

4.6.2 Start des MySQL-Servers

Da der MySQL-Datenbankserver nicht automatisch gestartet wird, müssen Sie nun dafür sorgen, dass der MySQL-Dämon entweder bei Bedarf von Hand oder aber bei Systemstart automatisch gestartet werden soll.

bis SuSE Linux 7.3: Den automatischen Start können Sie mit YaST 2 über den `RC.Config-Editor` einstellen. Wählen Sie dort den Punkt *Start-Variables* aus und blättern Sie darin den Ast *Start-Applications* aus. Dort finden Sie den Eintrag `START_MYSQL`. Diesen setzen Sie auf `yes`. Sie sehen dies in Abbildung 4.2.

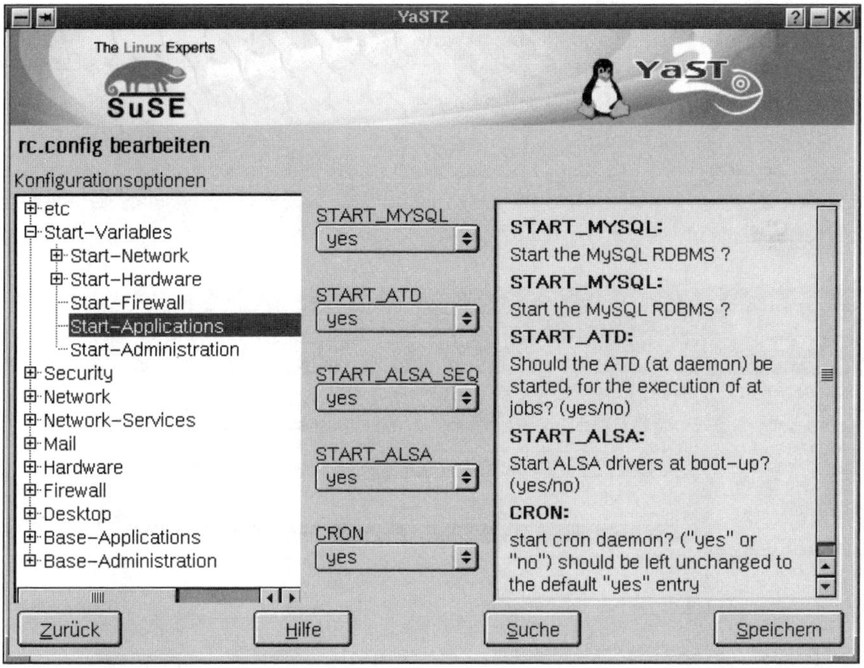

Abbildung 4.2: Automatischer Start mit YaST 2

seit SuSE Linux 8.0: Für die Konfiguration mit dem `Runlevel-Editor` rufen Sie diesen mit YaST 2 / *System* auf und wählen darin *Runlevel-Eigenschaften...* In der Maske, die in Abbildung 4.3 gezeigt wird, wählen Sie *mysql*, dann den Punkt *Anwenden/Zurücksetzen* und darin *Dienst aktivieren* aus. Nach dem Beenden des `Runlevel-Editor` wird diese Konfiguration gespeichert und damit steht MySQL ab dem nächsten Neustart zur Verfügung.

Alternativ können Sie wieder das Kommandozeilen-Werkzeug `insserv` wie in Abschnitt 3.3.6 bereits gesehen verwenden. Geben Sie dazu als Benutzer `root` folgendes Kommando ein:

```
linux: # insserv mysql
```

Der MySQL-Server-Dämon wird nun beim nächsten Systemstart automatisch gestartet. Damit Sie MySQL sofort benutzen können, geben Sie folgendes als User `root` ein:

```
linux: # rcmysql start
```

Dies führt zu folgender Ausgabe:

```
Creating MySQL privilege database and starting MySQL
...
PLEASE REMEMBER TO SET A PASSWORD FOR THE MySQL root USER !
This is done with:
/usr/bin/mysqladmin -u root -p password 'new-password'
/usr/bin/mysqladmin -u root -h linux -p password 'new-password'
See the manual for more instructions.
```

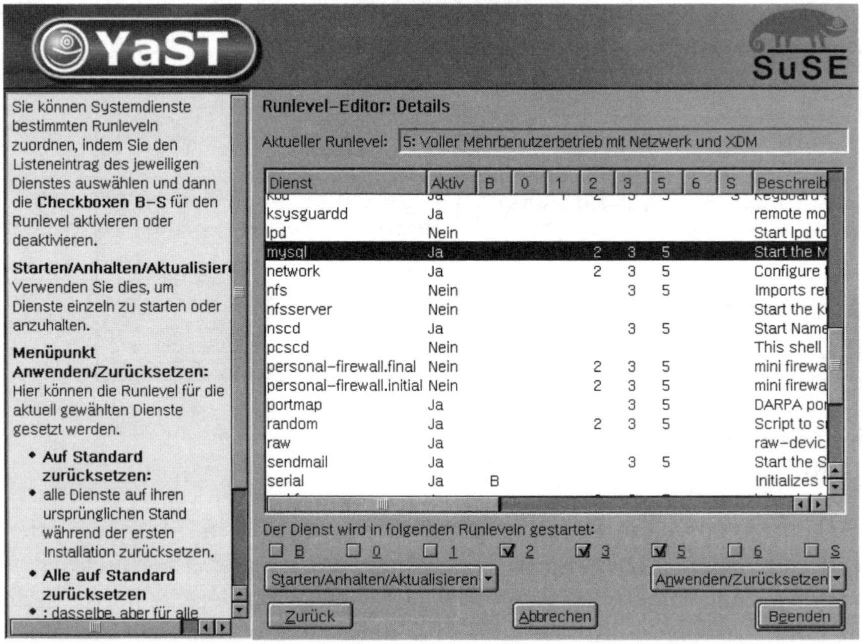

Abbildung 4.3: Automatischer Start mit YaST 2 ab SuSE Linux 8.0

Nach dem Start des MySQL-Servers sollte unbedingt das `root`-Passwort des MySQL-Servers gesetzt werden (wie das Skript auch empfiehlt!). Das Ändern des `root`-Passwortes erfolgt mit dem Befehl `mysqladmin` (siehe Kapitel 4.11.1).

Das Passwort muss aufgrund des Sicherheits- und Privilegiensystems von MySQL zweimal gesetzt werden. Einmal für den eigenen Rechner (`localhost`) und nochmals für den Zugriff über das Netz (in diesem Fall nur vom Rechner `linux` aus).

Zum Setzen des `localhost`-Passworts verwenden Sie als User `root` folgenden Befehl:

```
linux: # mysqladmin -u root -p password 'neuespasswort'
```

Wobei `neuespasswort` das neu zu vergebende Passwort für den User `root` sein muss.

Anschließend fragt `mysqladmin` nach einem Passwort. Dies ist das alte `root`-Passwort. Bei einer Neuinstallation auf einem SuSE-System ist dieses Passwort leer. Daher darf hier keine Eingabe erfolgen (Sie betätigen nur die Return-Taste).

Nun müssen Sie noch das Netzwerkpasswort für Zugriffe vom Rechner `linux` (vorausgesetzt Ihr eigener Rechner hat den Namen `linux`) wie folgt setzen:

```
linux: # mysqladmin -u root -h linux -p password 'neuespasswort'
```

Auch hier fragt `mysqladmin` nach einem Passwort. Dann muss ebenfalls nur die Return-Taste gedrückt werden, da im MySQL-Privilegiensystem für `localhost` und für den Netzzugriff unterschiedliche Passwörter existieren dürfen. Und da mit dem ersten `mysqladmin`-Befehl nur das `localhost`-Passwort geändert wurde, stand das Netzwerkpasswort nach wie vor auf leer.

Von nun an läuft der MySQL-Dämon auf Ihrem Rechner und wird auch bei jedem Neustart wieder im Hintergrund geladen. Sie sollten beim Booten des Rechners folgenden Eintrag lesen können:

```
Starting service MySQL                                          done
```

Jetzt wollen Sie einen ersten Zugriff auf den Datenbankserver durchführen. Dafür ist allerdings ein Client für MySQL notwendig. Sie haben bereits bei der Installation einen MySQL-Client ausgewählt. Diesen betrachten Sie sich im nächsten Abschnitt etwas näher.

4.7 Das MySQL-Tool mysql

`mysql` ist ein textbasierender Client für den MySQL-Datenbankserver. Damit Sie von einer beliebigen Shell aus dem MySQL-Dämon interaktiv Befehle geben können, geben Sie am Prompt den Befehl `mysql` ein. Beispielsweise sieht ein Aufruf wie folgt aus:

```
linux: # mysql -h linux -u root -p
```

Anschließend fragt das System nach dem Passwort für den User `root`. Nach der Eingabe des Passwortes befindet man sich im Client für die Datenbank und kann von dort Kommandos an den Datenbankserver schicken.

Die wichtigsten Parameter zum Start von `mysql` sind in folgender Tabelle aufgelistet:

Tabelle 4.11: Parameter für `mysql`

Parameter	Funktion
`-?, -help`	zeigt die Hilfe an
`-D, -database=...`	Mit welcher Datenbank soll verbunden werden?
`-h, -host=...`	Rechner, auf dem der der MySQL-Server läuft, mit dem verbunden werden soll
`-H, -html`	erzeugt HTML-Ausgaben
`-N, -skip-column-names`	In der Ausgabe werden keine Spaltennamen als Überschrift verwendet.
`-p[...], -passwort[=...]`	Hiermit teilen Sie `mysql` mit, dass ein Passwort an den Server geschickt werden soll (andernfalls würde der MySQL-Client versuchen, ohne Passwort auf den Server zuzugreifen). Falls Sie das Passwort an der Kommandozeile nicht mit eingeben, fragt `mysql` nach dem Passwort.
`-u, -user=#`	Benutzername, der für die Verbindung verwendet werden soll. Falls nicht angegeben, wird der aktuelle Benutzername verwendet.
`-V`	gibt die aktuelle Versionsnummer von `mysql` aus

4.7.1 Konfigurationsdateien

Diese Optionen müssen nicht bei jedem Start von `mysql` angegeben werden. Man kann bestimmte Standardwerte in einer der folgenden Konfigurationsdateien ablegen:

`/etc/my.cnf`: Dies ist die systemweite Konfigurationsdatei. Diese sollte alle Einstellungen enthalten, die für sämtliche Zugriffe auf den MySQL-Server gleich bleiben sollen. Falls Sie beispielsweise nicht den Standardport für den MySQL-Server verwenden, würden Sie hier einen Port eintragen, damit alle User über diesen Port zugreifen.

`/var/lib/mysql/my.cnf`: Dies ist die Standardeinstellung unter SuSE Linux, andernfalls verwenden Sie das Datenverzeichnis des MySQL-Dämons. Hier werden nur Optionen gespeichert, die den Server beeinflussen.

`~/.my.cnf`: die User-eigene Konfigurationsdatei; hier kann jeder User seine persönlichen Einstellungen eintragen. Beispielsweise würden Sie hier Ihre Standarddatenbank eintragen, oder aber auch Ihren Benutzernamen für den Datenbankserver und eventuell Ihr Passwort.

Die Einträge in `~/.my.cnf` werden hierbei mit höchster Priorität berücksichtigt und jene, die in `/etc/my.cnf` stehen mit der geringsten.

Folgende Konfigurationsdateien werden ebenfalls von den jeweiligen Programmen ausgelesen:

- mysql
- mysqladmin
- mysqld
- mysqldump
- mysqlimport
- mysql.server
- myisamchk
- myisampack

Dabei werden für diese Programme verschiedene Gruppen von Parametern verwendet. Beispielsweise wird alles, was mit den Client-Programmen zu tun hat (nicht `mysqld`), unter der Gruppe `[client]` abgelegt. Alles, was nur mit dem Dämon zu tun hat, unter `[mysqld]`.

Häufig schreibt man in die `[client]`-Gruppe den Datenbankbenutzernamen, das zugehörige Passwort und (falls die Datenbank nicht auf dem eigenen Rechner läuft) den Datenbankserver. Ein solches Konfigurationsfile sieht dann z. B. folgendermaßen aus:

```
[client]
username=heiko
password=123
host=192.168.1.1
```

Falls Sie Ihr Passwort in dieser Datei speichern, sollten Sie natürlich dafür sorgen, dass niemand außer Ihnen Lese-/Schreibberechtigung auf dieser Datei hat. Daher schützen Sie diese Datei mit folgendem Befehl:

```
user@linux: > chmod 600 ~/.my.cnf
```

Dies setzt die Berechtigungen der Datei `.my.cnf` in Ihrem Home-Verzeichnis für Sie als Eigentümer der Datei auf `rw-`, für die Gruppe und den Rest der Welt auf `---` (weder Lesen, noch Schreiben ist erlaubt).

4.7.2 Erster Test

Jetzt testen Sie, ob die Verbindung zum MySQL-Server mit dem `mysql`-Tool auch funktioniert. Geben Sie am Shell-Prompt folgendes Kommando ein:

```
user@linux: > mysql -u root -p
```

Nun fragt der MySQL-Client nach Ihrem Datenbank-Root-Passwort. Nachdem Sie Ihr Passwort eingegeben haben (wie auf Seite 159 angegeben), befinden Sie sich im MySQL-Client und bekommen diesen Prompt:

```
user@linux: > mysql -u root -p
Enter password: *******
Welcome to the MySQL monitor.  Commands end with ; or
\g.
Your MySQL connection id is 17 to server version: 3.23.32-log

Type 'help;' or '\h' for help. Type
'\c' to clear the buffer

mysql>
```

Bereits beim Start des Client wird auf eines der wichtigsten Dinge hingewiesen, das beim Arbeiten mit `mysql` zu berücksichtigen ist: Jedes vollständige Kommando, das an den Server gesendet werden soll, muss mit einem Semikolon (`;`) oder mit `\g` beendet werden.

Allerdings gibt es dabei einige Ausnahmen: Alle im Client implementierten Befehle können Sie auch ohne diesen Abschluss eintragen. Beispielsweise funktioniert es sowohl mit `help;` als auch mit `help`, die Hilfe aufzurufen.

Zuerst fragen Sie die Statusinformationen des MySQL-Servers ab:

```
mysql> status
--------------
mysql  Ver 11.12 Distrib 3.23.32, for pc-linux-gnu (i686)

Connection id:          17
Current database:
Current user:           root@localhost
Current pager:          stdout
Using outfile:          ''
Server version:         3.23.32-log
Protocol version:       10
Connection:             Localhost via UNIX socket
Client characterset:    latin1
Server characterset:    latin1
UNIX socket:            /var/lib/mysql/mysql.sock
```

```
Uptime:                     15 hours 33 min 6 sec

Threads: 1  Questions: 52  Slow queries: 0  Opens: 10
Flush tables: 1 Open tables: 4 Queries per second avg: 0.001
--------------

mysql>
```

Die wichtigsten Informationen sind dabei:

`Current database:` die Datenbank, mit der Sie sich verbunden haben. In diesem Beispiel haben Sie noch keine Datenbank gewählt.

`Current user:` der Benutzer und der Host, von dem aus Sie sich angemeldet haben

`Current pager:` Name des Programms, an das die Ausgabe der Abfragen gehen sollte, falls diese mehr als eine Bildschirmseite lang ist, also beispielsweise `less`.

`Server version:` aktuelle Version des MySQL-Servers, mit dem Sie verbunden sind. Sie sollten sich jeweils unter `http://www.mysql.com` über die Änderungen in Ihrer Version informieren.

`Uptime:` Information, wie lange der MySQL-Server bereits läuft.

Jetzt soll bereits eine richtige SQL-Anfrage an den Server geschickt werden. Im Augenblick gehen wir dabei nicht näher auf die exakte Syntax und die Bedeutung dieses Kommandos ein. Es soll vorerst genügen, zu sehen, dass der Server auch mit SQL-Kommandos umgehen kann. Das erste (und wahrscheinlich auch wichtigste) SQL-Kommando lautet `SELECT`. Hier verwenden Sie den `SELECT`-Befehl nur dazu, um einige MySQL-Funktionen zu testen.

```
mysql> SELECT NOW();
+---------------------+
| NOW()               |
+---------------------+
| 2002-04-21 15:17:46 |
+---------------------+
1 row in set (0.00 sec)
```

Sie sehen, dass der Server auf Ihre Anfrage antwortet. Die Funktion `NOW()` liefert immer das aktuelle Serverdatum zurück. Diese Funktion ist beim Eintragen von Daten sehr nützlich, da damit zu einem Datensatz das aktuelle Datum und die aktuelle Uhrzeit abgelegt wird. Idealerweise entspricht das, was die `NOW()`-Funktion liefert, genau dem Format, das ein `DATETIME`-Feld benötigt.

In Kapitel 4.5 haben Sie bereits die Grundstruktur der „Freunde"-Tabelle entworfen. Nun sollen Sie diese Tabelle realisieren. Zunächst müssen Sie die Datenbank auswählen, in der die Tabelle erzeugt werden soll. Dies geschieht mit dem Kommando `USE db_name`. Da Sie noch keine eigene Datenbank erzeugen wollen, benutzen Sie eine Datenbank, die mit jedem MySQL-Server installiert wird: die `test`-Datenbank.

```
mysql> USE test;
Database changed
```

Der `USE`-Befehl ist übrigens einer der Client-Befehle und könnte daher auch ohne abschließendes Semikolon gestartet werden.

Alle weiteren Aktionen werden nun in der Datenbank `test` durchgeführt. Und genau da wollen Sie jetzt die `freunde`-Tabelle erstellen. Dazu benötigen Sie das SQL-Kommando `CREATE TABLE`. Die vollständige Syntax dieses Kommandos wird im Anhang C.1 erläutert. Für die Tabelle muss zunächst ein Name festgelegt werden, hier: `freunde`. Desweiteren müssen die einzelnen Felder einen Namen bekommen – inklusive der zugehörigen Felddefinitionen, wie Sie sie in Kapitel 4.5 festgelegt haben. Wie Sie an diesem Beispiel sehen, kann in MySQL jederzeit in einem Befehl eine neue Zeile begonnen werden. Der Befehl wird erst mit dem Semikolon (`;`) oder `\g` abgeschlossen. Beim Eingeben eines längeren SQL-Befehls sollten Sie die einzelnen Kommandos – wie in diesem Beispiel – auch auf mehrere Zeilen verteilen. Falls eine Zeile einen Fehler enthält, werden Sie als Fehlermeldung des MySQL-Servers die Nummer der fehlerhaften Zeile sehen. Falls Sie dagegen den kompletten Befehl in einer Zeile eingeben, so wird die Fehlermeldung nur die Zeile 1 als fehlerhaft markieren und die Fehlersuche nicht sonderlich erleichtern.

```
mysql> CREATE TABLE freunde (vorname VARCHAR(30) BINARY,
    -> name VARCHAR(50) BINARY,
    -> geburtstag DATE,
    -> telefon VARCHAR(30),
    -> handy VARCHAR(30),
    -> kinder TINYINT UNSIGNED)
    -> ;
Query OK, 0 rows affected (0.08 sec)
```

Mit diesem SQL-Kommando haben Sie die Tabelle `freunde` in der gerade aktuellen Datenbank (hier `test`) erstellt. Da die Antwort des SQL-Servers „`OK`" ist, sollten Sie einmal kontrollieren, ob die Tabelle auch tatsächlich existiert. Dies geschieht ebenfalls über ein SQL-Kommando:

```
mysql> SHOW TABLES;
+----------------+
| Tables_in_test |
```

```
+----------------+
| freunde        |
+----------------+
1 row in set (0.00 sec)
```

4.7.3 mysql-Prompts

Das Client-Tool `mysql` zeigt beim Eingeben eines mehrzeiligen Befehls einen veränderten Prompt: `->`. Dieser Prompt zeigt an, dass ein Befehl gestartet wurde, aber noch nicht zum MySQL-Server abgeschickt wurde. Solange dieser Prompt angezeigt wird, kann die Eingabe durch folgende Kommandos beeinflusst werden:

; oder `\g`: Durch diese beiden Kommandos wird der SQL-Befehl an den Server gesendet. Der Server antwortet mit dem Rückgabewert des Befehls, falls dieser eine Ausgabe erzeugt, und mit der Anzahl der Zeilen, die dieses abgesendete Kommando zurückgegeben hat. Natürlich würde auch hier eine mögliche Fehlermeldung des Servers angezeigt werden.

`\G`: Auch dieses Kommando kann zum Absenden eines SQL-Befehls an den Server verwendet werden. Allerdings erfolgt die Ausgabe des eingegebenen SQL-Kommandos nun vertikal anstelle der üblichen tabellarischen, horizontalen Ausgabe.

`\c`: Falls Sie während eines mehrzeiligen Kommandos feststellen, dass eine der eingegebenen Zeilen einen Fehler enthält, können Sie die bisherigen Zeilen mit `\c` abbrechen. Damit wird der komplette SQL-Befehl nicht an den Server übermittelt.

Es gibt mehrere Prompt-Varianten, die jeweils Auskunft über den Status des Clients geben:

Tabelle 4.12: Verschiedene Prompts für `mysql`

Prompt	Bedeutung
`mysql>`	`mysql` wartet auf ein neues Kommando
`->`	ein mehrzeiliges Kommando wurde noch nicht beendet
`'>`	ein einfaches Anführungszeichen in einem Kommando wurde noch nicht geschlossen
`">`	ein doppeltes Anführungszeichen in einem Kommando wurde noch nicht geschlossen

Neben der reinen Anzeigefunktion am Prompt bietet `mysql` weitere praktische Funktionen an. So ist es beispielsweise möglich, das beziehungsweise die zuletzt eingegebenen Kommandos über eine History-Funktion erneut aufzurufen. Dies ist besonders dann sehr nützlich, wenn Sie bei der Eingabe eines Kommandos einen Fehler gemacht haben und das gleiche Kommando korrekt wiederholen möchten. Durch die Zeilen der History können Sie mit der Taste (↑) rückwärts und mit (↓) wieder vorwärts durch Ihre Befehle blättern. Mit Hilfe der Tasten (→)/(←) lässt sich dann die fehlerhafte Stelle ansteuern.

Desweiteren kann über zweimaliges Drücken der Tabulatortaste eine Liste aller möglichen Kommandos angezeigt werden. Dies funktioniert zum einen, wenn bereits der Anfang eines Kommandos eingegeben wurde und der Name dieses Kommandos nur noch komplettiert werden muss. Zum anderen auch, falls noch kein Kommando begonnen wurde. Auf diese Weise kann man sich alle gerade möglichen SQL-Kommandos anzeigen lassen.

Eine der besten Funktionen des interaktiven Clients ist die in Version 3.21.15 eingeführte „automatische Ergänzung" von Spalten- und Tabellennamen. Angenommen, Sie kennen die exakte Schreibweise eines Tabellen- oder Spaltennamens beim Eingeben eines SQL-Kommandos nicht. Damit Sie nun nicht Ihre Eingabe abbrechen und nachschlagen müssen, wie die exakte Schreibweise dieses Namens war, bietet `mysql` die Möglichkeit, durch zweimaliges Drücken der Tabulatortaste den Namen zu ergänzen. Falls diese Funktion bei Ihnen nicht zur Verfügung steht, könnte das daran liegen, dass der so genannte „Nachschlage-Hash" noch nicht geladen ist. Um diesen manuell anzustoßen, geben Sie am `mysql`-Prompt \# ein.

Um das Ganze auszuprobieren, versuchen Sie doch einmal folgendes: Starten Sie `mysql` und wechseln Sie zur Datenbank `test`. Nun drücken Sie – ohne irgendeine weitere Eingabe – zweimal die Tabulatortaste. Dies müsste folgende Ausgabe liefern:

```
mysql> (tab)(tab)
?                  ego               notee             show fields from
alter table        exit              pager             show keys from
clear              explain           print             show tables
connect            go                quit              source
create database    help              rehash            status
create table       insert            replace           tee
delete             load data from    select            unlock tables
drop               lock tables       set option        update
edit               nopager           show databases    use
mysql>
```

Dies ist eine Liste aller Kommandos, die Sie nun eingeben könnten. Nun schränken Sie sich auf einige Kommandos ein:

```
mysql> se(tab)(tab)
select        set option
mysql> se
```

Sie sehen, die Auswahl, die von mysql noch zur Verfügung gestellt wird, hat sich auf zwei Befehle reduziert. Zum einen der SELECT-Befehl, den Sie ja schon verwendet haben, und zum anderen der Befehl SET OPTION, mit dem einzelne Variable und Optionen des mysql-Clients gesetzt werden können.

Desweiteren fällt auf, dass der neue Prompt bereits wieder mit den zwei eingegebenen Buchstaben se beginnt, also brauchen Sie nur noch diesen Anfang eindeutig zu vervollständigen. Geben Sie also hinter se noch ein l ein und drücken dann wieder die Tabulatortaste. Nun wird das Kommando SELECT vollständig ausgeschrieben und Sie können nun den Befehl weiter eingeben.

4.7.4 Nicht-interaktiver Aufruf

Das Client-Tool mysql kann auch nicht-interaktiv benutzt werden. Das heißt, Sie können Ihre gesamten SQL-Anweisungen in eine Textdatei abspeichern und dann alle Befehle mit einem einzigen Start von mysql ablaufen lassen.

Der Aufruf im nicht-interaktiven Modus unterscheidet sich vom normalen Aufruf dadurch, dass hier beim Starten Ihre Textdatei mit den SQL-Kommandos als Standardinput in mysql eingelesen wird.

Nehmen Sie an, Ihre Textdatei mit den SQL-Kommandos heißt freunde.sql, dann würde der Aufruf folgendermaßen aussehen:

```
user@linux: > mysql -u root -p test < freunde.sql
```

Da Sie hier keinen der Rückgabewerte („OK" und Anzahl der beeinflussten Zeilen) benötigen, lassen Sie hier die Ausgabe auf die Konsole ausgeben. Falls Sie allerdings eine Abfrage durchführen und die Ergebnisse dieser Abfrage zur weiteren Verarbeitung benötigen, dann sollten Sie diese Ausgabe abspeichern. Dies geschieht durch Umlenken des Standardoutput:

```
user@linux: > mysql -u root -p test < freunde.sql > datei.txt
```

Die Ausgabe in der Datei datei.txt wird mit Tabulatoren getrennt gespeichert. Dies ist ein Format, das nahezu alle Programme, die Tabellen weiterverarbeiten, benutzen und daher zum Datenaustausch bestens geeignet.

Falls Sie jedoch Ihre Ausgabe in HTML-Seiten benutzen wollen (ohne dynamische Webseiten programmieren zu wollen, wie Sie es mit PHP machen werden), kann man mit mysql ein Abfrageergebnis auch als HTML-Code ausgeben lassen. Der Aufruf wäre dann folgender:

```
user@linux: > mysql -H -u root -p test < freunde.sql > datei.html
```

4.8 Beispiel: Kursverwaltung

Im ersten Teil erzeugen Sie eine neue Tabelle. Diese Tabelle soll Bestandteil dieser Kursverwaltung werden. In dieser Kursverwaltung sollen Teilnehmerdaten, Kursinformationen und noch einiges mehr gespeichert werden.

4.8.1 Datenbank `schulung` anlegen

Damit alle Informationen und alle Tabellen für diese Kursverwaltung geordnet beieinander stehen, sollten Sie zunächst eine eigene Datenbank für die Kursverwaltung erstellen, und zwar mit dem SQL-Befehl `CREATE DATABASE`. Allerdings benötigen Sie dafür die entsprechende Berechtigung auf dem MySQL-Server. Verbinden Sie sich also mit dem MySQL-Client `mysql` als User `root` mit dem Datenbankserver:

```
linux: # mysql -h localhost -u root -p
```

Jetzt geben Sie den SQL-Befehl ein, um die neue Datenbank anzulegen. Ihre Datenbank soll `schulung` heißen.

```
mysql> CREATE DATABASE schulung;
Query OK, 1 row affected (0.37 sec)

mysql>
```

4.8.2 Auswahl der Felder und Felddatentypen

Die erste Tabelle dieser Kursverwaltung soll die Teilnehmerdaten enthalten. Nun legen Sie fest, welche Informationen in dieser Tabelle gespeichert werden. Folgende Werte sollen nur als Vorschlag dienen, Ihre eigene Teilnehmerverwaltung kann natürlich beliebig komplizierter (oder aber auch deutlich einfacher) sein als dieser Vorschlag:

`teilnehmernr` (eine eindeutige, fortlaufende Nummerierung aller Teilnehmer der Kurse)
`anrede`
`vorname`
`name`
`firma`
`strasse`
`plz`
`ort`
`telefon`
`telefax`

```
mobil
email
```

Mit diesen Informationen können Sie nun die zugehörigen Felddatentypen bestimmen:

Das Feld `teilnehmernr` soll eine einfache Durchnummerierung der Teilnehmer sein. Daher ist nur die Anzahl der möglichen Personen, die in der Tabelle gespeichert werden sollen, wichtig für die Wahl des Felddatentyps. Gehen Sie davon aus, dass 256 Teilnehmer nicht ausreichend sind, so fällt die Wahl auf `SMALLINT`. Eine negative Teilnehmernummer ist ebenfalls nicht erwünscht, daher setzen Sie noch das Attribut `UNSIGNED`.

Da hier gefordert ist, dass `teilnehmernr` fortlaufend und eindeutig sein soll, können Sie noch weitere Attribute für dieses Feld festlegen: Die fortlaufende Nummerierung erledigt das Attribut `AUTO_INCREMENT`. Daraus folgt aber automatisch, dass dieses Feld auch als `NOT NULL` definiert sein muss, dies ist hier sogar erwünscht: Da anhand dieser Teilnehmernummer eine eindeutige Identifizierung vorgenommen werden soll, ist es auf jeden Fall ein „Pflichtfeld".

Die Eigenschaft `AUTO_INCREMENT` fordert zusätzlich, dass dieses Feld entweder mit dem Index `UNIQUE` oder mit `PRIMARY KEY` belegt wird. Wie bereits erwähnt, soll `teilnehmernr` den Teilnehmer eindeutig identifizieren. Daher wählen Sie hier `PRIMARY KEY` aus.

Für das Feld `anrede` möchten Sie nur drei verschiedene Einträge zur Auswahl stellen. Daher bietet sich der Datentyp `ENUM()` an. Mit `ENUM()` ist es möglich, bereits bei der Definition der Tabelle die möglichen Einträge in diesem Feld zu bestimmen.

Da Sie bei `anrede` möglicherweise nicht immer den korrekten Eintrag für dieses Feld zur Verfügung haben und sich das auch nicht eindeutig aus dem Vornamen ableiten lässt (beispielsweise meldet sich ein(e) Uli Müller an), legen Sie hier fest, dass dieses Feld beim Eintragen eines neuen Datensatzes leer bleiben darf. Da dies die Standardeinstellung bei neuen Feldern ist, brauchen Sie sich darum nicht weiter kümmern.

Das einzige Feld, das jetzt noch erhöhter Aufmerksamkeit bedarf, ist die Postleitzahl. Für die Postleitzahl können Sie einen der ganzzahligen Felddatentypen wählen. Nur welchen? Auf den ersten Blick scheint `SMALLINT UNSIGNED ZEROFILL` hier ausreichend (fünf Stellen). Aber der Wertebereich von `SMALLINT` ist auf Werte von 0 bis 65535 beschränkt. Nun gibt es aber auch Postleitzahlen, die über der Zahl 65535 liegen. Diese könnten nicht in der Tabelle gespeichert werden.

Daher wäre die bessere Wahl für die Postleitzahl `MEDIUMINT(5) UNSIGNED ZEROFILL`. Mit diesem Datentyp könnten Sie die Postleitzahlen von 01000 bis 99999 abspeichern. Durch die Zusatzangabe von `ZEROFILL` wird auch die führende Null, die beispielsweise für Thüringen benötigt wird, korrekt mit abgelegt werden.

Die übrigen Felder wählen Sie alle als `VARCHAR()`.

Für die Definition der Tabelle sollten Sie noch bestimmen, in welchen Feldern Eingaben unbedingt erforderlich sind und bei welchen Feldern auf einen Eintrag verzichtet werden kann, ohne dass der Datensatz damit unbrauchbar wird.

Für `teilnehmernr` haben Sie ja bereits das Attribut `NOT NULL` festgelegt und für `anrede` leere Einträge erlaubt. Wie sieht es denn mit den anderen Feldern aus?

`vorname` und `name` müssen natürlich bei jedem Datensatz vorhanden sein, da damit eine Person eindeutig bestimmt wird. Also wählen Sie für diese beiden Felder `NOT NULL`. Da nicht jede Person einer Firma zugeordnet werden kann (oder auch will), kann das Feld `firma` leer bleiben.

Die Informationen `strasse`, `plz` und `ort` sollten natürlich für jeden Teilnehmer eingetragen sein, da Sie ja sonst kaum Möglichkeiten haben, schriftlichen Kontakt mit den Betreffenden aufzunehmen. Also sind diese drei Felder „Pflichtfelder".

Für die vier Kommunikationsfelder `telefon`, `telefax`, `mobil` und `email` sollten Sie leere Einträge zulassen, da hier jeder Teilnehmer ganz unterschiedliche Angaben macht. Manche Menschen sind nur mobil erreichbar und geben daher nur eine Nummer für `mobil` an, andere haben kein Handy, daher erfahren Sie hier nur die normale Telefonnummer (`telefon`). Es lässt sich also nicht vorhersagen, welches der Kommunikationsfelder ausgefüllt werden muss.

Es ergeben sich also folgende Felddefinitionen:

```
teilnehmernr SMALLINT UNSIGNED NOT NULL
      AUTO_INCREMENT PRIMARY KEY
anrede ENUM("Herr","Frau","Familie")
vorname VARCHAR(30)
name VARCHAR(50)
firma VARCHAR(50)
strasse VARCHAR(50)
plz VARCHAR(9)
ort VARCHAR(50)
telefon VARCHAR(30)
telefax VARCHAR(30)
mobil VARCHAR(30)
email VARCHAR(50)
```

4.8.3 Auswählen der Datenbank

Zunächst müssen Sie festlegen, dass sich die nachfolgenden Befehle auf die Datenbank `schulung` auswirken sollen und diese daher auswählen:

```
mysql> USE schulung;
Reading table information for completion of table and column
names You can turn off this feature to get a quicker startup
with -A

Database changed
mysql>
```

4.8.4 Anlegen der Tabelle `teilnehmer`

Nun haben Sie alle Vorbereitungen getroffen, um die Tabelle `teilnehmer` anzulegen.

```
mysql> CREATE TABLE teilnehmer
    -> (teilnehmernr SMALLINT UNSIGNED not null
    ->   AUTO_INCREMENT PRIMARY KEY,
    -> anrede ENUM ("Herr","Frau","Familie"),
    -> vorname VARCHAR (30),
    -> name VARCHAR (50) not null,
    -> firma VARCHAR (50),
    -> strasse VARCHAR (50) not null,
    -> plz VARCHAR (9),
    -> ort VARCHAR (50) not null,
    -> telefon VARCHAR (30),
    -> telefax VARCHAR (30),
    -> mobil VARCHAR (30),
    -> email VARCHAR(50));
Query OK, 0 rows affected (0.00 sec)

mysql>
```

4.8.5 Kontrolle der Tabelle `teilnehmer`

Um zu überprüfen, ob die Tabelle `teilnehmer` angelegt wurde, können Sie ebenfalls ein SQL-Kommando verwenden. Die erste Möglichkeit besteht darin, den Befehl `SHOW` zu verwenden. Mit Hilfe von `SHOW` ist es möglich, sich die unterschiedlichsten Informationen über die einzelnen Bestandteile einer Datenbank anzeigen zu lassen. Da Sie nur die Information haben möchten, ob die Tabelle erzeugt wurde, verwenden Sie das Kommando `SHOW` mit dem Parameter `TABLES`. Dies zeigt Ihnen alle Tabellennamen in der aktuellen Datenbank an.

```
mysql> SHOW TABLES;
+--------------------+
| Tables_in_schulung |
+--------------------+
| teilnehmer         |
+--------------------+
1 row in set (0.00 sec)

mysql>
```

In der Datenbank `schulung` existiert also die Tabelle `teilnehmer`.

Nun möchten Sie aber noch mehr Informationen über die Tabelle `teilnehmer` vom MySQL-Server erfahren. Dazu stellt das `SHOW`-Kommando noch einige weitere Parameter zur Verfügung: `SHOW TABLE STATUS`. Da die Ausgabe von `SHOW TABLE STATUS` sehr viele Spalten enthält, schließen Sie dieses Kommando nicht, wie bisher, mit einem Semikolon ab, sondern schicken das Kommando über `\G` an den Server. Wie bereits erwähnt, werden dadurch die Felder untereinander statt nebeneinander ausgegeben.

```
mysql> SHOW TABLE STATUS\G
*************************** 1. row ***************************
           Name: teilnehmer
           Type: MyISAM
     Row_format: Dynamic
           Rows: 0
 Avg_row_length: 0
    Data_length: 0
Max_data_length: 4294967295
   Index_length: 1024
      Data_free: 0
 Auto_increment: 1
    Create_time: 2002-04-19 12:26:58
    Update_time: 2002-04-19 12:26:58
     Check_time: NULL
 Create_options:
        Comment:
1 row in set (0.00 sec)

mysql>
```

Über dieses Kommando lassen sich also viele Hintergrundinformationen einer Tabelle anzeigen. Dabei haben die einzelnen Felder folgende Bedeutung:

`Name: teilnehmer` Name der Tabelle

`Type: MyISAM` Tabellentyp; folgende Typen unterstützt MySQL 3.23: `MyISAM, ISAM, MERGE, HEAP, BDB`. Der Unterschied der verschiedenen Tabellentypen wird in Kapitel 4.10 erklärt.

`Row_format: Dynamic` zeigt an, dass die Tabellenzeilen keine feste Länge haben. Das bedeutet, dass mindestens ein Feld einen Typ mit variabler Länge hat. Die Feldtypen mit variabler Länge sind `VARCHAR`, alle `TEXT`-Varianten und alle `BLOB`-Varianten.

`Rows: 0` zeigt an, wie viele Zeilen die Tabelle umfasst (zur Zeit sind noch keine Datensätze vorhanden).

`Avg_row_length: 0` durchschnittliche Anzahl von Bytes, die von einem Datensatz in dieser Tabelle verbraucht werden

`Data_length: 0` die tatsächlich durch Tabellendaten verbrauchten Bytes

`Max_data_length: 4294967295` die maximale Größe in Bytes, die die Tabellendaten annehmen können (hier über 4 GB)

`Index_length: 1024` die aktuelle Größe der Indexdatei

`Data_free: 0` die nicht belegten Bytes in einer Tabelle. Diese „Löcher" entstehen beim häufigen Löschen und Hinzufügen von Daten. Dies entspricht einer „Fragmentierung" der Tabelle. Wird dieser Wert sehr groß, so können Sie mit `OPTIMIZE TABLE` die Tabelle „defragmentieren".

`Auto_increment: 1` zeigt an, welcher Wert im `AUTO_INCREMENT`-Feld als nächster verwendet wird.

`Create_time: 2002-04-19 12:26:58` Zeitpunkt, an dem die Tabelle erstellt wurde

`Update_time: 2002-04-19 12:26:58` Zeitpunkt, an dem die Tabelle zuletzt geändert wurde

`Check_time: NULL` Zeitpunkt, an dem die Tabelle zuletzt mit `myisamchk` geprüft bzw. repariert wurde. Falls die Tabelle noch nicht mit `myisamchk` bearbeitet wurde (wie in diesem Fall), steht hier der Wert `NULL`.

`Create_options:` Optionen, die unter `table_options` beim Erzeugen der Tabelle angegeben wurden

`Comment:` Kommentar, der beim Anlegen der Tabelle angegeben wurde.

Letztendlich gibt es noch das Kommando DESCRIBE, um weitere Informationen über eine Tabelle zu erhalten. Über dieses Kommando können Sie sich die Struktur der Tabelle und die Definitionen der einzelnen Felder anzeigen lassen. Das DESCRIBE-Kommando ist identisch mit SHOW COLUMNS FROM und ist aus Kompatibilität zu anderen Datenbanksystemen in MySQL vorhanden. Da auch hier eine sehr breite Tabelle ausgegeben würde, schließen Sie das Kommando am besten mit \G wieder ab.

```
mysql> DESCRIBE teilnehmer\G
*************************** 1. row ***************************
  Field: teilnehmernr
   Type: smallint(5) unsigned
   Null:
    Key: PRI
Default: NULL
  Extra: auto_increment
*************************** 2. row ***************************
  Field: anrede
   Type: enum('Herr','Frau','Familie')
   Null: YES
    Key:
Default: NULL
  Extra:
*************************** 3. row ***************************
  Field: vorname
   Type: varchar(30)
   Null: YES
    Key:
Default: NULL
  Extra:
*************************** 4. row ***************************
  Field: name
   Type: varchar(50)
   Null:
    Key:
Default:
  Extra:
*************************** 5. row ***************************
  Field: firma
   Type: varchar(50)
   Null: YES
    Key:
Default: NULL
  Extra:
*************************** 6. row ***************************
```

```
  Field: strasse
   Type: varchar(50)
   Null:
    Key:
Default:
  Extra:
************************** 7. row **************************
  Field: plz
   Type: varchar(9)
   Null: YES
    Key:
Default: NULL
  Extra:
************************** 8. row **************************
  Field: ort
   Type: varchar(50)
   Null:
    Key:
Default:
  Extra:
************************** 9. row **************************
  Field: telefon
   Type: varchar(30)
   Null: YES
    Key:
Default: NULL
  Extra:
************************** 10. row **************************
  Field: telefax
   Type: varchar(30)
   Null: YES
    Key:
Default: NULL
  Extra:
************************** 11. row **************************
  Field: mobil
   Type: varchar(30)
   Null: YES
    Key:
Default: NULL
  Extra:
************************** 12. row **************************
  Field: email
   Type: varchar(50)
```

```
   Null: YES
    Key:
Default: NULL
  Extra:
12 rows in set (0.00 sec)

mysql>
```

Die einzelnen Felder geben dabei folgende Informationen:

`Field: teilnehmernr` Name des Feldes, das mit den nachfolgenden Zeilen beschrieben wird

`Type: smallint(5) unsigned` Felddatentyp, der bei der Erstellung der Tabelle für dieses Feld festgelegt wurde

`Null:` zeigt, ob in dieses Feld ein `NULL`-Wert eingetragen werden darf (`YES`) oder nicht

`Key: PRI` zeigt an, welcher Index auf dem aktuellen Feld festgelegt wurde. Hier ist es der `PRIMARY KEY`.

`Default: NULL` Standardwert für das Feld; falls bei der Definition des Feldes keine Angabe gemacht wurde, was der Standardwert ist, so wird dieser bei `AUTO_INCREMENT` und bei `NULL`-Feldern auf `NULL` gesetzt, andernfalls auf `0` oder "" – je nach Datentyp.

`Extra: auto_increment` Zusatzinformationen für das Feld; im aktuellen Fall wird angezeigt, dass dieses Feld das `AUTO_INCREMENT`-Feld für diese Tabelle ist.

4.8.6 Werte in die Tabelle eintragen (`INSERT`)

Sie haben sowohl die Datenbank `schulung` als auch eine Tabelle `teilnehmer` angelegt. Was noch fehlt, sind Werte in dieser Tabelle. Um Werte in die Tabelle aufzunehmen, stellt MySQL mehrere Methoden zur Verfügung.

Zum einen können Sie Werte über das SQL-Kommando `INSERT` manuell in die Tabelle eintragen. Dies ist auch die häufigste Methode. So werden Sie später mit PHP Werte in die Tabelle eintragen.

Alternativ dazu ist es auch möglich, Datensätze aus einer Textdatei einzulesen. Dabei bestehen diese Textdateien aus reinen Rohdaten. Solche Textdateien können Sie auch über das Tool `mysqlimport` einlesen.

Die dritte Variante ist, Daten aus vorgefertigten `.sql`-Dateien einzulesen. Diese Dateien enthalten vordefinierte `INSERT` Befehle, die Sie an das Programm `mysql` im nicht-interaktiven Aufruf übergeben.

Sie sollten sich mit jeder dieser Varianten im Folgenden vertraut machen.

Da die `INSERT`-Methode am häufigsten verwendet wird, soll diese auch als erste betrachtet werden:

Das SQL-Kommando `INSERT` hat mehrere Varianten, über die es aufgerufen werden kann.

Kompletten Datensatz eintragen: In der einfachsten Variante tragen Sie Werte in alle Felder der Tabelle ein. Die Syntax dieser einfachste Form lautet:

```
INSERT INTO table_name VALUES (wert1, wert2, ...)
```

Dies können Sie mit der Teilnehmertabelle nun einmal testen:

```
mysql> USE schulung;
Reading table information for completion of table and column
names You can turn off this feature to get a quicker startup
with -A

Database changed
mysql> INSERT INTO teilnehmer VALUES (1, "Herr", "Max",
    -> "Mustermann", "Sparkasse Musterhausen",
    -> "Musterstraße", "99999", "Musterhausen",
    -> "0999/888777", "0999/888778", "0171/888777",
    -> "max.mustermann@sparkasse-musterhausen.de");
Query OK, 1 row affected (0.38 sec)

mysql>
```

Hierbei ist zu beachten, dass Sie in die runden Klammern nach `VALUES` für alle Spalten der Tabelle einen Wert eintragen müssen, und zwar in der Reihenfolge, in der die Felder in der Tabelle definiert wurden. Desweiteren müssen alle Zeichenketten in einfache (`'`) oder doppelte Anführungszeichen (") geschrieben werden, um diese Werte als String zu kennzeichnen. Datums- und Zeitfelder müssen ebenfalls in Anführungszeichen stehen.

Das Feld `teilnehmernr` haben Sie allerdings als `AUTO_INCREMENT` definiert und dieses sollte daher automatisch hochgezählt werden. Zudem gibt es Situationen, in denen nicht alle Felder ausgefüllt werden können, da nicht alle Daten vorliegen. Es ist möglich, mit dieser Syntax auch solche Datensätze in die Tabelle einzufügen:

```
mysql> USE schulung;
mysql> INSERT INTO teilnehmer VALUES (NULL, "Herr", "Willi",
    -> "Meier", NULL,
    -> "Meierstraße 5", "99999", "Musterhausen",
    -> "0999/777888", NULL, NULL,
```

```
    -> "willi.meier@willi-meier.de");
Query OK, 1 row affected (0.00 sec)
mysql>
```

Wie Sie sehen, werden die Felder, die nicht ausgefüllt werden sollen, mit NULL gefüllt. Dies bewirkt bei teilnehmernr, dass AUTO_INCREMENT automatisch den nächsten Wert vorgibt.

Sie können auf diese Weise auch mehr als nur einen Datensatz pro INSERT-Befehl in die Tabelle aufnehmen.

```
INSERT INTO table_name VALUES (...),(...),...
```

Nehmen Sie auf diese Art noch ein paar Werte in die Tabelle teilnehmer auf:

```
mysql> INSERT INTO teilnehmer VALUES (
    -> NULL, "Frau", "Maria", "Mustermann",
    -> NULL, "Musterstraße", "99999",
    -> "Musterhausen", "0999/888777",
    -> "0999/888778", "0171/888777",
    -> "maria.mustermann@sparkasse-musterhausen.de"
    -> ),(
    -> NULL, "Frau", "Frida", "Meier",
    -> "Meier GmbH", "Meierstraße 5", "99999",
    -> "Musterhausen", "0999/888999",
    -> NULL, NULL, "frida.meier@willi-meier.de"
    -> );
Query OK, 2 rows affected (0.00 sec)
Records: 2  Duplicates: 0  Warnings: 0

mysql>
```

Datensatz mit ausgewählten Felder eintragen: Für das Eintragen von Datensätzen, bei denen nicht alle Felder Werte enthalten sollen, geben sie dem INSERT-Kommando zusätzlich zu den eigentlichen Werten noch an, in welche Felder diese Werte gespeichert werden müssen. Ein großer Vorteil dabei ist, dass Sie nicht mehr die ursprüngliche Reihenfolge der Felder in der Tabelle berücksichtigen müssen. Die Syntax dieser Schreibweise lautet:

```
INSERT INTO table_name (col_name1,col_name2,...)
  VALUES (wert1, wert2,...)
```

Auch mit dieser Methode nehmen Sie einige Daten auf:

```
mysql> INSERT INTO teilnehmer (anrede,vorname,
    -> name,strasse,ort) VALUES (
    -> "Herr","Douglas","Adams","Milchstraße",
    -> "Galaxie");
```

```
Query OK, 1 row affected (0.43 sec)

mysql>
```

Was passiert allerdings mit den Feldern, die nicht im `INSERT` eingetragen wurden? Alle nicht erwähnten Felder werden mit ihren `DEFAULT`-Wert gefüllt. Diese `DEFAULT`-Werte konnten Sie bei `DESCRIBE teilnehmer\G` (siehe Seite 174) in der Ausgabe ablesen. Beispielsweise war der `DEFAULT`-Wert bei `teilnehmernr` auf `NULL` gesetzt. Das bedeutet bei einem Feld `AUTO_INCREMENT` allerdings, dass hier der nächsthöhere Wert in diese Spalte eingetragen wird.

Es ist auch bei dieser `INSERT`-Variante möglich, mit einem einzigen Befehl mehrere Werte gleichzeitig einzutragen. Die Syntax dafür lautet:

```
INSERT INTO table_name (col_name1,col_name2,...)
  VALUES (wert1a, wert2a,...),(wert1b,wert2b,...)
```

Auch damit werden Sie einige Werte in die Tabelle aufnehmen:

```
mysql> INSERT INTO teilnehmer (anrede,vorname,
    -> name,strasse,ort) VALUES (
    -> "Herr","Terry","Pratchett",
    -> "Hier-Gibts-Alles-Platz","Ankh Morpork"),
    -> ("Herr", "J.R.R.","Tolkien",
    -> "Feenweg","Hobbingen");
Query OK, 2 rows affected (0.06 sec)
Records: 2  Duplicates: 0  Warnings: 0

mysql>
```

Auch hier werden die Felder, die nicht eingetragen wurden, mit den jeweiligen `DEFAULT`-Werten gefüllt.

Es gibt noch eine dritte Variante, mit der nur ausgewählte Felder in die Tabelle geschrieben werden können. Die Syntax dieser Variante ist stark an die Syntax des `UPDATE`-Befehls angelehnt:

```
INSERT INTO table_name SET col_name1=wert1,
col_name2=wert2, ...
```

Folgendes Beispiel demonstriert diese Syntax:

```
mysql> INSERT INTO teilnehmer SET
    -> anrede="Herr",vorname="Umberto",
    -> name="Eco",strasse="Rosenweg",
    -> ort="Mittelalter";
Query OK, 1 row affected (0.00 sec)

mysql>
```

Datensätze aus einer Datei einlesen: Sie können Daten auch aus einer Datei in MySQL einlesen. Falls diese Daten in einem CSV-Format („Comma Seperated Values") vorliegen, können Sie diese mit dem SQL-Befehl `LOAD DATA` in eine Tabelle einlesen. Als Standardformat setzt `LOAD DATA` fest, dass die einzelnen Felder durch ein Tabulatorzeichen getrennt sind und jeder Datensatz mit einem „Newline" abgeschlossen wird. Diese Trennzeichen können allerdings mit Zusatzparametern zu `LOAD DATA` an Ihre Datendatei angepasst werden.

Da normalerweise die Datei, die die Daten enthält, auf Ihrem lokalen Rechner liegt, müssen Sie den Befehl `LOAD DATA` mit dem Zusatz `LOCAL` aufrufen. Andernfalls würde MySQL versuchen, die angegebene Datei auf dem Server zu laden.

Die Syntax von `LOAD DATA LOCAL` lautet wie folgt:

```
LOAD DATA LOCAL INFILE "daten.txt"INTO TABLE table_name
```

Um dieses Kommando zu testen, müssen Sie eine Textdatei `teilnehmer` mit den zu speichernden Datensätzen auf Ihrem Rechner erzeugen. Diese Datei sollte folgendermaßen aussehen:

```
Herr	Stephen	King	Gruselgasse	Geisterhausen
Herr	Tom	Clancy	Bootsplatz	Wasserfeld
```

Die Leerräume sollen dabei Tabulatoren sein und am Ende der Zeile ist jeweils ein Newline (Return) einzugeben.

Diese Datendatei soll nun in die Teilnehmertabelle importiert werden. Da aber auch hier nicht alle Felder vorhanden sind, müssen Sie das `LOAD DATA` Kommando noch mit weiteren Parametern ausstatten. Normalerweise erwartet dieses Kommando nämlich eine Datendatei, die sämtliche Felder der Tabelle in richtiger Reihenfolge enthält! Aber mit folgendem Befehl können Sie die Datei trotz allem einlesen:

```
mysql> LOAD DATA LOCAL INFILE "teilnehmer.txt"
    -> INTO TABLE teilnehmer
    -> (anrede,vorname,name,strasse,ort);
Query OK, 2 rows affected (0.46 sec)
Records: 2  Deleted: 0  Skipped: 0  Warnings: 0

mysql>
```

Mit dem MySQL-Tool `mysqlimport` ist es ebenfalls möglich, eine derartige Datei in eine Tabelle einzulesen. Dieses Tool kann direkt von der Shell aus gestartet und dann mit Hilfe von Parametern so konfiguriert werden, dass es die gleiche Funktion ausführen kann wie der gerade gestartete Befehl `LOAD DATA LOCAL`. Sie können auch hier angeben, in welche Spalten die Werte abgelegt werden sollen.

Allerdings spielt der Dateiname beim Verwenden von `mysqlimport` eine sehr wichtige Rolle. MySQL verwendet alles bis zum ersten Punkt im Dateinamen, um daraus die Tabelle zu erkennen, in die die Daten abgelegt werden sollen. Daher sind gute Dateinamen z. B. `teilnehmer.txt`, `teilnehmer.1.txt` oder auch `teilnehmer.txt1`. Hier würde immer die Tabelle `teilnehmer` als Ziel des Importvorgangs erkannt werden. Dateinamen wie `teilnehmer1.txt` und ähnliche sind dagegen nicht geeignet. Bei diesem Dateinamen würde `mysqlimport` versuchen, in die Tabelle `teilnehmer1` Daten zu importieren.

Das Kommando, um die obige Datei mit Hilfe von `mysqlimport` in die Tabelle `teilnehmer` einzulesen, sieht wie folgt aus:

```
user@linux: >  mysqlimport -u root -h localhost\
> --local --columns=anrede,vorname,name,strasse,ort\
> schulung teilnehmer.txt
schulung.teilnehmer: Records: 2  Deleted: 0  Skipped: 0
Warnings: 0
user@linux: >
```

Mit einer etwas anders aufgebauten Textdatei können Sie auch `mysql` im nicht-interaktiven Aufruf starten, um damit die Daten in die Tabelle einzutragen. Dateien, die mit `mysql` aufgerufen werden, bestehen aus einzelnen SQL-Kommandos. Eine so vorbereitete Datei für die Teilnehmerdatei sieht beispielsweise folgendermaßen aus:

```
INSERT INTO teilnehmer (anrede,vorname,name,strasse,ort)
 VALUES ("Herr", "Larry", "Wall", "Perlenweg 3", "Programmstadt");
INSERT INTO teilnehmer (anrede,vorname,name,strasse,ort)
 VALUES ("Herr", "Randal L.", "Schwartz", "Perlenweg 5", "Programmstadt");
```

Erzeugen Sie diese Datei unter dem Namen `teilnehmer.sql`. Diese Datei soll nun im nicht-interaktiven Aufruf mit `mysql` eingearbeitet werden:

```
user@linux: >  mysql -u root -h localhost\
> schulung < teilnehmer.sql
user@linux: >
```

Der Vorteil bei dieser Methode ist, dass sie nicht nur aus `INSERT`-Befehlen bestehen kann, sondern, dass Sie hier beliebige SQL-Kommandos integrieren können. So ist es möglich, beispielsweise die Tabelle vor dem Einfügen der Daten zu leeren oder die Tabelle zu erzeugen.

Auf diese Art und Weise kann auch der komplette Datenbestand aus einer `.sql` Datei eingespielt werden. Dies ist beispielsweise dann nötig, wenn der Datenbestand von einem Server zu einem anderen „kopiert" werden soll.

4.8.6.1 Übung Tabellenerstellung und Werte aufnehmen

Übung 1:

Legen Sie eine weitere Tabelle `kurse` an. Diese Tabelle soll alle Informationen eines Kurses enthalten. Die Felder dieser Tabelle sollen `kursnr, kursname, beginn, ende, maxteilnehmer, dozent, ort` und `kosten` sein.

- ❏ Legen Sie zunächst fest, welche Felddatentypen für diese Felder verwendet werden sollen.
- ❏ Erstellen Sie die Tabelle `kurse` in der Datenbank `schulung`.
- ❏ Nehmen Sie folgende Kurse in Ihre Tabelle auf:

Feldname	Inhalt
`kursname`	Linux für Einsteiger
`beginn`	09.09.2002
`ende`	11.09.2002
`maxteilnehmer`	10
`dozent`	Franzis
`ort`	München
`preis`	1800,-
`kursname`	Apache - Webserver
`beginn`	10.09.2002
`ende`	12.09.2002
`maxteilnehmer`	8
`dozent`	Schneider
`ort`	Bonn
`preis`	2400,-
`kursname`	MySQL - Relationale Datenbank
`beginn`	09.09.2002
`ende`	13.09.2002
`maxteilnehmer`	8
`dozent`	Kern
`ort`	München
`preis`	3900,-
`kursname`	PHP - Programmierung interaktiver Webseiten
`beginn`	11.09.2002
`ende`	13.09.2002
`maxteilnehmer`	12
`dozent`	Mann
`ort`	Bonn
`preis`	2400,-

Die Lösung finden Sie in Anhang A.3.1.

4.8.7 Werte aus Tabellen abfragen (SELECT)

Nun ist es an der Zeit, nicht nur Daten in die Tabelle einzutragen, sondern auch Abfragen durchzuführen, die Werte aus der Tabelle ausgeben. Für diese Aufgabe stellt SQL das Kommando SELECT zur Verfügung. Da dieses Kommando wahrscheinlich das wichtigste SQL-Kommando überhaupt ist, sollten Sie den folgenden Kapiteln besondere Aufmerksamkeit widmen.

Die einfachste Abfrage hat allerdings noch gar nichts mit Abfragen aus der Tabelle zu tun. Das SELECT-Kommando wertet nämlich auch beliebige SQL-Ausdrükke aus:

```
mysql SELECT 1+1;
+-----+
| 1+1 |
+-----+
|   2 |
+-----+
1 row in set (0.05 sec)

mysql>
```

Sie sehen, dass der SELECT-Befehl auch mathematische Operationen durchführen kann. Eine Liste der Funktionen finden Sie im Anhang C.2. Diese werden Sie später noch nutzen, um Berechnungen mit Feldern durchzuführen.

Die erste Abfrage, die mit den Tabellen arbeitet, lautet:

```
mysql> SELECT * FROM teilnehmer
    -> \G
*************************** 1. row ***************************
teilnehmernr: 1
      anrede: Herr
     vorname: Max
        name: Mustermann
       firma: Sparkasse Musterhausen
     strasse: Musterstraße
         plz: 99999
         ort: Musterhausen
     telefon: 0999/888777
     telefax: 0999/888778
       mobil: 0171/888777
       email: max.mustermann@sparkasse-musterhausen.de
*************************** 2. row ***************************
teilnehmernr: 2
      anrede: Herr
     vorname: Willi
```

```
        name: Meier
       firma: NULL
     strasse: Meierstraße 5
         plz: 99999
         ort: Musterhausen
     telefon: 0999/777888
     telefax: NULL
       mobil: NULL
       email: willi.meier@willi-meier.de
*************************** 3. row ***************************
teilnehmernr: 3
      anrede: Frau
     vorname: Maria
        name: Mustermann
       firma: NULL
     strasse: Musterstraße
         plz: 99999
         ort: Musterhausen
     telefon: 0999/888777
     telefax: 0999/888778
       mobil: 0171/888777
       email: maria.mustermann@sparkasse-musterhausen.de
*************************** 4. row ***************************
:
:
*************************** 12. row ***************************
teilnehmernr: 15
      anrede: Herr
     vorname: Larry
        name: Wall
       firma: NULL
     strasse: Perlenweg 3
         plz: NULL
         ort: Programmstadt
     telefon: NULL
     telefax: NULL
       mobil: NULL
       email: NULL
12 rows in set (0.00 sec)

mysql>
```

Da die Tabelle `teilnehmer` zwölf Spalten umfasst, wurde hier der Befehl nicht mit Semikolon (`;`), sondern mit `\G` abgeschickt, um eine vertikale Ausgabe der Ergebnisse zu bekommen. Diese Abfrage bewirkt, dass alle Einträge in der Tabelle `teilnehmer` mit allen Informationen angezeigt werden. Der Asterisk (*) bedeutet hier „alle Felder".

Sie können allerdings auch bestimmen, welche Spalten angezeigt werden sollen:

```
mysql> SELECT name FROM teilnehmer;
+------------+
| name       |
+------------+
| Mustermann |
| Meier      |
| Mustermann |
| Meier      |
| Adams      |
| Pratchett  |
| Tolkien    |
| Eco        |
| King       |
| Clancy     |
| Schwartz   |
| Wall       |
+------------+
12 rows in set (0.00 sec)

mysql>
```

Sie sehen, dass hier nur die Spalte `name` ausgegeben wird. Da diese Spalte allein keine eindeutigen Ergebnisse liefert, benötigen Sie noch weitere Spalten, um die Teilnehmer eindeutig identifizieren zu können. Mehrere Spalten werden hier durch Kommata (`,`) voneinander getrennt.

```
mysql> SELECT vorname,name,plz,ort FROM teilnehmer;
+-----------+------------+-------+--------------+
| vorname   | name       | plz   | ort          |
+-----------+------------+-------+--------------+
| Max       | Mustermann | 99999 | Musterhausen |
| Willi     | Meier      | 99999 | Musterhausen |
| Maria     | Mustermann | 99999 | Musterhausen |
| Frida     | Meier      | 99999 | Musterhausen |
| Douglas   | Adams      |       | Galaxie      |
| Terry     | Pratchett  |       | Ankh-Morpork |
| J.R.R.    | Tolkien    |       | Hobbingen    |
| Umberto   | Eco        | NULL  | Mittelalter  |
| Stephen   | King       | NULL  | Geisterhausen |
| Tom       | Clancy     | NULL  | Wasserfeld   |
| Randal L. | Schwartz   | NULL  | Programmstadt |
```

```
| Larry      | Wall       | NULL  | Programmstadt |
+------------+------------+-------+---------------+
12 rows in set (0.00 sec)

mysql>
```

Durch die Reihenfolge, in der die Spalten bei `SELECT` angegeben werden, bestimmen Sie auch die Reihenfolge der Ausgabe. Eine Abfrage, die zuerst den Ort, dann die Postleitzahl, Name und Vorname ausgibt, lautet daher folgendermaßen:

```
SELECT ort,plz,name,vorname FROM teilnehmer
```

Auch bei dieser Abfrage erhalten Sie die gleichen Informationen wie bei der vorherigen, nur sind die Spalten vertauscht.

4.8.8 Bestimmte Werte mit Bedingungen aus Tabellen abfragen (WHERE)

Die einfachsten Abfragen, die Sie gerade kennengelernt haben, liefern grundsätzlich den kompletten Datenbestand der abgefragten Tabelle(n). Was aber, wenn Sie nicht alle Datensätze sehen möchten, sondern nur eine Auswahl, die einem bestimmten Kriterium entsprechen soll?

Dafür hält der `SELECT`-Befehl die `WHERE`-Klausel bereit. Mit dieser Klausel ist es möglich, bei Abfragen bestimmte Kriterien festzulegen, nach denen die anzuzeigenden Spalten ausgewählt werden.

Eine Abfrage aller Personen aus `Musterhausen` wird damit so aussehen:

```
mysql> SELECT vorname,name,ort FROM teilnehmer
    -> WHERE ort="Musterhausen";
+---------+------------+--------------+
| vorname | name       | ort          |
+---------+------------+--------------+
| Max     | Mustermann | Musterhausen |
| Willi   | Meier      | Musterhausen |
| Maria   | Mustermann | Musterhausen |
| Frida   | Meier      | Musterhausen |
+---------+------------+--------------+
4 rows in set (0.13 sec)

mysql>
```

Und damit bekommen Sie `vorname`, `name` und `ort` sämtlicher Teilnehmer, die als Ort `Musterhausen` eingetragen haben. Natürlich hätten Sie hier auch alle Felder angeben können:

```
SELECT * FROM teilnehmer WHERE ort="Musterhausen"
```

Da Sie bei der Definition der Tabelle für die Spalte `ort` nicht das Attribut `BINARY` festgelegt haben, ist es hier auch egal, ob Sie `Musterhausen`, `MUSTERHAUSEN` oder `musterhausen` schreiben. Jede der Abfragen wird als Ergebnis die gleichen vier Datensätze liefern.

Beachten Sie allerdings, dass `Musterhausen` immer in Anführungszeichen steht, entweder in einfachen (`'`) oder in doppelten (`"`), da `Musterhausen` ein Text ist. Nur bei Zahlenfeldern werden die Anführungszeichen weggelassen. Das bedeutet, dass auch bei Datums- und Uhrzeitfeldern Anführungszeichen verwendet werden müssen. Die Suche nach Werten kann natürlich nicht nur in Spalten durchgeführt werden, die Text enthalten, sondern Sie können in jedem Spaltentyp einen Filter festlegen.

Nehmen Sie dazu Ihre Tabelle `kurse` her und suchen Sie dort in einem Zahlenfeld. Hier bietet sich zuerst das Feld `maxteilnehmer` an. Lassen Sie sich alle Kurse anzeigen, die höchstens 10 Teilnehmer haben.

```
mysql> SELECT kursname,maxteilnehmer,ort FROM kurse
    -> WHERE maxteilnehmer<=10;
+--------------------------------+---------------+---------+
| kursname                       | maxteilnehmer | ort     |
+--------------------------------+---------------+---------+
| Linux für Einsteiger           |            10 | München |
| Apache - Webserver             |             8 | Bonn    |
| MySQL - Relationale Datenbank  |             8 | München |
+--------------------------------+---------------+---------+
3 rows in set (0.02 sec)

mysql>
```

Natürlich ist auch eine Suche in einem Feld mit Fließkommawerten möglich. Das einzige Feld, das derzeit Fließkommazahlen enthält, ist `preis`. Hier sollen alle Kurse angezeigt werden, die einen Preis zwischen `2000.00` und `3000.00` haben. Eine Suche, bei der Sie als Kriterium „zwischen" festlegen, kann auf verschiedene Arten durchgeführt werden. Zunächst verwenden Sie die Methode der logischen Operationen. Bei logischen Operationen werden mehrere einzelne Bedingungen zu einer großen Bedingung zusammengefasst. Hier würden die einzelnen Bedingungen lauten:

`preis >=2000.00` und
`preis <=3000.00`

Wie Sie auch sprachlich diese Bedingungen mit „und" zusammenfassen, so müssen Sie hier analog den logischen Operator `AND` verwenden:

```
preis >= 2000.00 AND preis <= 3000.00
```

Demzufolge lautet die Abfrage für alle Kurse mit einem Preis zwischen `2000.00` und `3000.00` folgendermaßen:

```
mysql> SELECT kursname,ort,preis FROM kurse
    -> WHERE preis >=2000.00 AND preis <= 3000.00;
+----------------------------------------------+------------+---------+
| kursname                                     | ort        | preis   |
+----------------------------------------------+------------+---------+
| Apache - Webserver                           | Bonn       | 2400.00 |
| PHP - Programmierung interaktiver Webseiten  | Düsseldorf | 2400.00 |
+----------------------------------------------+------------+---------+
2 rows in set (0.00 sec)

mysql>
```

In der Tabelle `kurse` existieren noch die Spalten `begin` und `ende`, die als `date` definiert sind. Auch in diesen Spalten soll eine Suche durchgeführt werden: Sie möchten einen Kurs finden, der spätestens am 12. September endet und weniger als 3000.00 kostet.

Formulieren Sie diese Bedingungen ebenfalls zuerst einzeln:

```
ende <= "2002-09-12"
preis < 3000
```

Die Frage ist nun, wie man diese beiden Bedingungen verknüpft. Auch hier hilft vorheriges „Verbalisieren“:

„Das Ende des Kurses soll vor dem 12. September sein *und* der Preis soll kleiner 3000 sein.“

Das heißt, dass hier ebenfalls eine AND-Verknüpfung vorliegt.

Hier also das Ergebnis:

```
mysql> SELECT kursname,ende,preis FROM kurse
    -> WHERE ende <= "2002-09-12" AND preis < 3000;
+----------------------+------------+---------+
| kursname             | ende       | preis   |
+----------------------+------------+---------+
| Linux für Einsteiger | 2002-09-11 | 1800.00 |
| Apache - Webserver   | 2002-09-12 | 2400.00 |
+----------------------+------------+---------+
2 rows in set (0.00 sec)

mysql>
```

Suchen wir nun noch die Kurse heraus, die in Bonn, und diejenigen, die in Düsseldorf stattfinden. Auch hier zuerst die Bedingungen einzeln:

```
ort="Bonn"
ort="Düsseldorf"
```

Hier schafft die natürliche Sprache allerdings zunächst nicht unbedingt Klarheit:

„Alle Kurse in Bonn *und* in Düsseldorf."

Dies würde zu einer leeren Ergebnismenge führen, denn es gibt keinen Kurs, der sowohl in Bonn als auch in Düsseldorf stattfindet. Daher ist hier keine AND-Verknüpfung möglich. Ersetzen Sie das „und" durch „und zugleich", wird die Sache deutlicher.

„Alle Kurse in Bonn *und zugleich* in Düsseldorf."

Bei diesem Satz wird klar, dass diese Verknüpfung nicht korrekt ist. Verwenden Sie in diesem Fall also eine OR-Verknüpfung.

„Alle Kurse in Bonn *oder* in Düsseldorf."

Hier ist die OR-Verknüpfung die Variante, die zum Ziel führt.

```
mysql> SELECT kursname,ende,preis FROM kurse
    -> WHERE ort="Bonn" OR ort="Düsseldorf";
+---------------------------------------------+------------+
| kursname                                    | ort        |
+---------------------------------------------+------------+
| Apache - Webserver                          | Bonn       |
| PHP - Programmierung interaktiver Webseiten | Düsseldorf |
+---------------------------------------------+------------+
2 rows in set (0.00 sec)

mysql>
```

Eine Aufstellung der möglichen Operatoren finden Sie im Abschnitt 4.9.

4.8.9 Abfrageergebnisse sortiert ausgeben (ORDER BY)

Bei den Abfragen, die bisher durchgeführt wurden, wurden die Ergebnisse in keiner bestimmten Reihenfolge ausgegeben. Auch für diesen Fall stellt der SELECT-Befehl einen Parameter zur Verfügung. Mit dem Zusatz ORDER BY können Sie die Ausgabereihenfolge der Ergebnismenge beeinflussen. Nach ORDER BY geben Sie den Spaltennamen an, der die Sortierreihenfolge bestimmen soll.

Eine Abfrage könnte beispielsweise so lauten:

„die Teilnehmernamen (vorname und name), die plz und der ort sollen sortiert nach Orten angezeigt werden."

```
mysql> SELECT vorname,name,plz,ort FROM teilnehmer
    -> ORDER BY ort;
+-----------+-----------+-------+---------------+
| vorname   | name      | plz   | ort           |
+-----------+-----------+-------+---------------+
| Terry     | Pratchett |       | Ankh-Morpork  |
| Douglas   | Adams     |       | Galaxie       |
| Stephen   | King      | NULL  | Geisterhausen |
| J.R.R.    | Tolkien   |       | Hobbingen     |
| Umberto   | Eco       | NULL  | Mittelalter   |
| Max       | Mustermann| 99999 | Musterhausen  |
| Willi     | Meier     | 99999 | Musterhausen  |
| Maria     | Mustermann| 99999 | Musterhausen  |
| Frida     | Meier     | 99999 | Musterhausen  |
| Randal L. | Schwartz  | NULL  | Programmstadt |
| Larry     | Wall      | NULL  | Programmstadt |
| Tom       | Clancy    | NULL  | Wasserfeld    |
+-----------+-----------+-------+---------------+
12 rows in set (0.01 sec)

mysql>
```

Die Sortierreihenfolge der Ausgabe kann auch umgekehrt werden. Für eine absteigende Sortierung hängen Sie `DESC` an den Namen der zu sortierenden Spalte an.

```
mysql> SELECT vorname,name,plz,ort FROM teilnehmer
    -> ORDER BY ort DESC;
+-----------+-----------+-------+---------------+
| vorname   | name      | plz   | ort           |
+-----------+-----------+-------+---------------+
| Tom       | Clancy    | NULL  | Wasserfeld    |
| Randal L. | Schwartz  | NULL  | Programmstadt |
| Larry     | Wall      | NULL  | Programmstadt |
| Max       | Mustermann| 99999 | Musterhausen  |
| Willi     | Meier     | 99999 | Musterhausen  |
| Maria     | Mustermann| 99999 | Musterhausen  |
| Frida     | Meier     | 99999 | Musterhausen  |
| Umberto   | Eco       | NULL  | Mittelalter   |
| J.R.R.    | Tolkien   |       | Hobbingen     |
| Stephen   | King      | NULL  | Geisterhausen |
| Douglas   | Adams     |       | Galaxie       |
| Terry     | Pratchett |       | Ankh-Morpork  |
+-----------+-----------+-------+---------------+
```

```
12 rows in set (0.01 sec)

mysql>
```

Beim Sortieren können Sie auch nach mehreren Spalten sortieren lassen. Für die `teilnehmer`-Tabelle wäre z. B. eine Sortierung nach `ort` und bei Gleichheit des Ortes eine nachfolgende Sortierung nach `name` sinnvoll. Sie erreichen dies, indem Sie die verschiedenen Spalten der Reihe nach, mit Komma (`,`) getrennt, nach dem `ORDER BY` angeben. Für jede der angegebenen Spalten kann eine eigene Sortierreihenfolge bestimmt werden. Schreiben Sie dazu direkt nach dem Spaltennamen, der absteigend sortiert werden soll, `DESC`. Dies beeinflusst die Sortierreihenfolge der vorherigen Spalten nicht.

```
mysql> SELECT vorname,name,plz,ort FROM teilnehmer
    -> ORDER BY ort DESC, name;
+-----------+------------+-------+---------------+
| vorname   | name       | plz   | ort           |
+-----------+------------+-------+---------------+
| Tom       | Clancy     | NULL  | Wasserfeld    |
| Randal L. | Schwartz   | NULL  | Programmstadt |
| Larry     | Wall       | NULL  | Programmstadt |
| Max       | Mustermann | 99999 | Musterhausen  |
| Maria     | Mustermann | 99999 | Musterhausen  |
| Willi     | Meier      | 99999 | Musterhausen  |
| Frida     | Meier      | 99999 | Musterhausen  |
| Umberto   | Eco        | NULL  | Mittelalter   |
| J.R.R.    | Tolkien    |       | Hobbingen     |
| Stephen   | King       | NULL  | Geisterhausen |
| Douglas   | Adams      |       | Galaxie       |
| Terry     | Pratchett  |       | Ankh-Morpork  |
+-----------+------------+-------+---------------+
12 rows in set (0.00 sec)

mysql>
```

4.8.10 Doppelte Werte ausblenden (`DISTINCT`)

In der Tabelle `teilnehmer` sind einige Einträge doppelt vorhanden. Wenn Sie nun eine Abfrage aller Nachnamen (`name`) durchführen, würden Sie als Ergebnis unter anderem folgende Einträge bekommen:

```
mysql> SELECT name FROM teilnehmer;
+------------+
| name       |
+------------+
```

```
| Mustermann |
| Meier      |
| Mustermann |
| Meier      |
:
mysql>
```

Soll allerdings jeder Name nur einmal ausgegeben werden, so muss das Schlüsselwort `DISTINCT` vor der Auswahl der anzuzeigenden Felder des `SELECT`-Befehls stehen.

```
mysql> SELECT DISTINCT name FROM teilnehmer;
+------------+
| name       |
+------------+
| Mustermann |
| Meier      |
:
mysql>
```

4.8.11 Ergebnismenge zahlenmäßig einschränken (`LIMIT`)

Oftmals enthalten Tabellen sehr viele Datensätze. Eine Abfrage liefert von diesen Datensätzen immer alle Werte, die die bei `SELECT` angegebenen Bedingungen erfüllen. Sollten Sie sich dagegen nur für eine bestimmte Anzahl von Werten interessieren (beispielsweise nur die ersten drei), so kann am Ende des `SELECT`-Kommandos das Schlüsselwort `LIMIT` benutzt werden. Nach `LIMIT` tragen Sie die Anzahl der anzuzeigenden Zeilen ein. Für die ersten drei Werte sieht das Kommando folgendermaßen aus:

```
mysql> SELECT name FROM teilnehmer ORDER BY name LIMIT 3;
+--------+
| name   |
+--------+
| Adams  |
| Clancy |
| Eco    |
+--------+
3 rows in set (0.00 sec)

mysql>
```

Mit `LIMIT` können nicht nur die ersten angegebenen Werte ausgegeben werden, sondern Sie haben auch die Möglichkeit, ein so genanntes „Offset“ anzugeben.

Mit dem Offset legen Sie die Zeile fest, ab der Sie die angegebene Anzahl der Werte aus Ihrer Ergebnismenge sehen möchten. Der Offset wird vor der Anzahl der anzuzeigenden Zeilen mit Komma (,) geschrieben.

Um nun die nächsten 2 Zeilen der Tabelle `teilnehmer` auszugeben, benutzen Sie folgendes Kommando:

```
mysql> SELECT name FROM teilnehmer ORDER BY name LIMIT 3,2;
+-----------+
| name      |
+-----------+
| King      |
| Mustermann |
+-----------+
2 rows in set (0.00 sec)

mysql>
```

Beachten Sie dabei allerdings, dass MySQL die Zeilennummerierung bei 0 beginnt, daher waren die ersten drei Zeilen, die Sie bei der ersten Abfrage mit `LIMIT` bekommen haben, die Zeilen mit der Nummer 0 bis 2. Bei der gerade durchgeführten Abfrage haben Sie also hinter `LIMIT` angegeben, dass beginnend mit der Zeile 3 die nächsten 2 Zeilen ausgegeben werden.

4.8.12 Der Wert NULL in Abfragen

Sie haben sicherlich schon festgestellt, dass bei der Tabelle `teilnehmer` in der Spalte `plz` bei einigen Einträgen der Wert `NULL` steht. Abfragen auf dieser Spalte sind allerdings nicht so einfach wie auf normalen Spalten. Der Wert `NULL` kann nicht mit dem normalen Vergleichsoperator (=) überprüft werden.

Um alle Datensätze der `teilnehmer`-Tabelle zu bekommen, die in der Spalte `plz` den Wert `NULL` haben, benutzen Sie als Vergleichsoperator `IS`. Für den gegenteiligen Fall, das heißt, um Datensätze zu bekommen, die nicht den Wert `NULL` enthalten, benutzen Sie `IS NOT`.

```
mysql> SELECT name,plz,ort FROM teilnehmer
    -> WHERE plz IS NULL;
+----------+------+--------------+
| name     | plz  | ort          |
+----------+------+--------------+
| Eco      | NULL | Mittelalter  |
| King     | NULL | Geisterhausen |
| Clancy   | NULL | Wasserfeld   |
| Schwartz | NULL | Programmstadt |
| Wall     | NULL | Programmstadt |
```

```
+----------+-----+--------------+
5 rows in set (0.38 sec)

mysql>
```

Beachten Sie auch hier den Unterschied zwischen `NULL` und einem leeren String `""`. In der Abfrage mit `IS NULL` bekommen Sie nur die Datensätze, die tatsächlich den Wert `NULL` enthalten, und nicht alle Datensätze, bei denen die Postleitzahl leer ist! Um diese Datensätze als Ergebnis einer Abfrage zu bekommen, müssen sowohl die Zeilen abgefragt werden, die den Wert `NULL` enthalten, und alle, die den leeren String enthalten.

Es müssen also folgende Bedingungen erfüllt sein:

- `plz IS NULL`
- `plz = ""`

Überlegen Sie, welcher logische Operator zu wählen ist, um die beiden Bedingungen zu verknüpfen! Denken Sie an den Trick, die Bedingungen mit „und zugleich" in Sprache zu übersetzen, dann ist klar, dass Sie hier eine `OR`-Verknüpfung benötigen.

```
mysql> SELECT name,plz,ort FROM teilnehmer
    -> WHERE plz IS NULL OR plz = "";
+-----------+------+---------------+
| name      | plz  | ort           |
+-----------+------+---------------+
| Adams     |      | Galaxie       |
| Pratchett |      | Ankh-Morpork  |
| Tolkien   |      | Hobbingen     |
| Eco       | NULL | Mittelalter   |
| King      | NULL | Geisterhausen |
| Clancy    | NULL | Wasserfeld    |
| Schwartz  | NULL | Programmstadt |
| Wall      | NULL | Programmstadt |
+-----------+------+---------------+
8 rows in set (0.00 sec)

mysql>
```

4.8.13 Werte mit SQL-Mustervergleichen suchen (`LIKE`)

Alle bisher durchgeführten Abfragen haben beim Testen immer auf exakte Übereinstimmungen geprüft. Was machen Sie allerdings, wenn Ihre Suche nur *ungefähr* mit Ihren Angaben übereinstimmen muss?

Mit MySQL können Sie zwei Arten von Mustervergleichen durchführen: Zum einen die Standard-SQL-Mustersuche und zum anderen die Suche mit regulären Ausdrücken, wie sie auch von vielen UNIX-Tools verwendet werden.

Bei den Vergleichswerten einer solchen Abfrage können Sie mit so genannten Jokerzeichen den Vergleich zu einem Mustervergleich durchführen. Hierbei wird eben nicht die absolute Übereinstimmung der Werte geprüft, sondern nur eine Übereinstimmung der Ergebnisse mit dem Muster und den darin enthaltenenen Jokerzeichen.

Die Jokerzeichen, die Sie in Standard-SQL benutzen können, sind das Prozentzeichen (`%`) und der Unterstrich (_). Mit dem Prozentzeichen geben Sie an, dass an dieser Stelle *beliebig viele beliebige Zeichen* stehen können. Eine beliebige Zeichenfolge kann in MySQL aus jeder Kombination von ASCII-Werten bestehen. Nur `NULL` wird nicht gefunden. Beachten Sie dabei, dass *beliebig viele* auch *kein* Zeichen bedeuten kann.

Mit dem Unterstrich bestimmen Sie, dass an dieser Stelle *genau ein beliebiges Zeichen* steht. Diese Jokerzeichen können Sie auch kombinieren, d. h., in einer Abfrage kann sowohl `%` als auch _ vorkommen.

Folgende Muster sollen als Beispiel dienen:

Muster	mögliche Treffer	kein Treffer
`a_c`	`abc`, `a c`, `a5c`, ...	`abcd`
`___`	`xzy`, alle Zeichenketten mit 3 Zeichen	`xy`
`%beere`	`himbeere`, `erdbeere`, `beere`, alle Zeichenfolgen, die auf `beere` enden	`beerenwein`
`Me%er`	`Meter`, `Meer`, `Meier`, ...	`Mehr`
`%`	`""` (leere Zeichenkette), jede beliebige Zeichenfolge	`NULL`
`%ss%`	`Messer`, `nass`, alle Zeichenfolgen, die `ss` enthalten	`suse`
`Me__er%`	`Messer`, `Meckermail`	`Metermaß`

Diese SQL-Suchmuster sind immer dann erfolgreich, wenn das Muster mit dem kompletten Vergleichsstring übereinstimmt.

Da ein Vergleich über das = nicht nach einem Muster sucht, muss hier ein anderer Vergleichsoperator her. Um mit den Standard-SQL-Mustern zu suchen, verwenden Sie den Operator `LIKE`.

Eine Suche nach allen Teilnehmern, deren Name mit einem `m` beginnt, lautet somit wie folgt:

```
mysql> SELECT name,vorname,ort FROM teilnehmer
    -> WHERE name LIKE "m%";
+------------+---------+--------------+
```

```
| name       | vorname | ort          |
+------------+---------+--------------+
| Mustermann | Max     | Musterhausen |
| Meier      | Willi   | Musterhausen |
| Mustermann | Maria   | Musterhausen |
| Meier      | Frida   | Musterhausen |
+------------+---------+--------------+
4 rows in set (0.52 sec)

mysql>
```

Suchen Sie dagegen alle Teilnehmer, die in einem `weg` wohnen, so verwenden Sie folgende Abfrage:

```
mysql> SELECT name,vorname,strasse FROM teilnehmer
    -> WHERE strasse LIKE "%weg%";
+----------+------------+-------------+
| name     | vorname    | strasse     |
+----------+------------+-------------+
| Tolkien  | J.R.R.     | Feenweg     |
| Eco      | Umberto    | Rosenweg    |
| Schwartz | Randal L.  | Perlenweg 5 |
| Wall     | Larry      | Perlenweg 3 |
+----------+------------+-------------+
4 rows in set (0.01 sec)

mysql>
```

4.8.13.1 Übung: Mustervergleich

Übung 2: Sie möchten in einer Abfrage alle Datensätze finden, in denen im Feld `firma` ein Eintrag steht. Überlegen Sie sich, warum die folgende Abfrage zu fünf Ergebnissen führt, statt nur zu zweien, die man eigentlich erwartet hätte.

```
mysql> SELECT name,vorname,firma FROM teilnehmer
    -> WHERE firma LIKE "%";
+------------+---------+-------------------------+
| name       | vorname | firma                   |
+------------+---------+-------------------------+
| Mustermann | Max     | Sparkasse Musterhausen  |
| Meier      | Frida   | Meier GmbH              |
| Adams      | Douglas |                         |
| Pratchett  | Terry   |                         |
| Tolkien    | J.R.R.  |                         |
+------------+---------+-------------------------+
```

```
5 rows in set (0.00 sec)

mysql>
```

Welche Abfrage hätten Sie wählen müssen, um nur diejenigen Datensätze zu bekommen, die tatsächlich einen Eintrag in der Spalte `firma` haben?

Die Antwort darauf finden Sie im Anhang A.3.2.

4.8.14 Werte mit regulären Ausdrücken suchen (REGEXP)

Bei Suchen, die mit regulären Ausdrücken durchgeführt werden, muss das Muster nur irgendwo im Vergleichsstring auftreten, um zu einem Treffer zu führen. Es sei denn, Sie geben geben mit Ankern (`^`, `$`) die Position an.

Die Jokerzeichen, die Sie in MySQL bei regulären Ausdrücken verwenden können, entsprechen in etwa denen, die auch `grep`, `find`, `vi`,... verwenden.

Hier noch einmal eine kurze Zusammenfassung der wichtigsten Sonderzeichen bei regulären Ausdrücken:

Tabelle 4.13: Sonderzeichen bei regulären Ausdrücken

Sonderzeichen	Bedeutung
`^`	Zeilenanfang
`$`	Zeilenende
`.`	findet ein beliebiges Zeichen (hier auch `\n`)
`[...]`	findet eines der in eckigen Klammern angegebenen Zeichen
`[^...]`	findet alles außer den Zeichen nach dem ^
|	findet entweder das links von | stehende Musterelement *oder* das rechts davon stehende
`(...)`	Runde Klammern fassen den Inhalt zu einem Musterelement zusammen. Dies wird häufig bei Multiplikatoren oder aber auch für | benutzt

Zur Angabe der Anzahl benutzt man in regulären Ausdrücken einen „Multiplikator“. Die Multiplikatoren, die Sie verwenden können, stehen in folgender Tabelle:

Tabelle 4.14: Multiplikatoren bei regulären Ausdrücken

Multiplikator	Bedeutung
`*`	das voranstehende Musterelement darf *beliebig oft* vorkommen; entspricht `{0,}`
`+`	das voranstehende Musterelement muss *mindestens einmal* vorkommen; entspricht `{1,}`
`?`	das voranstehende Musterelement muss *null- oder einmal* vorkommen, entspricht `{0,1}`
`{m}`	das voranstehende Musterelement muss *genau m-mal* vorkommen
`{m,n}`	das voranstehende Musterelement muss *mindestens m-mal höchstens n-mal* vorkommen
`{,n}`	das voranstehende Musterelement darf *bis zu n-mal* vorkommen
`{m,}`	das voranstehende Musterelement muss *mindestens m-mal* vorkommen

Gültige Muster sind beispielsweise:

Muster	mögliche Treffer	kein Treffer
`a.c`	`abc,xyz a4c hij,` alle Zeichenfolgen mit einem a gefolgt von einem bel. Zeichen, gefolgt von c	`ac`
`a.*c`	`ac,abc,` alle Zeichenfolgen mit einem a gefolgt von bel. vielen beliebigen Zeichen, gefolgt von einem c	`hallo`
`m[ae][iy]e?r`	`mair,mayr,maier,meier,...`	`maeiyer`
`(brom|him)beere`	`brombeere,himbeere`	`erdbeere`
`^ja$`	`ja`	`jawohl`

Die Suche nach allen Teilnehmern, die in einem `weg` wohnen, lässt sich mit regulären Ausdrücken folgendermaßen realisieren:

```
SELECT name,vorname,strasse FROM teilnehmer
WHERE strasse REGEXP "weg"
```

Eine Suche nach allen Straßen, in denen zwei `e`s bzw. `o`s hintereinander stehen, liefert:

```
mysql> SELECT name,vorname,strasse FROM teilnehmer
    -> WHERE strasse REGEXP "[eo]{2}";
+---------+---------+------------+
| name    | vorname | strasse    |
+---------+---------+------------+
| Tolkien | J.R.R.  | Feenweg    |
| Clancy  | Tom     | Bootsplatz |
+---------+---------+------------+
2 rows in set (0.00 sec)

mysql>
```

4.8.15 Berechnungen bei Abfragen durchführen

Bisher haben Abfragen als Ergebnis exakt die Werte aus der Tabelle ausgegeben, die auch in der Tabelle zu finden sind. Mit MySQL ist es auch möglich, Spalten auszugeben, die aufgrund von Berechnungen ihre Werte erzeugen. Ein Beispiel dazu haben Sie bereits auf Seite 183 gesehen.

Bei dieser Berechnung wurden nur Operationen mit feststehenden Werten (`1+1`) durchgeführt. Der eigentlich interressante Teil von Berechnungen bei Abfragen bezieht sich allerdings auf Berechnungen, die mit Spalten aus der Tabelle durchgeführt werden.

Um solch eine Kalkulation durchzuführen, geben Sie bei der Auswahl der Spalten, die angezeigt werden sollen, Ihre Operationen mit der oder den Spalten, die für diese Berechnung benötigt werden, mit an.

In der Tabelle `kurse` steht in der Spalte `preis` der Netto-Preis. Nun soll anstelle dieses Preises die Mehrwertsteuer ausgegeben werden. Dazu nehmen Sie die Spalte `preis` mal 16%. Da hier nicht mit Prozent gerechnet werden kann, multiplizieren Sie die Spalte `preis` mit `0.16`.

```
mysql> SELECT kursname,preis*0.16 FROM kurse;
+----------------------------------------------+------------+
| kursname                                     | preis*0.16 |
+----------------------------------------------+------------+
| Linux für Einsteiger                         |     288.00 |
| Apache - Webserver                           |     384.00 |
| MySQL - Relationale Datenbank                |     624.00 |
| PHP - Programmierung interaktiver Webseiten |     384.00 |
+----------------------------------------------+------------+
4 rows in set (0.00 sec)

mysql>
```

Genauso könnten Sie auch den Brutto-Preis ausgeben lassen:

```
SELECT kursname,preis*1.16 FROM kurse;
```

Diese Berechnungen können nicht nur mit reinen Zahlenfeldern durchgeführt werden, sondern sind auch mit Datums- und Zeitfeldern möglich.

Ein Beispiel für eine solche Kalkulation wäre die Anzahl der Tage, die die einzelnen Kurse dauern. Da in der Tabelle `kurse` sowohl `beginn` als auch `ende` abgelegt sind, kann über deren Differenz die Dauer eines Kurses berechnet werden. Allerdings ist zu beachten, dass das Ergebnis von `ende - beginn` immer einen Tag zu wenig liefert, als Sie eigentlich erwarten würden. Überlegen Sie einfach, was passiert, wenn `ende` und `anfang` gleich sind. In diesem Fall wäre das Ergebnis `0`. Betrachten Sie das Ergebnis als die Anzahl der vergangenen Tage zwischen Enddatum und Beginn, so macht die Aussage `0` durchaus Sinn, da ja bei gleichem Beginn und Enddatum auch tatsächlich kein Tag vergangen ist. Um nun die korrekte Aussage der Dauer eines Kurses zu bekommen, addieren Sie einfach den Wert `1` zur Differenz aus `ende` und `beginn`.

```
mysql> SELECT kursname,ende-beginn+1 FROM kurse;
+-------------------------------------------+---------------+
| kursname                                  | ende-beginn+1 |
+-------------------------------------------+---------------+
| Linux für Einsteiger                      |             3 |
| Apache - Webserver                        |             3 |
| MySQL - Relationale Datenbank             |             5 |
| PHP - Programmierung interaktiver Webseiten |           3 |
+-------------------------------------------+---------------+
4 rows in set (0.24 sec)

mysql>
```

4.8.15.1 Übungen zum Berechnen bei Abfragen

Übung 3: Berechnen Sie den Preis pro Tag für alle Kurse.

Die Lösung finden Sie in Anhang A.3.3.

4.8.16 Einen Alias festlegen

Bei den berechneten Spalten wird als Überschrift für diese Spalten im Normalfall die Formel für diese Berechnung ausgegeben. Dadurch wird die Spalte mit der Kursdauer unnötig breit. Auch ist es schwieriger, auf diese Spalte zu verweisen als beispielsweise eine Sortierung nach dieser Spalte durchzuführen. Dies kann aber umgangen werden, indem Sie für diese Spalte einen „Alias" festlegen. Dies erledigen Sie durch das Hinzufügen von `AS` nach dem Spaltennamen, für den Sie einen Alias festlegen wollen. Anschließend tragen Sie noch den Namen ein, der als Spaltenüberschrift dienen soll.

Die Abfrage mit der Kursdauer lautet nun:

```
mysql> SELECT kursname,ende-beginn+1 AS dauer FROM kurse;
+-----------------------------------------+-------+
| kursname                                | dauer |
+-----------------------------------------+-------+
:
mysql>
```

Wenn Sie nun die Kurse nach der Dauer sortiert haben möchten, kann dies durch folgenden SQL-Befehl geschehen:

```
mysql> SELECT kursname,ende-beginn+1 AS dauer
    -> FROM kurse ORDER BY dauer DESC;
+-----------------------------------------+-------+
| kursname                                | dauer |
+-----------------------------------------+-------+
| MySQL - Relationale Datenbank           |     5 |
| Linux für Einsteiger                    |     3 |
| Apache - Webserver                      |     3 |
| PHP - Programmierung interaktiver Webseiten |     3 |
+-----------------------------------------+-------+
4 rows in set (0.00 sec)

mysql>
```

4.8.17 Abfragen mit Aggregatfunktionen

Funktionen, die Werte zusammenfassen, werden als „Aggregatfunktionen" bezeichnet. Diese Funktionen dienen dazu, über mehrere Spalten eine Berechnung durchzuführen. Die erste Aggregatfunktion, die Sie hier testen, ist die `COUNT()`-Funktion. Diese dient dazu, die Anzahl der Zeilen, die ungleich `NULL` sind, in der Ergebnismenge zu zählen. Wird dieser Funktion der Stern (`*`) als Parameter übergeben, so liefert sie als Ergebnis die Anzahl der Zeilen, egal ob diese `NULL` enthalten oder nicht.

Mit folgender Abfrage zählen Sie zum einen die Anzahl aller Datensätze, zum anderen die Datensätze, bei denen ein Wert ungleich `NULL` in der Spalte `firma` steht.

```
mysql> SELECT COUNT(*),COUNT(firma) FROM teilnehmer;
+----------+--------------+
| COUNT(*) | COUNT(firma) |
```

```
+----------+-------------+
|       12 |           5 |
+----------+-------------+
1 row in set (0.00 sec)

mysql>
```

Die erste Spalte gibt an, dass Sie 12 Teilnehmer in der Tabelle haben. In der zweiten Spalte steht, dass Sie 5 Einträge in der Spalte `firma` haben, die ungleich `NULL` sind. Dies ist auch das Ergebnis, dass Sie in der Übung 2 sehen konnten.

Möchten Sie nun wissen, wie viele verschiedene Orte in der Tabelle `teilnehmer` enthalten sind, kombinieren Sie die Funktionen `COUNT` und `DISTINCT`.

```
mysql> SELECT COUNT(DISTINCT ort) FROM teilnehmer;
+---------------------+
| COUNT(DISTINCT ort) |
+---------------------+
|                   8 |
+---------------------+
1 row in set (0.00 sec)

mysql>
```

Diese Aussage zeigt, dass es in der Tabelle `teilnehmer` 8 verschiedene Orte gibt.

Bei den Abfragen können Sie auch mit Bedingungen festlegen, welche Werte überhaupt gezählt werden sollen. Dies wird – wie bisher auch – mit der `WHERE`-Klausel eingeschränkt. Falls Sie also wissen möchten, wie viele Personen aus Musterhausen in Ihrer Tabelle `teilnehmer` stehen, so fragen Sie das folgendermaßen ab:

```
mysql> SELECT COUNT(*) FROM teilnehmer WHEREort="Musterhausen";
+----------+
| COUNT(*) |
+----------+
|        4 |
+----------+
1 row in set (0.00 sec)

mysql>
```

Die Überschrift dieser Ergebnisspalte kann auch bei berechneten Spalten mit `AS alias` geändert werden. Um als Überschrift für diese Spalte `anzahl` festzulegen, wäre das SQL-Kommando:

```
SELECT COUNT(*) AS anzahl FROM teilnehmer
WHERE ort="Musterhausen"
```

Falls Sie ein Komplettpaket über alle Kurse anbieten möchten, so müssen Sie zunächst herausfinden, was alle Kurse miteinander kosten. Auch dies können Sie mit einer Aggregatfunktion aus der Tabelle `kurse` berechnen. Dazu müssen Sie alle einzelnen Preise aufsummieren. Dies erledigt die Funktion `SUM`.

```
mysql> SELECT SUM(preis) FROM kurse;
+------------+
| SUM(preis) |
+------------+
|   10500.00 |
+------------+
1 row in set (0.03 sec)

mysql>
```

Damit könnten Sie nun die Kalkulation für das Komplettpaket durchführen.

Manchmal benötigen Sie für eine Statistik den mittleren Preis Ihrer Kurse. Die zugehörige Aggregatfunktion lautet `AVG`. In den Klammern dieser Funktion geben Sie wieder die Spalte an, deren Mittelwert Sie berechnen möchten. Selbstverständlich kann auch für diese Spalte ein Alias festgelegt werden, um die Spaltenüberschrift nicht `AVG(preis)` lauten zu lassen.

```
mysql> SELECT AVG(preis) AS mittelwert FROM kurse;
+-------------+
| mittelwert  |
+-------------+
| 2625.000000 |
+-------------+
1 row in set (0.00 sec)

mysql>
```

Die weiteren Aggregatfunktionen finden Sie in Anhang C.2.6.

4.8.18 Abfragen mit festgelegten Gruppierungen (GROUP BY)

Im vorigen Kapitel haben Sie gesehen, wie Sie die Anzahl der Personen aus einer Stadt herausfinden. Wenn Sie nun allerdings das Gleiche für alle Städte bewerkstelligen möchten, müssen Sie folgendes beachten: Es besteht zum einen eine gewisse Fehlerwahrscheinlichkeit, da Sie möglicherweise eine Stadt vergessen könnten, und zum anderen ist es natürlich sehr mühsam, da Sie bereits bei dieser Tabelle 8 einzelne Abfragen durchführen müssen.

Besser wäre hier eine Abfrage, die die Berechnung auf Gruppen von Datensätzen durchführen könnte. Dies können alle Aggregatfunktionen automatisch in Verbindung mit dem Parameter GROUP BY. Der Parameter bewirkt, dass MySQL vor der Berechnung der Aggregatfunktion Werte nach der angegebenen Spalte gruppieren soll.

Mit dem Parameter GROUP BY heißt die Abfrage nach der Anzahl der Personen, die aus einer Stadt kommen, folgendermaßen:

```
mysql> SELECT ort,COUNT(*) FROM teilnehmer GROUP BY ort;
+--------------+----------+
| ort          | COUNT(*) |
+--------------+----------+
| Ankh-Morpork |        1 |
| Galaxie      |        1 |
| Geisterhausen |       1 |
| Hobbingen    |        1 |
| Mittelalter  |        1 |
| Musterhausen |        4 |
| Programmstadt |       2 |
| Wasserfeld   |        1 |
+--------------+----------+
8 rows in set (0.00 sec)

mysql>
```

Vielleicht fällt Ihnen auf, dass die Ergebnisse nach der Spalte ort sortiert sind. Dies ist die Standardeinstellung beim Verwenden von GROUP BY: Es wird immer nach der Spalte sortiert, die auch zum Gruppieren verwendet wurde. Soll die Ausgabe Ihrer berechneten Werte nun nach der Anzahl der Personen sortiert werden, so können Sie das über die Spaltennummer der ausgegebenen Spalten erledigen:

```
SELECT ort,COUNT(*) FROM teilnehmer
GROUP BY ort ORDER BY 2 DESC
```

Eine Alternative dazu ist, der berechneten Spalte wieder einen Alias zuzuweisen. Diesen Alias können Sie nun auch zum Sortieren verwenden:

```
SELECT ort,COUNT(*) AS personen FROM teilnehmer
GROUP BY ort ORDER BY personen DESC
```

4.8.18.1 Übung: Gruppierte Abfragen

Übung 4: Führen Sie folgende Abfragen durch:

- Berechnen Sie den Durchschnittspreis der Kurse, gruppiert nach Ort!
- Berechnen Sie die Summe der Preise aller Kurse, die am selben Tag beginnen bzw. der Kurse, die am selben Tag enden!

- Wie viele Kurse finden pro Ort statt?

Die Lösung finden Sie in Anhang A.3.4.

4.8.19 Abfragen aus mehreren Tabellen

In vielen Situationen, die Sie später mit Datenbanken lösen müssen, werden Ihre Daten nicht nur in einer Tabelle stehen, sondern sie sind über mehrere Tabellen verteilt. Sie können mit MySQL nun auch Abfragen ausführen, die Werte aus vielen unterschiedlichen Tabellen, sogar aus anderen Datenbanken, benutzen. Genau diese Art von Abfragen sind es, die eine relationale Datenbank ausmachen, nämlich *Relationen* herzustellen.

Um Relationen zwischen Tabellen herzustellen, benötigen Sie noch eine weitere Tabelle, die auf den ersten Blick vielleicht etwas sinnlos erscheint, aber diese ist für die Schulungsdatenbank der Dreh- und Angelpunkt.

Die neue Tabelle soll nun alle Informationen über Kurse und deren Teilnehmer enthalten. Es muss also möglich sein, anhand dieser Tabelle herauszufinden, welcher Teilnehmer an welchem Kurs teilgenommen hat. Aber natürlich können dann auch Abfragen, die die Anzahl der Teilnehmer pro Kurs ermitteln und vieles mehr, erstellt werden.

Es ist aufgrund der Relationen nicht nötig, sämtliche Kursinformationen und sämtliche Personeninformationen in diese Tabelle aufzunehmen. Es genügt, wenn die Person dem Kurs zugeordnet werden kann.

Die Informationen, die dafür in diese Tabelle geschrieben werden, müssen also den Teilnehmer eindeutig identifizieren ebenso wie den Kurs, an dem die Person teilgenommen hat. Diese eindeutige Identifikation kann zum einen über die `kursnr` erfolgen und zum anderen über `teilnehmernr`. Diese Felder sind die Primärschlüssel der beiden anderen Tabellen.

Sie müssen also eine Tabelle mit den beiden Feldern `kursnr` und `teilnehmernr` erzeugen. Die Frage, die noch offen ist, lautet: Welche Felddatentypen sollen diese beiden Felder bekommen? Da diese Felder nachher mit den gleichnamigen Feldern der Tabellen `kurs` und `teilnehmer` verknüpft werden, sollten Sie die gleichen Datentypen wählen, wie bei diesen Tabellen: `SMALLINT UNSIGNED`. Anschließend klären Sie, welche Attribute die Felder haben müssen. Da ein Datensatz in dieser Tabelle keinen Sinn ergeben würde, wenn nicht sowohl die `kursnr` als auch die `teilnehmernr` eingetragen sind, wählen Sie für beide Felder `NOT NULL`.

Was ist allerdings mit dem Attribut `AUTO_INCREMENT`, das in den beiden Tabellen `kurse` und `teilnehmer` für die Felder `kursnr` und `teilnehmernr` vergeben war?

Dieses Attribut ist in diesem Fall sinnlos, da keine der beiden Nummern automatisch hochgezählt werden soll, sondern jeder Eintrag muss beliebig vergeben werden können.

Ähnlich verhält es sich mit dem Index bzw. Primärschlüssel, da jede Nummer individuell vergeben werden muss und auch mehrfach in die Tabelle geschrieben wird, darf hier kein Index gesetzt werden. Falls Sie `PRIMARY_KEY` oder `UNIQUE` auf eines der beiden Felder setzen würden, hätte das sogar schwerwiegende Folgen. Sie könnten dann entweder für jeden Kurs nur einen Teilnehmer aufnehmen (Index auf `kursnr`) oder jeder Teilnehmer könnte nur einen Kurs belegen (Index auf `teilnehmernr`), was für einen zukünftigen Ausbau der Datenbank nicht geeignet ist.

Sie legen die Tabelle also wie folgt an:

```
mysql> CREATE TABLE kursteilnehmer (
    ->  kursnr SMALLINT UNSIGNED NOT NULL,
    ->  teilnehmernr SMALLINT UNSIGNED NOT NULL);
Query OK, 0 rows affected (0.00 sec)
mysql>
```

Folgende Informationen werden nun in dieser Tabelle gespeichert:

Am Kurs `Linux für Einsteiger` nehmen folgende Personen teil:

teilnehmernr	vorname	name
1	Max	Mustermann
3	Maria	Mustermann
5	Douglas	Adams
7	J.R.R.	Tolkien
9	Stephen	King

Am Kurs `Apache - Webserver` nehmen folgende Personen teil:

teilnehmernr	vorname	name
2	Willi	Meier
4	Frida	Meier
6	Terry	Pratchett
8	Umberto	Eco

Am Kurs `MySQL - Relationale Datenbank` nehmen folgende Personen teil:

teilnehmernr	vorname	name
10	Tom	Clancy
11	Randal L.	Schwartz

Und letztendlich nimmt an `PHP - Programmierung interaktiver Webseiten` nur folgender Teilnehmer teil:

teilnehmernr	vorname	name
12	Larry	Wall

Sie sehen anhand dieser Aufstellung schon, wie aufwendig es eigentlich ist, diese Informationen ohne Relationen darzustellen. Für die Tabelle `kursteilnehmer` reicht es aus, folgende Werte aufzunehmen:

kursnr	teilnehmernr
1	1
1	3
1	5
1	7
1	9
2	2
2	4
2	6
2	8
3	10
3	11
3	12

Das Ganze als SQL-Kommando lautet:

```
mysql> INSERT INTO kursteilnehmer VALUES
    ->  (1,1),(1,3),(1,5),(1,7),(1,9),
    ->  (2,2),(2,4),(2,6),(2,8),
    ->  (3,10),(3,11),(4,12);
Query OK, 12 rows affected (0.02 sec)
Records: 12  Duplicates: 0  Warnings: 0

mysql>
```

Diese Informationen sind ohne die beiden Tabellen `kurse` und `teilnehmer` völlig wertlos. Bei Abfragen, die aus verschiedenen Tabellen ihre Informationen beziehen sollen, können mehrere Möglichkeiten verwendet werden, um die Tabellen miteinander zu verknüpfen. Eine erste Möglichkeit, die mit mehreren Tabellen arbeitet, ist, bei `SELECT` Felder aus beiden Tabellen anzugeben und bei `FROM` beide Tabellen zu verwenden:

```
SELECT kursnr,vorname,name FROM kursteilnehmer,teilnehmer
```

Allerdings werden Sie bei dieser Abfrage eine Unmenge an Ergebnissen bekommen (genauer gesagt 144). Warum kommt nun nicht das gewünschte Ergebnis heraus? Bei Abfragen wie dieser wird in MySQL das so genannte „karthesische Produkt“ aus beiden Tabellen gebildet. Dies bedeutet, dass alle Elemente der einen Tabelle mit allen Elementen der anderen Tabelle verknüpft werden. Eine mögliche Lösung ist es, eine `WHERE`-Klausel zu verwenden, die angibt, dass in der Ergebnismenge die `teilnehmernr` in beiden Tabellen die gleiche sein muss. Dazu müssen Sie allerdings festlegen, aus welcher Tabelle die `teilnehmernr` kommt. Dazu geben Sie vor dem Feldnamen noch den Tabellennamen – durch einen Punkt getrennt – an. Diese Schreibweise muss immer dann verwendet werden, wenn die Feldauswahl nicht eindeutig ist. Damit sieht die Abfrage wie folgt aus:

```
mysql> SELECT kursnr,vorname,name FROM kursteilnehmer,teilnehmer
    -> WHERE kursteilnehmer.teilnehmernr=teilnehmer.teilnehmernr;
+--------+-----------+------------+
| kursnr | vorname   | name       |
+--------+-----------+------------+
|      1 | Max       | Mustermann |
|      1 | Maria     | Mustermann |
|      1 | Douglas   | Adams      |
|      1 | J.R.R.    | Tolkien    |
|      1 | Stephen   | King       |
|      2 | Willi     | Meier      |
|      2 | Frida     | Meier      |
|      2 | Terry     | Pratchett  |
|      2 | Umberto   | Eco        |
|      3 | Tom       | Clancy     |
|      3 | Randal L. | Schwartz   |
|      4 | Larry     | Wall       |
+--------+-----------+------------+
12 rows in set (0.45 sec)

mysql>
```

Allerdings ist diese Methode bei größeren Datenmengen nicht zu empfehlen, da hier nach wie vor zuerst das karthesische Produkt aus beiden Tabellen gebildet wird und danach aus den Ergebnissen diejenigen herausgefiltert werden, die die `WHERE`-Klausel erfüllen. Stellen Sie sich vor, Sie hätten zwei Tabellen mit „nur“ 100 Datensätzen und würden diese über die obige Abfrage verknüpfen, so ergäbe das bereits 10.000 Ergebnisse, die von MySQL gebildet und danach noch auf die `WHERE`-Klausel überprüft werden müssten.

Um dies zu vermeiden, existiert in SQL die Möglichkeit, zwei Tabellen mit Hilfe des Parameters `JOIN` zu verknüpfen. Der Vorteil dieser Methode liegt eben darin, dass nicht alle Werte zuerst kombiniert werden, und dann daraus die passenden gesucht werden, sondern hier werden nur passende Kombinationen aus beiden Tabellen gebildet und diese dann als Ergebnis zurückgegeben.

Bei `JOIN` geben Sie – genauso wie beim obigen `SELECT` – die Felder an, die angezeigt werden sollen, aber nach `FROM` steht nur die Haupttabelle, aus der alle Werte angezeigt werden sollen. Nach dieser Haupttabelle wird das Schlüsselwort `LEFT JOIN` angegeben. Nach `LEFT JOIN` geben Sie die Tabelle an, mit der die Werte der Haupttabelle verknüpft werden sollen.

Um noch festzulegen, wie diese beiden Tabellen verknüpft werden, muss nun `ON` angegeben werden und danach die Verknüpfungsbedingung (wie bei `WHERE` im obigen `SELECT`).

In der Abfrage oben ist die Haupttabelle `kursteilnehmer` (es sollen alle Einträge aus dieser Tabelle angezeigt werden und nur die passenden aus der Tabelle `teilnehmer`). Damit ist die Tabelle, die Sie beim `LEFT JOIN` angeben, `teilnehmer`.

Die Abfrage von oben sieht nun folgendermaßen aus:

```
mysql> SELECT kursnr,vorname,name FROM kursteilnehmer
    -> LEFT JOIN teilnehmer
    -> ON kursteilnehmer.teilnehmernr=teilnehmer.teilnehmernr;
+--------+-----------+------------+
| kursnr | vorname   | name       |
+--------+-----------+------------+
|      1 | Max       | Mustermann |
|      1 | Maria     | Mustermann |
|      1 | Douglas   | Adams      |
|      1 | J.R.R.    | Tolkien    |
|      1 | Stephen   | King       |
|      2 | Willi     | Meier      |
|      2 | Frida     | Meier      |
|      2 | Terry     | Pratchett  |
|      2 | Umberto   | Eco        |
|      3 | Tom       | Clancy     |
|      3 | Randal L. | Schwartz   |
|      4 | Larry     | Wall       |
+--------+-----------+------------+
12 rows in set (0.01 sec)

mysql>
```

Da Sie zum Verknüpfen in beiden Tabellen den gleichen Feldnamen stehen haben, kann man auch als Verknüpfungsfeld das Feld `teilnehmernr` mit dem Parameter `USING` anstelle des Parameters `ON` verwenden. Die Abfrage reduziert sich damit auf:

```
SELECT kursnr,vorname,name FROM kursteilnehmer
LEFT JOIN teilnehmer USING(teilnehmernr)
```

Im Ergebnis dieser Abfragen ist allerdings nach wie vor die `kursnr` enthalten. Sobald Sie einmal mehr als vier Kurse anbieten, kann man dabei jedoch sehr leicht den Überblick verlieren. Besser wäre es, wenn in der Ergebnismenge anstelle der `kursnr` der `kursname` stehen würde.

Dies lässt sich durch einen weiteren `JOIN` bewerkstelligen. Sie müssen dazu zunächst wieder die Namen der Teilnehmer mit der Tabelle `kursteilnehmer` verknüpfen, aber daran anschließend noch die Tabelle `kurse` mit diesen Tabellen verbinden.

Folgende Besonderheiten sind dabei zu beachten:

Da in der Tabelle `teilnehmer` keine `kursnr` vorhanden ist, können Sie für den zweiten `JOIN` nicht mit dem Parameter `USING` arbeiten. Das Feld `kursnr` in der Feldauswahl des `SELECT` ist nicht mehr eindeutig. Sie müssen `kurse.kursnr` oder `kursteilnehmer.kursnr` verwenden. Wobei es bei hier keinen Unterschied macht, welche Variante Sie wählen. In der Ausgabe soll die `kursnr` allerdings gar nicht mehr erscheinen, sondern der `kursname`.

Die Abfrage, die nun einen Überblick über die Kurse und deren Teilnehmer liefert, lautet:

```
mysql> SELECT kursnane,vorname,name FROM kursteilnehmer
    -> LEFT JOIN teilnehmer
    -> USING(teilnehmernr)
    -> LEFT JOIN kurse
    -> ON kurse.kursnr=kursteilnehmer.kursnr;
+---------------------------------------+----------+------------+
| kursname                              | vorname  | name       |
+---------------------------------------+----------+------------+
| Linux für Einsteiger                  | Max      | Mustermann |
| Linux für Einsteiger                  | Maria    | Mustermann |
| Linux für Einsteiger                  | Douglas  | Adams      |
| Linux für Einsteiger                  | J.R.R.   | Tolkien    |
| Linux für Einsteiger                  | Stephen  | King       |
| Apache - Webserver                    | Willi    | Meier      |
| Apache - Webserver                    | Frida    | Meier      |
| Apache - Webserver                    | Terry    | Pratchett  |
| Apache - Webserver                    | Umberto  | Eco        |
| MySQL - Relationale Datenbank         | Tom      | Clancy     |
| MySQL - Relationale Datenbank         | Randal L.| Schwartz   |
| PHP - Programmierung interaktiver Webseiten | Larry | Wall    |
+---------------------------------------+----------+------------+
```

```
12 rows in set (0.01 sec)

mysql>
```

Diese Art von Abfragen können Sie mit allen Varianten, die bei `SELECT` bislang beschrieben wurden, kombinieren. Damit sind nun folgende Abfragen möglich:

- `WHERE`-Klauseln festlegen, die die Ergebnismenge einschränken (inklusive Mustervergleichen und Vergleichen mit `NULL`)
- die Ergebnismenge mit `ORDER BY` sortiert ausgeben lassen
- doppelte Einträge mit `DISTINCT` ausblenden lassen
- eine bestimmte Anzahl an Ergebnissen mit `LIMIT` ausgeben lassen
- Berechnungen durchführen
- Aliase festlegen
- Aggregatfunktionen zum Berechnen verwenden
- Gruppierungen auf die Ergebnismenge anwenden

4.8.19.1 Übungen zu Abfragen aus mehreren Tabellen

Übung 5:

- Lassen Sie die Kursnamen ausgeben und die Anzahl der Teilnehmer pro Kurs!
- Verändern Sie die vorherige Abfrage so, dass nach der Anzahl der Teilnehmer sortiert wird. Falls das bei Ihnen schon der Fall ist, sortieren Sie nach `kursname`!
- Berechnen Sie die Einnahmen, die Sie pro Kurs haben!

Die Lösung finden Sie in Anhang A.3.5.

4.8.20 Datensätze ändern (`UPDATE`)

Die Datensätze, die in der Tabelle `teilnehmer` enthalten sind, sind bei einigen Teilnehmern nicht komplett. Falls Sie nun diese Informationen nachtragen möchten, benötigen Sie eine Funktion, um nicht nur neue Datensätze aufzunehmen, sondern um die bereits enthaltenen Datensätze zu verändern.

Mit dem SQL-Kommando `UPDATE` sind Sie in der Lage, bereits bestehende Einträge in Tabellen zu verändern. Dabei sieht ein allgemeiner Aufruf von `UPDATE` folgendermaßen aus:

```
UPDATE tabellenname SET
spaltenname1=wert1,spaltenname2=wert2,...
WHERE bedingung
```

Mit diesem `UPDATE`-Kommando soll nun die E-Mail-Adresse von `Umberto Eco` auf `umberto@eco.it` gesetzt werden.

Dazu wird als zu ändernde Tabelle `teilnehmer` angegeben. Das Feld, das geändert werden soll, ist `email`. Für die `WHERE`-Klausel müssen Sie eine Bedingung angeben, die exakt auf `Umberto Eco` passt. Dazu haben Sie verschiedene Möglichkeiten: Beispielsweise könnten Sie angeben `WHERE vorname="Umberto" AND name="Eco"`. Falls Ihnen das zu lang ist, ist es auch möglich, in der `WHERE`-Klausel die `teilnehmernr` anzugeben. Genau dafür haben wir ja diese eindeutige Identifikation eingeführt! Also würde es heißen `WHERE teilnehmernr=8`. Nur müssen Sie dazu zuerst die `teilnehmernr` herausfinden.

Achtung: Falls Sie die `WHERE`-Klausel nicht mit angeben, so ändern Sie die E-Mail Adresse *aller* eingetragenen Teilnehmer auf `umberto@eco.it`. Egal, ob die Teilnehmer bereits eine eingetragene E-Mail hatten oder nicht!

Um beim Löschen nicht aus Versehen alle Datensätze zu löschen, da Sie vergessen haben, die `WHERE`-Klausel mit anzugeben, gibt es im MySQL-Client `mysql` den Startparameter `-U` (in der langen Schreibweise `--safe-updates` oder auch `--i-am-a-dummy`). Die Angabe dieses Parameters beim Starten von `mysql` erzwingt für `UPDATE` und für `DELETE` eine `WHERE`-Klausel.

```
mysql> UPDATE teilnehmer SET email="umberto@eco.it"
    -> WHERE vorname="Umberto" AND name="Eco";
Query OK, 1 row affected (0.00 sec)
Rows matched: 1  Changed: 1  Warnings: 0

mysql>
```

Wenn Sie sich bei einer `WHERE`-Klausel nicht sicher sind, ob Sie damit auch die richtigen Datensätze verändern, so können Sie die Bedingung der `WHERE`-Klausel zuerst am besten mit einem `SELECT` überprüfen, um zu sehen, ob die richtigen Datensätze selektiert werden.

Um bei einem Datensatz mehrere Werte auf einmal zu verändern, müssen Sie im `UPDATE` hinter dem `SET` die einzelnen Feldnamen und deren neue Werte jeweils mit Kommata separieren.

Die Änderung von Herrn Tolkiens `firma` auf `Ringschmiede GmbH` und seiner E-Mail-Adresse auf `j.r.r.tolkien@mittelerde.de` lautet damit:

```
mysql> UPDATE teilnehmer
    -> SET email="j.r.r.tolkien@mittelerde.de",
    ->     firma="Ringschmiede GmbH"
    -> WHERE vorname="J.R.R." AND name="Tolkien";
```

```
Query OK, 1 row affected (0.37 sec)
Rows matched: 1  Changed: 1  Warnings: 0

mysql>
```

Mit dem SQL-Kommando `UPDATE` ist es nicht nur möglich, einen festen Wert in eine Spalte einzutragen, sondern Sie können auch Werte in den Spalten verändern.

Sie haben gesehen, dass der Tagespreis für den Kurs `Linux für Einsteiger` deutlich niedriger ist als der der anderen Kurse. Falls Sie nun beschließen, den Preis für diesen Kurs um 300 zu erhöhen, so müssen Sie für die Berechnung den alten Preis heranziehen und darauf 300 addieren. Dieses `UPDATE`-Kommando lautet wie folgt:

```
mysql> UPDATE kurse
    ->  SET preis=preis+300
    ->  WHERE kursname="Linux für Einsteiger";
Query OK, 1 row affected (0.24 sec)
Rows matched: 1  Changed: 1  Warnings: 0

mysql>
```

Es gibt Situationen, in denen Sie die `WHERE`-Klausel absichtlich weglassen. Dies ist immer dann der Fall, wenn Sie eine Operation mit sämtlichen Datensätzen durchführen möchten. Als Beispiel wäre eine globale Preisänderung zu nennen.

Genau das soll hier getestet werden: Sie möchten Ihre Kurse um 10% günstiger anbieten, ohne dabei jeden Kurs einzeln zu verändern. Auch hier das passende `UPDATE`-Kommando:

```
mysql> UPDATE kurse
    ->  SET preis=preis*0.9;
Query OK, 4 rows affected (0.00 sec)
Rows matched: 4  Changed: 4  Warnings: 0

mysql>
```

Prüfen Sie vor solch einem `UPDATE` *immer* vorher die Änderung, die durchgeführt werden soll. Da diese Änderungen unwiderruflich in der Datenbank gespeichert werden, sollte man hier besondere Vorsicht walten lassen.

4.8.21 Datensätze löschen (DELETE)

Ebenfalls häufig in Tabellen auszuführen sind Löschoperationen. Hierbei werden die Datensätze endgültig aus der Tabelle gelöscht. Das SQL-Kommando hierfür lautet DELETE. Eine allgemeine Schreibweise für ein DELETE-Kommando lautet wie folgt:

```
DELETE FROM tabellenname WHERE bedingung
```

Achtung: Falls Sie die WHERE-Klausel nicht mit angeben, so löschen Sie *alle* Datensätze aus der Tabelle!

Benutzen Sie auch hier den Startparmeter -U oder --safe-updates bzw. eben auch --i-am-a-dummy, um zu verhindern, dass DELETE-Kommandos ausgeführt werden, die keine WHERE-Klausel enthalten.

Vor dem Ausführen einer DELETE-Anweisung sollten Sie die WHERE-Klausel am besten wieder mit einem gleichlautenden SELECT überprüfen. Falls hier die korrekten Datensätze ausgewählt werden, können Sie diese WHERE-Klausel auch für ein DELETE verwenden und löschen nur die gewünschten Datensätze aus der Tabelle.

Falls Sie in der Tabelle keinen PRIMARY KEY verwenden (der ja normalerweise dazu dient, einen Datensatz eindeutig zu kennzeichnen), so können Sie bei der WHERE-Klausel auch mehrere kombinierte Bedingungen angeben.

Soll beispielsweise der Eintrag kursnr 4, teilnehmernr 12 aus der Tabelle kursteilnehmer gelöscht werden, so lautet der Aufruf wie folgt:

```
mysql> DELETE FROM kursteilnehmer
    ->  WHERE kursnr=4 AND teilnehmernr=12;
Query OK, 1 row affected (0.50 sec)

mysql>
```

4.8.22 Tabellenstruktur ändern (ALTER TABLE)

Bei den Tabellen, mit denen Sie bisher gearbeitet haben, wurde einmal die Struktur erzeugt und dann nur noch mit dieser gearbeitet. Es ist aber auch möglich, nachträglich die Struktur einer Tabelle zu verändern. Es kann aber durchaus einmal notwendig sein:

- die Eigenschaften einer Spalte zu ändern (Defaultwert, NOT NULL, ...)
- eine weitere Spalte in die Tabelle aufzunehmen
- einen Index auf einer Spalte anzulegen oder zu löschen
- die Tabelle umzubenennen

All diese Aufgaben werden von einem einzigen SQL-Kommando erledigt namens ALTER.

Intern wird beim Verwenden des ALTER-Kommandos von der zu verändernden Tabelle eine Kopie angelegt. Mit dieser Kopie werden die Änderungen durchgeführt. Bei erfolgreicher Änderung der Struktur werden die Daten der Originaltabelle in die Tabelle kopiert und dann diese Kopie zurück über das Original geschrieben. Falls Sie eine solche Operation mit einem großen Datenbestand durchführen, kann dies unter Umständen zu sehr langen Ausführzeiten führen. Desweiteren ist darauf zu achten, dass genügend Festplattenkapazität vorhanden ist, da andernfalls diese Operation nicht gelingt.

Um die verschiedenen Funktionen des `ALTER`-Kommandos auszutesten, legen Sie sich wie folgt eine Test-Tabelle an:

`CREATE TABLE`

```
mysql> CREATE TABLE altertest
    -> (col1 FLOAT, col2 CHAR(15), col3 DATE);
Query OK, 1 row affected (0.50 sec)

mysql>
```

Grundsätzlich geben Sie nach `ALTER TABLE` den Namen der Tabelle an, an der Sie Änderungen durchführen möchten. Nach dem Namen der Tabelle geben Sie eine oder mehrere Änderungsspezifikationen durch Kommata getrennt an.

4.8.22.1 Eigenschaften einer Spalte ändern

Die Eigenschaften von Tabellen können Sie mit dem Schlüsselwort `CHANGE` verändern. Nach diesem Schlüsselwort steht der Name der Spalte, die verändert werden soll. Zuletzt geben Sie die komplette Definition an, wie Sie sie auch beim Erzeugen der Spalte angegeben hätten, um die Spalte mit den neuen Eigenschaften zu speichern.

Mit dem Ändern von Spalteneigenschaften kann sehr viel gemeint sein. Hier einige Beispiele:

Umbenennen einer Spalte: Um eine Spalte umzubenennen, geben Sie nach `CHANGE` den alten Namen der Spalte an und anschließend den neuen Namen mit allen Eigenschaften, die diese Spalte vorher auch hatte.

Um die Spalte `col1` der Tabelle `altertest` in `col1neu` umzubennen, gehen Sie so vor:

```
mysql> ALTER TABLE altertest CHANGE col1
    -> col1neu FLOAT;
Query OK, 0 rows affected (0.00 sec)
Records: 0  Duplicates: 0  Warnings: 0

mysql>
```

Spaltentyp ändern: Zum Ändern des Spaltentyps wird nach dem CHANGE-Schlüsselwort der Spaltenname zweimal angegeben (alter Name entspricht dem neuen Namen) und anschließend die Definition, die für die Spalte fortan gelten soll.

Um die Spalte col3 von DATE in DATETIME zu konvertieren, wird folgendes Kommando benutzt:

```
mysql> ALTER TABLE altertest CHANGE col3
    ->  col3 DATETIME;
Query OK, 0 row affected (0.00 sec)
Records: 0  Duplicates: 0  Warnings: 0

mysql>
```

Allerdings müssen Sie beim Ändern des Spaltentyps beachten, dass möglicherweise vorhandene Daten in der Spalte in den neuen Datentyp konvertiert werden. Dies kann im schlimmsten anzunehmenden Fall einen totalen Datenverlust nach sich ziehen. Bei der gerade durchgeführten Änderung würde das Datum beibehalten und die Uhrzeit auf 00:00:00 gesetzt werden.

Für die Änderung des Spaltentyps existiert noch eine neue Schreibweise, die das doppelte Angeben des Spaltennamens überflüssig macht. Hierbei geben Sie nur an, welche Spalte mit welchen Eigenschaften geändert wird.

```
mysql> ALTER TABLE altertest MODIFY col3 DATETIME;
Query OK, 0 row affected (0.00 sec)
Records: 0  Duplicates: 0  Warnings: 0

mysql>
```

NULL *oder* NOT NULL *festlegen*: Um einer Spalte nachträglich die Eigenschaft NULL oder NOT NULL zuzuweisen, gehen Sie wie bei den obigen Beispielen vor und ergänzen jetzt – auf jeden Fall – NULL, falls ab sofort der Wert NULL erlaubt sein soll, andernfalls ergänzen Sie NOT NULL.

```
mysql> ALTER TABLE altertest MODIFY
    ->  col2 CHAR(15) NOT NULL;
Query OK, 0 row affected (0.00 sec)
Records: 0  Duplicates: 0  Warnings: 0

mysql>
```

Dieses Kommando legt für die Spalte col2 fest, dass kein NULL-Wert eingetragen werden darf. Damit ergibt sich auch automatisch, dass DEFAULT nicht mehr NULL sein darf. Da die Spalte eine Textspalte ist, wird hier DEFAULT als leerer String ("") festgelegt.

Defaultwert anlegen, ändern oder löschen: Beim Erzeugen von Tabellen ist oft noch nicht klar, welche Werte sehr häufig in einer Spalte stehen, und damit kann auch noch kein Standardwert festgelegt werden. Auch diese Angabe kann nachträglich angegeben werden.

Um die Spalte `col2` als Defaultwert `defwert` festzulegen, existieren mehrere Möglichkeiten.

Zum einen können Sie dies mit der bereits verwendeten `CHANGE`-Syntax realisieren:

```
mysql> ALTER TABLE altertest CHANGE col2
    -> col2 CHAR(15) DEFAULT "defwert";
Query OK, 0 row affected (0.00 sec)
Records: 0  Duplicates: 0  Warnings: 0

mysql>
```

Alternativ dazu ist auch die Schreibweise mit `MODIFY` möglich:

```
ALTER TABLE altertest MODIFY
col2 CHAR(15) DEFAULT "defwert"
```

Allerdings muss bei beiden Varianten die komplette `CREATE`-Syntax noch mit angegeben werden. Um diesen Umstand zu vermeiden, gibt es noch eine dritte Variante, bei der Sie nur den Spaltennamen und den zugehörigen Defaultwert angeben:

```
mysql> ALTER TABLE altertest ALTER col2
    -> SET DEFAULT "defwert";
Query OK, 0 row affected (0.00 sec)
Records: 0  Duplicates: 0  Warnings: 0

mysql>
```

Das Löschen des Defaultwertes kann mit folgendem Kommando geschehen:

```
ALTER TABLE altertest ALTER col2 DROP DEFAULT
```

Beim Löschen des Defaultwertes wird als neuer Defaultwert `NULL` verwendet, falls die Spalte `NULL`-Werte erlaubt. Andernfalls wird der Spalte ein Defaultwert je nach Spaltentyp zugewiesen.

4.8.22.2 Weitere Spalte aufnehmen bzw. Spalte löschen

Beim Arbeiten mit einer Tabelle werden Sie sehr häufig in die Situation kommen, dass Ihnen eine Spalte für bestimmte Informationen fehlt.

SQL kann mit dem `ALTER`-Kommando eine bestehende Tabelle auch so abändern, dass eine neue Spalte in eine Tabelle aufgenommen wird.

Eine weitere Spalte wird mit dem Parameter ADD aufgenommen. An diesen Parameter hängen Sie die komplette Definition, die Sie auch beim Erstellen mit CREATE verwenden würden.

Um an die Tabelle altertest eine weitere Spalte col4 vom Datentyp TEXT und der Eigenschaften NOT NULL aufzunehmen, geben Sie folgendes Kommando ein:

```
mysql> ALTER TABLE altertest ADD
    ->  col4 TEXT NOT NULL;
Query OK, 0 row affected (0.00 sec)
Records: 0  Duplicates: 0  Warnings: 0

mysql>
```

Auf diese Weise wird an die bestehenden Tabellendefinition die Spalte col4 angehängt. Um die Spalte nicht am Ende der Tabelle anzuhängen, sondern irgendwo in der Tabelle zu erzeugen, gibt es für den ADD-Parameter noch die Zusätze FIRST und AFTER. Diese Zusätze werden ans Ende des ADD-Teils geschrieben.

Mit dem Zusatz FIRST wird die neue Spalte als erste Spalte in die Tabelle aufgenommen. Über den Zusatz AFTER col_name fügen Sie die neue Spalte in Ihrer Tabelle nach der Spalte col_name an.

So wird mit folgendem Kommando eine neue erste Spalte col1 am Anfang der Tabelle altertest erzeugt:

```
ALTER TABLE altertest ADD
col1 SMALLINT NOT NULL FIRST;
```

Und mit diesem Kommando wird nach der Spalte col3 eine Spalte col3a eingefügt:

```
ALTER TABLE altertest ADD
col3a BLOB AFTER col3;
```

Da das Hinzufügen mit ALTER funktioniert, muss auch das Löschen möglich sein. Löschen wird durch den Parameter DROP angegeben. Bei DROP wird allerdings nur noch der Spaltenname angegeben, der gelöscht werden soll.

Die Spalte col3a soll nun wieder gelöscht werden. Dies wird durch folgende einfache Syntax erledigt:

```
mysql> ALTER TABLE altertest DROP col3a;
Query OK, 0 row affected (0.00 sec)
Records: 0  Duplicates: 0  Warnings: 0

mysql>
```

4.8.22.3 Index anlegen oder löschen

Mit den Parametern ADD INDEX, ADD PRIMARY KEY und ADD UNIQUE können Sie nachträglich einen Index, einen Primärschlüssel oder einen eindeutigen Index festlegen. Ein Index kann sowohl aus einer einzelnen Spalte als auch aus einer Kombination von mehreren Spalten bestehen.

Im folgenden Beispiel wird die Spalte col1 als Primärschlüssel für die Tabelle altertest gesetzt.

```
mysql> ALTER TABLE altertest ADD PRIMARY KEY (col1);
Query OK, 0 row affected (0.00 sec)
Records: 0  Duplicates: 0  Warnings: 0

mysql>
```

Für den umgekehrten Fall (das Löschen eines Index) wird nach dem Parameter DROP noch die Art des Index angegeben INDEX oder PRIMARY KEY. Es gibt kein DROP UNIQUE, da auch UNIQUE ein normaler Index ist, nur mit dem Unterschied, dass Einträge bei UNIQUE eindeutig sein müssen.

Nach dem Parameter DROP INDEX muss noch der Name des Index angegeben werden. Der Name wird entweder bereits beim Erstellen des Index angegeben oder es ist der Spaltenname, falls beim Erstellen kein Indexname angegeben wurde.

Der Primärschlüssel, den Sie sich eben erzeugt haben, wird mit folgendem Kommando wieder entfernt:

```
mysql> ALTER TABLE altertest DROP PRIMARY KEY;
Query OK, 0 row affected (0.00 sec)
Records: 0  Duplicates: 0  Warnings: 0

mysql>
```

4.8.22.4 Umbenennen einer Tabelle

Wie oben bereits erwähnt, ist es möglich, über ALTER eine Tabelle umzubenennen. Dazu verwenden Sie den Parameter RENAME und geben anschließend den neuen Namen der Tabelle an.

Mit folgender Syntax können Sie die Tabelle altertest in neuertest umbenennen:

```
mysql> ALTER TABLE altertest RENAME neuertest;
Query OK, 0 rows affected (0.00 sec)

mysql>
```

4.9 Operatoren

Wenn Sie einen Ausdruck mit einem anderen Ausdruck kombinieren wollen, so geschieht das häufig über Operatoren. Genauso wird auch die Manipulation von Ausdrücken über Operatoren erledigt.

Die Funktionsweise von Operatoren ist relativ einfach erklärt: Operatoren erzeugen einen neuen Wert (das „Ergebnis") aus einem oder mehereren anderen Werten (den „Operanden"). Dies zeigt man am besten an einem Beispiel. Die Addition (+) ist eine Operation, da sie zwei Werte (die Summanden: z. B. 2 und 7) addiert und ein Ergebnis (die Summe: 9) liefert.

Operatoren teilt man in folgende Gruppen ein:

Arithmetische Operatoren: dazu zählen beispielsweise die Grundrechenarten

Vergleichsoperatoren: dienen dazu, Werte entweder nach ihren ASCII-, Zahlen- oder Datums-Werten zu vergleichen

Logische Operatoren: verknüpfen einzelne Bedingungen

4.9.1 Arithmetische Operatoren

Mit arithmetischen Operatoren bezeichnet man die üblichen mathematischen Rechenoperationen und den Modulo-Operator. Da der Modulo-Operator eventuell nicht sehr geläufig ist, sollten Sie sich diese Operation noch etwas näher betrachten:

Bei der Modulo-Operation wird der erste Operand durch den zweiten geteilt, das Ergebnis ist der ganzzahlige Rest der Operation. Wenn also beispielsweise 9%4 gerechnet werden soll, so ergibt das als Ergebnis 1. Beachten Sie dabei allerdings, dass bei der Modulo-Operation vor der eigentlichen Division die einzelnen Werte auf einen ganzzahligen Wert gerundet werden. So ergibt 9.2%4.3 zwar 1, aber 9.9%4.3 liefert das Ergebnis 2.

Mit Modulo kann beispielsweise auf ganz einfache Weise geprüft werden, ob eine Zahl gerade oder ungerade ist. Um dies zu erreichen, rechnen Sie die zu prüfende Zahl Modulo `2`. Das Ergebnis dieser Berechnung wird immer `0` oder `1` lauten, je nach dem, ob die Zahl gerade oder ungerade ist.

Tabelle 4.15: Arithmetische Operatoren

Operator	Bedeutung	Beispiel	Ergebnis
+	Addition; Summe der Operanden	5+3	8

Tabelle 4.15 – Fortsetzung

Operator	Bedeutung	Beispiel	Ergebnis
`-`	Subtraktion; Differenz der Operanden	5-3	2
`*`	Multiplikation; Produkt der Operanden	5*3	15
`/`	Division; Quotient der Operanden	5/3	1.67
`%`	Modulo; Rest bei einer Division	5%3	2

4.9.2 Vergleichsoperatoren

Ein Vergleichsoperator wird dazu verwendet, die Operanden im Hinblick auf ihren Wert miteinander zu vergleichen. Das Ergebnis eines Vergleichsoperators ist immer `true` oder `false`. Diese Operatoren verwendet man sehr häufig, um eine Bedingung (beispielsweise eine `WHERE`-Klausel) festzulegen.

Tabelle 4.16: Vergleichsoperatoren in MySQL

Operator	Bedeutung	Beispiel
`=`	wahr, wenn die Operanden gleich sind	`a = b`
`!=`	wahr, wenn die Operanden nicht gleich sind	`a != b`
`<>`	entspricht `!=`	
`<`	wahr, wenn der linke Operand kleiner ist als der rechte	`a<b`
`<=`	wahr, wenn der linke Operand kleiner oder gleich dem rechten ist	`a<=b`
`>`	wahr, wenn der linke Operand größer als der rechte ist	`a>b`
`>=`	wahr, wenn der linke Operand größer oder gleich dem rechten ist	`a>=b`
`<=>`	wahr, wenn beide Operanden gleich sind (gilt auch für `NULL`)	`a <=> b`
`IN`	wahr, wenn der linke Operand einen der Werte der Liste annimmt	`a IN(b,c,d,...)`
`BETWEEN`	wahr, wenn der linke Operand in den angegebenen Grenzwerten liegt	`a BETWEEN b AND c`

Tabelle 4.16 – Fortsetzung

Operator	Bedeutung	Beispiel
`LIKE`	wahr, wenn der linke Operand mit dem rechten übereinstimmt, wobei der rechte Operand ein Muster sein kann	`a LIKE b`
`NOT LIKE`	wahr, wenn die beiden Operanden nicht übereinstimmen, wobei der rechte Operand ein Muster sein kann	`a NOT LIKE b`
`REGEXP`	wahr, wenn der linke Operand dem regulären Ausdruch auf der rechten Seite entspricht	`a REGEXP b`
`NOT REGEXP`	wahr, wenn der linke Operand nicht dem regulären Ausdruck auf der rechten Seite entspricht	`a NOT REGEXP b`
`IS NULL`	wahr, wenn der Operand `NULL` ist	`a IS NULL`
`IS NOT NULL`	wahr, wenn der Operand nicht `NULL` ist	`a IS NOT NULL`

4.9.3 Logische Operatoren

Die logischen Operatoren werden verwendet, um mehrere Ausdrücke miteinander zu verknüpfen. Das Ergebnis eines logischen Ausdrucks ist – wie bei den Vergleichsoperatoren – `true` oder `false`. Diese Operatoren werden oft auch als „Boolesche Operatoren“ bezeichnet, da sie in der Booleschen Mathematik verwendet werden.

Tabelle 4.17: Logische Operatoren

Operator	Bedeutung	Beispiel
`AND`	„logisches Und“; wahr, wenn beide Operanden wahr sind	`a AND b`
`&&`	wie `AND`	`a && b`
`OR`	„logisches Oder“; wahr, wenn einer der beiden Operanden wahr ist	`a OR b`
`||`	wie `OR`	`a || b`

Tabelle 4.17 – Fortsetzung

Operator	Bedeutung	Beispiel
`NOT`	„logische Negation"; wahr, wenn der Operand falsch ist	`NOT a`
`!`	wie `NOT`	`! a`

4.10 Tabellentypen

MySQL unterstützt verschiedene Arten, Tabellen zu speichern. Seit Version 3.23.6 sind das zwei grundlegend verschiedene Tabellenarten. Man unterscheidet Tabellen mit Transaktionen (`BDB` und `InnoDB`) von jenen ohne (`ISAM`, `MyISAM`, `MERGE`, `HEAP`). Bei einer Tabelle, die Transaktionen unterstützt, müssen alle Datenbankoperationen explizit bestätigt (`COMMIT`) oder können durch `ROLLBACK` rückgängig gemacht werden.

Diese Methode wird immer häufiger verwendet, sobald viele Operationen gleichzeitig von mehreren Benutzern durchgeführt werden. Mit Hilfe der Transaktionen sammelt man viele Kommandos an und führt diese dann gebündelt aus, ohne dass sich die Kommandos gegenseitig beeinflussen können.

Daraus ergibt sich, dass Tabellen mit Transaktionen sicherer sind als solche ohne. Da alle offenen Kommandos im Transaktionslogfile stehen, kann sogar nach einem vollständigem Systemabsturz die Datenintegrität anhand dieses Files wieder hergestellt werden.

Falls während der Arbeit Änderungen rückgängig gemacht werden sollen, ist dies ohne Probleme sofort machbar.

Tabellen ohne Transaktionen haben allerdings auch einige Vorteile. Beispielsweise sind diese Tabellen deutlich schneller, da hier keine Transaktionen zwischengespeichert und erst später ausgeführt werden müssen.

Diese Tabellen benötigen auch deutlich weniger Speicherplatz auf der Festplatte, da hier nichts zwischengespeichert werden muss, um die letzten Aktionen rückgängig zu machen.

4.10.1 `MyISAM`

Der Standardtabellentyp seit MySQL 3.23 ist `MyISAM`. Bemerkenswerte Eigenschaften von `MyISAM` sind:

- Bei Spalten, die als AUTO_INCREMENT definiert sind, werden Werte, die gelöscht wurden, nicht wiederverwendet.
- Felder vom Datentyp BLOB und TEXT können indiziert werden.
- Felder mit NULL-Werten können ebenfalls indiziert werden.
- VARCHAR-Felder können eine Länge von 0 haben. Dies ist besonders dann nützlich, wenn Sie ein Feld definieren wollen, aber dessen Länge noch nicht klar ist.
- Die Daten werden in einem maschinenunabhängingen Format abgelegt. Das bedeutet, dass Sie eine Datendatei, die auf einem PC erstellt wurde, auch ohne Einschränkungen auf anderen Plattformen verwenden können.
- Ein Index wird in komprimierter Form gespeichert. Das bewirkt, dass hier zwar weniger Speicher für den Index benötigt wird, aber dafür die CPU stärker belastet wird.
- Für eine Integritätsprüfung der Tabellen wurde das Tool myisamchk mitgeliefert. Es kann zwischen Tabellen unterscheiden, die seit der letzten Untersuchung verändert wurden, und solchen, die nicht geändert wurden. Eine Überprüfung findet dann nur auf den Tabellen statt, die auch tatsächlich verändert wurden. Dies beschleunigt Routineaufgaben bei der Integritätsprüfung.

4.10.2 ISAM

Neben dem aktuellen MyISAM-Format wird auch noch dessen Vorgänger ISAM unterstützt. Dies dient aber hauptsächlich dazu, bereits bestehende Tabellen ohne Konvertierung weiterverwenden zu können. In näherer Zukunft wird die Unterstützung von ISAM-Tabellen zugunsten von MyISAM aufgegeben werden. Da MyISAM-Tabellen eine Erweiterung der ISAM-Tabellen darstellen, ist auf jeden Fall zu empfehlen, MyISAM-Tabellen zu verwenden.

Um bereits bestehende ISAM-Tabellen in MyISAM zu konvertieren, verwenden Sie das ALTER TABLE Kommando:

```
mysql> ALTER TABLE tabellenname TYPE=MyISAM;
Query OK, 0 rows affected (0.03 sec)
Records: 0  Duplicates: 0  Warnings: 0

mysql>
```

Die wichtigsten Unterschiede zu MyISAM sind:

- ISAM-Tabellen sind nicht binärkompatibel zwischen den unterschiedlichen Betriebssystemen.
- Die maximale Größe einer ISAM-Tabelle beträgt 4 GB.

- Die Größe der Schlüssel ist deutlich kleiner als bei MyISAM.

4.10.3 MERGE

Ein weiterer neuer Tabellentyp in MySQL 3.23.25 ist die MERGE-Tabelle. Bei diesem Typ werden mehrere identische MyISAM Tabellen zu einer großen Tabelle zusammengefasst. Auf diese Weise können Sie sehr große Tabellen in mehrere kleinere Tabellen aufteilen und dadurch die Tabellen auf mehrere Festplatten verteilen, was einen deutlichen Geschwindigkeitsvorteil mit sich bringt. Durch dieses Verteilen auf mehrere einzelne Dateien kann man auch die Größenlimitierung des Dateisystems umgehen. Allerdings können auf einer MERGE Tabelle nur SELECT-, UPDATE- und DELETE-Befehle ausgeführt werden. Das bedeutet, falls Sie einen neuen Datensatz in Ihrer Tabelle aufnehmen möchten, muss das außerhalb des MERGE-Verbundes geschehen, da MySQL andernfalls nicht wüsste, in welche Tabelle es die Daten speichern soll.

Auch ist das Verwalten von eindeutigen Schlüsseln nicht möglich. Sie können zwar in jeder Tabelle einen eindeutigen Schlüssel festlegen, aber im MERGE-Verbund ist dies nicht mehr zwangsweise eindeutig, da in den unterschiedlichen Tabellen die Schlüssel nicht unbedingt eindeutig sein müssen.

Aus dem gleichen Grund ist es unmöglich, ein AUTO_INCREMENT Feld in einem MERGE-Verbund zu verwalten.

4.10.4 HEAP

Der Tabellentyp HEAP unterscheidet sich von den bisher vorgestellten Tabellentypen hauptsächlich dadurch, dass diese Tabellen nur im Hauptspeicher des Rechners gespeichert werden. Dadurch werden Operationen, die auf diesem Tabellentyp ausgeführt werden, natürlich sehr schnell, da keine Zugriffe auf das deutlich langsamere Medium Festplatte stattfinden. Allerdings besteht dabei auch die Gefahr, dass beim Absturz oder beim Neustart des MySQL-Servers der komplette Inhalt dieser Tabellen verloren geht. Daher finden diese Tabellentypen hauptsächlich ihre Anwendung bei temporären Tabellen.

Durch dieses Ablegen im Hauptspeicher ergeben sich aber auch einige Punkte, die für HEAP-Tabellen beachtet werden müssen:

- Es ist nicht möglich, Felder vom Datentyp BLOB bzw. TEXT zu verwenden.
- Sie können keiner Spalte AUTO_INCREMENT zuweisen.
- Sie können keinen Index auf eine Spalte legen, die es erlaubt, NULL-Werte abzuspeichern.

- HEAP-Tabellen sollten immer mit dem Parameter MAX_ROWS angelegt werden. Dadurch beschränken Sie den Inhalt der Tabelle, um nicht Gefahr zu laufen, dass die HEAP-Tabelle Ihren ganzen Hauptspeicher verbraucht.
- Um den Speicherplatz, der von einer HEAP-Tabelle belegt wird, wieder freizugeben, sollte Sie nach Gebrauch diese Tabelle wieder löschen oder zumindest deren Inhalt entfernen.

4.10.5 BDB

BDB ist eine Abkürzung für „Berkley DB". Durch Unterstützung dieses Tabellentyps seit MySQL 3.23 ist es nun auch möglich, Tabellen zu erzeugen, die mit Transaktionen arbeiten. Bis SuSE Linux 7.2 ist allerdings dieses Feature nicht in MySQL aktiviert. Falls Sie also BDB-Tabellen verwenden möchten, müssen Sie MySQL selbst kompilieren. Ab SuSE Linux 7.3 finden Sie dieses Feature im Paket mysql-max integriert.

Auch bei BDB Tabellen sind einige Dinge zu beachten:

- Die Transaktionslogfiles werden sehr schnell sehr groß. Daher sollten hier öfter diese Logfiles durchrotiert werden.
- Einige der Abfragemöglichkeiten sind deutlich langsamer.
- Es muss in jeder Tabelle ein PRIMARY KEY definiert sein. Diese Vorgabe kann sich aber in einer der nächsten MySQL-Versionen ändern!
- Der PRIMARY KEY ist schneller als alle anderen Indizes auf dieser Tabelle. Daher sollten Sie hier genau überlegen, welche Spalte Sie als PRIMARY KEY festlegen, um dadurch die Performance Ihrer Abfragen zu optimieren.
- ALTER TABLE funktioniert (noch) nicht auf BDB-Tabellen.
- SHOW TABLE STATUS gibt nicht den gleichen Umfang an Informationen zurück wie bei anderen Tabellentypen.

4.10.6 InnoDB

InnoDB sollte ursprünglich eine Nachbildung der Oracle Datenbank sein. Sie wurde mit dem Ziel entwickelt, um einiges schneller als das Original zu ein. Auch InnoDB ist – wie BDB – Bestandteil des Paketes mysql-max und daher erst ab SuSE Linux 7.3 integriert.

Einige der Eigenschaften von InnoDB sind:

- Unterstützt die so genannten FOREIGN KEYs. Das sind Schlüssel, die mehrere Tabellen direkt miteinander verknüpfen.
- Sehr schnelle Verarbeitung bei sehr großen Datenmengen.

- Daten werden auf mehrere Dateien verteilt gespeichert. Dadurch können auf allen Dateisystemen (auch diejenigen, die eine maximale Dateigröße von 2GB haben) Tabellen in beliebiger Größe erzeugt werden.
- Um mit `InnoDB` arbeiten zu können, müssen in `/etc/my.cnf` einige Direktiven gesetzt sein! Diese Einstellungen sind in der Datei bereits als Kommentar vorbereitet und müssen nur noch aktiviert werden.
- Das Datenverzeichnis muss bereits existieren!
- Beim Absturz muss nur MySQL neu gestartet werden, `InnoDB` wird die Protokolldatei abarbeiten und die Datenbank sofern möglich reparieren.
- Sie dürfen auf keinen Fall die MySQL-Systemdatenbank in `InnoDB` konvertieren.
- `BLOB` und `TEXT` Datentypen können nicht indiziert werden.
- Es dürfen nicht mehr als 1000 Felder pro Tabelle existieren.

4.11 Weitere MySQL-Tools

4.11.1 `mysqladmin`

Mit `mysqladmin` sind Sie in der Lage, den MySQL-Server administrativ zu verwalten. Es dient hauptsächlich dazu, um Datenbanken zu erzeugen oder zu löschen, die Privilegientabellen neu einzulesen etc.

Die Syntax des Befehls `mysqladmin` lautet:

```
mysqladmin [options] command command2 ...
```

Die wichtigsten Optionen sind:

Tabelle 4.18: Optionen von `mysqladmin`

Option	Bedetung
`-?, --help`	zeigt die Online-Hilfe
`-h, --host=`	Rechner, auf dem der MySQL-Server läuft, der die nachfolgenden Kommandos ausführen soll
`-p, --password=`	Angabe des Passworts, das für die Verbindung verwendet werden soll; falls kein Passwort angegeben wird, so fragt `mysqladmin` nach
`-P, --port=`	Angabe, auf welchem Port der MySQL-Server läuft
`-u, --user=`	Benutzername, der für die Verbindung verwendet wird

Nach den Optionen geben Sie einen oder mehrere der nachfolgenden Befehle an, die auf dem MySQL-Server ausgeführt werden sollen. Einige davon können auch als SQL-Kommando angegeben werden.

Tabelle 4.19: Befehle für `mysqladmin`

Befehl	Bedetung
`create db_name`	legt eine neue Datenbank mit dem angegebenen Namen an
`drop db_name`	löscht die angegebene Datenbank
`extended-status`	zeigt eine ausführliche Statusmeldung des Servers an
`flush-hosts`	leert den Cache der Hosts
`flush-logs`	schließt die Log-Dateien und öffnet sie wieder (leert die Datei)
`flush-tables`	leert den Cache der Tabellen
`flush-privileges`	lädt die Privilegientabelle neu
`kill id,id,...`	beendet den Server-Thread mit der angegebenen ID
`password`	ändert das Passwort Ihres Benutzers, mit dem Sie den Aufruf von `mysqladmin -u` durchführen
`ping`	testet, ob der MySQL-Server noch reagiert
`processlist`	zeigt die aktuellen Server-Threads an
`reload`	Synonym für `flush-privileges`
`shutdown`	beendet den MySQL-Server
`status`	zeigt eine kurze Statusmeldung des Servers an
`variables`	zeigt alle verfügbaren Variablen an
`version`	zeigt die Versionsnummer des Servers an

Wie bereits erwähnt, lassen sich die meisten dieser Befehle auch mit SQL-Anweisungen ausführen. In nachfolgender Aufstellung sehen Sie die jeweils äquivalenten SQL-Kommandos.

Tabelle 4.20: Befehle und entsprechende SQL-Kommandos

Befehl	SQL-Kommando
`create db_name`	`CREATE DATABASE db_name`
`drop db_name`	`DROP DATABASE db_name`
`extended-status`	`SHOW STATUS`
`flush-hosts`	`FLUSH HOSTS`
`flush-logs`	`FLUSH LOGS`

Tabelle 4.20 – Fortsetzung

Befehl	SQL-Kommando
`flush-tables`	`FLUSH TABLES`
`flush-privileges`	`FLUSH PRIVILEGES`
`kill id,id,...`	`KILL id`
`password`	`SET PASSWORD`
`ping`	kein passender Befehl
`processlist`	`SHOW PROCESSLIST`
`reload`	`FLUSH PRIVILEGES`
`shutdown`	kein passender Befehl
`status`	kein passender Befehl
`variables`	`SHOW VARIABLES`
`version`	kein passender Befehl

4.11.2 `mysqldump`

Das Tool `mysqldump` gibt den Inhalt einer (oder aller) Datenbank(en) in Textform aus. Dabei besteht die Ausgabe aus einer Ansammlung von SQL-Anweisungen, die notwendig sind, um die Datenbank komplett (mit allen Tabellen und den darin enthaltenen Datensätzen) zu erzeugen. Die erste zurückgegebene Zeile enthält dabei die `CREATE TABLE`-Anweisung, um die Tabellen erneut zu erzeugen. Anschließend werden alle `INSERT` Befehle aufgelistet, die den Inhalt der Tabellen beschreiben.

Dieser Dump kann in eine Datei umgelenkt werden und wird dann als Sicherung der Datenbank benutzt. Eine andere Verwendungsmöglichkeit ist, mehrere Server damit auf den gleichen Stand zu bringen (eine Art Replikation der Daten).

Das Einlesen der Ausgabe von `mysqldump` wird mit `mysql` im nicht-interaktiven Modus (wie bereits in Kapitel 4.7.4 gesehen) erledigt.

Die Sicherung der Datenbank `schulung` lautet:

```
user@linux: >  mysqldump -u root schulung > schulung.sql
user@linux: >
```

Das Rücksichern in den Datenbankserver sieht folgendermaßen aus:

```
user@linux: >  mysql -u root schulung < schulung.sql
user@linux: >
```

Es können allerdings nicht nur SQL-Dumps (Ausgaben, die aus mehreren SQL-Anweisungen bestehen) erzeugt werden, sondern Sie können auch ein anderes

Datenformat für Ihre Ausgabe angeben. Dazu muss als Option entweder `--tab` oder `-T` angegeben werden. Dadurch bewirken Sie, dass für jede Tabelle in der gewählten Datenbank eine eigene Datei mit den Inhalten der Tabelle ohne die SQL-Anweisungen erzeugt wird.

Die folgenden Optionen können nun angegeben werden, um Ihre Daten in einem bestimmten Format abzuspeichern:

Tabelle 4.21: Optionen für `mysqldump`

Option	Bedeutung
`--fields-enclosed-by=...`	hier wird das Zeichen angegeben, mit dem die einzelnen Spaltenwerte umgeben werden.
`--fields-escaped-by=...`	legt das Schutzzeichen für Sonderzeichen in der Ausgabe fest
`--fields-optionally-enclosed-by=...`	gibt an, mit welchem Zeichen nicht-numerische Spaltenwerte umgeben werden müssen
`--fields-terminated-by=...`	legt das Trennzeichen der einzelnen Spaltenwerte fest
`--lines-terminated-by=...`	hier wird die Zeichenkette angegeben, mit der die Datensätze (Zeilen) voneinander getrennt werden

4.11.3 `mysqlimport`

Das Pendant zu `mysqldump` ist das Programm `mysqlimport`. Hiermit können Sie den Inhalt einer Datei in bestehende Tabellen einlesen. Dieses Programm hat die gleiche Funktion wie das SQL-Kommando `LOAD DATA`.

Ein Beispiel für die Anwendung von `mysqldump` haben Sie bereits auf Seite 180 sehen können.

Beachten Sie, dass die Tabelle, in die die Daten eingelesen werden, dem Namen der eingelesenen Textdatei – bis zum ersten Punkt – entspricht. Es gelten dieselben Optionen wie für `mysqldump` (s. o.).

4.12 Sicherheit in MySQL

4.12.1 Privilegien in MySQL

Mit dem Privilegiensystem in MySQL können Sie verschiedene Sicherheitsstufen festlegen, über die Authentifizierung am Server geschehen kann. Über diese Privilegien wird dann festgelegt, auf welche Tabellen Sie zugreifen können, und dabei kann sogar festgelegt werden, welche Berechtigungen Sie auf den einzelnen Spalten haben.

Die Berechtigungen sind (meist) nach den Befehlen benannt, die die jeweilige Berechtigung freigibt bzw. einschränkt.

Die verschiedenen Berechtigungsstufen, die Sie in MySQL festlegen können, teilen sich in zwei Kategorien: Zum einen die Privilegien, die das Arbeiten mit Tabellen und Datenbanken direkt beeinflussen, und zum anderen die administrativen Privilegien.

Im Folgenden werden zunächst die Privilegien aufgeführt, die das Arbeiten mit Tabellen und Datenbanken direkt beeinflussen:

`SELECT`: Mit der Berechtigung `SELECT` legen Sie fest, dass Sie mit dem SQL-Kommando `SELECT` Abfragen durchführen dürfen, die Werte aus einer (oder auch mehreren) Tabelle liefern. Ohne diese Berechtigung wird dabei nicht grundsätzlich das SQL-Kommando `SELECT` verboten. Beispielsweise wird mit `SELECT 1+1` keine Spalte einer Tabelle abgefragt, sondern nur die Berechnung durchgeführt.

`INSERT`: Die Berechtigung `INSERT` kontrolliert, ob Sie neue Datensätze in eine Tabelle einfügen können oder nicht.

`UPDATE`: Ein Benutzer mit der `UPDATE`-Berechtigung kann bestehende Datensätze in Tabellen ändern.

`DELETE`: Über die Berechtigung `DELETE` legen Sie fest, ob ein Benutzer bestehende Datensätze in Tabellen löschen darf oder nicht.

`INDEX`: Die Berechtigung `INDEX` bestimmt, ob Sie einen neuen Index anlegen bzw. einen bestehenden Index entfernen dürfen.

`ALTER`: Mit der `ALTER`-Berechtigung können Sie Veränderungen an der Tabellenstruktur und an Indizes freigeben oder verbieten.

`CREATE`: Über die `CREATE`-Berechtigung wird das Erstellen neuer Tabellen und Datenbanken geregelt.

`DROP`: Die `DROP`-Berechtigung erlaubt das Löschen von Tabellen und Datenbanken.

GRANT: Über GRANT können Sie anderen Usern die Privilegien zuteilen, die Sie selbst besitzen.

REFERENCES: Die Berechtigung REFERENCES ist derzeit noch nicht implementiert.

FILE: Über die Berechtigung FILE erlauben Sie das Lesen und Schreiben von Dateien auf dem MySQL-Server. Dies beeinflusst die SQL-Kommandos LOAD DATA INFILE und SELECT ... INTO OUTFILE.

Hier nun die Privilegien, die zu rein administrativen Zwecken existieren. Diese Berechtigungen beeinflussen nun nicht die Funktionsweise einzelner SQL-Befehle, sondern legen fest, welche Kommandos mit mysqladmin (siehe Kapitel 4.11.1) an den MySQL-Server gesendet werden dürfen.

RELOAD: Mit der Berechtigung RELOAD kann der MySQL-Server dazu veranlasst werden, die Berechtigungstabelle neu einzulesen, die Logs, Host-Cache oder Tabellen-Caches zu leeren.

SHUTDOWN: Diese Berechtigung erlaubt es, den MySQL-Server zu beenden.

PROCESS: Die Eigentümer der Berechtigung PROCESS können sich Informationen über alle Threads, die aktuell auf dem MySQL-Server laufen, anzeigen lassen. Es ist auch möglich, laufende Threads auf dem MySQL-Server zu killen. Die eigenen Threads kann man sich immer betrachten und auch killen.

ALL: Dies ist eigentlich keine Berechtigung, sondern nur eine Abkürzung für ALL PRIVILEGES. Damit erteilen Sie alle Berechtigungen mit einem einzigen Kommando.

USAGE: Auch hier steckt keine richtige Berechtigung dahinter. Mit USAGE legen Sie zwar den Benutzer an, erteilen diesem aber keinerlei Rechte.

Die Werte, die diese Berechtigungen annehmen können, sind einfach Y oder N.

4.12.2 Neuen Benutzer anlegen mit GRANT

Die Benutzerverwaltung in MySQL ist von der Benutzerverwaltung des Betriebssystems, auf dem der MySQL-Server läuft, völlig unabhängig. Die Benutzer und deren Berechtigungen werden in der Datenbank mysql abgelegt. Diese Datenbank enthält fünf Tabellen, die jeweils festlegen, welche Berechtigung ein User auf welcher Tabelle bzw. Datenbank von welchem Rechner aus erhält.

Das Anlegen eines neuen Benutzers kann am einfachsten mit dem SQL-Kommando GRANT geschehen. Sie könnten die Berechtigungstabellen auch direkt bearbeiten, dazu sollten Sie sich allerdings sehr intensiv mit den Tabellen der Datenbank mysql beschäftigen.

Die Syntax des GRANT Befehls lautet:

```
GRANT berechtigungen [(spalten)]
ON was
TO benutzer [IDENTIFIED BY "passwort"]
[WITH GRANT OPTION]
```

Wobei hier berechtigung die oben aufgeführten Berechtigungen sind.

Mit spalten können Sie festlegen, auf welche Spalten sich die angegebenen Berechtigungen auswirken sollen. Mehrere Spalten werden durch Kommata getrennt. Diese Angabe ist optional.

Die Angabe was legt fest, worauf sich Ihre Berechtigungen beziehen. Dies kann ein Tabellenname sein (beispielsweise schulung.teilnehmer), eine ganze Datenbank mit allen darin enthaltenen Tabellen (schulung.*) oder aber auch alle Datenbanken mit allen Tabellen (*.*).

Der Benutzer, für den die Berechtigungen festgelegt werden, wird mit benutzer angegeben. Allerdings wird in MySQL nicht einfach nur ein Benutzername angegeben, sondern hier steht immer eine Angabe, die aus Benutzername und Hostname besteht. Auf diese Weise können Sie festlegen, dass bestimmte Berechtigungen für einen Benutzer rechnerabhängig sind. Meldet sich ein Benutzer aus dem lokalen Netz an, wird diesem Benutzer möglicherweise eine höhere Berechtigung eingeräumt, als wenn er sich vom Internet aus an der Datenbank anmelden möchte.

Das Passwort des Users geben Sie bei passwort im Klartext an. Falls Sie hier den Zusatz IDENTIFIED BY passwort weglassen, legen Sie kein Passwort für diesen Benuzer fest!

Der Zusatz WITH GRANT OPTION kann ebenfalls optional angegeben werden, um dem Benutzer die Berechtigung GRANT zu geben. Damit erlauben Sie diesem Benutzer, seine Berechtigungen an andere Benutzer weiterzugeben.

Folgendes Beispiel soll diese Zusammenhänge erläutern: Sie möchten einen User zum Verwalten der Datenbank schulung einrichten. Dieser User soll auf keine weiteren Datenbanken Zugriff haben. Allerdings soll er alle grundlegenden Privilegien besitzen, die notwendig sind, um mit der Datenbank schulung arbeiten zu können. Das heißt, er soll die Berechtigungen SELECT, INSERT, UPDATE, DELETE, INDEX, ALTER, CREATE bekommen.

Das Kommando dafür lautet:

```
mysql> GRANT SELECT,INSERT,UPDATE,DELETE,INDEX,ALTER,CREATE
    ->  ON schulung.* TO dozent@localhost
    ->  WITH GRANT OPTION;
Query OK, 0 rows affected (0.00 sec)

mysql>
```

Mit diesem Kommando legen Sie allerdings kein Passwort für diesen User fest (was zum Ausprobieren hier sicherlich nicht schlecht, im produktiven Einsatz aber natürlich nicht sinnvoll ist).

Den gleichen Eintrag hätten Sie auch mit einem `INSERT`-Kommando direkt in die Datenbank `mysql` eintragen können. Falls Sie diese Art der Benutzerverwaltung durchführen möchten, reicht der Eintrag in der Berechtigungstabelle jedoch nicht aus, damit Sie sich jetzt bereits als `dozent` am MySQL-Server anmelden können. Da die Berechtigungstabellen normalerweise nur einmal beim Start des MySQL-Servers ausgelesen werden (oder nach einem `GRANT`-Kommando), müssen Sie den Server anweisen, diese Tabellen neu einzulesen. Dies geschieht mit dem Kommando `mysqladmin` (siehe Kapitel 4.11.1). Geben Sie also ein:

```
user@linux: >  mysqladmin -u root flush-privileges
user@linux: >
```

Von nun an muss sich auch ein User `dozent` mit dem MySQL-Server verbinden können. Allerdings darf dieser User nur mit der Datenbank `schulung` arbeiten. Auch das sollten Sie ausprobieren. Falls Sie noch im Client `mysql` arbeiten, verlassen Sie diesen mit `quit` und geben am Prompt folgendes Kommando ein:

```
user@linux: >  mysql -u dozent -h localhost
:
mysql> use mysql;
ERROR 1044: Access denied for user: 'dozent@localhost' to
database 'mysql'
mysql>
mysql> use schulung;
:
Database changed
mysql> quit
Bye
user@linux: >
```

Sie sehen, dass eine Verbindung mit der Datenbank `mysql` fehlschlägt, wohingegen die Datenbank `schulung` benutzbar ist.

Allerdings könnten Sie sich momentan als `dozent` nur von `localhost` mit dem MySQL-Server verbinden. Ein Zugriff von einem Remote-Rechner ist nicht möglich. Folgendes Kommando wird daher ebenfalls fehlschlagen (`192.168.1.201` ist hier die IP-Adresse Ihres eigenen Rechners; hier könnte auch der Name `linux` bzw. der komplette Name inklusive Domain `linux.local` Ihres Rechners stehen):

```
user@linux: > mysql -u dozent -h 192.168.1.201
ERROR 1130: Host 'linux.local' is not allowed to connect to this
MySQL server
user@linux: >
```

Um einen Zugriff vom Netzwerk aus auf den MySQL-Server für den User `dozent` zu erlauben, ist ein zweiter Eintrag in den Privilegientabellen nötig. Die Angabe der Rechner, die die Erlaubnis haben, auf den MySQL-Server zuzugreifen, können Sie mit folgenden Angaben festlegen:

IP-Nummern: Die Angabe der IP-Nummer entspricht der kompletten IP-Nummer des Rechners, der Zugriff bekommen soll. Dies wäre z. B. `192.168.1.201` oder natürlich auch IP-Nummern aus dem Internet.

IP-Netzen inkl. Subnetzmaske: Um einen ganzen Bereich von Rechnern, die in einem einzigen Subnetz verbunden sind, zu erlauben, können Sie eine IP-Adresse mit der passenden Subnetzmaske angeben. Um alle Rechner aus einem bestimmten Subnetz zu bekommen, sieht die Angabe folgendermaßen aus:
`192.168.1.201/255.255.255.240` oder `192.168.1.201/28`

Alternativ zu den Angaben mit der Netzmaske `255.255.255.0` und ähnlichen Netzmasken können Sie auch mit dem SQL-Jokerzeichen `%` diese Angabe treffen. Dies würde wie folgt aussehen: `192.168.1.%`.

Rechnername: Für die Berechtigung kann auch der Rechnername angegeben werden. Allerdings muss der Rechnername mit der kompletten Domäne angegeben werden: z. B. `linux.local`

Auch hier können die SQL-Jokerzeichen verwendet werden, um gewisse Teile des Namens oder der Domäne mit einem Muster zu vergleichen. Mit dem Jokerzeichen _ könnte man – falls Ihre Lohnrechner `lohn1, lohn2, lohn3` heißen – beispielsweise alle Rechner der Lohnbuchhaltung gleichzeitig angeben: `lohn_.domain.tld`

Man könnte damit auch alle Rechner einer ganzen Domäne auf einmal erlauben: `%.domain.tld`.

Beim Eintragen von Privilegien an Rechner sollten Sie immer darauf achten, dass sowohl der Benutzername als auch separat der Host in Anführungszeichen stehen.

Mit folgendem Befehl erlauben Sie nun den Zugriff auf die Datenbank `schulung` vom gesamten Klasse C Netz `192.168.1`.

```
mysql> GRANT SELECT,INSERT,UPDATE,DELETE,INDEX,ALTER,CREATE
    ->  ON schulung.* TO dozent@"192.168.1.%"
    ->  WITH GRANT OPTION;
Query OK, 0 rows affected (0.00 sec)

mysql>
```

Kapitel 5

PHP

Die Skriptsprache PHP wurde 1994 von Rasmus Lerdorf entwickelt, dessen eigentliche Absicht dabei war, Zugriffe auf seine Homepage zu ermitteln. Diese Version war noch nicht öffentlich zugänglich. Erst 1995 entschloss er sich, seine „Personal Home Page Tools" der Allgemeinheit zur Verfügung zu stellen. Diese erste Sprachversion bestand allerdings nur aus einigen Makros, für Gästebuch, Counter etc. Im Laufe des Jahres 1995 wurde die Sprache komplett neu überarbeitet, dabei kamen die Funktionen hinzu, die PHP zum Durchbruch verholfen haben und es heute zu einer der beliebtesten Web-Skriptsprachen machen. Eine dieser neuen Funktionen war die Möglichkeit, auf die mSQL-Datenbank zuzugreifen. Die mSQL Datenbank war zum damaligen Zeitpunkt eine der wenigen frei verfügbaren SQL-Datenbanken.

Die Neustrukturierungen und Optimierungen der Programmierer Zeev Suraski und Andi Gutmans von PHP im Jahr 1997 ließen die Version PHP 3.0 entstehen, die PHP den endgültigen Durchbruch bescherte. Im Jahr 2000 wurde PHP noch einmal mit Hilfe der so genannten „Zend Scripting-Engine" in Punkto Geschwindigkeit und auch Stabilität optimiert. Ende 2001 / Anfang 2002 wurden wieder einige der bekannten Fehler in PHP behoben und damit die Version 4.1.1 auf den Markt gebracht.

Derzeit läuft PHP als Modul auf mittlerweile über 46% der im Internet laufenden Apache Webserver. Dies zeigt deutlich, wie beliebt PHP als Skriptsprache inzwischen geworden ist. Diese Beliebtheit rührt einerseits von dem enormen Funktionsumfang, und andererseits von der einfachen Integration von PHP in bestehenden HTML-Code.

Wichtig für die weitere Verbreitung von PHP ist auch, dass es auf den meisten Plattformen verfügbar ist. Daher können PHP-Skripte im Normalfall ohne Änderungen von einem Rechner auf den anderen kopiert werden und sind sofort wieder einsatzbereit.

5.1 Erste Schritte

Was ist PHP nun eigentlich? PHP ist eine Skriptsprache, deren Befehle vom Webserver, also dem Server, verarbeitet werden, der die Ergebnisse dann an den Browser übergibt. Der große Unterschied von PHP zu Perl oder anderen serverseitigen Sprachen liegt darin, dass die PHP-Befehle in den HTML-Code eingebettet werden und nicht, wie bei den CGI-Programmen, ein normales Skript ausgeführt wird, das als Ergebnis „zufällig" HTML-Code in der Ausgabe enthält. Daher kann mit PHP auch eine bestehende Webseite mit dynamischen Inhalten versehen werden. Diese einfache Integration von PHP in HTML ist auch einer der Gründe für die weite Verbreitung von PHP.

Wichtig bei der Abgrenzung von PHP zu anderen Skriptsprachen ist auch die Tatsache, dass PHP bereits auf Server-Seite ausgeführt wird und nur die Ergebnisse (meist nur noch HTML-Tags) an den Browser gesendet werden. Im Gegensatz dazu wird beispielsweise JavaScript im Browser (also Client-seitig) ausgeführt. Dadurch kann der Client bei JavaScript jederzeit den Quellcode einsehen, der im Browser ausgeführt wird. Bei PHP wird hingegen nur das Ergebnis an den Browser geschickt, und damit bleibt der PHP-Quellcode unsichtbar für den Client.

Was kann PHP? Mit PHP können Sie auf der Server-Seite Aktionen ausführen, die durch Anfragen eines Clients ausgelöst wurden. Die typischen Aufgaben von PHP sind dabei die Auswertung von Formulardaten, datenbankgestützte Webseiten, dynamische Inhalte, Bilderzeugung während des Aufrufs, Arbeiten mit Cookies, Netzwerkfunktionen usw.

Beim Auswerten von Formulardaten können beispielsweise Daten an eine Suchmaschine bzw. einen Suchalgorithmus übergeben werden, der dann wiederum Informationen aus einer Datenbank ausliest, um diese dann als Ergebnis auf einer neuen Webseite darzustellen.

Mit der Bilderzeugung während des Aufrufs kann PHP beispielsweise eine Bilddatei anhand statistischer Daten erzeugen, um so dem Benutzer Echtzeitdiagramme zu präsentieren.

Die in PHP integrierten Netzwerkfunktionen erlauben es unter anderem, Zugriffe mit den Protokollen FTP, HTTP, SNMP, IMAP, POP3, NNTP etc. durchzuführen. So kann beispielsweise ein FTP-Client mit PHP webbasierend realisiert werden. Über die POP3/IMAP Funktionen können Web-Mail-Clients erzeugt werden.

Zur Dateiablage stehen ebenfalls sehr viele Funktionen bereit, mit denen serverseitig auf Dateien und Verzeichnisse zugegriffen werden kann, um beispielsweise ein sehr einfaches Gästebuch zu realisieren oder aber auch einfache Statistiken zu protokollieren.

Für die Datenbankzugriffe hat PHP zu folgenden Datenbanken fest integrierte Schnittstellen:

- Adabas D
- dBase
- Empress
- FrontBase
- FilePro (nur Lesezugriff)
- IBM DB2
- Informix
- Ingres
- InterBase
- mSQL
- MS SQL
- MySQL
- ODBC
- Oracle (OCI7 und OCI8)
- PostgreSQL
- Solid
- Sybase
- Unix dbm
- Velocis

Über diese Schnittstellen können Sie auf nahezu sämtliche gängigen Datenbanksysteme zugreifen.

Wie arbeitet man mit PHP? PHP-Code wird direkt in eine HTML-Seite eingebettet, das heißt, Sie erstellen znächst ein HTML-Gerüst, das Sie im Anschluss mit PHP-Befehlen ergänzen und zu einem Skript umwandeln. Folgendes Beispiel besteht aus dem HTML-Skelett und einem eingebetteten PHP-Teil:

```
<html>
<body>
<?php
echo "Hallo Welt!";
?>
</body>
</html>
```

Sie können PHP auf verschiedene Weisen ansprechen. Die gängigste Variante ist es, PHP als Modul von Apache (`mod_php`) aufzurufen. Dieses Modul wird aufgerufen, sobald ein Client eine PHP-Seite vom Server abrufen möchte. Der wichtigste Vorteil dabei ist, dass mit dieser Variante für den PHP-Interpreter kein eigener Prozess gestartet werden muss, sondern die Interpretation bereits von Apache aus durchgeführt wird.

Die Alternative zu dieser Methode ist, PHP über die CGI-Schnittstelle aufzurufen. Hierbei wird ein PHP-Skript wie ein ganz normales CGI-Skript abgelegt und mit einem vom Apache losgelösten eigenständigen Interpreter ausgeführt. Der Nachteil dieser Methode ist, dass für jede aufgerufene PHP-Seite ein eigener Prozess gestartet werden muss und dies die Performance des Webservers beeinträchtigt. Allerdings hat diese Methode auch ihren Vorteil: Da die CGI-Schnittstelle in jedem Webserver vorhanden ist, kann PHP unabhängig vom Webserver mit jedem beliebigen Webserver benutzt werden.

5.2 Installation

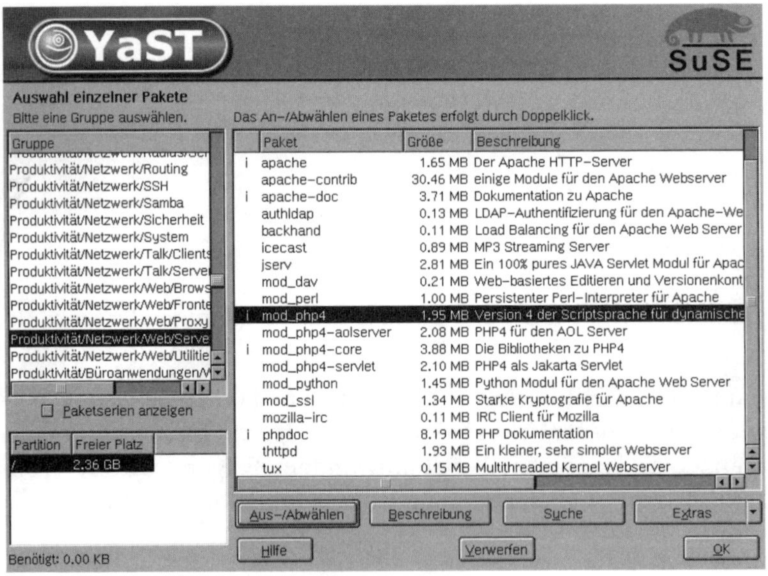

Abbildung 5.1: Installation mit YaST 2

Mit SuSE Linux wird PHP als Modul zum Apache geladen. Um das PHP-Modul zu laden, gehen Sie in YaST 2 in *Software installieren/löschen*. Wählen Sie zur Installation die folgenden Pakete aus:

Paketname: `mod_php4`, `mod_php4_core`
Serie: `n`
Gruppe (SuSE Linux $<$ 8): `Netzwerk/Daemonen`
Gruppe (SuSE Linux $\geq$ 8): `Produktivität/Netzwerk/Web/Server`

Ein separater Start von PHP ist nicht notwendig, da PHP vom Web aus automatisch gestartet wird, sobald eine PHP-Datei abgerufen wird. Auch ist es für den ersten Test nicht notwendig, weitere Konfigurationen in Apache vorzunehmen, da in der SuSE-Grundinstallation von Apache bereits alles für den Einsatz von PHP vorbereitet ist.

5.3 Grundlegende Regeln für PHP

Um PHP richtig einzusetzen, sind einige grundlegende Regeln bei der Verwendung zu beachten. Die wichtigste Eigenschaft, die Sie sich für die Arbeit beim PHP-Programmieren merken müssen, ist die Art und Weise, wie PHP in HTML eingebettet wird. Es stehen mehrere Möglichkeiten zur Auswahl:

- Die erste und wahrscheinlich auch die verbreitetste Methode, um PHP in HTML zu integrieren, besteht darin, dass Sie den PHP-Teil mit jeweils einer öffnenden und eine schließenden Zeichenfolge („Tag") klammern, und zwar `<?` bzw. `?>`. Diese Variante ist nur dann verfügbar, wenn in der PHP-Konfiguration `short_open_tag=On` eingestellt ist. Dies ist unter SuSE Linux bereits aktiviert.
  Syntax: `<? PHP-Code ?>`
- Die „traditionelle" bzw. XML-kompatible Methode, um PHP zu integrieren, ist der ersten Methode sehr ähnlich, nur wird hier direkt nach dem startenden `<?` kenntlich gemacht, um welche Sprache es sich im nachfolgenden Bereich handelt: Setzen Sie also nach der öffnenden Klammer den Text `php`.
  Syntax: `<?php PHP-Code ?>`
- Die dritte Methode ist eine Variante, die der Einbindung von JavaScript in HTML entspricht. Hierbei wird auch als Start der `<SCRIPT>`-Tag verwendet.
  Syntax: `<SCRIPT LANGUAGE="php"> PHP-Code </SCRIPT>`
- Die letzte Methode ist an die direkte Konkurrenz von PHP angepasst. Hierbei wird die gleiche Syntax verwendet, wie sie auch in ASP benutzt wird, um Code in HTML einzubetten. Diese Variante ist allerdings nur verfügbar, falls in der Konfigurationsdatei der Parameter `asp_tags=On` gesetzt wird.
  Syntax: `<% PHP-Code %>`

Innerhalb dieser Begrenzer kann der PHP-Code nahezu frei formatiert werden. Das heißt für Sie, dass Sie beliebige Tabulatoren, Leerzeichen, Newlines und dergleichen für die optische Darstellung und für mehr Übersicht im PHP-Code verwenden dürfen. An einigen Stellen sind allerdings unbedingt bestimmte Formatierungen notwendig, auf diese wird aber speziell hingewiesen.

Viele der weiteren Grundregeln sind von einigen anderen Programmiersprachen her abgeleitet. So ist zum Beispiel jeder vollständige Befehl wie in Perl oder in C mit einem Semikolon zu beenden. Mit einer Ausnahme: Der letzte Befehl vor dem schließenden Tag ?> muss nicht unbedingt ein Semikolon haben. Dies sollten Sie sich aber dennoch angewöhnen, da Sie andernfalls bei Ergänzungen Ihres PHP-Codes mit sehr großer Wahrscheinlichkeit vergessen, genau dieses Semikolon einzufügen.

Um sich auch noch nach längerer Zeit schnell in Ihrem Code wieder zurechtzufinden oder auch anderen Personen die Möglichkeit zu geben, Ihren Code schnell zu verstehen, gibt es auch in PHP Kommentare. Diese Kommentare werden vom Interpreter völlig ignoriert. Kommentare können sowohl am Zeilenanfang als auch mitten in einer Zeile beginnen. PHP bietet auch für Kommentare verschiedene Möglichkeiten an, die meist aus anderen Programmiersprachen abgeleitet sind:

- Einzeilige Kommentare im Shell/Perl-Stil: Bei dieser Variante wird ein Doppelkreuz # als Kommentarzeichen verwendet. Alles was rechts von dem Doppelkreuz steht, wird als Kommentar gewertet. Diese Kommentare enden mit dem Beginn einer neuen Zeile.

```
<?php
        # Ein Kommentar im Perl-Stil
?>
```

- Einzeilige Kommentare im C/C++ Stil: Hier wird der Kommentar mit zwei Slashes // eingeleitet. Auch dieser Kommentar endet mit dem Beginn der nächsten Zeile.

```
<?php
        // Ein Kommentar im C-Stil
?>
```

- Mehrzeilige Kommentare im C/C++ Stil: Ein mehrzeiliger Kommentar wird mit einem Slash und einem direkt darauf folgenden Asterisk begonnen (/*) und mit den gleichen Zeichen in umgekehrter Reihenfolge wieder beendet (*/). Alles, was zwischen diesen beiden Kommentarzeichen steht, wird nicht ausgewertet. Achten Sie allerdings darauf, dass kein mehrzeiliger Kommentar innerhalb eines mehrzeiligen Kommentars steht.

```
<?php
        /* Ein Kommentar im C-Stil
           dieser Kommentar geht über mehrere Zeilen */
?>
```

Groß- und Kleinschreibung spielt bei PHP in den meisten Fällen eine Rolle. Die einzige Ausnahme dabei sind die eingebauten Funktionen von PHP. Bei diesen Funktionen können Sie beliebig Groß- und/oder Kleinschreibung verwenden, ohne dass hierbei Fehler entstehen.

Dateien, die PHP-Code enthalten, sollten als Dateiendung `.php` für PHP 4 (und wahrscheinlich auch für alle nachfolgenden Versionen von PHP) haben. Mit der Version PHP 3 war es allerdings üblich, PHP-Dateien die Endung `.php3` zu geben. Die tatsächliche Dateiendung bzw. die möglichen Dateiendungen bestimmen Sie mit der Direktive `AddType application/x-httpd-php .php` in der Apache-Konfiguration. Hier könnten auch noch weitere Dateiendungen stehen, die Sie mit PHP interpretieren möchten.

5.4 Variable

Mit Variablen haben Sie einen Namen für einen Speicher, in dem Sie einzelne (später auch mehrere) Werte ablegen können. Variable können Sie im Programm als Platzhalter für den gerade unter diesem Namen gespeicherten Wert verwenden.

Eine Variable in PHP wird durch ein dem eigentlichen Namen vorangestelltes Dollar-Zeichen (`$`) gekennzeichnet.

Der Name einer Variablen in PHP darf mit einem Buchstaben oder dem Unterstrich _ beginnen, im Anschluss daran dürfen beliebig viele Buchstaben (wobei hier Buchstaben `a-z` und alle Zeichen von `\x7f` bis `\xff` für PHP bedeutet), Ziffern und Unterstriche folgen.

Achten Sie darauf, dass PHP bei Variablen Groß- und Kleinschreibung unterscheidet!

Beim Vergeben von Variablennamen sollten Sie darauf achten, dass Sie einen „sprechenden" Namen verwenden. Das heißt, dass anhand des Variablennamens die Funktion oder der Inhalt der Variablen bereits vermutet werden kann. Ein Variablenname `$ab` kann nicht so leicht nachvollzogen werden wie der Name `$vorname`.

Beispiele:

```
$name
$a
```

In PHP werden diese Variablen für alle mögliche Datentypen verwendet. Das heißt auch, dass Sie in Ihrer Programmierung keinerlei Deklarationen über den Datentyp einer Variablen durchführen müssen. PHP wird den Typ der Variablen dynamisch an den Typ anpassen, der vom Kontext gefordert wird.

Einer der wichtigsten Operatoren, die in Zusammenhang mit Variablen verwendet werden, ist der Zuweisungsoperator. Mit diesem Operator legen Sie fest, welcher Wert in der Variablen gespeichert werden soll. Wichtig dabei ist, dass beim Zuweisungsoperator die Variable auf der linke Seite steht und der Wert immer auf der rechten Seite. Der Zuweisungsoperator in PHP ist das einfache Gleichheitszeichen (=).

Beispiele:

```
$name="Heiko";
$a=5;
```

Wichtig bei der Verwendung von Zuweisungen ist jeweils, dass Sie die rechte Seite als Wert betrachten, dadurch wird folgender, mathematisch unlogische Ausdruck erst programmiertechnisch logisch:

Beispiele:

```
$a=5;
$a=$a+6; # $a erhält den aktuellen Wert von $a plus 6 also 5+6=11
```

5.5 Ausgabe

Eine der wichtigsten Eigenschaften – wenn nicht sogar *die* wichtigste Eigenschaft – einer Programmiersprache ist die Ausgabe von Werten. Ohne diese Möglichkeit könnte der Benutzer eines Programms keine Ergebnisse, die vom Programm erzeugt werden, zu sehen bekommen.

Das Ergebnis eines PHP-Skripts wird direkt an den Browser geschickt. Der Browser kümmert sich um die weitere Verarbeitung der Ausgabe. Das heißt, dass Sie von PHP aus zum einen normalen Text zur Ausgabe an den Browser schicken können, zum anderen aber auch HTML-Tags für die Formatierung oder sogar JavaScript-Elemente, die im Browser ausgewertet werden.

PHP gibt also das an den Browser, was Sie im Quelltext der Seite betrachten könnten. Dies ist besonders wichtig, sobald Sie sich mit Formatierungen beschäftigen. Beispielsweise kann zwar PHP in der Ausgabe eine neue Zeile mit Hilfe des Steuerzeichens `\n` an den Browser schicken, dieser wird allerdings diese neue Zeile nur im HTML-Quelltext anzeigen, da HTML eine neue Zeile nur als Leerzeichen wertet. Durch `\n` können Sie Ihren HTML-Quelltext allerdings wesentlich besser lesbar machen um eine spätere Fehlersuche zu erleichtern.

Falls Sie in der Ausgabe des Browsers eine neue Zeile wünschen, so müssen Sie mit PHP den HTML-Tag `<br>` an den Browser schicken.

In PHP existieren mehrere Sprachkonstrukte, die für die Ausgabe von Werten zuständig sind. Das wichtigste Konstrukt ist sicherlich das Kommando `echo`. Die allgemeine Syntax lautet:

```
echo(string1, string2, ...)
```

Wichtig dabei ist, dass Sie an `echo()` mehrere Werte übergeben können, die dann direkt nacheinander ausgegeben werden. Desweiteren ist es bei `echo()` nicht unbedingt erforderlich, die Argumente (die Werte, die hinter dem Kommando stehen) in Klammern zu setzen. Folgende Beispiele sollen dies verdeutlichen:

```
<html>
<body>
<?php
        echo "Hallo Welt<br>\n";
        echo("Hier ","entsteht "," etwas neues");
        echo "<br>","\n";
?>
</body>
</html>
```

Das erste `echo()` enthält nur einen String, der an den Browser geschickt wird, und bewirkt die Ausgabe von `Hallo Welt` im Browser, im Anschluss daran wird eine neue Zeile im Browser begonnen (`<br>`) ebenso im HTML-Quellcode (`\n`).

In der zweiten Zeile werden mehrere Strings aneinandergereiht und in der dritten wird wieder eine neue Zeile sowohl im Browser als auch im HTML-Quellcode erzeugt.

Alternativ zu `echo()` kann auch `print()` verwendet werden. Diese Funktion hat allerdings den kleinen Nachteil, dass nur ein Argument übergeben werden kann:

```
print(string)
```

Es existieren noch weitere Ausgabemöglichkeiten, diese werden allerdings erst später besprochen.

5.6 Datentypen

Die Datentypen in PHP sind vergleichbar mit dem, was Sie im Kapitel 4.2 im MySQL-Teil gesehen haben. In PHP ist es ebenfalls üblich, die Daten, die vom Programm verwendet werden, unterschiedlichen Datentypen zuzuordnen. In vielen Sprachen ist dazu allerdings noch eine so genannte Deklaration notwendig. In PHP hingegen bestimmt der Interpreter, wie eine Information ausgewertet werden soll. Datentypen sind in PHP kontextsensitiv. Der Kontext wird dabei meist von einer Funktion oder einem Operator bestimmt.

Im Folgenden werden die grundlegenden Datentypen vorgestellt.

5.6.1 Skalare

Skalare sind die einfachsten Daten, mit denen Sie in PHP arbeiten können. Skalare können dabei immer nur einen Wert gleichzeitig annehmen. Sobald Sie beispielsweise einer skalaren Variablen einen neuen Wert zuweisen, geht der alte Wert verloren. Skalare können ganz grob in zwei verschiedene Typen unterteilt werden: in Zahlen und in Zeichenketten. Diese beiden groben skalaren Datentypen müssen allerdings noch weiter unterteilt werden, um beispielsweise die verschiedenen Arten von Zahlen angeben zu können.

5.6.1.1 Integer

Der Datentyp „Integer" beschreibt die ganzzahligen Zahlen, also Zahlen ohne Nachkommastellen. Dabei spielt es keine Rolle, ob es sich um positive oder negative Zahlen handelt.

Steht als erste Ziffer der Zahl eine 0, so interpretiert PHP diese Zahl als Oktalzahl, das heißt, als Zahl mit der Basis 8. Beginnt die Zahl hingegen mit `0x`, so wird die Zahl als hexadezimale Zahl betrachtet.

Beispiele:

```
20   # Dezimalzahl
-8   # negative Dezimalzahl
0377 # Oktalzahl (entspricht dezimal dem Wert 255)
0xff # Hexadezimalzahl (entspricht  dezimal dem Wert 255)
```

5.6.1.2 Double/Float

Der zweite Zahlendatentyp ist „Double" oder „Float". Dieser Zahlentyp wird für alle Zahlen verwendet, die entweder Nachkommastellen haben oder deren Darstellung Nachkommastellen enthält. Als Darstellung kann hierbei die wissenschaftliche Notation verwendet werden, um sehr große oder auch sehr kleine Zahlen anzugeben. Diese wissenschaftliche Notation wird durch ein angehängtes `E` markiert, hinter dem eine Zehnerpotenz geschrieben wird. Als Dezimaltrenner wird der Punkt verwendet.

Beispiele:

```
2.3    # Fließkommazahl
-4.1   # negative Dezimalzahl
1.3E6  # Zahl in wissenschaftlicher Darstellung.
       # Entspricht ca. 1.300.000
-4e-9  # Negative Zahl in wissenschaftlicher Darstellung.
       # Entspricht ca. -0,000000004
```

Falls Sie der kleine Zusatz „ca." bei den beiden wissenschaftlichen Notationen stört, hier die Erläuterung: Fließkommazahlen können im Rechner architekturbedingt nur mit einer begrenzten Anzahl an Nachkommastellen gespeichert werden. Aufgrund dessen sollten Sie Fließkommaergebnisse immer mit einer gewissen Vorsicht und nicht als vollkommen korrektes Ergebnis betrachten.

5.6.1.3 Boolean

Mit der Version 4 von PHP wurde der Datentyp „Boolean" aufgenommen. Dieser Datentyp kennt nur die zwei Werte `TRUE` und `FALSE`. Diese beiden Werte werden beispielsweise von Vergleichsoperatoren (s. 5.6.2.2) zurückgegeben.

Auch Werte anderer Datentypen können als `TRUE` oder `FALSE` ausgewertet werden.

Beispiele:

```
TRUE     # Wahrheitswert
FALSE    # Falsch
0        # Falsch! (siehe 5.6.3)
```

5.6.1.4 String

Ein String ist eine Aneinanderreihung einzelner Zeichen. Jedes Zeichen dieses Strings kann einen beliebigen Wert aus einer Tabelle mit 256 Werten annehmen. Das heißt, dass jedes Zeichen genau 1 Byte an Speicherplatz belegt. Dadurch ist auch festgelegt, dass PHP nicht mit Unicode-Zeichen umgehen kann.

Zeichenketten in PHP können theoretisch beliebig viele Zeichen enthalten, das einzige beschränkende Element ist der vorhandene Hauptspeicher (abzüglich des Speichers, den das Betriebssystem, die laufenden Anwendungen und PHP benötigen). Daher müssen Sie beim Arbeiten mit Strings unter PHP de facto keine Beschränkungen von Strings hinnehmen.

Um einen String in PHP als solchen kenntlich zu machen, muss dieser in Anführungszeichen geschrieben werden. PHP unterscheidet dabei zwei verschiedene Arten von Anführungszeichen. Zum einen können Sie einfache Anführungszeichen (´) – die so genannten „single quotes" – verwenden. Alternativ dazu benutzt man die doppelten Anführungszeichen (`"`) – die „double-quotes". Diese beiden Arten der String-Darstellung sind allerdings in ihren Funktionen sehr unterschiedlich.

Bei Strings, die in einfachen Anführungszeichen gesetzt werden, wertet PHP den Inhalt exakt so aus, wie von Ihnen eingegeben. Das bedeutet auch, dass eventuell vorhandene Tabulatoren oder ähnliche Sonderzeichen in den einfachen Anführungszeichen genau so wieder ausgegeben werden. Allerdings gibt es dabei zwei Ausnahmen: Zum einen können Sie kein einfaches Anführungszeichen innerhalb von einfachen Anführungszeichen ohne weiteres verwenden. Falls Sie das möchten, so muss es durch einen vorangestellten Backslash (\) geschützt werden. Zum anderen muss ein Backslash am Stringende durch einen weiteren Backslash geschützt werden.

Beispiele für Strings in einfachen Anführungszeichen:

```
'Hallo Welt'     # ein aus 10 Bytes bestehender String
'ich kann\'s'    # String mit Apostroph (geschützt per Backslash)
'C:\WINDOWS\\'   # der letzte Backslash ist geschützt
```

Die Strings in einfachen Anführungszeichen sind allerdings wirklich auf die pure Speicherung eingegebener Daten ausgelegt. Falls Sie in Ihren Strings einige Zusatzfunktionen ermöglichen möchten, so bieten sich dafür die doppelten Anführungszeichen an.

Bei Zeichenketten, die in doppelte Anführungszeichen gesetzt werden, können Sie unter anderem Sonderzeichen über die Backslash-Schreibweise integrieren. Über diese Backslash-Zeichen können sogar sämtliche ASCII-Zeichen über ihren Zahlenwert in einen String eingefügt werden, indem Sie den ASCII-Wert als Oktalzahl bzw. als Hexadezimalzahl angeben.

In der nachfolgenden Tabelle sind die Backslash-Sonderzeichen aufgelistet:

Tabelle 5.1: Sonderzeichen in doppelten Anführungszeichen

Kürzel	Bedeutung
`\n`	Newline (neue Zeile), entspricht ASCII 10
`\r`	Return (Wagenrücklauf), entspricht ASCII 13
`\t`	Tabulator, entspricht ASCII 9
`\\`	Backslash
`\$`	Dollar-Zeichen
`\"`	doppeltes Anführungszeichen
`\024`	der ASCII Wert 20 in oktaler Schreibweise
`\x0d`	der ASCII Wert 13 in hexadezimaler Schreibweise

In den doppelten Anführungszeichen können natürlich auch die einfachen Anführungszeichen als normale Zeichen verwendet werden. Das Gleiche gilt übrigens auch umgekehrt, Sie können die doppelten Anführungszeichen in einfachen Anführungszeichen ohne Backslash benutzen.

Beispiele für Strings in doppelten Anführungszeichen:

```
"Hallo Welt"                 # ein aus 10 Bytes bestehender String
"ich kann's"                 # String mit Apostroph
"ein \"super\" Angebot" # geschützte doppelte Anführungszeichen
```

Die wahrscheinlich wichtigste Funktion, die die doppelten Anführungszeichen bietet, ist die Auswertung von Variablen – die so genannte Variableninterpolation.

Bei der Variableninterpolation können Sie eine Variable in die doppelten Anführungszeichen setzen, als ob hier der jeweilige Wert der Variablen stehen würde.

Beispiele für Variableninterpolation:

```
$name="Heiko";
$var2="Hallo $name";     # $var2 bekommt den Inhalt "Hallo Heiko"
```

Die Variableninterpolation wird allerdings nur in den doppelten Anführungszeichen durchgeführt. In einfachen Anführungszeichen wird alles genau so ausgewertet, wie es in den Anführungszeichen steht:

```
$name="Heiko";
$var2='Hallo $name';     # $var2 bekommt den Inhalt "Hallo $name"
```

Die Variableninterpolation kann allerdings auch in manchen Situationen zu Problemen führen. Falls Sie beispielsweise eine Variable mit dem aktuellen Platz (z. B. `$platz=1`) einer Auswertung belegt haben und möchten dann als neuen String (für eine Ausgabe) den Text `"1ter Platz"` haben, so geht das nicht mit der Schreibweise `"$platzter Platz"`. Hier würde eine Variable mit Namen `$platzter` gesucht werden. Diese Variable ist allerdings im System (wahrscheinlich) nicht vorhanden, daher gibt PHP nichts zurück, und Ihr neuer String wäre einfach nur `" Platz"`. Um dies zu lösen, gibt es in PHP die Möglichkeit, den Variablennamen zu schützen. Dies erledigen Sie, indem Sie den Variablennamen in geschweifte Klammern `{}` setzen.

```
$platz=1;
$text="$platzter Platz";     # funktioniert nicht,
                             # da $platzter nicht existiert
$text2="${platz}ter Platz";  # funktioniert,
                               # da $platz geschützt ist
```

5.6.2 Operatoren

Mit Operatoren können Werte miteinander verknüpft werden, um ein Ergebnis zu erhalten. Es gibt wahrscheinlich kein sinnvolles Programm, das ohne Operatoren auskommt. Die bekanntesten Operatoren sind die mathematischen bzw. arithmetischen Operatoren.

5.6.2.1 Arithmetische Operatoren

Die arithmetischen Operationen entsprechen den Grundrechenarten der Mathematik. Die in PHP verwendeten Operatoren entsprechen den in EDV-Begriffen weitläufig verwendeten Rechenzeichen:

Tabelle 5.2: Arithmetische Operatoren

Operator	Bedeutung	Beispiel	Ergebnis
+	Addition	`3.1+1.9`	`5.0`
-	Subtraktion	`4-1`	`3`
*	Multiplikation	`3*3e6`	`9000000`
/	Division	`10/3`	`3.33333`
%	Modulo	`10%3`	`1`

Der Modulo-Operator, der in der Schulmathematik sehr selten angesprochen wird, wird auf Seite 220 erläutert.

Es existiert auch ein Operator für Strings, der vergleichbar mit der Addition von Zahlen ist. Dies ist der Punkt-Operator (`.`). Mit diesem Operator werden zwei Strings aneinandergereiht und als Ergebnis zurückgeliefert. Dieser Punktoperator funktioniert übrigens unter anderem auch auf Zahlenvariablen und liefert dabei die Aneinanderreihung der einzelnen Werte der Variablen. Das Ergebnis dieser Operation ist ein String, bestehend aus den einzelnen in den Variablen gespeicherten Zahlen.

Beispiel:

```
"Hallo"." Welt"      # Ergebnis: "Hallo Welt"
```

5.6.2.2 Vergleichsoperatoren

Um zwei Werte zu vergleichen, existieren in PHP verschiedene Vergleichsoperatoren. Der Rückgabewert dieser Vergleichsoperatoren ist ein Boolescher Wert – also `TRUE` oder `FALSE`. Auch diese Vergleichsoperatoren folgen den üblichen Schreibweisen.

Tabelle 5.3: Vergleichsoperatoren

Operator	Bedeutung	Beispiel	ca. Ergebnis
<	kleiner	`4<7`	`TRUE`
<=	kleiner gleich	`5<=4.5`	`FALSE`
>	größer	`"hallo">"welt"`	`FALSE`
>=	größer gleich	`"abc">="a"`	`TRUE`
==	gleich	`"hallo"=="welt"`	`FALSE`
!=	ungleich	`8!="a"`	`TRUE`
===	identisch	`8==="8"`	`FALSE`

Die Funktion der meisten Operatoren sollte durch die Beispiele in Tabelle 5.3 klar ersichtlich sein. Der Operator „identisch“ (===) ist eine Erweiterung, die erst mit PHP 4 in die Sprache aufgenommen wurde. Der Test mit === vergleicht genau wie bei == die beiden Werte auf der linken und auf der rechten Seite. Allerdings wird hier nur dann `TRUE` zurückgeliefert, falls auf beiden Seiten sowohl der gleiche Wert als auch der gleiche Datentyp stehen! Folgendes Beispiel soll das erläutern:

Beispiele:

```
8 ==  "8" # Ergebnis: TRUE, da die Werte gleich sind (s. 5.6.3)
8 === "8" # Ergebnis: FALSE, da zwar die Werte gleich sind, aber
          # die Datentypen unterschiedlich (String und Integer)
8 === 8   # Ergebnis: TRUE, da Werte und Datentypen gleich sind
0x8 === 8 # Ergenbis: TRUE
          # 0x8 ist ein integer Wert und entspricht 8
8.0 === 8 # Ergebnis: FALSE
          # 8.0 ist ein Fließkommawert, 8 ein Integerwert
```

5.6.2.3 Zuweisungsoperatoren

Auf der Seite 244 haben Sie bereits gesehen, wie in PHP einer Variablen ein Wert zugewiesen werden kann. Durch den Zuweisungsoperator = weisen Sie der Variablen auf der linken Seite den Wert der rechten Seite des Operators zu. Verwechseln Sie diesen Operator nicht mit dem Vergleichsoperator ==. Das Ergebnis einer Zuweisung ist immer der Wert, der zugewiesen wurde, während das Ergebnis eines Vergleichsoperators immer `TRUE` oder `FALSE` liefert. Sehen Sie sich dazu folgende Beispiele an:

```
$a=10;              # Rückgabewert dieses Ausdrucks ist 10
$a==10;             # Rückgabewert dieses Ausdrucks ist TRUE
                    # oder FALSE je nach Wert von $a
```

Dieser wichtige Unterschied wird bei den Kontrollstrukturen (s. 5.7) noch eine große Rolle spielen.

Die Eigenschaft, dass `$a=10` einen Wert zurückliefert, kann auch in weiteren Ausdrücken benutzt werden, um recht kurze Schreibweisen zu erreichen:

```
$a=10+($b=5);     # $b bekommt den Wert 5 und $a den Wert 15
$c=($d="Hallo"); # $d bekommt den Wert "Hallo" genau wie $c
```

Eine weitere wichtige Eigenschaft in PHP ist, dass Ausdrücke wie `$a=$b` keine mathematischen Formeln darstellen. Das heißt, dass diese Zuweisung den augenblicklichen Wert der Variablen `$b` nimmt und in die Variable `$a` kopiert. Eine spätere Änderung der Variablen `$b` hat keinen Einfluss auf die Variable `$a`!

```
$b=7.3;
$a=$b;               # $a bekommt den momentanen Wert von $b (7.3)
$b=8.3;              # diese Zuweisung verändert nicht $a
```

Falls Sie allerdings genau diesen Effekt wünschen, so ist es in PHP 4 möglich, eine Variablenzuweisung nicht als Wertzweisung zu machen, sondern als Verweiszuweisung. Stellen Sie sich das so ähnlich vor, wie einen Link im Dateisystem. Bei der Zuweisung als Verweis bewirken alle nachfolgenden Änderungen an einer der beiden Variablen auch automatisch eine Änderung der anderen Variablen. Um diese Zuweisung durchzuführen, stellen Sie der Variablen, die sie als Verweis zuweisen möchten, ein `&`-Zeichen vor das `$`-Zeichen.

```
$b=7.3;
$a=&$b;               # $a bekommt einen Verweis auf $b (7.3)
$b=8.3;               # diese Zuweisung verändert $a
$a=5.5;               # diese Zuweisung verändert $b
```

Neben dem einfachen Zuweisungsoperator = existieren in PHP allerdings auch noch die so genannten binären Zuweisungen. Sie haben auf Seite 244 bereits gesehen, dass eine Zuweisung auch auf beiden Seiten des Zuweisungsoperators die gleiche Variable stehen haben kann (`$a=$a+6`). Einmal als Ziel der Zuweisung (auf der linken Seite) und das andere Mal als Wert der Variablen (auf der rechten Seite).

Da solche Schreibweisen sehr häufig in Programmen notwendig sind, gibt es dafür eine Kurzschreibweise – die binären Zuweisungen. Bei diesen wird immer davon ausgegangen, dass die Variable, die als Ziel der Zuweisung angegeben wird, auch im Wert verwendet wird. Betrachten Sie das obige Beispiel noch einmal; setzen Sie jetzt allerdings vor das Gleichheitszeichen den eigentlichen arithmetischen Operator, der für diese Berechnung verwendet werden soll (das + Zeichen). Nun ist die Variable auf der rechten Seite des Gleichheitszeichens überflüssig und es ergibt sich folgende Schreibweise:

```
$a=$a+6;             # lange Schreibweise
$a+=6;               # kurze Schreibweise
```

Auf die gleiche Art können Sie prinzipiell alle Rechenoperationen in PHP zuweisen.

Operator	Beispiel	Ergebnis (bei `$a=9`)
`+=`	`$a+=6;`	`$a=15`
`-=`	`$a-=3;`	`$a=6`
`*=`	`$a*=2;`	`$a=18`
`/=`	`$a/=2;`	`$a=4.5`
`%=`	`$a%=2;`	`$a=1`
`.=`	`$a.="Welt";`	`$a="9Welt"`

Eine der besonders interessanten Zuweisungen ist dabei die Zeichenkettenzuweisung (`.=`). Mit dieser Operation können Sie einen String an eine Variable anhängen. So ergibt beispielsweise folgende Operation eine für HTML recht wichtige Ergänzung:

```
$a="Hallo Welt";
$a.="<BR>";
```

5.6.2.4 Inkrement und Dekrement

Die Schreibweisen für „zähle den Wert 1 zur Variable", die Sie bisher kennen gelernt haben, sind entweder `$a=$a+1` oder bereits in einer Kurzschreibweise `$a+=1`. Da die Funktion „zähle 1 dazu" in Programmen sehr häufig verwendet wird, existiert hierfür noch eine etwas kürzere Form:

```
$a=5;
$a+=1;               # binäre Zuweisung
$a++;                # wie eben nur mit Inkrementschreibweise
```

Im gleichen Stil können Sie auch einen Dekrement-Operator verwenden, um den Wert `1` von einer Variablen abzuziehen.

```
$a=5;
$a-=1;               # binäre Zuweisung
$a--;                # wie eben nur mit Dekrementschreibweise
```

Die beiden Operatoren `++` und `--` gibt es jeweils noch in zwei unterschiedlichen Formen. Zum einen in der oben bereits gezeigten Post-Inkrement bzw. Post-Dekrement- (hinter der Variablen) Schreibweise, zum anderen in der Prä-Inkrement bzw. Prä-Dekrement (vor der Variablen) Schreibweise. Die beiden Varianten unterscheiden sich durch den Zeitpunkt ihrer Auswertung. Beim vorangestellten

Operator wird die Operation vor der weiteren Auswertung der Variablen durchgeführt, beim nachgestellten Operator nach der weiteren Auswertung.

Folgende zwei Beispiele sollen dies erläutern:

Post-Inkrement:

```
$x=100;
$y=$x++;          # $y bekommt zuerst den Wert von $x und hinterher
                  # wird die Variable $x um 1 erhöht
                  # $y hat den Wert 100, $x hat den Wert 101
```

Prä-Inkrement:

```
$x=100;
$y=++$x;          # $x wird vor der weiteren Auswertung um 1 erhöht
                  # und dann bekommt die Variable $y den Wert von $x
                  # $y hat den Wert 101, $x hat den Wert 101
```

Die beiden Inkrement- und Dekrement-Operatoren können mit PHP natürlich nicht nur auf Integerzahlen angewandt werden, sondern sie funktionieren auch mit Fließkommazahlen oder sogar Strings. Die Funktionsweise beim Hochzählen/Runterzählen von Fließkommazahlen entspricht der, die Sie bereits bei den Integerzahlen gesehen haben.

Fließkommazahlen:

```
$x=-4.2;
$x--;              # $x hat den Wert -5.2
```

Bei Strings wird Inkrement und Dekrement alphabetisch durchgeführt. Der String wird hierbei wie eine Zahl betrachtet, die als einzelne Ziffern jeweils einen Buchstaben aus dem Alphabet besitzt (dies entspricht einem Zahlensystem mit der Basis 26). Wird nun Inkrement darauf angewendet, so wird die Ziffer um einen Buchstabenwert hochgezählt, die am weitesten rechts steht. Erreicht diese Ziffer den Wert `z`, so wird wieder auf die Ziffer `a` umgestellt und die Ziffer, die links davon steht, um einen Buchstabenwert erhöht. Sehen Sie sich dazu folgendes Beispiel an:

Strings:

```
$s="a";
$s++;              # Der Wert der Variable $s ist nun "b"
$s="z";
$s++;              # Der Wert der Variable $s ist nun "aa"
$s="Blitz";
$s++;              # Der Wert der Variable $s ist nun "Bliua"
```

5.6.2.5 Logische Operatoren

Die bisherigen Operatoren waren dazu gedacht, entweder den Wert einer Variablen zu verändern oder den Wert einer Variablen zu vergleichen und TRUE oder FALSE zurückzugeben. Falls Sie allerdings mehr als eine Variable bei Vergleichen (oder mit bestimmten Tricks auch bei Zuweisungen) verwenden möchten, so ist es notwendig, logische Operatoren zu benutzen.

Die logischen Operatoren stammen aus der Booleschen Algebra, in der nur mit den Werten TRUE und FALSE gearbeitet wird. Daher arbeiten in PHP diese Operatoren ebenfalls mit diesen beiden Werten. Logische Operatoren brauchen als „Input" Boolesche Daten und liefern auch als „Output" wieder einen Booleschen Wert.

Nehmen Sie folgendes Beispiel dazu: Sie möchten wissen, ob die Variable $a den Wert 5 hat, und zusätzlich, ob die Variable $b den Wert 2 besitzt. Nur dann, wenn beide Bedingungen erfüllt sind, soll TRUE zurückgegeben werden. Die einzelnen Vergleiche lauten dabei $a==5 und $b==2. Jeder dieser Vergleiche für sich genommen liefert als Rückgabewert entweder TRUE oder FALSE. Mit den logischen Operatoren kombinieren Sie nun diese beiden einzelnen Vergleiche zu einem einzigen Rückgabewert. Der Operator, den Sie dafür verwenden müssen, ist der and-Operator. Es soll die erste Bedingung erfüllt sein *und* die zweite. Damit lautet Ihr neuer Ausdruck:

```
$a==5 and $b==2; # Dieser Ausdruck liefert TRUE, wenn $a 5 ist
                 # und gleichzeitig $b den Wert 2 hat
```

Oftmals ist es allerdings so, dass es Ihnen genügt, dass nur eine der beiden Bedingungen erfüllt ist. Dazu folgendes Beispiel: Sie erwarten den Wert 3 oder den Wert 9 in der Variable $a. Der gesprochene Test würde lauten: Entweder ist $a gleich 3 *oder* $a ist gleich 9. Genau auf diese Weise wird dieser Test in PHP-Schreibweise umgesetzt:

```
$a==3 or $a==9; # Dieser Ausdruck liefert TRUE, wenn $a
                #  entweder 3 ist oder $a den Wert 9 hat
```

In folgenden Tabellen sind die logischen Operatoren, die jeweiligen Inputs und das Ergebnis aufgelistet:

and **&&**	TRUE	FALSE
TRUE	TRUE	FALSE
FALSE	FALSE	FALSE

or `||`	TRUE	FALSE
TRUE	TRUE	TRUE
FALSE	TRUE	FALSE

Der *oder*-Operator entspricht allerdings nicht der umgangssprachlichen Version „oder“, die eigentlich „entweder – oder“ meint. Immer dann, wenn Sie wissen möchten, ob tatsächlich nur einer der beiden Ausdrücke `TRUE` ist, ist das bisherige `or` bzw. || nicht geeignet. Daher gibt es auch noch ein *exklusiv-oder* – `xor`. Das Ergebnis von `xor` liefert, wie eben angedeutet, nur dann `TRUE`, wenn nur einer der beiden Ausdrücke `TRUE` ist.

xor	TRUE	FALSE
TRUE	FALSE	TRUE
FALSE	TRUE	FALSE

Der letzte wichtige logische Operator ist die Negation. Bei der Negation werden nun keine zwei Ausdrücke kombiniert zu einem logischen Ergebnis, sondern hier wird der Boolesche Wert eines Ausdrucks umgedreht, d. h., aus `TRUE` wird `FALSE` und umgekehrt.

!	TRUE	FALSE
	FALSE	TRUE

5.6.2.6 Rangfolge und Assoziativität der Operatoren

In der Mathematik existieren feste Regeln für die Reihenfolge der Abarbeitung einzelner Operationen in einem Term. Die meisten dieser Regeln gelten in PHP genauso, wie Sie es aus der Mathematik kennen. Um allerdings in allen Fällen, in denen in einem Ausdruck in PHP mehrere Operatoren vorkommen, die Reihenfolge der Abarbeitung genau geklärt zu haben, ist in PHP jeder Operator in folgender Rangfolgetabelle abgelegt:

Tabelle 5.4: Rangfolge und Assoziativität der Operatoren

Assoziativität	Operator
keine	`new` (neues Objekt)
rechts	`[`
rechts	`! ~ ++ -- (int) (double) (string) (array) (object) @`
links	`* / %`

Tabelle 5.4 – Fortsetzung

Assoziativität	Operator
links	`+ - .`
links	`<< >>`
keine	`< <= > >=`
keine	`== != ===`
links	`&`
links	`^`
links	`|`
links	`&&`
links	`||`
links	`?:`
links	`= += -= *= /= .= %= &= |= ^= ~= <<= >>=`
rechts	`print`
links	`and`
links	`xor`
links	`or`
links	`,`

In dieser Tabelle stehen die Operatoren weiter oben, die früher abgearbeitet werden. Die Spalte „Assoziativität“ gibt an, von welcher Seite aus gleichwertige Operatoren gelesen werden.

5.6.3 Konvertierung der Datentypen

In PHP sind die Datentypen nicht zu deklarieren und werden von PHP auch nicht als fest gesehen. Die einzelnen Werte werden durch den Kontext bestimmt, in dem sie verwendet werden. Erwartet beispielsweise eine Funktion einen String und Sie übergeben eine Zahl, so wird diese Zahl in den String umgewandelt, der aus den einzelnen Ziffern als Zeichen besteht.

Somit ist es in PHP beispielsweise möglich, mit Hilfe des +-Operators zwei Strings zu addieren. Die Umwandlung eines Strings in eine Zahl wird folgendermaßen durchgeführt: PHP liest den String von links nach rechts ein, und alles, was in einer Zahl stehen darf, wird auch als Zahl gewertet. Sobald das erste Zeichen auftritt, das nicht in einer Zahl vorkommen darf, wird die Auswertung gestoppt und der Rest des Strings wird verworfen. Falls bei dieser Auswertung vom String keine Zahl erkannt wird (von links gelesen!), so wird dies als `0` gewertet.

Der Datentyp des Ergebnisses wird auch von den einzelnen Datentypen des Operators bestimmt. Hier wird bei den mathematischen Operatoren als Ergebnis nur dann Integer zurückgegeben, wenn alle Werte vom Typ Integer sind (außer bei einer Division, die Nachkommastellen liefert, hier wird das Ergebnis natürlich Float sein). Ist bereits einer der Operanden Float, so ist auf jeden Fall auch das Ergebnis Float.

Folgendes Beispiel soll die Konvertierung verdeutlichen:

```
"4" + "3"                # Ergebnis: 4+3 = 7
"9" - "Eier"             # Ergebnis: 9-0 = 9
"4 Äpfel" + "3 Birnen"   # Ergebnis: 4+3 = 7
"Bier: 1" - "Wein: 5"    # Ergebnis: 0-0 = 0

"Auto" . "fahren"        # Ergebnis: "Autofahren"
4 . 3                     # (wichtig ist das Leerzeichen vor und
                          # nach dem Punkt) Ergebnis: "43"
```

Achten Sie darauf, dass diese Typenkovertierung auch bei den Vergleichsoperatoren durchgeführt wird. Daher wurde mit PHP 4 als neuer Vergleichsoperator der oben bereits angesprochene Operator „Identität" eingeführt. Dieser führt nur dann zu einem wahren Ergebnis, wenn beide Seiten des Operators auch vom gleichen Datentyp sind.

Die Konvertierung kann auch als Ergebnis einen Booleschen Datentyp liefern. Dies wird häufig in Kontrollstrukturen ausgenutzt, um den Kontrollausdruck möglichst einfach angeben zu können. Die Konvertierung in einen Booleschen Wert wird von PHP folgendermaßen durchgeführt:

In PHP gilt, dass alles, was nicht den folgenden Werten entspricht, als `TRUE` gewertet wird:

`0` : die Integerzahl `0`

`0.0`: die Fließkommazahl `0`

`"0"`: der String, bestehend aus dem einzelnen Zeichen `0`

`""` : der leere String

ein leeres Array

ein leeres Objekt

Auch der umgekehrte Fall funktioniert. Auf folgende Weise werden Boolesche Daten als Integer interpretiert:

Boolescher Wert	Integer
`TRUE`	1
`FALSE`	0

5.6.4 Arrays & Hashes

Nachdem die Skalare einfache Daten waren, mit jeweils nur einem Wert, der gespeichert werden kann, sind Arrays und Hashes diejenigen Datentypen, die mehrere Informationen speichern können. Jedes einzelne Element eines Arrays bzw. eines Hash kann wiederum jeder Datentyp von PHP sein. Das bedeutet, ein einzelnes Element eines Arrays kann beispielsweise wieder ein Array sein (dazu später mehr).

Wichtig bei der Zuweisung der Werte ist, dass der Schlüssel immer eine nichtnegative Integerzahl oder ein String ist. Verwenden Sie als Schlüssel einen String, so bezeichnet man in anderen Programmiersprachen üblicherweise dieses Array als Hash.

Arrays bestehen immer aus Wertepaaren, aus einem so genannten „Key" und dem zugeordneten „Value". Der Key wird benutzt, um die Position im Array zu kennzeichnen, mit der Sie gerade arbeiten. Der Value ist der Wert, der an dieser Stelle im Array gespeichert ist.

Um ein Array als solches zu kennzeichnen, benötigen Sie in PHP entweder das Sprachkonstrukt `array()` oder Sie müssen die Werte einzeln zuweisen. Im Folgenden werden beide Methoden beschrieben.

5.6.4.1 Elementweise Wertzuweisung

Wie bereits erwähnt, bestehen Einträge eines Arrays immer aus einem Paar „Key" und „Value". Im Folgenden wird diese Paarbindung am einfachsten sichtbar:

```
$a[0] = "Douglas";          # Der key 0 bekommt den Wert "Douglas"
$a[1] = "Adams";            # Der key 1 bekommt den Wert "Adams"
```

Im obigen Beispiel wurde ein Array `$a` angelegt, und dieses Array hat die beiden Keys `0` und `1` und die zugehörigen Werte `Douglas` und `Adams`.

In PHP dürfen Sie bei den Arrays auch den Schlüssel weglassen und können einen neuen Wert zuweisen. Dabei verwendet PHP automatisch den bisher höchsten Integerwert+1 als Schlüssel oder 0, falls noch kein Integer-Schlüssel existiert hat. Dadurch können Sie in PHP sehr einfach einen weiteren Wert an ein bestehendes Array (oder natürlich auch an ein leeres Array) anhängen:

```
$a[] = "Milchstraße";   # Der key 2 bekommt den Wert "Milchstraße"
                        # 0 und 1 wurden oben bereits belegt!
$a[] = "Galaxie";       # Der key 3 bekommt den Wert "Galaxie"
```

Das gleiche Beispiel wie oben könnte als Hash wie folgt aussehen:

```
$a["vorname"] = "Douglas";
$a["name"]    = "Adams";
$a["strasse"] = "Milchstraße";
$a["ort"]     = "Galaxie";
```

5.6.4.2 Die Funktion `array()`

Die Funktion `array()` benutzen Sie immer dann, wenn mehrere Werte gleichzeitig in einem Array gespeichert werden sollen. Hierbei wird als Argumente der Funktion eine mit Kommata separierte Liste übergeben. Die Einträge in der Liste sind dabei entweder nur Werte oder wieder die Paarzuordnung `key => value`.

```
$b = array("Herr","Terry","Pratchett",
           "Hier-Gibts-Alles-Platz","Ankh Morpork");
$c = array("anrede"=>"Herr", "vorname"=>"J.R.R.",
           "name"=>"Tolkien", "strasse"=>"Feenweg",
           "ort"=>"Hobbingen");
```

Beim Array `$b` wird als Schlüssel eine fortlaufende Nummerierung aus Integerzahlen, beginnend bei `0`, erzeugt. Das heißt, eigentlich steht in der Zuweisung `0=>"Herr", 1=>"Terry", 2=>"Pratchett", ...`. Die Zuweisung bei `$c` erzeugt einen Hash mit den Schlüsseln `"name"`, `"vorname"`, `"strasse"` etc.

5.6.4.3 Arbeiten mit Arrays

Einzelne Array-Elemente können genau so behandelt werden wie die Werte, die an dieser Stelle gespeichert sind. Haben Sie als Wert einen Skalar gespeichert, so kann mit diesem Skalar jede der skalaren Operationen durchgeführt werden, die in Kapitel 5.6.2 bereits besprochen wurden. Der Zugriff auf einen einzelnen Wert eines Arrays erfolgt dabei wieder in der „Eckige-Klammern-Schreibweise", wie Sie sie bereits bei der elementweisen Zuordnung gesehen haben.

```
$z    = array(1, 3, 5);
$z[2] = 4;                # Das Array lautet nun: (1, 3, 4)!
                          # Achtung der Schlüssel beginnt bei 0
$z[1]--;                  # Das Array lautet (1, 2, 4)
$z[2] -= $z[0];           # Zieht von 4 den Wert 1 ab
                          # Das Array lautet (1, 2, 3)
```

5.6.5 Besondere Variable

In PHP existiert noch eine ganze Reihe von Variablen, die PHP selbst festlegt, bzw. die bei jedem Aufruf eines Skripts von außen bestimmt werden. Die wichtigsten dieser externen Variablen sind diejenigen, die Sie aus Formularen bekommen.

Eine Liste der Variablen, die in einem Dokument verwendet werden können, bekommen Sie, indem Sie innerhalb des Skripts die Funktion `phpinfo()` verwenden.

5.6.5.1 Apache-Variable

Falls PHP von Apache aus aufgerufen wird (wovon wir hier ausgehen), so übergibt Apache an PHP einige vordefinierte Variable. Diese Variablen sind allerdings nicht bei jedem Aufruf eines Skriptes die gleichen. Dies hängt unter anderem davon ab, welcher Browser verwendet wird, wie auf die Seite zugegriffen wird (über einen Proxy beispielsweise) oder ähnliches. Im Nachfolgenden eine kleine Auswahl nützlicher Variablen:

`DOCUMENT_ROOT`: Hier steht das Verzeichnis, das der Webserver als Root-Verzeichnis verwendet (siehe B.1.1)
Bp.: `/usr/local/httpd/htdocs`

`HTTP_ACCEPT`: Dies ist der Wert des `Accept`-Headers, der vom Browser zum Server geschickt wurde (siehe 3.2). Die angegebenen MIME-Typen kann der Browser selbst verarbeiten.
Bp.: `text/*, image/jpeg, image/png, image/*, */*`

`HTTP_ACCEPT_CHARSET`: Dies ist der Wert des `Accept-Charset`-Headers, der vom Browser zum Server geschickt wurde (siehe 3.2).
Bp.: `iso-8859-15, utf-8, *`

`HTTP_ACCEPT_ENCODING`: Dies ist der Wert des `Accept-Encoding`-Headers, der vom Browser zum Server geschickt wurde (siehe 3.2). Alle angegebenen Dateikodierungen können vom Browser verarbeitet werden.
Bp.: `x-gzip, gzip, identity`

`HTTP_ACCEPT_LANGUAGE`: Dies ist der Wert des `Accept-Language`-Headers, der vom Browser zum Server geschickt wurde (siehe 3.2). Der Browser möchte (falls vorhanden) die Daten in den hier angegebenen Sprachen in dieser Reihenfolge.
Bp.: `de, de_DE@euro, en`

`HTTP_CONNECTION`: Hier wird angegeben, welche Art der Verbindung vom Browser aus versucht wurde (entweder `Keep-Alive` oder `Close`; siehe 3.2).
Bp.: `Keep-Alive`

`HTTP_HOST`: Dies ist der Inhalt des `Host`-Headers. Im Normalfall ist das der Name oder die IP-Adresse des Hosts, der aufgerufen wurde. Dies kann auch ein virtueller Host sein.
Bp.: `localhost`

`HTTP_USER_AGENT`: Hier steht der Browser, dessen Version und das Betriebssystem, auf dem der Browser läuft, mit dem zugegriffen wird. Dies kann beispielsweise für Statistiken interessant sein.
Bp.: `Mozilla/5.0 (compatible; Konqueror/2.2.1; Linux)`

`HTTP_REFERER`: Dies ist die Seite, von der aus auf die aktuelle Seite verwiesen wurde. Falls Sie die Adresse der Seite direkt eingegeben haben, existiert diese Variable nicht.
Bp.: `http://localhost/`

`HTTP_VIA`: In dieser Variablen stehen die HTTP-Versionsnummer, die Adresse, der Port und der Name des Proxy-Servers, über den der Zugriff erfolgt ist (falls ein Proxy-Server an der Kommunikation beteiligt war).
Bp.: `1.0 proxy.local:3128 (Squid/2.4.STABLE2)`

`PATH`: Dies ist die Umgebungsvariable `PATH`, die im Apache gesetzt ist.
Bp.: `/sbin:/bin:/usr/sbin:/usr/bin`

`REMOTE_ADDR`: Hier ist die IP-Adresse des Client, der auf die aktuelle Seite zugreift, abzulesen. Bp.: `127.0.0.1`

`REMOTE_PORT`: Dies ist der Port, der vom Browser aus für die Verbindung verwendet wird.
Bp.: `32796`

`SCRIPT_FILENAME`: In dieser Variablen ist der Pfad des ausgeführten Skripts zu finden.
Bp.: `/home/heiko/public_html/test.php`

`SERVER_ADDR`: Dies ist die IP-Adresse des Servers, auf den zugegriffen wurde.
Bp.: `127.0.0.1`

`SERVER_ADMIN`: Dies ist der Eintrag in der Apache-Direktive `ServerAdmin` (siehe 3.3.3).
Bp.: `root@localhost`

`SERVER_NAME`: Hier steht der Inhalt der Apache-Direktive `ServerName` (siehe B.1.1). Dies kann auch der Name eines virtuellen Hosts sein.
Bp.: `linux.local`

`SERVER_PORT`: Hier steht der Port, auf dem der Server auf Anfragen reagiert. Dies wurde im Apache mit der Direktive `Port` festgelegt (siehe B.1.1).
Bp.: `80`

SERVER_SIGNATURE: Dies ist der String, der unter generierten Seiten als Adresse gesetzt wird, falls in der Apache-Konfiguration dies erlaubt wurde (siehe 3.3.3).
Bp.: `<ADDRESS>Apache/1.3.20 Server at linux.local Port 80</ADDRESS>`

SERVER_SOFTWARE: Hier steht der Inhalt des HTTP-Headers `Server`. Dies ist der Name des Programms, die Version, das Betriebssystem und die geladenen Module. Dies konnten Sie bereits im Kapitel 3.3.7 sehen.
Bp.: `Apache/1.3.20 (Linux/SuSE) PHP/4.0.6 mod_perl/1.26`

GATEWAY_INTERFACE: Dieser String bezeichnet die aktuelle CGI-Version, die der Server unterstüzt.
Bp.: `CGI/1.1`

SERVER_PROTOCOL: Diese String bezeichnet die aktuelle HTTP-Version, die der Server unterstüzt.
Bp.: `HTTP/1.1`

REQUEST_METHOD: Hier wird die HTTP-Methode angegeben, die vom Browser aus angefordert wurde, um die aktuelle Seite zu bekommen.
Bp.: `get`

QUERY_STRING: In diesem String steht die Rohinformation der Parameter, die beim Seitenaufruf mit übergeben wurden. Dies entspricht dem Teil des URL, der rechts vom Fragezeichen steht. Falls Sie also folgenden URL verwenden `http://localhost/test.php?name=Heiko`, ergibt sich folgender Inhalt:
Beispielswert: `name=Heiko`

REQUEST_URI: Das ist der komplette String, der nach der IP-Adresse oder dem Namen des Servers angegeben wurde, um auf die Seite zuzugreifen.
Bp.: `/~heiko/test.php?name=Heiko`

SCRIPT_NAME: Dies ist der Teil des URL, der auf das aktuelle Skript verweist (ohne Server und ohne Parameter).
Bp.: `/~heiko/test.php`

5.6.5.2 Environment-Variable

Diese Variablen sind ähnlich den Environment-Variablen, die in einer Shell verwendet werden. Sie werden vom Betriebssystem gesetzt, um bestimmte Informationen an das Skript weitergeben zu können. Hier eine kleine Auswahl dieser Variablen:

`HOSTNAME`: Hier steht der Name des Serverrechners, der in `/etc/HOSTNAME` festgelegt ist.
Bp.: `pinguin`

`MACHTYPE`: Dieser String entspricht dem Betriebssystem, auf dem das Skript ausgeführt wird.
Bp.: `i386-suse-linux`

`DAEMON`: Hier wird der komplette Pfad zum Webserver eingetragen.
Bp.: `/usr/sbin/httpd`

5.6.5.3 PHP-Variable

PHP verwendet auch eigene Variable, die grundsätzlich in PHP vorhanden sind, egal wie oder von welchem Server PHP gestartet wurde. Einige dieser Variablen entsprechen den Werten der Apache-Variablen oder der Environment-Variablen.

`argv`: Diese Variable ist ein Array mit sämtlichen Parametern, die beim Aufruf des Skripts übergeben wurden.
Bp.: `name=Pratchett&vorname=Terry`

`argc`: In dieser Variablen steht die Anzahl der Parameter, die beim Skriptstart übermittelt wurden. Im Normalfall ist dies beim HTTP-Aufruf 1.
Bp.: `1`

`PHP_SELF`: In dieser Variablen steht der Pfad zum aktuellen Skript selbst. Dies wird häufig für Skripte verwendet, die sich selbst aufrufen.
Bp.: `/~heiko/test.php`

5.6.5.4 Variable aus Formularen

Die Variablen, die Sie aus Formularen bekommen, werden mit hoher Wahrscheinlichkeit diejenigen sein, mit denen Sie meist zu tun haben. Hiermit ist es möglich, einen Wert aus einer HTML-Datei (oder natürlich auch aus einem PHP-Skript) an das aktuelle PHP-Skript zu übergeben.

Um eine Variable aus einem Formular heraus an ein PHP-Skript zu übergeben, müssen folgende Dinge beachtet werden:

- Sie müssen in Ihrem HTML-Formular jedem Eingabefeld einen eindeutigen Namen zuordnen.
- Dieser Name wird für PHP als Variablenname verwendet.
- Im Formular muss über `ACTION` festgelegt werden, an welches Skript die Daten gesendet werden müssen.

- Im Formular sollte über `METHOD` festgelegt werden, mit welcher HTTP-Methode die Daten an das Skript übermittelt werden. Die möglichen Methoden sind `get` und `post`. Mit welcher Methode Sie die Daten übermitteln, ist für PHP unerheblich, das Ergebnis wird immer in der Variablen mit dem Feldnamen abgelegt. Zu beachten ist allerdings, dass die `get`-Methode die Daten über den URL übermittelt (siehe 3.1) und damit die eingetragenen Werte im Browser sichtbar sind, was beispielsweise bei Passwortfeldern nicht erwünscht ist. Desweiteren ist die `get`-Methode auf 2048 Zeichen beschränkt und kann daher nur für eine begrenzte Datenmenge sinnvoll verwendet werden.
  Bei der `post`-Methode werden die Daten im HTTP-Header zum Webserver übermittelt. Hierbei gibt es keine Limitierung durch das HTTP-Protokoll (möglicherweise allerdings eine durch den Webserver oder durch PHP-Einstellungen).

Ein HTML-Formular-Bereich könnte wie folgt aussehen:

```
<form action="auswertung.php" method="post">
Vorname: <input type="text" name="vorname"><br>
Nachname: <input type="text" name="nachname"><br>
<input type="submit" value="suchen">
</form>
```

Dieses Formular ruft das PHP-Skript `auswertung.php` auf und übergibt die Daten mit der Methode `post`. Im PHP-Skript wird nach dem Aufruf eine Variable `$vorname` und eine Variable `$nachname` vorhanden sein, die die jeweils im Formular eingetragenen Werte enthält.

PHP kann Werte aus Formularen auch in Arrays bzw. Hashes ablegen. Dies wird einfach durch einen entsprechend gewählten Feldnamen in HTML bereits festgelegt. Ein Feldname, der ein Array in PHP erzeugt, ist beispielsweise:

```
<form action="auswertung.php" method="post">
Pizza mit:<br>
<select name="zutaten[]" size="3" multiple>
<option>Schinken</option>
<option>Champignons</option>
<option>Peperoni</option>
</select>
<input type="submit" value="bestellen">
</form>
```

Angenommen Sie „bestellen" eine Pizza mit Schinken und Peperoni, so existiert in Ihrem PHP-Skript folgendes Array:

```
$zutaten=array("Schinken","Peperoni");
```

Aus Sicherheitsgründen wird die Übergabe der Variablen direkt aus einem Formular seit der Version 4.2.0 (seit dem 22.04.2002 verfügbar) von PHP standardmäßig deaktiviert sein (`register_globals=off`). Lesen Sie dazu den Abschnitt 5.16.1.

5.6.5.5 Variable aus Cookies

Mit Cookies werden – ähnlich einfach wie die Formular-Variablen in PHP-Skripten – automatisch Variablen angelegt. Cookies speichern Werte, die von einer Seite im Browser gesetzt werden, in kleinen (maximal 4096 Bytes großen) Dateien. Diese Werte werden vom Browser an die Domäne, die im Cookie gespeichert ist, automatisch wieder zurückgeschickt. PHP wertet diese Information aus, legt den Cookie-Namen als Variablennamen an und speichert den Cookie-Wert in dieser Variablen.

Falls in Ihrem Browser also ein Cookie mit Namen `besuche` existiert und dieser den Wert `5` hat, so wird in PHP folgende Variable existieren:

```
$besuche=5;
```

Mehr über Cookies erfahren Sie in Kapitel 5.13.

Ähnlich wie bei Formularvariablen wird diese Methode seit der Version 4.2.0 von PHP deaktiviert sein! Näheres dazu im Abschnitt 5.16.1.

5.7 Kontrollstrukturen

Kontrollstrukturen werden in Programmen verwendet, um die Linearität eines Programms zu durchbrechen. Im Normalfall wird bei einem Programm ein Befehl nach dem anderen ausgeführt, von oben nach unten. Mit den Kontrollstrukturen sind Sie in der Lage, beispielsweise bestimmte Bereiche zu überspringen oder Bereiche öfter auszuführen.

PHP unterstützt dabei die geläufigsten Kontrollstrukturen, die auch die meisten anderen Programmiersprachen unterstützen.

Um in PHP einen Bereich zu kennzeichnen, setzen Sie die Anweisungen, die für diesen Bereich gelten sollen, in geschweifte Klammern. Diese geschweiften Klammern allein beeinflussen den Programmablauf in keinster Weise. Erst in Kombination mit einer Kontrollstruktur werden diese Bereiche wirksam, da eine Kontrollstruktur sich eben auf solch einen Bereich auswirkt bzw. diesen überspringt.

Ein solcher Bereich sieht folgendermaßen aus:

```
{
        anweisung1;
        anweisung2;
        anweisung3;
        :
        anweisungN;
}
```

5.7.1 `if`

Die erste Kontrollstruktur, die Sie betrachten sollten, ist die `if`-Anweisung. Mit dieser Kontrollstruktur können Sie eine Auswertung eines Ausdrucks durchführen, falls der Wert des Ausdrucks `TRUE` ist, so wird der nachfolgende Bereich ausgeführt. Falls der Wert des Ausdrucks `FALSE`) lautet, so wird der nachfolgende Bereich übersprungen. Die allgemeine Syntax lautet:

```
if(testausdruck)
{
        wahranweisung1;
        wahranweisung2;
        :
        wahranweisungN;
}
```

Falls nur ein einziger Befehl im Anschluss an den Test im Fall `TRUE` ausgeführt werden kann, so können die geschweiften Klammern auch weggelassen werden.

Beispiel:

```
<?php
if($vorname=="Heiko")
{
        echo "Hallo Heiko!<br>\n";
}
?>
```

Die in diesem Beispiel gezeigte Methode reicht prinzipiell aus, um bedingte Anweisungen im Programm zu verwenden. Allerdings ist es damit recht schwierig, eine Aussage „andernfalls" zu machen. Im obigen Beispiel ist es zwar prinzipiell über eine zweite `if`-Anweisung möglich, zu testen `$vorname="Heiko"` und dann die entsprechende Ausgabe zu bewirken. Dies ist aber nicht immer so einfach wie hier zu bewerkstelligen. Für genau diesen Fall gibt es die Erweiterung `else`.

5.7.1.1 else

Mit Hilfe von `else` können Sie einen zweiten Bereich angeben, der immer dann ausgeführt werden soll, wenn der Ausdruck bei `if` den Wert `FALSE` liefert. Dies ist der „andernfalls"-Teil. Die Syntax schließt dabei direkt an den normalen `if`-Teil an. Hier wird nach der geschweiften schließenden Klammer das Schlüsselwort `else` geschrieben und im Anschluss daran wieder ein Block mit Hilfe der geschweiften Klammern definiert, der den Bereich angibt, der auszuführen ist. Falls auch hier nur eine Anweisung steht, können die geschweiften Klammern wieder weggelassen werden. Die Syntax für `if` mit `else` lautet demnach:

```
if(testausdruck)
{
        wahranweisung1;
        wahranweisung2;
        :
        wahranweisungN;
}else{
        sonstanweisung1;
        sonstanweisung2;
        :
        sonstanweisungN;
}
```

Im Folgenden wird das obige Beispiel mit `else` erweitert:

```
<?php
if($vorname=="Heiko")
{
        echo "Hallo Heiko!<br>\n";
}else{
        echo "Hallo Fremder!<br>\n";
}
?>
```

Jetzt wird der Text `Hallo Heiko!` mit einem `<br>` und einer neuen Zeile an den Browser geschickt, falls in der Variablen `$vorname` der Wert `Heiko` steht, andernfalls der Text `Hallo Fremder`.

Falls Sie nun für einige Vornamen eine vordefinierte Begrüßung festlegen möchten, ist das mit dem obigen Konstrukt ebenfalls nicht möglich. Auch dafür bietet PHP eine weitere Ergänzung zum `if ... else` an.

5.7.1.2 elseif

Mit der Erweiterung `elseif` können sie ähnlich wie bei der `else`-Anweisung einen Teil ausführen lassen, falls der Test bei `if` den Wert `FALSE` liefert. Diesmal allerdings wird der angegebene Block nicht automatisch ausgeführt, sondern nur dann, wenn die hinter `elseif` stehende zweite Bedingung erfüllt ist. Auf diese Weise ist es möglich, mehrere Bedingungen der Reihe nach zu testen. Der Block, der nach der ersten Bedingung angegeben ist, die `TRUE` liefert, wird ausgeführt, alle nachfolgenden Bereiche werden übersprungen. Liefert allerdings keiner der Tests einen wahren Wert, so springt PHP in den `else`-Zweig, falls dieser vorhanden ist, oder aus der ganzen Kontrollstruktur, falls kein `else` angegeben wurde.

Hier nochmal das vorherige Beispiel für mehrere Personen:

```
<?php
if($vorname=="Heiko")
{
        echo "Hallo Heiko!<br>\n";
}elseif($vorname=="Terry"){
        echo "Die Welt ist eine Scheibe!<br>\n";
}elseif($vorname=="Douglas"){
        echo "Die Galaxie ruft!<br>\n";
}else{
        echo "Hallo Fremder!<br>!\n";
}
?>
```

In diesem Beispiel haben bereits drei Personen eine persönliche Begrüßung. Auf diese Art und Weise können theoretisch beliebig viele Werte eingetragen werden. Allerdings wird es ab einer bestimmten Größe sicherlich sinnvoller sein, den Vornamen und die zugehörige Begrüßung in einer Datenbank zu speichern.

5.7.2 switch

Die bei der `if`-Anweisung gezeigten Beispiele hatten immer eines gemeinsam: Hier wird bei allen Tests die Variable `$vorname` auf einen bestimmten Wert getestet. Sobald ein Wert gefunden wird, den die Variable hat, wird der zugehörige Bereich ausgewertet. Für genau diesen speziellen Fall existiert in PHP eine weitere Kontrollstruktur – die `switch`-Anweisung.

Hier wird am Anfang dieser Kontrollstruktur festgelegt, welche Variable in den nachfolgenden Tests verglichen werden soll, und im Anschluss daran werden bei `case` nur noch die Werte aufgeführt, mit denen der Vergleich durchgeführt wird, und der Bereich, der im Fall einer Übereinstimmung ausgeführt wird.

Im Unterschied zur `if`-Anweisung wird allerdings hier bei einer Übereinstimmung alles Nachfolgende ausgeführt, falls die Schleife nicht durch eine `break`-Anweisung (siehe 5.7.7) verlassen wird.

Um auch mit einer `switch`-Anweisung so etwas wie den `else`-Teil bei `if` zur Verfügung zu haben, der immer dann ausgeführt wird, wenn alle anderen Tests fehlgeschlagen sind, gibt es in PHP noch die Anweisung `default`.

Damit sieht die Syntax für `switch` wie folgt aus:

```
switch($variable){
        case vergleichswert:
                wahranweisung1;
                wahranweisung2;
                ...
                break;
        case vergleichswert2:
                wahr2anweisung1;
                wahr2anweisung2;
                ...
                break;
        :
        default:
                standard
}
```

Somit könnte das Beispiel, das bereits bei `if` aufgeführt war, mit `switch` folgendermaßen aussehen:

```
<?php
switch($vorname){
        case "Heiko":
                echo "Hallo Heiko<br>\n";
                break;
        case "Terry":
                echo "Die Welt ist eine Scheibe!<br>\n";
                break;
        case "Douglas":
                echo "Die Galaxie ruft!<br>\n";
                break;
        default:
                echo "Hallo Fremder!<br>\n";
}
?>
```

Der Nachteil bei `switch` ist allerdings, dass hier nur ein Gleichheitstest durchgeführt werden kann. Das heißt, der Wert der Variablen kann nur auf exakt den angegebenen Vergleichswert geprüft werden. Bei der `if`-Variante können Sie beliebige Tests mit allen zur Verfügung stehenden Vergleichsoperatoren (siehe Tabelle 5.3) durchführen. Desweiteren können bei einem `if` mehrere Bedingungen mit Hilfe von logischen Operatoren (siehe 5.6.2.5) zusammengefasst werden. Daher wird in der Praxis `switch` nur für sehr einfache Vergleichstests hergenommen.

5.7.3 while

Die Kontrollstruktur `while` dient dazu, einen Bereich wiederholt auszuführen. Dies ist die erste der Schleifenstrukturen, die PHP zur Verfügung stellt. Die Syntax von `while` lautet:

```
while(testausdruck)
{
        schleifenanweisung1;
        schleifenanweisung2;
        schleifenanweisung3;
        :
        schleifenanweisungN;
}
```

Hierbei wird der Bereich, der nach `while` angegeben ist, so oft ausgeführt, wie der Testausdruck den Wert `TRUE` liefert. Das heißt auch: Falls der Testausdruck bereits beim ersten Mal den Wert `FALSE` liefert, so wird die komplette Schleife gar nicht ausgeführt.

Betrachten Sie folgendes Beispiel:

```
<?php
$i=10;
while($i>0)
{
        print "Die Variable i ist jetzt: $i<br>\n";
        $i--;
}
?>
```

In diesem Beispiel wird die Variable `$i` vom Startwert 10 heruntergezählt, bis sie auf oder unter den Wert 0 fällt; während dieser Schleife wird eine Ausgabe durchgeführt, die im Browser den aktuellen Wert der Variablen anzeigt.

Bei diesen Schleifen kommt es immer wieder vor, dass als Testausdruck kein Vergleich steht, sondern nur eine Variable:

```
while{$i}
```

Diese Angabe ist für PHP ebenso ein normaler Testausdruck wie ein Vergleich, wie vorher gesehen. Dazu müssen Sie sich nochmals an die Typkonvertierung erinnern. PHP führt diese Typkonvertierung ja kontextsensitiv durch. Das heißt, je nach dem, welcher Datentyp gerade benötigt wird, liefert PHP diesen Datentyp auch zurück. Im Falle eines Testausdrucks wird als Datentyp ein Boolescher Wert erwartet (also `TRUE` oder `FALSE`). Hier steht nun allerdings eine Integerzahl. Diese Integerzahl wird nach der im Kapitel 5.6.3 angegebenen Regel (alles, was nicht `0` bzw. `0.0` bzw. `"0"` ... ist, wird nach `TRUE` konvertiert) in einen Booleschen Wert umgewandelt. Das bedeutet im aktuellen Fall, dass, solange `$i` einen Wert ungleich `0` hat, der Wert `TRUE` zurückgeliefert wird, und beim Wert `0` liefert die Variable `$i` den Wert `FALSE`.

5.7.4 do ... while

Bei der eben gesehenen `while`-Schleife wird grundsätzlich der Testausdruck am Beginn der Schleife ausgewertet. In manchen Situationen möchte man allerdings, dass der Schleifenrumpf auf jeden Fall einmal ausgeführt wird, egal ob der Testausdruck `TRUE` oder `FALSE` liefert. Genau dafür können Sie die „fußgesteuerte"-Schleife `do ... while` verwenden.

Die Syntax lautet:

```
do
{
        schleifenanweisung1;
        schleifenanweisung2;
        schleifenanweisung3;
        :
        schleifenanweisungN;
} while(testausdruck);
```

Achten Sie hierbei unbedingt auf das Semikolon nach `while()`.

Bei dieser Schleife werden die einzelnen Anweisungen in den geschweiften Klammern einmal ausgeführt, und am Ende der Schleife wird der Testausdruck auf `TRUE` oder `FALSE` überprüft. Wird hier `TRUE` ermittelt, so wird die Schleife erneut durchlaufen und im Anschluss erneut geprüft, andernfalls wird die Schleife beendet.

Beispiel:

```
<?php
$i=1;
do
{
        $quadrat=$i*$i;
```

```
        echo "$i * $i = $quadrat<br>\n";
        $i++;
} while($quadrat<100);
?>
```

Im obigen Beispiel wird die Variable `$i` vor der eigentlichen Schleife auf den Wert `1` gesetzt und erst innerhalb die Variable `$quadrat` definiert. Solange der Wert dieser Variablen unter `100` ist, wird die Schleife wiederholt. (Diese Schleife hätte auch als normale „kopfgesteuerte" Schleife funktioniert, da der Wert von `$quadrat` den Integer-Startwert 0 hätte ...)

5.7.5 `for`

Die Kontrollstruktur `for` ist eine weitere Möglichkeit, eine Schleife zu realisieren. Hierbei spricht man üblicherweise von einer „Zählschleife", da mit den `for`-Schleifen normalerweise ein Wert von einem festgelegten Startwert bis zu einem ebenfalls festgelegten Endwert gezählt wird. Die Syntax der `for`-Schleife lautet:

```
for(startausdruck;testausdruck;schleifenausdruck)
{
        schleifenanweisung1;
        schleifenanweisung2;
        schleifenanweisung3;
        :
        schleifenanweisungN;
}
```

Der Startausdruck ist hier meist eine Startwertzuweisung für die Zählvariable (die Variable, die mit dieser Schleife gezählt wird). Testausdruck ist wie bei den anderen Kontrollstrukturen die Schleifenbedingung, die festlegt, bis zu welcher Endbedingung die Schleife wiederholt werden soll. Die letzte Angabe, der Schleifenausdruck, bestimmt meist, mit welcher Operation die Zählvariable bei jedem Schleifenende bearbeitet werden soll (hier steht meist `$i++` bzw. `$i--`, um die Zählvariable hoch- oder aber herunterzuzählen).

Beispiel:

```
<?php
for($i=1;$i<=10;$i++)
{
        $quadrat=$i*$i;
        echo "$i * $i = $quadrat<br>\n";
}
?>
```

Diese Schleife erledigt prinzipiell die gleiche Aufgabe wie beim Beispiel von `do ... while`. Allerdings ist hier die Testbedingung an `$i` geknüpft und nicht wie vorher an `$quadrat`.

Der Vorteil bei `for`-Schleifen liegt darin, dass die kompletten Randbedingungen dieser Schleife (Startwert, Endwert und Schleifenausdruck) direkt am Start der Schleife sofort ersichtlich sind und nicht wie bei vergleichbaren `while`-Schleifen meist über die ganze Schleife verteilt sind.

5.7.6 foreach

Eine der neuen Funktionen, die in PHP 4 integriert wurden, ist die Kontrollstruktur `foreach`. Bei `foreach` handelt es sich um eine Kontrollstruktur, die für das Durchlaufen von Arrays verwendet wird, und sie unterscheidet sich von den bisherigen Kontrollstrukturen dadurch, dass keine Bedingung angegeben wird, sondern als Endbedingung hier das Ende des Arrays gilt.

Mit folgenden Schreibweisen kann `foreach` verwendet werden:

```
foreach(arrayausdruch as $value)
{
        schleifenanweisung1;
        schleifenanweisung2;
        schleifenanweisung3;
        :
        schleifenanweisungN;
}
```

bzw.

```
foreach(arrayausdruch as $key => $value)
{
        schleifenanweisung1;
        schleifenanweisung2;
        schleifenanweisung3;
        :
        schleifenanweisungN;
}
```

Bei beiden Schreibweisen wird das Array, das vom Arrayausdruck zurückgeliefert wird (meist steht hier eine Arrayvariable), durchlaufen. In der ersten Schreibweise liefert die Schleife bei jedem Durchlauf der Reihe nach einen der Werte des Arrays an die Variable `$value`. Die zweite Schreibweise gibt sowohl den Schlüssel als auch den Wert jeweils an die beiden Variablen `$key` und `$value`.

Betrachten Sie sich folgende Beispiele:

```
<table border=1>
<tr>
<?php
$kurs=array("Apache - Webserver", "10.09.2002",
        "12.09.2002", 8, "Schneider", "Bonn", 2400.00);
foreach($kurs as $wert)
{
        echo "<td>$wert</td>\n";
}
?>
</tr>
</table>
```

Hier wird eine Tabelle erzeugt, in der alle Werte aus dem Array `$kurs` in einem eigenen Feld angezeigt werden. Allerdings kann man hierbei in der Tabelle nicht erkennen, was der Inhalt des jeweiligen Feldes ist. Dafür könnte man eine feste Überschrift in die Ausgabe aufnehmen oder mit der zweiten Schreibweise von `foreach` sowohl die Schlüssel als auch die Werte ausgeben lassen. Dazu müssen in den Schlüsseln die Spaltennamen stehen.

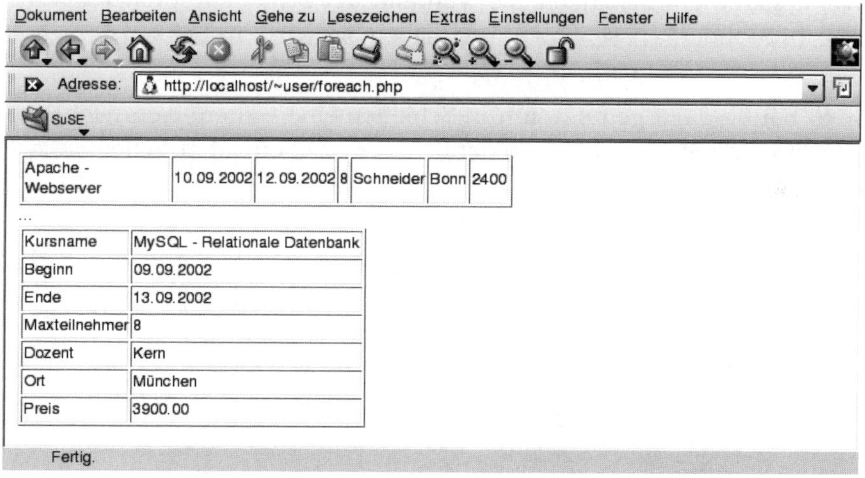

Abbildung 5.2: Ergebnis der beiden `foreach`-Schleifen

```
<table border=1>
<?php
$kurs=array("Kursname"=>"MySQL - Relationale Datenbank",
        "Beginn"=>"09.09.2002", "Ende"=>"13.09.2002",
        "Maxteilnehmer"=>8, "Dozent"=>"Kern",
        "Ort"=>"München", "Preis"=>"3900.00");
foreach($kurs as $name=>$wert)
```

```
{
        echo "<tr><td>$name</td><td>$wert</td></tr>\n";
}
?>
</table>
```

Die Ausgabe der beiden Beispiele sehen Sie in der Abbildung 5.2 gegenübergestellt.

Der entscheidende Vorteil einer `foreach`-Schleife liegt darin, dass Sie den kompletten Inhalt eines Arrays bzw. eines Hash durchlaufen können, ohne den Inhalt – insbesondere die Länge (die Anzahl der Elemente wird als Länge bezeichnet) – zu kennen.

5.7.7 break

Bei den Schleifen `for`, `while`, `do ... while` und `switch` wurde immer davon ausgegangen, dass die Endbedingung der jeweiligen Konstruktion auf jeden Fall erreicht werden muss, um die Schleife zu beenden. Es gibt aber für diese Schleifenkonstruktionen die Möglichkeit, sie während der Schleife mit einer `break`-Anweisung zu beenden. Diese Anweisung haben Sie ja bereits bei `switch` gesehen.

`break` wird häufig dazu genutzt, um in Schleifen eine weitere Abbruchbedingung an bestimmten Stellen innerhalb der Schleife zu überprüfen. Sehen Sie sich dazu das folgende Beispiel an:

```
<?php
$werte=array("Linux","Apache","PHP","MySQL");
$i=0;
do{
        echo $werte[$i],"<br>\n";
        $i++;
        if($werte[$i]=="PHP"){
                break;
        }
}while($i<=3);
?>
```

Hier würde die Schleife eigentlich das gesamte Array `$werte` durchlaufen. In der `if`-Anweisung wird jedoch überprüft, ob der aktuelle Wert von `$werte[$i]` der Text `PHP` ist. Falls dies der Fall ist, so wird die Schleife abgebrochen.

5.7.8 continue

Durch die Angabe von `continue` können Sie – ähnlich wie bei `break` – `for`-, `while`-, `do ... while`-Schleifen an der aktuellen Stelle abbrechen. Allerdings wird die Schleife nicht beendet, sondern mit dem nächsten Durchlauf vom Anfang der Schleife aus weitergeführt.

Nehmen Sie folgendes Beispiel dazu:

```
<?php
$i=0;
while($i<=10){
        $i++;
        if($i%3==0){
                continue;
        }
        echo "$i<br>\n";
}
?>
```

Hier wird mit Hilfe einer `while`-Schleife die Zählvariable `$i` jeweils um `1` hochgezählt, und zwar bis der Wert `10` erreicht ist. Innerhalb der Schleife wird allerdings geprüft, ob der Wert von `$i` modulo `3` den Wert Null hat (das heißt, ob die Variable ein Vielfaches von `3` ist); und falls das der Fall ist, so wird die Variable nicht ausgegeben; andernfalls wird in der Schleife ganz normal das `echo`-Kommando ausgeführt.

5.8 Benutzerdefinierte Funktionen

Mit PHP können Sie beliebig viele Befehle zu einer benutzerdefinierten Funktion zusammenfassen. Diese benutzerdefinierten Funktionen können dann innerhalb Ihres Hauptprogrammes oder wieder von einer Funktion aus beliebig oft aufgerufen werden, so als ob diese Funktionen fester Bestandteil von PHP wären. Mit folgender Syntax legen Sie in PHP eine benutzerdefinierte Funktion fest:

```
function funktionsname ($arg_1, $arg_2, ..., $arg_n) {
    befehl1;
    befehl2;
    :
    befehlN;
}
```

Sie können in PHP4 Subroutinen an beliebiger Stelle in Ihrem Programm definieren.

Achtung: In PHP 3 muss die Definition vor dem ersten Aufruf erfolgen!

Dieser Teil wird nur dann ausgeführt, wenn er durch einen Funktionsaufruf im Hauptprogramm (oder in einer anderen Funktion) verwendet wird. Um nun eine eigene Funktion aufzurufen, verwenden Sie den Namen, den Sie der Funktion bei der Definition gegeben haben so, als ob Sie hier eine fest eingebaute PHP-Funktion aufrufen würden.

Beispiel:

```
<?php
for($i=1;$i<=10;$i++){
        ausgabe($i);
}

function ausgabe($wert){
        $doppel=2*$wert;
        $halb=$wert/2;
        echo "Die Zahl: $wert, das Doppelte: $doppel, ";
        echo "die Hälfte: $halb<br>\n";
}
?>
```

Im obigen Beispiel wird im Hauptprogramm eine `for`-Schleife ausgeführt, die den aktuellen Wert von `$i` an die Funktion `ausgabe` übergibt (siehe 5.8.1). Die benutzerdefinierte Funktion `ausgabe` berechnet die Hälfte und das Doppelte dieser Zahl und gibt das Ergebnis jeweils aus.

Benutzerdefinierte Funktionen werden normalerweise dann verwendet, sobald bestimmte Teile eines Programms häufiger verwendet werden. Im Idealfall können Sie diese Teile sogar in anderen Programmen wieder verwenden. Wie Sie eine Sammlung von Funktionen in einer externen Datei zusammenfassen und wieder in Ihr Programm einlesen können, erfahren Sie in Kapitel 5.9.

5.8.1 Parameterübergabe

Sehr häufig müssen Sie an Ihre Funktionen einen Wert zur Weiterverarbeitung übergeben. Sie können bereits beim Funktionsaufruf in den runden Klammern nach dem Funktionsnamen durch Kommata getrennt eine Liste von Werten übergeben.

Um diese Werte in der Funktion benutzen zu können, muss in der Funktion allerdings bereits bei der Definition festgelegt werden, in welcher Variablen die Parameter in der Funktion gespeichert sein sollen. Innerhalb der Funktion verwenden Sie die Variable, die Sie am Beginn der Funktion festgelegt haben, um den Wert, der beim Aufruf übergeben wurde, zu benutzen.

Beim Start der Funktion können Sie als Variable sowohl Skalare als auch Arrays angeben, um eine unbegrenzte Anzahl von Parametern zu übergeben.

Falls Sie Ihren Variablen, die Sie innerhalb der Funktion verwenden möchten, einen Standardwert geben möchten, so kann dies ebenfalls in der `function`-Zeile erfolgen. Immer dann, wenn die Funktion ohne Werte aufgerufen wird, wird dieser Standardwert der Variablen zugewiesen.

```
<?php
begruessung();
begruessung("Heiko");
begruessung($anmeldung);

function begruessung($name="Fremder"){
        echo "Hallo $name<br>\n";
}
?>
```

In diesem Beispiel wird die Funktion `begruessung` dreimal aufgerufen. Beim ersten Mal ohne einen Wert. Hierbei verwendet die Funktion den Standardwert `$name="Fremder"`. Der zweite Aufruf übergibt den String `"Heiko"`. Und beim dritten Aufruf wird der Funktion der Inhalt der Variablen `$anmeldung` übergeben. Je nach dem, ob diese Variable vorher bereits im Programm definiert oder von außen gesetzt wurde, wird der dementsprechende Wert an die Funktion übergeben. Falls nicht, so wird in diesem Fall der leere String an die Funktion übergeben und damit nicht der Standardwert verwendet!

Falls Sie innerhalb der Funktion den Wert der Variablen verändern, so wird im Moment nur der Wert innerhalb der Unterroutine verändert. Das liegt daran, dass in der bisherigen Übergabe nur der Wert übergeben wird. Außerhalb der Funktion werden daher keine Änderungen in der Funktion sichtbar.

Mit einem leicht veränderten Funktionsaufruf können Sie PHP allerdings dazu bringen, keine Wertübergabe, sondern eine Referenzübergabe durchzuführen. Bei der Referenzübergabe wird ähnlich wie bei einem symbolischen link im Dateisystem nicht mit einer Kopie gearbeitet, sondern tatsächlich der Originalwert verändert. Die Parameterübergabe als Referenz wird durch Voranstellen eines `&`-Zeichens zur Variablen durchgeführt.

Beispiel:

```
<?php
$name="Heiko";
echo "Vorher: $name<br>\n";
kursiv(&$name);
echo "Nachher: $name<br>\n";
```

```
function kursiv($wert){
        $wert = "<i>$wert</i>";
}
?>
```

Durch die Parameterübergabe als Referenz wird im obigen Beispiel tatsächlich der Wert der Variablen `$name` verändert. Hätten Sie den Funktionsaufruf mit `kursiv($name)` durchgeführt, so wäre vorher und nachher der gleiche Text zu lesen gewesen.

5.8.2 Rückgabewert

Um nun nicht nur Werte der Funktion übergeben zu können, sondern auch von der Funktion einen Wert zurückgeben zu können, gibt es in PHP die Anweisung `return`. Diese Anweisung kann einen Wert bzw. eine Liste von Werten zurückgeben und beendet auch gleichzeitig die Ausführung der Funktion.

Beispiel:

```
<?php
$a=5;
$b=3;
$mittelwert=mitte($a,$b);
echo "Mittelwert: $mittelwert<br>\n";

function mittelwert($x,$y){
        return ($x+$y)/2;
}
?>
```

Die Rückgabe einer Liste von Werten wird mit dem `array()`-Konstrukt durchgeführt:

```
<?php
$a=5;
$b=3;
list($a,$b)=doppelt($a,$b);

echo "A: $a, B: $b<br>\n";

function doppelt($x,$y){
        return array($x*2,$y*2);
}
?>
```

5.9 Externe Dateien

Bei größeren Projekten, die aus vielen einzelnen Programmen bestehen, kommt es immer wieder vor, dass bestimmte Teile in mehreren Programmen verwendet werden. In PHP ist es möglich, diese Teile in externen Dateien abzulegen und bei Bedarf zum jeweiligen Programm hinzuzuladen.

In diesen externen Dateien stehen häufig Definitionen für Variablen, die in den verschiedenen Programmen mit jeweils dem gleichen Wert benötigt werden, oder aber auch komplette Sammlungen von Funktionen.

Das Einlesen dieser externen Dateien kann mit den folgenden Funktionen erledigt werden:

5.9.1 `require`

Bei der `require`-Anweisung wird die angegebene Datei in den aktuellen Programmteil eingebunden. Am Beginn der Datei wechselt PHP automatisch in den HTML-Modus und am Ende der Datei wieder zurück in den PHP-Modus. Deshalb müssen Sie in Dateien, die mit `require` eingelesen wurden, den PHP-Code wieder in eigenen Start-Ende-Tags einschließen (d. h., der Code muss zwischen `<?php ... ?>` stehen).

Betrachten Sie folgende Datei `variablen.php`:

```
<?php
$dbname="schulung";
$dbuser="root";
$dbpassword="passwort";
?>
```

Desweiteren haben Sie mehrere Programme, die auf die Datenbank `schulung` zugreifen müssen. Damit nicht jedes dieser Programme die kompletten Zugangsdaten und den Datenbanknamen enthalten muss, fügen Sie in diesen Programmen folgenden Code ein:

```
<?php
:
require("variablen.php");
echo "Datenbankname: $dbname<br>\n";
:
?>
```

Auf diese Weise können Sie mit einer einzigen Änderung in `variablen.php` sofort in allen anderen Programmen beispielsweise ein neues Passwort einstellen.

Dateien, die Sie mit `require` einlesen, sind für den weiteren Verlauf des Skripts unbedingt erforderlich. Sollte daher die Datei, die von `require` eingelesen werden soll, nicht existieren, so wird Ihr PHP-Skript abbrechen.

5.9.2 `include`

Die Anweisung `include` ist `require` sehr ähnlich. Auch hier wird eine externe Datei eingelesen und ausgewertet. Der Code in der Datei, die eingelesen wird, muss ebenfalls durch PHP-Start-Ende-Tags gekennzeichnet sein. Es wird nämlich auch bei `include` zu Beginn der Datei vom PHP-Modus in den HTML-Modus gewechselt und am Ende der Datei wieder in den PHP-Modus.

Dateien, die Sie mit `include` einbinden, sind für den nachfolgenden Code nicht unbedingt erforderlich. Falls die Datei nicht existert, so wird Ihr Skript weiter abgearbeitet und die `include`-Anweisung wird eine Warnung ausgeben.

Einer der wichtigsten Unterschiede zwischen `include` und `require` besteht darin, dass mit `include` auch Dateien eingelesen werden können, die Funktionen enthalten, die einen Wert mit `return` zurückgeben. Bei `require` darf in der eingelesenen Datei kein `return` vorhanden sein!

Die Datei `funktionen.php` sieht beispielsweise wie folgt aus:

```
<?php
function steuer($netto,$steuersatz){
        $steuer=$netto*$steuersatz;
        $brutto=$netto*(1+$steuersatz);
        return array($steuer,$brutto);
}
?>
```

Ein Hauptprogramm enthält folgenden Code:

```
<?php
include("funktionen.php");
$steuersatz=0.16;
$betrag=100;
list($steuer,$brutto)=steuer($betrag,$steuersatz);
echo "Netto: $betrag, MwSt.: $steuer, Brutto: $brutto<br>\n";
?>
```

5.10 PHP & HTML

In den obigen Beispielen konnten Sie ja bereits bei einigen PHP-Skripten sehen, wie PHP in HTML integriert wird. Sehr wichtig zu wissen ist dabei, dass es in einer HTML-Datei nicht nur einmal möglich ist, PHP-Code zu integrieren, sondern dass Sie beliebig viele PHP-Bereiche in eine Datei integrieren können. Es ist sogar möglich, dass eine bestimmte PHP-Struktur in einem Block beginnt, dieser Block beendet, in den HTML-Modus gewechselt und im Anschluss daran wieder der PHP-Modus gestartet wird, wo die noch offene PHP-Struktur endet. Betrachten Sie dazu folgendes einfaches Beispiel:

```
<html>
<body>
<?php
// Suche nach de in den akzeptierten Sprachen:
if(ereg("de",$HTTP_ACCEPT_LANGUAGE)){
?>
Willkommen auf meiner <b>PHP-Seite</b>!
<?php
}else{
?>
Welcome to my <b>PHP-Page</b>!
<?php
}
?>
</body>
</html>
```

Das Beispiel prüft, ob der String `de` in der Variablen `$HTTP_ACCEPT_Language` enthalten ist. Falls ja, so wird der deutsche HTML-Text ausgegeben, andernfalls der englische. Das obige Beispiel wäre natürlich auch mit `echo` zu lösen gewesen. Stellen Sie sich allerdings vor, dass hier sehr viele HTML-Tags bzw. viele Zeilen mit vielen Tags ausgegeben werden sollen. Dies würde es deutlich schwieriger machen, das Ganze mit einem `echo` auszugeben.

In folgendem Beispiel wird der HTML-Code sogar in einer Schleife integriert und mehrfach ausgegeben:

```
<html>
<body>
<?php
for($i=1;$i<=6;$i++){
?>
In HTML gibt es die Überschriften in folgenden Größen:
<?php echo "$i: <H$i>"; ?>
Dies ist eine Überschrift.
<font color="#ff0000"> Mit rotem Text!</font>
<?php
echo "</H$i>\n";
}
```

```
?>
</body>
</html>
```

Ergebnis:

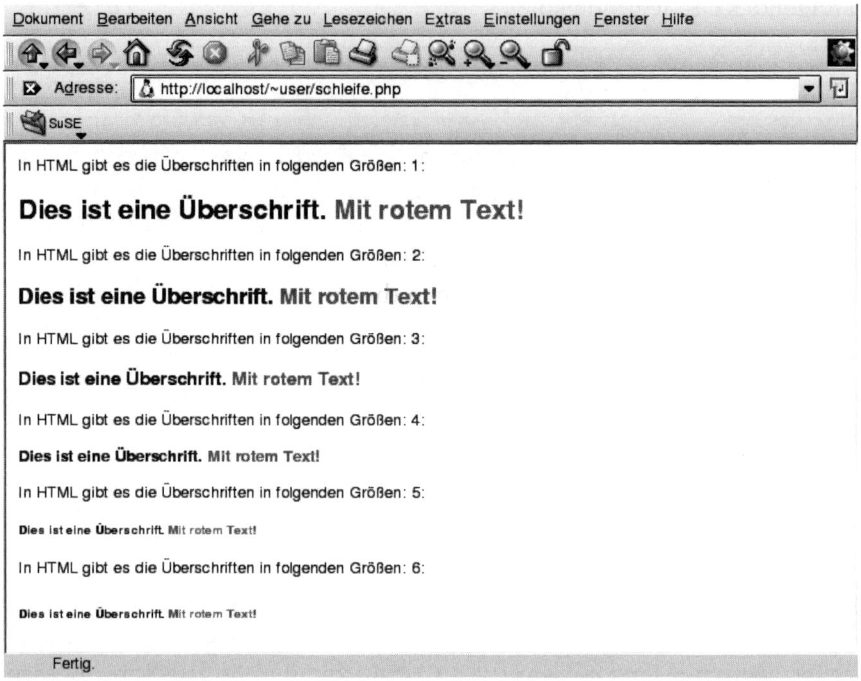

Abbildung 5.3: Integration von PHP in HTML – Schleife

Der auszugebende Text wurde durch eine Schleife erzeugt und jeweils Teile im PHP-Modus ausgegeben, andere Teile im HTML-Modus.

5.10.1 Wertübergabe aus einem Formular

Was die bisherigen Beispiele allerdings noch nicht demonstriert haben, ist die Möglichkeit, Werte an das Skript zu übergeben. Hierfür stellt HTML als eine der Hauptfunktionen Formulare zur Verfügung (es geht auch über die `get`-Methode direkt – also über den URL – aber dazu später mehr).

In HTML hat ein Formular in etwa folgende Bestandteile (eine genaue Definition der HTML-Tags finden Sie in einschlägiger HTML-Literatur wie beispielsweise dem online verfügbaren „SelfHTML" oder dem bei SuSE PRESS erschienenen Band „Das HTML/XHTML-Buch" von Helmut Herold):

Formulardefinition: Dies ist der HTML-Tag `<form>`. Mit dieser Angabe legen Sie fest, dass alles Nachfolgende als Formular betrachtet wird und damit bestimmte Tags möglich werden, die nur in Formularen erlaubt sind. In diesem `<form>`-Tag legen Sie als wichtigste Eigenschaft fest, an welches Skript die Daten übermittelt werden sollen, die der Benutzer im Formular eingetragen hat. Dies geschieht mit dem Attribut `action`. Nach `action` steht also im aktuellen Fall ein PHP-Skript, das die Auswertung der Formulardaten erledigen kann.

Alle anderen Attribute, die Sie zum `<form>`-Tag verwenden können, sind meist optional. Allerdings kann es je nach Formulardaten vorkommen, dass Sie als Attribut die Methode angeben müssen (oder auch wollen). Die Standardmethode, mit der aus HTML-Formularen Daten übermittelt werden, ist die `get`-Methode. Aber bei dieser Variante werden die Formulardaten im URL mit übermittelt. Damit können die Formulardaten z. B. in Logfiles von Proxies oder auch in der Historie des Browsers möglicherweise nachgelesen werden. Um dies zu vermeiden, gibt es die Methode `post`. Bei dieser Methode werden die Daten im HTTP-Header übermittelt (siehe 3.1) und bleiben damit nicht im URL sichtbar.

Beim `<form>`-Tag können Sie durch die Angabe des Attributes `method` bestimmen, mit welcher HTTP-Methode die Formulardaten übermittelt werden:

- `<form action="skriptname.php" method="get">` übermittelt die Daten an das Skript `skriptname.php` über den URL
- `<form action="skriptname.php" method="post">` übermittelt die Daten an das Skript `skriptname.php` über den HTTP-Header.

Mit dem optionalen Attribut `enctype` können Sie bestimmen, mit welchem MIME-Type die Daten, die übertragen werden, kodiert werden sollen. Dies ist besonders dann wichtig, falls vom Formular Dateien an den Server hochgeladen werden sollen. In diesem Fall müssen Sie folgende Angabe in Ihrem `<form>`-Tag machen:

```
<form action="qskriptname.php" method="post"
  enctype="multipart/form-data">
```

Die Angabe `post` ist erforderlich, da nur über diese Methode eine Datenmenge über 2048 Bytes übertragen werden kann. URLs können diese maximale Größe nicht überschreiten, und damit ist die `get`-Methode nicht geeignet für einen Dateiupload.

Eingabefelder: Damit der Benutzer eines Formulars auch in der Lage ist, Daten in das Formular einzugeben, müssen Sie noch Felder definieren, in denen

Eingaben möglich sind. Mit HTML haben Sie verschiedene Eingabefelder zur Verfügung, die Eingaben ermöglichen:

- Einfache Textfelder werden mit dem <input type="text">-Tag angelegt. Um die unterschiedlichen Textfelder eindeutig zu identifizieren, muss jedes dieser Felder einen eindeutigen Namen erhalten. Dieser wird durch das Attribut name bestimmt. Im Weiteren wird dieser Name als Feldname bezeichnet. Der Name, den Sie hier angeben, wird bei der Übergabe an PHP zum Variablennamen. Sie müssen in PHP keinerlei Umwandlung oder Übernahmefunktionen ausführen. Ein solches Eingabefeld sieht dann beispielsweise folgendermaßen aus:
  <input type="text" name="kursname">

Abbildung 5.4: einfaches Textfeld

- Die einfachen Textfelder existieren noch in einer etwas abgewandelten Variante zur Passworteingabe. Diese Passwortfelder zeigen im Unterschied zum einfachen Textfeld anstelle des eingegebenen Textes nur Sternchen. Auf diese Weise soll verhindert werden, dass auf dem Bildschirm das Passwort in Klartext angezeigt wird. Für Formulare, die Passwörter übermitteln, sollte allerdings auch gleich die post-Methode genutzt werden, da ja andernfalls der eingegebene Text wieder im URL sichtbar wird. Lassen Sie sich allerdings nicht von dieser scheinbaren Passwortsicherheit täuschen! Das Passwort wird nach wie vor unverschlüsselt übertragen. Ein Passworteingabefeld kann folgendermaßen aussehen:
  <input type="password" name="userpasswd">

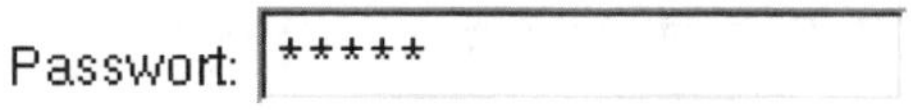

Abbildung 5.5: Passwortfeld

- Neben den einfachen Textfeldern existiert auch die Möglichkeit, eine mehrzeilige Texteingabe durchzuführen. Hierbei wird ein Bereich mit zwei Tags definiert und im öffnenden Tag wird die Größe des Eingabefeldes durch die Attribute cols und rows festgelegt. Diese Angabe bestimmt allerdings nur die Darstellungsgröße des Eingabefeldes, nicht die Textmenge, die darin eingetragen werden kann. Diese Textfelder sehen wie folgt aus:

```
<textarea name="kommentar" cols="40" rows="6">
Dieses Textfeld ist lang genug für Kommentare!
</textarea>
```

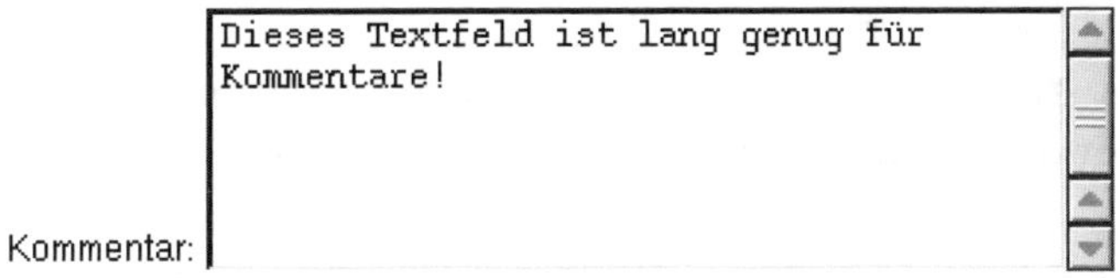

Abbildung 5.6: Mehrzeiliges Textfeld

Auswahlmöglichkeiten: In Formularen will man oft den Benutzern eine Auswahl aus verschiedenen Alternativen bereitstellen. In HTML haben Sie dazu die Möglichkeit, über Auswahllisten, Radiobuttons und Checkboxen vordefinierte Werte auf der Seite auswählbar zu machen.

Auswahllisten: Diese geben Ihnen entweder eine Dropdownliste oder eine Scrollliste, in denen Text ausgewählt werden kann. Die Definition von Auswahllisten wird mit mehreren HTML-Tags durchgeführt. Zum Einleiten und zum Beenden einer Auswahlliste wird die Angabe `<select>` bzw. `</select>` verwendet. Mit dem Starttag wird auch der Feldname (das Attribut `name`) und die Darstellungsart (das Attribut `size`) festgelegt. Mit der Angabe von `size` bestimmen Sie die Anzahl der Zeilen, die angezeigt werden soll. Geben Sie den Wert `1` an, so wird die Auswahlliste als Dropdownliste dargestellt. Zwischen dem öffnenden Tag `<select>` und dem schließenden Tag `</select>` werden die einzelnen Einträge in Ihrer Auswahlliste festgelegt. Jeder dieser Einträge wird als `<option>...</option>`-Tag festgelegt. Der Text, der zwischen diesen beiden Tags steht, wird als Wert der Variablen übermittelt. Die Anzahl der Einträge ist nicht limitiert.

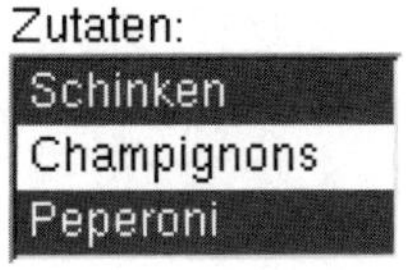

Abbildung 5.7: Auswahlliste

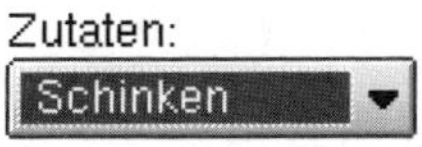

Abbildung 5.8: Dropdownliste

Folgendes Beispiel zeigt die Verwendung von `<select>`:

```
<select name="zutaten[]" size="3" multiple>
<option>Schinken</option>
<option>Champignons</option>
<option>Peperoni</option>
</select>
```

Hier wird ein Auswahlfeld erstellt, das drei Zeilen hoch ist und mehrere Auswahlen erlaubt. Das Ergebnis wird in PHP im Array `$zutaten` abgelegt.

Radiobuttons: Textgruppen, bei denen vor jedem Text ein kleiner Knopf steht, der angeklickt werden kann. Bei Radiobuttons kann immer nur einer der Einträge ausgewählt werden. Die Definition von Radiobuttons wird ähnlich der Definition von einfachen Textfeldern durchgeführt. Allerdings müssen diejenigen Einträge, die zusammengehören, immer den gleichen Namen haben.

```
<input type="radio" name="anrede" value="m">Herr<br>
<input type="radio" name="anrede" value="f">Frau<br>
<input type="radio" name="anrede" value="fa">Firma<br>
```

Auch hier wird wieder der angeklickte Wert an das PHP-Skript übergeben. Der Wert wird aber in diesem Fall durch das Attribut `value` im Feld bestimmt. Im obigen Beispiel wird ein Anredefeld festgelegt und in der Variablen `$anrede` an PHP einer der Werte `m`, `f` oder `fa` übermittelt.

Checkboxen: ähnlich den Radiobuttons können Sie damit eine Textauswahl mit einem kleinen ankreuzbaren Quadrat zur Verfügung stellen. Hierbei sollte allerdings jede Checkbox einen eigenen Namen (`name`) haben und wie bei den Radiobuttons auch ein Attribut `value`, bei dem angegeben wird, welcher Wert in PHP in der Variablen gespeichert werden soll.

```
<input type="checkbox" name="prospektphp" value="ja">PHP<br>
<input type="checkbox" name="prospektmysql" value="ja">MySQL<br>
<input type="checkbox" name="prospektapache" value="ja">Apache<br>
```

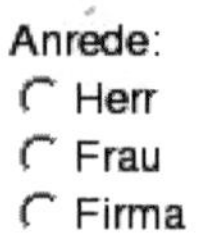

Abbildung 5.9: Radiobuttons

Abbildung 5.10: Checkboxen

Dateiupload: In manchen Formularen ist es möglich, eine Datei anzugeben, die mit dem Formular übertragen werden soll – also an das bei `action` angegebe Skript übertragen wird. Der HTML-Tag `<input type="file">` erzeugt den dafür notwendigen Button im Browser. Mit diesem Button kann der User in einem Dateiauswahl-Dialog die Datei wählen, die zum Server hochgeladen werden soll. Der Tag kann wie folgt aussehen:

```
<input type="file" name="upload" maxlength="50000">
```

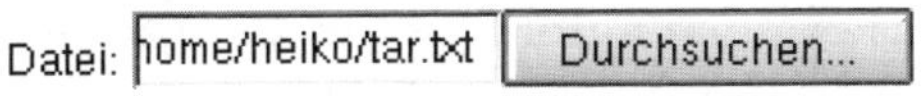

Abbildung 5.11: Dateiupload

Durch die Angabe von `maxlength` weisen Sie den Browser an, nicht mehr als die hier angegebene Dateigröße (in Bytes) hochzuladen. Allerdings kann diese Größe auch durch eine PHP-Konfigurationsdirektive oder durch ein verstecktes Element gesetzt werden.

Auch beim Dateiupload muss (wie bei allen Formularfeldern) das Attribut `name` stehen, um eine Variable in PHP zu erzeugen. Allerdings wird im Unterschied zu den bisherigen Eingabefeldern in der Variablen nicht der hochgeladene Wert gespeichert, in PHP werden aus diesem Upload folgende Variablen erzeugt:

- `$upload`: In dieser Variablen steht der Name der Datei, wie sie auf dem Server erzeugt worden ist. Hier vergibt PHP selbstständig einen temporären Namen. Für die weitere Bearbeitung der Datei ist der Inhalt dieser Variablen entscheidend.
  Achtung: Die Datei wird nach dem Beenden des Skripts wieder vom Server gelöscht. Falls Sie diese Datei weiterhin benötigen, müssen Sie eine Kopie davon anlegen.
- `$upload_name`: Hier steht in PHP der Name der Datei, wie sie ursprünglich beim Absender des Formulars gespeichert war.
- `$upload_size`: Diese Variable enthält die Größe der hochgeladenen Datei.
- `$upload_type`: Durch diese Variable können Sie den MIME-Type der hochgeladenen Datei erfahren. Der MIME-Type wird als Hauptklasse inkl. Unterklasse angegeben. Beispielsweise lautet der Inhalt dieser Variablen `image/png`.

Versteckte Elemente: Durch versteckte Elemente sind Sie in der Lage, Daten vom Formular an den Server zu übermitteln, die vom Benutzer nur im HTML-Quellcode gesehen werden können. Diese versteckten Elemente werden häufig im Formular erst generiert (dies kann durch JavaScript geschehen), alternativ kann auch das ganze Formular durch ein Skript bereits generiert worden sein. Die Informationen dieser versteckten Elemente werden im Attribut `value` festgelegt. Mit `name` bestimmen Sie wieder den Variablennamen für PHP.

Ein verstecktes Element definieren Sie wie folgt:

```
<input type="hidden" name="versteckt" value="geheim">
```

Buttons: Ein Element, das prinzipiell jedes Formular mitbringen muss (außer Formularen mit nur einem Eingabefeld), ist der Absenden-Button. Sobald der Benutzer im Formular den Absenden-Button betätigt, werden die eingetragenen Daten an das Skript geschickt, das beim `<form>`-Tag als `action` angegeben wurde.

Der Absenden-Button wird durch folgende Angaben erzeugt:

```
<input type="submit" value="Suchen">
```

Abbildung 5.12: Absenden und Reset-Button

Die optionale Angabe `value` bestimmt dabei den Text, der auf dem Button stehen soll.

HTML kennt noch einen zweiten Button, der in diesem Zusammenhang häufig verwendet wird – den Reset-Button. Mit dem Reset-Button setzen Sie das Formular zurück in den Ursprungszustand, d. h., alle eingegebenen Werte werden aus den einzelnen Feldern gelöscht. Auch hier kann durch Angabe von `value` der Text festgelegt werden, der auf dem Button erscheint.

Die Syntax des Reset-Buttons lautet:

```
<input type="reset" value="Eingabe abbrechen">
```

Formularende: Das Formular muss mit einem `</form>`-Tag beendet werden.

5.10.1.1 Beispiele

Im nachfolgenden Beispiel werden im Formular zwei Zahlen vom Benutzer nachgefragt und in der Auswertung werden diese beiden Zahlen miteinander multipliziert ausgegeben:

```
<html><body>
<form action="multiplikation.php" method="post">
Zahl1: <input type="text" name="z1"><br>
Zahl2: <input type="text" name="z2"><br>
```

```
<input type="submit"><input type="reset">
</form>
</body></html>
```

Die Auswertungsdatei `multiplikation.php` hat folgenden Inhalt:

```
<html><body>
<?php
$ergebnis=$z1*$z2;
echo "$z1*$z2=$ergebnis";
?>
</body></html>
```

Ein etwas komplexeres Formular für die Benutzereingabe könnte beispielsweise folgendermaßen aussehen:

```
<html><body>
<form action="kurseintrag.php" method="post">
<table>
<tr>
<td>Kursname</td><td><input type="text" name="kursname"></td>
</tr>
<tr>
<td>Beginn:</td><td><input type="text" name="beginn"></td>
</tr>
<tr>
<td>Ende:</td><td><input type="text" name="ende"></td>
</tr>
<tr>
<td>Max. Teilnehmer:</td><td><select name="maxteilnehmer">
<option>8</option>
<option>10</option>
<option>12</option>
</select>
</td>
</tr>
<tr>
<td>Dozent:</td><td><select name="dozent">
<option>Franzis</option>
<option>Schneider</option>
<option>Kern</option>
<option>Mann</option>
</select>
</td>
</tr>
<tr>
```

```
<td>Ort:</td><td><select name="ort">
<option>München</option>
<option>Bonn</option>
<option>Düsseldorf</option>
</select>
</td>
</tr>
<tr>
<td>Preis:</td><td><input type="text" name="preis"></td>
</tr>
</table>
<input type="submit">
</form>
</body></html>
```

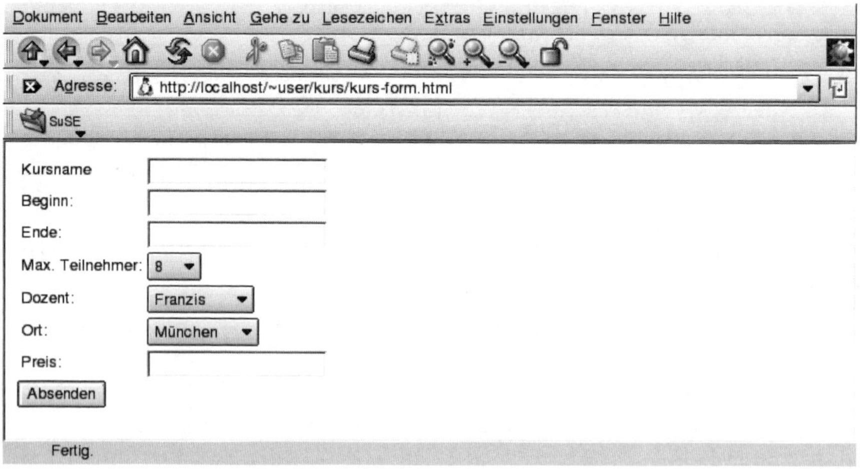

Abbildung 5.13: Beispielformular zur Kurserfassung

Speichern Sie diese Datei als `kurs-form.html` in `~/public_html`. Was hier noch fehlt, ist die zugehörige Auswertungsdatei `kurseintrag.php`. Im Moment soll diese Datei nur die übertragenen Werte darstellen, sobald Sie allerdings die passenden MySQL Aufrufe in Kapitel 5.12 gesehen haben, wird diese Datei die eingegebenen Werte in die Datenbank eintragen.

Die reine Ausgabe der Werte erledigt folgendes Skript:

```
<html>
<body>
Vielen Dank für Ihre Eingabe, sind die folgenden Daten korrekt:
<table>
<?php
```

```
echo "<tr><td>Kursname:</td><td>$kursname</td></tr>\n";
echo "<tr><td>Beginn:</td><td>$beginn</td></tr>\n";
echo "<tr><td>Ende:</td><td>$ende</td></tr>\n";
echo "<tr><td>Max. Teilnehmer:</td><td>$maxteilnehmer</td></tr>\n";
echo "<tr><td>Dozent:</td><td>$dozent</td></tr>\n";
echo "<tr><td>Ort:</td><td>$ort</td></tr>\n";
echo "<tr><td>Preis:</td><td>$preis</td></tr>\n";
?>
</tr>
</table>
</body>
</html>
```

Hier werden die im Formular eingegebenen Daten einfach komplett in einer Tabelle mit Feldnamen wieder ausgegeben. Eine eigentliche Verarbeitung findet hier noch nicht statt.

5.11 PHP & Dateisystem

Für eine Weiterverarbeitung von Formulardaten werden diese Daten sehr häufig im Dateisystem abgelegt. Aber nicht nur die Verarbeitung von Formulardaten wird mit Dateien durchgeführt, sondern auch viele andere Funktionen, wie zum Beispiel Logfile-Einträge/-Auswertungen oder ähnliches.

Der eigentliche Zugriff auf eine Datei wird in PHP in mehreren Schritten durchgeführt. Die wichtigeste dieser Funktionen ist dabei das Öffnen der Datei.

5.11.1 `fopen`

Mit dem `fopen`-Kommando öffnen Sie eine Datei und bekommen einen Dateihandle als Rückgabewert zurück. Der Datentyp des Dateihandles ist Integer. Dieser Dateihandle stellt die Verbindung zwischen Ihrem PHP-Programm und dem Dateisystem dar. Alle weiteren Zugriffe auf die Datei werden über diesen Dateihandle durchgeführt. Dadurch ist es möglich, mehrere Dateien gleichzeitig offen zu halten.

Beim Öffnen einer Datei geben Sie zum Dateinamen noch an, wie diese Datei geöffnet werden soll. Zum Öffnen können Sie folgende Modi angeben:

Die Syntax für den `fopen`-Befehl lautet:

```
fopen(dateiname, modus)
```

Achten Sie darauf, dass der Rückgabewert von `fopen` der Dateihandle ist. Um diesen Dateihandle wiederverwenden zu können, muss er gespeichert werden.

Tabelle 5.5: Modi zum Öffnen einer Datei

Modus	Beschreibung
`r`	öffnet die Datei zum Lesen und setzt den Zeiger an den Anfang der Datei
`r+`	öffnet Datei zum Lesen und Schreiben und setzt den Zeiger an den Anfang
`w`	öffnet die Datei nur zum Schreiben und setzt den Zeiger an den Anfag der Datei. Falls die Datei bereits existiert, wird damit der alte Inhalt gelöscht und eine neue Datei angelegt. Falls die Datei noch nicht existiert, wird sie angelegt.
`w+`	öffnet die Datei zum Lesen und Schreiben und setzt den Zeiger an den Anfang der Datei. Falls die Datei bereits existiert, wird damit der alte Inhalt gelöscht und eine neue Datei angelegt. Falls die Datei noch nicht existiert, wird sie angelegt.
`a`	öffnet die Datei nur zum Schreiben und setzt den Zeiger ans Ende der Datei. Falls die Datei noch nicht existiert, wird sie angelegt. Dieser Modus dient zum Anhängen an eine Datei.
`a+`	öffnet die Datei zum Lesen und Schreiben und setzt den Zeiger ans Ende der Datei. Falls die Datei noch nicht existiert, wird sie angelegt.

Dies erledigen Sie am besten, indem Sie den Rückgabewert in einer Variablen ablegen.

Das folgende Beispiel öffnet die Datei `daten.txt` im aktuellen Verzeichnis zum Lesen:

```
$fh=fopen("daten.txt", "r");
```

Das nächste Beispiel öffnet die Datei `daten.txt` im Anhängemodus:

```
$fh=fopen("daten.txt", "a");
```

Im folgenden Beispiel wird versucht, die Datei `daten.txt` anzulegen. Beachten Sie dafür allerdings, dass das Skript Schreibberechtigung im Verzeichnis, in dem die Datei angelegt werden soll, besitzen muss.

```
$fh=fopen("daten.txt", "w");
```

Falls das Öffnen nicht funktionieren sollte, gibt Ihnen die Funktion `fopen` den Wert `FALSE` zurück. Dies kann beispielsweise passieren, wenn Sie versuchen, in einer Datei zu schreiben, in der Sie keine Schreibberechtigung haben, oder beim Lesezugriff auf eine Datei, die Sie nicht lesen dürfen.

5.11.2 fclose

Ein Dateihandle, der mit `fopen` geöffnet wurde, sollte – sobald Sie die Datei nicht mehr benötigen – wieder geschlossen werden. Für diese Aufgabe stellt Ihnen PHP die Funktion `fclose` zur Verfügung.

Als Parameter für die `fclose`-Funktion geben Sie den Dateihandle an, da ja nach dem Öffnen mit `fopen`-Befehl Ihr Bezugspunkt für die Datei immer der Dateihandle ist!

Die Syntax für `fclose` lautet:

```
fclose(dateihandle)
```

Die obigen Beispiele schließen Sie mit folgendem Kommando:

```
fclose($fh);
```

Der Rückgabewert von `fclose` ist entweder `TRUE` oder `FALSE`, je nach dem ob das Schließen erfolgreich war oder nicht. Das Schließen einer Datei kann beispielsweise fehlschlagen, falls die Datei nicht korrekt geöffnet wurde, Ihr Programm trotz allem normal weiter macht und dann auf einen Schließen-Befehl stößt.

5.11.3 feof

Sobald eine Datei zum Lesen geöffnet ist, benötigen Sie sehr häufig einen Test, der überprüft, ob Sie bereits am Dateiende angelangt sind. Mit der `feof`-Funktion können Sie diesen Test für den angegebenen Dateihandle durchführen. Der Rückgabewert ist `TRUE`, falls das Dateiende bei diesem Dateihandle erreicht ist oder irgendein Fehler bei diesem Dateihandle aufgetreten ist.

Folgendes Beispiel führt eine Schleife durch, bis beim Dateihandle `$fh` das Dateiende erreicht ist:

```
<?php
$fh=fopen("daten.txt","r");
while(!feof($fh)){
        :
}
fclose($fh);
```

Falls allerdings die Datei `daten.txt` gar nicht geöffnet werden kann, weil sie beispielsweise noch gar nicht existiert, wird das obige Beispiel unendlich lang ausgeführt werden. Daher muss eine zusätzliche Kontrollfunktion eingebaut werden, die die Ausführung des restlichen Programms verhindert. Eine Funktion, die Ihr Skript beendet und noch eine Meldung ausgibt, ist die `die`-Funktion.

Das Öffnen des Dateihandle sieht damit folgendermaßen aus:

```
<?php
if(!($fh=fopen("daten.txt","r")))
{
        die("Konnte die Datei nicht öffnen");
}
:
?>
```

Da dies allerdings recht lang ist, kann man anstelle der `if`-Anweisung auch mit einer `or`-Anweisung operieren:

```
<?php
$fh=fopen("daten.txt","r")
        or die("Konnte die Datei daten.txt nicht öffnen");
:
?>
```

Diese Anweisung können Sie tatsächlich folgendermaßen lesen: „Öffne die Datei `daten.txt` oder stirb mit der angegebenen Meldung."

5.11.4 Lesen

Sobald Sie einen Dateihandle zum Lesen geöffnet haben, müssen Sie natürlich noch an die Daten der geöffneten Datei kommen. Die folgenden Funktionen dienen dem Auslesen von Daten aus einem geöffneten Dateihandle.

5.11.4.1 fgets/fgetss

Um eine einzelne Zeile aus einer Datei auszulesen, verwenden Sie die `fgets`-Funktion. Der Rückgabewert dieser Funktion ist die ausgelesene Zeile. Verwenden Sie folgende Syntax:

```
fgets(dateihandle,länge)
```

Die Länge, die Sie bei `fgets` angeben müssen, ist die Anzahl der Bytes, die von der aktuellen Zeile der geöffneten Datei maximal gelesen werden. Falls die Zeile weniger Zeichen enthält, wird natürlich nur die tatsächliche Anzahl der Zeichen eingelesen. Hier wird im Normalfall eine Größe eingetragen, die auf jeden Fall die komplette Zeile einliest. Beim Einlesen bekommen Sie von dieser Funktion auch das Zeilenende zurück, falls Sie nicht gerade beim Dateiende waren.

Folgendes Beispiel liest den Inhalt der Datei `daten.txt` ein und gibt sie wieder aus (normalerweise an den Browser):

```
<html>
<body>
<?php
$fh=fopen("daten.txt","r")
        or die("Konnte die Datei daten.txt nicht öffnen");
while(!feof($fh)){
        $zeile=fgets($fh,4096);
        echo "$zeile<br>\n";
}
?>
</body>
</html>
```

Falls Sie dieses Beispiel austesten möchten, legen Sie die Datei wieder in Ihrem `public_html`-Verzeichnis als `lesen.php` ab. Erzeugen Sie eine Textdatei `daten.txt` ebenfalls in diesem Verzeichnis und schreiben Sie ein paar Zeilen Text hinein. Rufen Sie im Anschluss daran im Browser den folgenden URL auf: `http://localhost/~user/lesen.php`. Ihr Browser zeigt Ihnen den Inhalt der Datei `daten.txt`.

Falls Ihre Datei `daten.txt` HTML-Tags enthält, würden diese die Ausgabe beeinflussen. In manchen Situationen ist es allerdings besser, eine bereinigte Ausgabe zu bekommen, um hier enthaltene Tags zu deaktivieren. Für diesen Fall können Sie die Funktion `fgetss` verwenden. Hierbei werden automatisch alle enthaltenen HTML-Tags aus der gelesenen Zeile entfernt.

5.11.4.2 fgetcsv

Eine sehr nützliche Funktion, um Dateien in einem bestimmten Format einzulesen, ist `fgetcsv`. Zeilen, die Sie mit dieser Funktion einlesen, werden nach der Übernahme anhand eines angegebenen Trennzeichens getrennt und als Array zurückgegeben. Die Syntax lautet:

```
fgetcsv(dateihandle, länge, trennzeichen)
```

Der Inhalt einer solchen Datei (einer CSV-Datei) könnte beispielsweise wie folgt aussehen (die Leerräume sind Tabulatoren):

```
Herr	Stephen	King	Gruselgasse	Geisterhausen
Herr	Tom	Clancy	Bootsplatz	Wasserfeld
```

Speichern Sie die Datei als `daten.csv` im Verzeichnis `public_html`. Um diese Datei mit `fgetcsv` einzulesen und auf die einzelnen Werte wieder zugreifen zu können, ist folgendes Beispiel zu verwenden:

```
<html>
<body>
<?php
$fh=fopen("daten.csv","r")
        or die("Konnte die Datei daten.csv nicht öffnen");
while($werte=fgetcsv($fh,4096,"\t")){
        echo "Anrede: ",$werte[0],"<br>\n";
        echo "Vorname: ",$werte[1],"<br>\n";
        echo "Name: ",$werte[2],"<br>\n";
        echo "Straße: ",$werte[3],"<br>\n";
        echo "Ort: ",$werte[4],"<br>\n";
}
?>
</body>
</html>
```

Die Funktion `fgetcsv` liest hier jeweils eine Zeile aus dem Handle `$fh`, teilt diese Zeile anhand des Trennzeichens `\t` auf und speichert die einzelnen Werte im Array `$werte`. Der Inhalt des Arrays wird in den nachfolgenden `echo`-Kommandos mit Beschreibung ausgegeben.

5.11.4.3 `file`

Alle Dateifunktionen, die Sie bisher zum Lesen verwendet haben, greifen stets zeilenweise auf den Dateihandle zu, der mit Hilfe von `fopen` geöffnet wurde. Im Gegensatz dazu arbeitet die Funktion `file` direkt mit der Datei, ohne einen Handle zu benutzen.

Diese Funktion liest die angegebene Datei auf einmal ein und gibt als Rückgabewert ein Array zurück. Jeder Eintrag in diesem Array ist eine Zeile der eingelesenen Datei. Mit folgender Syntax können Sie `file` verwenden:

```
file(dateiname)
```

Um beispielsweise die komplette Datei `datei.txt` in den Array `$zeilen` einzulesen, verwenden Sie folgende Schreibweise:

```
$zeilen=file("datei.txt");
```

Dieses Array könnten Sie jetzt mit den in PHP zur Verfügung stehenden Array-Funktionen bearbeiten (beispielsweise sortieren, durchsuchen etc.).

5.11.5 Schreiben

Nachdem Sie nun verschiedene Funktionen zum Lesen einer Datei kennengelernt haben, benötigen Sie natürlich auch noch die Möglichkeit, Werte in eine Datei zu schreiben.

5.11.5.1 `fputs/fwrite`

Mit Hilfe der Funktion `fwrite` können Sie Daten über einen Dateihandle in eine Datei schreiben. Vorraussetzung dafür ist natürlich, dass Sie die Datei zum Schreiben geöffnet haben (der Mode bei `fopen` muss einen der Werte `a`, `a+`, `w` oder `w+` haben). Desweiteren brauchen Sie natürlich Schreibberechtigung auf der Datei (allerdings hätte ohne Schreibberechtigung der `fopen` schon gar nicht funktioniert).

Sie wundern sich eventuell, warum dieser Abschnitt `fputs/fwrite` überschrieben ist. Die `fputs`-Funktion ist ein Alias auf `fwrite` und wurde nur deshalb in die Sprache aufgenommen, damit ein „Gegenstück" zu `fgets` existiert (zumindest dem Namen nach).

Die beiden Funktionen `fputs/fwrite` werden wie folgt verwendet:

```
fwrite(dateihandle,ausgabetext)
```

Der Text `ausgabetext` kann prinzipiell ein beliebiger String sein, der in die Datei geschrieben werden soll. Allerdings sollte dieser String auch ein Zeilenende enthalten, wenn in der Datei ein Zeilenwechsel am Ende des Strings durchgeführt werden soll. Andernfalls würde die nächste Ausgabe, die an die Datei ausgegeben wird, am Ende dieses Textes weitergeschrieben werden.

5.11.6 Dateisystem-Beispiel

Ein Programm, das sehr häufig mit Dateisystemzugriffen gelöst wird, ist beispielsweise ein Gästebuch. Hierbei stellen Sie den Benutzern Ihrer Webseite ein Formular zur Verfügung, in dem sie spezielle Kommentare und einige weitere Daten hinterlassen können.

Für dieses Gästebuch benötigen Sie zum einen das Formular, das eben diese Benutzereingaben entgegen nimmt und an ein PHP-Skript weiterleitet. Dann muss natürlich das PHP-Skript diese Daten auswerten und in die Gästebuch-Textdatei schreiben. Last but not least muss ein Skript bzw. ein Programmteil existieren, der die bereits existierenden Gästebucheinträge wieder darstellt.

Bevor Sie sich allerdings auf die Programmierung stürzen, sollten Sie einige Vorüberlegungen anstellen:

- Welche Felder sollen im Gästebuch vom Benutzer ausgefüllt werden?

- In welcher Formatierung speichern Sie die eingegebenen Werte?
- Wie lassen sich die gespeicherten Daten wieder ausgeben?
- Wie lassen sich die Daten administrieren (um fehlerhafte oder bösartige Einträge zu entfernen)?
- ...

Für die erste Frage kann keine allgemein gültige Antwort gegeben werden, da hierbei einfach die Wünsche zu unterschiedlich sind. Es haben sich folgende Werte allerdings bewährt:

- Name
- Vorname
- E-Mail Adresse
- Kommentar

Ein weiteres Feld wird häufig noch gespeichert, allerdings sollte dieses Feld nicht unbedingt vom Benutzer aus bearbeitbar sein – die aktuelle Zeit.

Somit wären also die Felder für das Formular geklärt und Sie könnten den HTML-Teil (das Formular) beginnen. Im Folgenden ist ein wenig ansprechendes, aber funktionierendes Formular zu sehen. Speichern Sie das Formular im Verzeichnis `public_html` unter dem Namen `gaestebuch.html`:

```
<html><body>
<form action="gaestebuch.php">
<table>
<tr>
<td>Vorname: </td><td><input type="text" name="vorname"></td>
</tr>
<tr>
<td>Name: </td><td><input type="text" name="name"></td>
</tr>
<tr>
<td>E-Mail: </td><td><input type="text" name="email"></td>
</tr>
<tr>
<td>Kommentar: </td><td><input type="text" name="kommentar"></td>
</tr>
</table>
<input type="submit">
</form>
</body></html>
```

Das Formular ist über `http://localhost/~user/gaestebuch.html` verfügbar. Zur Auswertung wird nun die Datei `gaestebuch.php` benötigt, die in

Ihre Textdatei schreiben soll. Auch dazu sollten Sie sich zunächst einige Gedanken machen. Wie oben schon erwähnt, spielt die Formatierung der ausgegebenen Daten eine große Rolle. Ein Format, das sich hier anbietet, ist das CSV-Format. Mit Hilfe dieses Formats haben Sie später immer die Möglichkeit, auf die einzelnen eingegebenen Werte wieder zuzugreifen. Alternativ dazu könnte man sich auch vorstellen, die Daten gleich so abzuspeichern, wie Sie sie später wieder ausgeben möchten. Im Folgenden sollen die Daten als CSV abgelegt werden. Für CSV-Daten müssen Sie sich ein Trennzeichen überlegen, das innerhalb der Datei verwendet werden soll, um die einzelnen Daten zu unterscheiden. Ein geeignetes Zeichen hierfür ist beispielsweise das Doppelkreuz (#). Dieses Zeichen wird selten für Text verwendet und darf beispielsweise in einer E-Mail nicht vorkommen. Die anderen Felder sollten Sie allerdings nach dem Doppelkreuz durchsuchen, um fehlerhafte Einträge in Ihrem Gästebuch zu vermeiden. Einträge in dieser Gästebuchdatei schreiben Sie wie folgt:

```
vorname#name#email#kommentar
```

Sehen Sie sich folgendes PHP-Skript `gaestebuch.php` an. Hier wird genau die Auswertung durchgeführt, die eben angesprochen wurde:

```
<html><body>
<?php
$fh=fopen("gaestebuch.txt","a")
        or die ("Konnte die Gästebuchdatei nicht öffnen");
fwrite($fh,"$vorname#$name#$email#$kommentar\n");
fclose($fh);
?>
Vielen Dank für Ihren Eintrag.
</body></html>
```

Wenn Sie allerdings bereits jetzt versuchen, in Ihrem Formular Daten einzugeben und diese Daten an das Skript `gaestebuch.php` abschicken, so bekommen Sie die Fehlermeldung:

```
Warning: fopen("gaestebuch.txt","a") - Permission denied
in /home/heiko/public_html/buch/gaestebuch.php on line 3
Konnte die Gästebuchdatei nicht öffnen
```

Dies liegt daran, dass das PHP-Skript versucht, die Datei `gaestebuch.txt` anzulegen. Da aber der Zugriff vom Web aus erfolgt, versucht quasi ein Benutzer mit der Berechtigung „Sonstige" diese Datei anzulegen. Ihr `public_html` Verzeichnis hat aber für diesen Benutzer keine Schreibberechtigung und daher bekommen Sie als Fehlermeldung `permission denied`.

Dies können Sie auf zwei Arten umgehen. Entweder geben Sie für „Sonstige" Schreibberechtigung auf Ihr `public_html`-Verzeichnis. Dies ist allerdings eine sehr gefährliche Aktion, da damit jeder in diesem Verzeichnis Schreiberlaubnis bekommt. Alternativ dazu können Sie auch eine Datei `gaestebuch.txt` anlegen und auf dieser Datei die Schreibberechtigung für „Sonstige“ festlegen. Diese Variante ist deutlich sicherer!

```
user@linux:  > touch ~/public_html/gaestebuch.txt
user@linux:  > chmod o+w ~/public_html/gaestebuch.txt
```

Durch dieses Erzeugen und Freigeben der Datei `gaestebuch.txt` kann das PHP-Skript `gaestebuch.php` auch in die Datei schreiben. Probieren Sie es aus. Füllen Sie das Formular aus und schicken Sie die Daten ab. Jedoch können Sie die eingetragenen Daten nur auf der Konsole betrachten, indem Sie sich den Inhalt der Datei `gaestebuch.txt` anzeigen lassen.

Daher muss noch eine Anzeigeroutine her, die den Inhalt des Gästebuchs anzeigen kann. Dieser Programmteil muss die Datei `gaestebuch.txt` auslesen und im Browser formatiert ausgeben. Legen Sie die folgende Datei unter dem Namen `gaestebuch-anzeigen.php` an:

```
<html><body>
<?php
$fh=fopen("gaestebuch.txt","r")
        or die("Konnte das Gästebuch nicht öffnen!");
while($werte=fgetcsv($fh,4096,"#")){
        echo $werte[0]," ",$werte[1]," (E-Mail: ",$werte[2],")
        schrieb:<br>\n";
        echo $werte[3],"<br>\n<hr>\n";
}
fclose($fh);
?>
</body></html>
```

Mit dieser Datei können Sie sich den Inhalt Ihres Gästebuchs anzeigen lassen. Falls Sie schon Einträge mit dem Formular abgespeichert haben, sollte hier auch bereits ein Ergebnis angezeigt werden.

Dieses kleine Beispiel hat noch einige deutliche Schönheitsfehler, die wir hier allerdings nicht beheben wollen:

- Es besteht noch kein direkter Zusammenhang zwischen den einzelnen Dateien. Das heißt, es müssten noch Links eingefügt werden, mit denen man zwischen der Anzeigeroutine und dem Eintragen wechseln kann. Nach dem Eintragen sollte automatisch der Inhalt der bereits eingetragenen Werte angezeigt werden.
- Nach dem Absenden des Formulars wird nur „Vielen Dank“ angezeigt. Hier könnte gleich das Ergebnis sichtbar sein.

- Ein und der selbe Eintrag kann beliebig oft eingetragen werden. Dies passiert beispielsweise, falls der Benutzer nach dem Abspeichern der Daten die Seite per „Reload“ nochmals lädt.
- Die Darstellung ist ziemlich hässlich :-).

5.11.7 Testfunktionen

Bei der Funktion `fopen` haben Sie bereits gesehen, dass beim Zugriff auf eine Datei einiges schiefgehen kann. Damit Sie bereits vor dem Zugriff diese möglichen Fehlerquellen abfangen können, bietet Ihnen PHP eine Reihe von Testfunktionen, mit denen Sie diverse Abfragen im Dateisystem durchführen können.

Diese Testfunktionen liefern als Rückgabewert entweder `TRUE` oder `FALSE` zurück. Daher werden diese Funktionen normalerweise bei einem `if`-Konstrukt benutzt. Die wichtigsten dieser Testfunktionen lernen Sie in den nächsten Abschnitten kennen.

5.11.7.1 `file_exists`

Die erste Prüfung, die Sie häufig durchführen, ist die nach der Existenz. Mit der `file_exists`-Funktion testen Sie, ob eine Datei im lokalen Dateisystem (auf dem Rechner, auf dem auch das PHP-Skript läuft) bereits existiert.

Die Syntax lautet:

`file_exists(dateiname)`

Betrachten Sie sich folgendes Beispiel zur Verdeutlichung dieser Funktion:

```
<?php
$dateiname="gaestebuch.txt";
if(!file_exists($dateiname)){
        echo "Achtung die Gästebuchdatei existiert noch nicht.";
        echo "Es wird versucht diese Anzulegen.";
        touch($gaestebuch);
}
:
:
?>
```

In diesem Beispiel wird überprüft, ob die Datei `gaestebuch.txt` noch *nicht* existiert (`!`), und falls das der Fall ist, wird versucht, diese anzulegen (`touch` dient eigentlich dazu, das Änderungsdatum einer Datei zu ändern, aber falls die Datei noch nicht existiert, wird diese angelegt).

5.11.7.2 `is_...`-Funktionen

Neben dem Prüfen der Existenz einer Datei kann mit einigen Funktionen auch ermittelt werden, wie auf die Datei zugegriffen werden kann bzw. ob die Datei überhaupt eine Datei ist oder gar ein Verzeichnis.

PHP bietet folgende `is_...`-Funktionen für diese Tests an:

Tabelle 5.6: Funktionen zum Testen von Dateien bzw. Verzeichnissen

Funktionsname	Funktion
`is_dir`	testet, ob das angegebene Verzeichnis existiert
`is_executable`	testet, ob die Datei ausführbar ist (ob das `eXecute`-Bit gesetzt ist)
`is_file`	testet, ob die angegebene Datei existiert
`is_link`	testet, ob der angegebene Link existiert
`is_readable`	testet, ob die Datei lesbar ist (ob das `Read`-Bit gesetzt ist)
`is_writable`	testet, ob die Datei beschreibbar ist (ob das `Write`-Bit gesetzt ist)
`is_writeable`	Alias für `is_writable`
`is_uploaded_file`	gibt `TRUE` zurück, falls die Datei über die HTTP-Methode `post` zum Server hochgeladen wurde, um nicht unbeabsichtigt auf eine Systemdatei zuzugreifen anstelle der hochgeladenen Datei

5.12 PHP & MySQL

Einer der Hauptgründe, warum sich PHP bei den serverbasierenden Skriptsprachen durchgesetzt hat, ist die hohe Integration von Datenbankbefehlen. PHP stellt für nahezu alle wichtigen Datenbanksysteme eine Schnittstelle zur Verfügung (siehe Seite 239).

Eine der Datenbanken, die sich im Web am stärksten durchgesetzt hat, ist MySQL. Dies liegt zum einen an der Preispolitik von MySQL (kostenlos ist schwer zu schlagen!), zum anderen an der hohen Performance dieser Datenbank.

Den interaktiven Umgang mit MySQL über das Tool `mysql` haben Sie ja bereits in Kapitel 4 kennen gelernt. Im Folgenden soll jetzt der Zugriff über eine Webseite auf die Datenbank erfolgen.

Einige der Mechanismen erinnern dabei stark an die Funktionen, die Sie beim Arbeiten mit den Dateien gesehen haben. Dies ist sicherlich auch beabsichtigt, um hier eine einheitliche und leicht zu lernende Struktur zu emöglichen.

5.12.1 mysql_connect

Das erste Kommando, mit dem Sie beim Zugriff auf eine MySQL-Datenbank arbeiten müssen, ist `mysql_connect`. Hier wird, ähnlich wie bei `fopen`, ein Handle zurückgegeben, falls die Verbindung aufgebaut werden konnte. Nun wird allerdings ein Datenbankhandle als Rückgabewert geliefert. Auch hier werden alle weiteren Aktionen mit der Datenbank über diesen Handle durchgeführt. Genau wie bei `fopen` merken Sie sich den Datenbankhandle in einer Variable.

Die Syntax lautet hierbei:

```
mysql_connect(server, benutzername, passwort)
```

Der `server`, den Sie hier angeben, ist der Datenbankserver, also der Rechner, der den MySQL-Dämon gestartet hat. In den meisten Fällen wird hier bei Webprojekten `localhost` angegeben, da sowohl der Webserver als auch der Datenbankserver auf ein und dem selben Rechner ausgeführt werden. In Ihrem Fall ist das ebenfalls der Rechner `localhost`.

Als `benutzername` verwenden Sie den Namen, den Sie zum Zugriff auf Ihre Datenbank eingerichtet haben. Für das aktuelle Beispiel haben Sie in Kapitel 4.12.2 den Benutzer `dozent` angelegt.

Der letzte Parameter, das `passwort`, ist Ihr Passwort für den Benutzer, der auf die Datenbank zugreifen möchte. Sie benötigen hier das Passwort, das Sie beim `GRANT`-Befehl angegeben haben.

Mit diesen Werten lautet der Befehl wie folgt:

```
<?php
$dbserver="localhost";
$dbuser="dozent";
$dbpasswort="ihrpasswort";
$dbh=mysql_connect($dbserver,$dbuser,$dbpasswort) or
        die("Konnte auf den Datenbankserver nicht zugreifen");
:
?>
```

5.12.2 mysql_close

Beim Zugriff auf eine Datenbank sollte der Handle wieder geschlossen werden, sobald Sie ihn nicht mehr benötigen. Dies erledigt die Funktion `mysql_close` für Sie.

Die Syntax lautet:

```
mysql_close(datenbankhandle)
```

Für das aktuelle Beispiel ist dieser mysql_close-Befehl dann wie folgt zu schreiben:

```
<?php
:
mysql_close($dbh);
?>
```

5.12.3 mysql_pconnect

Alternativ zu mysql_connect können Sie eine Verbindung zum MySQL-Server auch mit mysql_pconnect aufbauen. Es gibt in Bezug auf die Syntax und die Verwendung eingentlich keinen nennenswerten Unterschied. Allerdings arbeitet mysql_pconnect im Hintergrund deutlich anders als mysql_connect.

Die Syntax lautet:

```
mysql_pconnect(server, benutzername, passwort)
```

Beim Aufruf von mysql_pconnect wird eine so genannte „persistente" Verbindung aufgebaut. Diese Verbindung kann nicht durch mysql_close wieder geschlossen werden. Dies soll auch gar nicht geschehen, da diese Verbindungen für Skripte gedacht sind, die immer wieder auf die gleiche Datenbank zugreifen. Die persistente Verbindung existiert nämlich auch noch nach dem Beenden des Skriptes und kann beim nächsten Starten des Skripts wiederverwendet werden. Dies gilt nicht nur für das aktuelle Skript, sondern prinzipiell für alle Skripte, die die gleiche Verbindung mit dem Datenbankserver benutzen, d. h. alle Skripte, die den selben Datenbankserver, den selben Benutzernamen und das selbe Passwort verwenden. Die Aufgabe einer persistenten Verbindung besteht also darin, über mehrere Skriptaufrufe verfügbar zu sein. Dies hat hauptsächlich den Sinn, dass nicht bei jedem Skriptaufruf die Verbindung zur Datenbank erneut gestartet werden muss und damit Zeit benötigt wird. Damit lassen sich Datenbankabrufe deutlich beschleunigen.

5.12.4 mysql_select_db

Sobald Sie eine Verbindung mit einem Datenbankserver aufgebaut haben, sollten Sie mit mysql_select_db noch wählen, mit welcher Datenbank Sie arbeiten möchten. Dies entspricht dem USE-Kommando bei MySQL, das Sie bereits auf Seite 164 kennen gelernt haben.

Folgende Syntax ist für mysql_select_db zu verwenden:

```
mysql_select_db(datenbankname, datenbankhandle)
```

Hier entspricht der `datenbankname` dem Namen, den Sie beim Anlegen mit `mysql` vergeben haben. Der `datenbankhandle` ist derjenige, der beim Öffnen mit `mysql_open` bzw. `mysql_pconnect` zurückgegeben wurde.

Beispielsweise verwenden Sie `mysql_select_db` folgendermaßen:

```
<?php
:
$dbname="schulung";
mysql_select_db($dbname,$dbh) or
        die("Konnte auf die Datenbank $dbname nicht zugreifen!");
:
?>
```

Nun fehlt noch das Kommando, um eine SQL-Abfrage an den Server zu schicken.

5.12.5 mysql_query

Das Absenden von SQL-Abfragen erledigen Sie mit `mysql_query`. Dabei ist die SQL-Abfrage exakt das gleiche Kommando, wie Sie es auch mit dem MySQL-Tool `mysql` an den Datenbankserver schicken würden. In den einfachsten Fällen stehen hier `SELECT`-Anweisungen oder auch ein `INSERT`-Befehl. Prinzipiell funktioniert jedes der SQL-Kommandos aus Kapitel `mysql`. Ein kleiner Unterschied zur interaktiven Verwendung mit `mysql` besteht allerdings: Sie dürfen die SQL-Kommandos nicht mit einem Semikolon beenden. Dieses Zeichen war nur für `mysql` notwendig, um das Ende der Eingabe zu kennzeichnen.

Die Syntax lautet:

```
mysql_query(sql-kommando, datenbankhandle)
```

Hier wird wieder der `datenbankhandle` verwendet, der mit `mysql_connect` oder `mysql_pconnect` geöffnet wurde. Das `sql-kommando` ist ein String, der die Anweisung enthält, die der SQL-Server verarbeiten soll.

Der Rückgabewert dieser Funtion ist wieder `TRUE` oder `FALSE` – je nach dem, ob die Anfrage korrekt durchgeführt wurde oder ob ein Fehler aufgetreten ist. Damit lässt sich wieder die Schreibweise verwenden, die Sie schon bei den anderen MySQL-Kommandos oben gesehen haben:

```
<?php
:
$sql="SELECT * FROM kurse";
$result = mysql_query($sql,$dbh) or
```

```
        die("Ein Fehler trat bei der Abfrage auf!");
:
?>
```

Bei SQL-Kommandos wie beispielsweise UPDATE, INSERT, REPLACE oder DELETE, die keine eigentliche Ergebnismenge zurückliefern, reicht das Absenden mit mysql_query im Normalfall bereits aus. Die Aktion wird dann vom Server bearbeitet – ohne weiteres Zutun seitens des Users bzw. Skripts.

Bei einer SELECT-Anweisung allerdings ist der Rückgabewert nicht nur einfach der Boolesche Wert TRUE, sondern eine Ergebnis-Kennung, die Sie erst mit weiteren PHP-Kommandos auswerten müssen. Diese Ergebnis-Kennung wird ähnlich wie der Datenbankhandle von den weiteren Kommandos verwendet, um zu kennzeichnen, auf welche Ergebnismenge zugegriffen werden soll.

Eine der wichtigen Eigenschaften, die Sie beim Verwenden von SQL-Kommandos in PHP beachten müssen, ist die Tatsache, dass Sie auch in SQL auf das Quoting achten müssen, d. h. die Anführungszeichen korrekt setzen. SQL legt natürlich hier genau den gleichen Wert auf korrekte Anführungszeichen innerhalb der SQL-Kommandos wie beim Verwenden von mysql. Achten Sie also immer darauf, dass Strings, Datumsangaben etc. in Anführungszeichen stehen. Damit Sie innerhalb eines PHP-Strings nochmals die Anführungszeichen verwenden können, beachten Sie bitte die Schreibweisen, die Sie in Kapitel 5.6.1.4 kennen gelernt haben.

Betrachten Sie dazu folgendes Beispiel:

```
<?php
:
$sql="INSERT INTO 'teilnehmer' ('anrede', 'vorname', 'name',
        'strasse', 'plz', 'ort') VALUES ('Herr', 'George',
        'Orwell', 'Jahresstraße 19', '01984', 'Wachturm')";
mysql_query($sql,$dbh) or
        die("Ein Fehler trat beim Eintragen auf!");
:
?>
```

In diesem Beispiel wird ein neuer Datensatz in die Tabelle teilnehmer geschrieben. Um zu verhindern, dass die Anführungszeichen bei der SQL-Anweisung nochmals die doppelten Anführungszeichen sind, wurden hier die einfachen um die einzelnen Strings geschrieben.

5.12.6 mysql_affected_rows

Um die Anzahl der Datensätze zu ermitteln, die bei einer Abfrage mit der Funktion `mysql_query` beeinflusst wurden, verwenden Sie `mysql_affected_rows`. Diese Funktion können Sie allerdings nur dann sinnvoll einsetzen, wenn Ihre Abfrage eine der folgenden SQL-Anweisungen beinhaltet: `INSERT`, `UPDATE`, `DELETE`.

Der Rückgabewert dieser Funktion ist die Anzahl der beeinflussten Datensätze als Integerwert. Falls Sie allerdings alle Datensätze mit einer `DELETE`-Anweisung ohne `WHERE`-Klausel gelöscht haben, wird Ihnen diese Funktion trotzdem nicht die vorher vorhandenen Datensätze liefern, sondern den Wert `NULL`.

Die Syntax für `mysql_affected_rows` lautet:

```
mysql_affected_rows(datenbankhandle)
```

Da hier keine weitere Angabe außer dem Datenbankhandle erfolgt, sollte klar sein, dass dieses Kommando nur direkt nach der Abfrage sinnvoll ist. Sobald Sie eine erneute `INSERT`-, `UPDATE`- oder `DELETE`-Anweisung durchführen, wird Ihnen die Anzahl der von der neuen Anweisung beeinflussten Datensätze zurückgegeben.

Bei SQL-Abfragen, die mit dem `SELECT`-Kommando durchgeführt wurden, bekommen Sie mit dieser Funktion keine Anzahl der Datensätze (da ja auch keine Veränderung an der Daten vorgenommen wird)! Falls bei einem `UPDATE`-Kommando ein neuer Spaltenwert dem bereits vorhandenen entspricht, wird dieser nicht geändert und damit auch für `mysql_affected_rows` gezählt.

5.12.7 mysql_num_rows

Für Abfragen, die mit `SELECT`-Anweisungen durchgeführt werden (das wird wahrscheinlich die Mehrzahl Ihrer Abfragen sein), existiert in PHP die Funktion `mysql_num_rows`. Diese Funktion liefert Ihnen die Anzahl der Einträge in einer Ergebnismenge. Diese Ergebnismenge wird durch den Wert gekennzeichnet, den die `mysql_query`-Funktion zurückgegeben hat.

Damit lautet die Syntax:

```
mysql_num_rows(ergebniskennung)
```

Im folgenden Beispiel wird die Verwendung von `mysql_num_rows` in Zusammenhang mit einem `SELECT`-Kommando gezeigt:

```
<?php
:
$sql="SELECT * FROM kurse";
$result=mysql_query($sql,$dbh) or
```

```
        die("Ein Fehler trat bei der Abfrage auf!");
$anzahl=mysql_num_rows($result);
echo "Es stehen im Moment $anzahl Kurse zur Auswahl.";
:
?>
```

Dies hätten Sie natürlich auch mit einem etwas ausgefeilteren SELECT-Kommando als Ergebnis bekommen können. Allerdings benötigen wir dazu noch eine Funktion, um die Ergebnisse einer Ergebnismenge auszulesen.

5.12.8 mysql_fetch_row

Um eben diese Ergebnismenge, die ein mysql_query mit einem SELECT-Kommando erzeugt, abrufen zu können, verwenden Sie beispielsweise die Funktion mysql_fetch_row. Diese Funktion liest bei jedem Aufruf einen Datensatz aus Ihrer Ergebnismenge. Das heißt, beim wiederholten Aufruf können Sie mit dieser Funktion alle Datensätze, die SELECT gefunden hat, durchlaufen.

Da jeder Datensatz normalerweise nicht nur aus einem einzigen Feld besteht, liefert auch die Funktion mysql_fetch_row einen Datentyp zurück, der mit mehr als einem Wert gleichzeitig umgehen kann. Der Rückgabewert dieser Funktion ist ein Array, wobei das Arrayelement mit dem Index 0 der Wert der ersten Ergebnisspalte ist usw. Falls Ihre Ergebnismenge komplett durchlaufen ist, liefert mysql_fetch_row den Wert FALSE.

Die Syntax lautet:

```
mysql_fetch_row(ergebnismenge)
```

Im Folgenden wird aus der Datenbank nur ein einzelner Wert abgefragt, und daher ist auch nur ein einziger Aufruf von mysql_fetch_row notwendig:

```
<?php
:
$sql="SELECT COUNT(*) FROM kurse";
$result=mysql_query($sql,$dbh) or
        die("Ein Fehler trat bei der Abfrage auf!");
$anzahl=mysql_fetch_row($result);
echo "Es stehen im Moment ",$anzahl[0]," Kurse zur Auswahl.";
:
?>
```

Das obige Beispiel entspricht dem Beispiel bei mysql_num_rows, nur wird hier nicht über die PHP-Funktion die Anzahl der Kurse ermittelt, sondern bereits beim SQL-Aufruf. Dies hat den Vorteil, dass nicht zuerst eine große Ergebnismenge erzeugt und anschließend nur die Anzahl der Treffer in der Ergebnismenge gezählt wird, sondern dass hier bereits dem SQL-Server mitgeteilt wird, nur eine Zählfunktion durchzuführen und in der Ergebnismenge dann auch als einzigen Eintrag die Anzahl der Treffer zurückzuliefern.

Da Sie aber nicht nur einen Datensatz in den meisten Ihrer Abfrageergebnisse stehen haben, soll hier auch noch ein Beispiel gezeigt werden, bei dem der komplette Inhalt der Tabelle `teilnehmer` im Browser angezeigt wird.

Ein wichtiger Aspekt hierbei ist die `while`-Schleife. Diese Schleife hat als Testausdruck `$row=mysql_fetch_row($result)`. Die Funktion `mysql_fetch_row` liefert solange einen wahren Wert, wie die Ergebnismenge noch Datensätzte enthält. Sobald der letzte Datensatz ausgegeben wurde, wird diese Funktion `FALSE` zurückliefern und damit auch das Endkriterium für die `while`-Schleife.

Innerhalb der `while`-Schleife soll für jeden Datensatz auch in der Ausgabe eine neue Zeile erscheinen, daher wird zunächst `echo "<tr>"` ausgeführt. Im Anschluss werden die einzelnen Felder des aktuellen Datensatzes (der ja in `$row` enthalten ist) über die `foreach`-Schleife durchlaufen. Jedes dieser einzelnen Felder wird in eine Tabellenzelle durch `echo "<td>$i</td>"` ausgegeben. Zuletzt wird die Tabellenzeile durch ein `echo "</tr>"` beendet:

```
<html>
<body>
<table border="1">
<?php
$dbserver="localhost";
$dbuser="dozent";
$dbpasswort="ihrpasswort";
$dbh=mysql_connect($dbserver,$dbuser,$dbpasswort) or
        die("Konnte auf den Datenbankserver nicht zugreifen");
mysql_select_db("schulung",$dbh);
$sql="SELECT * FROM teilnehmer";
$result=mysql_query($sql,$dbh);
while($row=mysql_fetch_row($result)){
        echo "<tr>\n";
        foreach($row as $i){
                echo "<td>$i</td>\n";
        }
        echo "</tr>\n";
}
?>
</table>
</body>
</html>
```

Das Ergebnis sehen Sie in Abbildung 5.14.

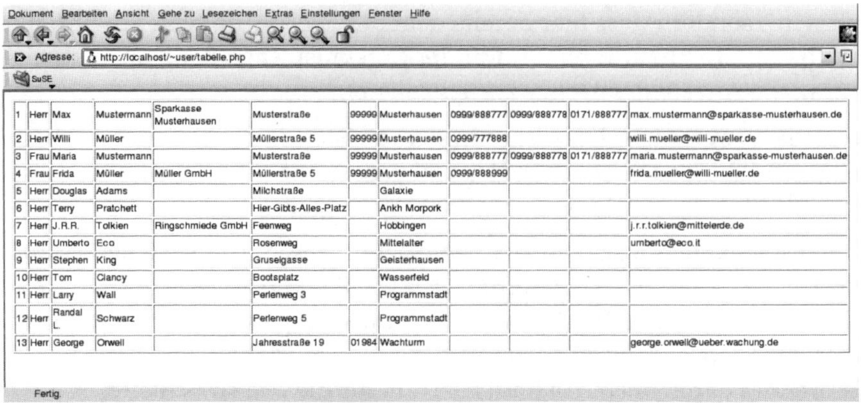

1	Herr	Max	Mustermann	Sparkasse Musterhausen	Musterstraße	99999	Musterhausen	0999/888777	0999/888778	0171/888777	max.mustermann@sparkasse-musterhausen.de
2	Herr	Willi	Müller		Müllerstraße 5	99999	Musterhausen	0999/777888			willi.mueller@willi-mueller.de
3	Frau	Maria	Mustermann		Musterstraße	99999	Musterhausen	0999/888777	0999/888778	0171/888777	maria.mustermann@sparkasse-musterhausen.de
4	Frau	Frida	Müller	Müller GmbH	Müllerstraße 5	99999	Musterhausen	0999/888999			frida.mueller@willi-mueller.de
5	Herr	Douglas	Adams		Milchstraße		Galaxie				
6	Herr	Terry	Pratchett		Hier-Gibts-Alles-Platz		Ankh Morpork				
7	Herr	J.R.R.	Tolkien	Ringschmiede GmbH	Feenweg		Hobbingen				j.r.r.tolkien@mittelerde.de
8	Herr	Umberto	Eco		Rosenweg		Mittelalter				umberto@eco.it
9	Herr	Stephen	King		Gruselgasse		Geisterhausen				
10	Herr	Tom	Clancy		Bootsplatz		Wasserfeld				
11	Herr	Larry	Wall		Perlenweg 3		Programmstadt				
12	Herr	Randal L.	Schwarz		Perlenweg 5		Programmstadt				
13	Herr	George	Orwell		Jahresstraße 19	01984	Wachturm				george.orwell@ueber.wachung.de

Abbildung 5.14: Tabelleninhalt, im Browser dargestellt

Dieses kleine Beispiel können Sie bereits als „Mini-Tabellenauflister" für Datenbestände verwenden. Allerdings sind auch hier noch einige Mängel festzustellen:

- Die Datenbanktabelle ist momentan fest vorgegeben. Besser wäre es, wenn man hier dem Benutzer eine Auswahl ermöglicht und anhand dieser Auswahl die entsprechende Tabelle anzeigt.
- Das Skript zeigt die Tabelle nicht sehr schön an. Besser wäre es, wenn die leeren Felder auch als leere Felder gekennzeichnet würden. Desweiteren fehlt eine Tabellenüberschrift, um zu erkennen, welche Spalte welchen Inhalt hat.
- Sehr lange Datenbanktabellen würden als eine einzige Webseite dargestellt werden. Besser wäre es, wenn die HTML-Seiten jeweils nur eine beschränkte Menge an Datensätzten gleichzeitig liefern.

5.12.9 `mysql_fetch_array`

Die Funktion `mysql_fetch_array` stellt eine Erweiterung der oben vorgestellten Funktion `mysql_fetch_row` dar. Bei dieser Funktion ist der Rückgabewert sowohl als Array benutzbar (wie bei `mysql_fetch_row` – also über nicht-negative ganzzahlige Indizes) als auch als Hash.

Die Syntax von `mysql_fetch_array` lautet:

```
mysql_fetch_array(ergebnis-kennung)
```

Die Hashvariante bietet Ihnen den Vorteil, dass Sie als Schlüssel des Hash jeweils den Feldnamen der zugrundeliegenden Abfrage verwenden. Dies macht Ihre Datenabrufe deutlich besser lesbar. Im folgenden Beispiel soll das etwas besser gezeigt werden:

```
<html>
<body>
<?php
$dbserver="localhost";
$dbuser="dozent";
$dbpasswort="";
$dbh=mysql_connect($dbserver,$dbuser,$dbpasswort) or
        die("Konnte auf den Datenbankserver nicht zugreifen");
mysql_select_db("schulung",$dbh);
$sql="SELECT * FROM kurse";
$result=mysql_query($sql,$dbh);
while($row=mysql_fetch_array($result)){
        echo "Der Kurs <b>",$row['kursname'],"</b> findet";
        echo " vom <b>",$row['beginn'],"</b>";
        echo " bis <b>",$row['ende'],"</b>";
        echo " in <b>",$row['ort'],"</b> statt.";
        echo "<br>\n";
        echo "Der Kurs kann für <b>",$row['preis'],"</b>";
        echo " gebucht werden.";
        echo "<br>\n";
        echo "Ihr Kursleiter ist Herr/Frau ";
        echo "<b>",$row['dozent'],"</b>.";
        echo "<br><hr>\n";
}
?>
</body>
</html>
```

Das obige Beispiel zeigt Ihnen die verfügbaren Kurse an. Die einzelnen Datenfelder werden fett hervorgehoben. Durch die Verwendung des Hash sind die Inhalte der einzelnen Variablen sofort erkennbar.

5.12.10 mysql_num_fields

Falls Sie nicht genau wissen, wie viele Felder in einer Ergebnismenge enthalten sind, so können Sie dies über das `mysql_num_fields`-Kommando herausfinden.

Die Syntax lautet:

```
mysql_num_fields(ergebnis-kennung)
```

Der Rückgabewert dieser Funktion ist eine Integerzahl, die die Anzahl der Felder (Spalten) in der angegebenen Ergebnismenge bedeutet.

Beispiel:

```
<html>
<body>
<?php
$dbserver="localhost";
$dbuser="dozent";
$dbpasswort="";
$dbh=mysql_connect($dbserver,$dbuser,$dbpasswort) or
        die("Konnte auf den Datenbankserver nicht zugreifen");
mysql_select_db("schulung",$dbh);
$sql="SELECT * FROM kurse";
$result=mysql_query($sql,$dbh);
$anzahl=mysql_num_fields($result);
echo "Es sind $anzahl Felder enthalten.";
?>
</body>
</html>
```

Die Anzahl wird hier nur verwendet, um direkt eine Ausgabe auf den Bildschirm zu bringen. Häufig wird die Anzahl der Felder für Schleifen benutzt, um durch die einzelnen Felder zu durchlaufen.

5.13 Cookies

„Cookies" sind kleine Textdateien, die Informationen beim Client speichern sollen, um beim nächsten Zugriff auf die Webseite wieder zur Verfügung zu stehen. Dieser Mechanismus wurde von der Firma Netscape 1994 – ohne offiziellen Status im HTTP-Protokoll – eingeführt. Obwohl die Cookies kein offizieller Bestandteil von HTTP sind, können Sie doch von den meisten Browsern verarbeitet werden.

Die Cookies haben nach wie vor den Ruf, nur zu „Spionagezwecken" erfunden worden zu sein. Dies ist allerdings nur zu einem sehr kleinen Prozentsatz tatsächlich der Fall. Meist dienen Cookies einfach der Zwischenspeicherung von Informationen zwischen verschiedenen Aufrufen einer Webseite. Da HTTP ein „stateless" Protokoll ist, also keine permanente Verbindung zwischen dem Client und dem Server besteht (siehe 3.1), muss für manche Anwendungen eine Information zwischen verschiedenen Besuchen oder auch zwischen verschiedenen Seiten gepuffert werden. Genau dafür werden die Cookies in den meisten Fällen auch verwendet.

Stellen Sie sich als einfaches Beispiel einen Webshop vor. Sobald Sie einen Artikel in diesem Shop ausgesucht haben und in Ihren Warenkorb legen möchten, muss der Shop diese Information speichern. Um dies ohne weitere Anmeldung durchführen zu können, schickt Ihnen der Shop ein Cookie mit einem eindeutigen Identifikationsmerkmal, anhand dessen er Sie zu einem Warenkorb zuordnen kann. Sobald Sie nun einen weiteren Artikel ausgesucht haben und bestellen möchten, wird über dieses Identifikationsmerkmal Ihr bestehender Warenkorb aufgerufen und der nächste Artikel hinzugefügt.

Um die Arbeitsweise von Cookies besser verstehen zu können, sollten Sie zuerst die einzelnen Bestandteile eines Cookies betrachten. Ein Cookie setzt sich aus folgenden Werten zusammen:

`NAME`: Der Name dient der Identifikation des Cookie. Sie können pro Domain bis zu 20 verschiedene Cookies setzen. Sobald ein Cookie mit einem (für diese Domain) bereits existierenden Namen gesetzt wird, so wird der alte Inhalt ignoriert. Im Namen dürfen keine Sonderzeichen, Semikola, Kommata, Leerzeichen, Gleichheitszeichen etc. enthalten sein.

`VALUE`: Dies ist der Wert, der im Cookie gespeichert werden soll. Der Text, der hier abgelegt wird, darf wieder keine Sonderzeichen enthalten. Falls Sie beliebige Informationen ablegen möchten, können Sie Ihre Informationen mit einem der in PHP zur Verfügung stehenden Kodierungsverfahren als Text speichern. Die Länge eines Cookies kann bis zu 4096 Bytes betragen. Allerdings fällt unter diese Größe auch der Name und die anderen zu speichernden Daten (`Expires`, `Path`, ...).

`Expires`: Sie können mit `Expires` ein Ablaufdatum für Ihren Cookie angeben. Sollte dieses Datum erreicht sein, so wird der Client (der Browser) die Datei, in der der Cookie gespeichert ist, löschen. Falls Sie kein Ablaufdatum angeben, läuft der Cookie mit der aktuellen Sitzung aus und wird gelöscht, sobald Sie den Browser beenden.

`Path`: Die optionale Angabe `Path` beim Setzen eines Cookie gibt an, ab welchem Pfad auf dem Server der Browser den Wert des Cookie an Ihr Skript übergeben soll. Dies ist besonders nützlich, wenn Sie einen Cookie aus einem Skript setzen, das in einem Unterverzeichnis steht, und dieser Cookie von einem anderen Skript im Hauptverzeichnis wieder gelesen werden soll. Standardmäßig ist bei den Cookies nämlich eingestellt, dass ihr Gültigkeitspfad der aktuelle Pfad und alles darunter Liegende ist, aber nicht die Skripte, die in übergeordneten Verzeichnissen stehen.

`Domain`: Mit dem `Domain`-Wert wird festgelegt, unter welcher Domain der Cookie gelten soll. Die Standardeinstellung ist, dass der Cookie nur für den Rechner gültig ist, der den Cookie auch gesetzt hat. Andere Domains können diesen Cookie nicht auslesen. Sie können als Wert für `Domain` auch nur eine Domain bzw. einen Bestandteil einer Domain angeben, der Domain des Skriptrechners. Desweiteren darf die angegebene Domain auch nicht nur aus einer Top-Level Domain bestehen (`.de`).

Diese Sicherheitseinstellungen verhindern, dass Sie einen Cookie setzen, der von einer völlig anderen Domain ausgelesen werden kann.

`Secure`: Mit der Angabe von `Secure` können Sie erreichen, dass ein Cookie nur dann übertragen wird, wenn die verwendete Verbindung auf einer sicheren Übertragung basiert (beispielsweise SSL). Durch diese Angabe wird allerdings nur die Übertragung der Cookiedaten auf einem sicheren Kanal durchgeführt, der Cookie selbst wird auf dem Client weiterhin in Klartext abgelegt.

5.13.1 setcookie

Um Cookies aus einem PHP-Skript heraus setzen zu können, muss man nun noch wissen, dass diese Bestandteil des HTTP-Headers sind, der vom Server an den Client geschickt wird. Daher ist es unbedingt notwendig, dass Sie den Cookie setzen, bevor irgendein anderer Text, der nicht Bestandteil des HTTP-Headers ist, an den Browser gesendet wird. Das bedeutet im Normalfall, dass das `setcookie`-Kommando vor einem evtl. vorhandenen <HTTP>-Tag stehen muss.

Die Syntax des `setcookie`-Kommands:

```
setcookie(name, value, expire, path, domain, secure)
```

Die Angaben entsprechen denen, die bereits oben in Zusammenhang mit Cookies erläutert wurden. Einzige Ausnahme dabei ist `expire`: Dieser Wert ist eine Integerzahl und stellt die aktuelle UNIX-Zeit dar. Diese Zeit wird in Sekunden seit dem 1.1.1970 gemessen. Damit Sie nicht nachrechnen müssen, stellt PHP die Funktionen `time` und `mktime` zur Verfügung. Beide Funktionen liefern als Rückgabewert eine UNIX-Zeit:

`time`: liefert die aktuelle Zeit in Sekunden seit dem 1.1.1970 als Rückgabewert.

Syntax: `time()`

Der Rückgabewert ist ein Integerwert und daher als Zahl recht einfach veränderbar. Falls Sie beispielsweise die aktuelle Zeit +1 Stunde benötigen, so verwenden Sie am einfachsten `time()+(60*60)`. Hier werden 3600 Sekunden zur aktuellen Zeit hinzugezählt.

`mktime`: Die Funktion `mktime` wandelt eine Angabe bestehend aus Stunden, Minuten, Sekunden, Monat, Tag, Jahr in eine UNIX-Zeit.

Syntax: `mktime(stunden,minuten,sekunden,monat,tag,jahr)`

Sie können beispielsweise folgendes Kommando verwenden, um die UNIX-Zeit für den 06.12.2002 18:00 Uhr zu bekommen:

```
mktime(18,00,00,12,06,2002)
```

Um nun einen Cookie mit der Bezeichnung `vorname` und mit dem Wert `Heiko` zu speichern, können Sie `setcookie` wie folgt verwenden:

```
setcookie("vorname","Heiko");
```

In diesem Fall wird allerdings mit Beenden des Browsers auch der Cookie wieder gelöscht werden, da kein `Expire` angegeben wurde. Im nächsten Beispiel wird der Cookie sieben Tage lang beim Browser aufbewahrt werden und erst dann gelöscht:

```
setcookie("vorname","Heiko",time()+(7*24*60*60));
```

Eine beliebte Technik ist es auch, in einen Cookie ein Array bzw. einen Hash abzuspeichern, wobei hier allerdings nicht nur ein Cookie abgelegt , sondern für jedes Element des Arrays bzw. Hash ein eigener Cookie erzeugt wird. Allerdings ist beim Auslesen des Cookie das Ergebnis in einem Array bzw. Hash sofort verfügbar. Der Trick, den Sie dazu anwenden müssen, besteht darin, dass Sie dem Namen des Cookie noch die eckigen Klammern (`[]`) anhängen und darin den Index bzw. Schlüssel schreiben, an dessen Stelle im Array der `VALUE` gespeichert werden soll:

```
<?php
setcookie("daten[vorname]","Terry",time()+(24*60*60));
setcookie("daten[name]","Pratchett",time()+(24*60*60));
setcookie("daten[teilnehmernr]","6",time()+(24*60*60));
setcookie("daten[kursnr]","2",time()+(24*60*60));
<html>
<body>
:
</body>
</html>
```

5.13.2 Auslesen eines Cookie

Um innerhalb eines Skriptes auf die Daten aus Cookies zugreifen zu können, wurde in PHP ein sehr einfacher und überaus praktischer Automatismus festgelegt. Cookies, auf die vom aktuellen Skript zugegriffen wird, können im Skript automatisch als Variable angelegt (siehe Kapitel 5.6.5.5) werden. Der Variablenname ist dabei der Name, den Sie beim Setzen des Cookie als Cookienamen festgelegt haben.

Falls Sie also bereits einen Cookie (wie oben gesehen) mit dem Namen `vorname` gesetzt haben und dieser Cookie auch noch gültig ist (Achtung: `Expires`), so wird ein weiteres Skript auf der gleichen Domäne und unterhalb des Pfades, von dem aus der Cookie gesetzt wurde, die Variable `$vorname` zur Verfügung haben.

Der Wert dieser Variablen ist der Wert, den Sie beim Setzen des Cookie festgelegt haben.

Ähnlich verhält es sich mit dem Beispiel, in dem Sie einen Hash im Cookie `daten` abgelegt haben. Dem auslesenden Skript steht in der Variablen `$daten` der komplette Hash, bestehend aus den Schlüsseln `vorname`, `name`, `teilnehmernr` und `kursnr` und den zugehörigen Werten, zur Verfügung.

5.14 Mail

Mit Hilfe der Funktion `mail` können Sie von PHP aus eine E-Mail direkt ohne einen Mail-Client versenden. Hierbei ruft die Funktion `mail` den im System vorhandenen Mail Transport Agent (Postfix, Sendmail etc.) auf und übergibt diesem seine Parameter als Werte.

Die Syntax von `mail` lautet:

`mail(empfänger, betreff, nachricht [, weitere header])`

Die einzelnen Felder haben dabei folgende Bedeutung:

`empfänger`: Der hier eingetragene String bestimmt den Empfänger der Nachricht. Falls Sie mehreren Empfängern diese Nachricht senden möchten, so trennen Sie diese durch Kommata.

`betreff`: Der String, den Sie bei `betreff` angeben, wird an den Empfänger im Betreff übermittelt.

`nachricht`: Dieser String enthält die komplette Nachricht, die übermittelt werden soll. Die einzelnen Zeilen können mit `\n` getrennt werden.

`weitere header`: Bei `weitere header` können Sie zusätzliche Angaben machen, die im Header der Mail übermittelt werden sollen. Diese Angaben können z. B. `From: ...`, `Content-Type: ...`, `MIME-Version: ...` sein. Die wichtigste Angabe dabei sollte `From:` sein. Hiermit bestimmen Sie den Absender Ihrer Mail. Falls Sie diesen Header nicht mit angeben, so wird als Absender `WWW daemon apache` mit der E-Mail-Adresse `wwwrun@linux.local` eingetragen (der User `wwwrun` führt den Apache Prozess aus und wird daher als Absender verwendet). Mehrere Header müssen mit `\n` getrennt werden.

Beispiel für die `mail`-Funktion:

```
<?php
mail("user@localhost","Betreff ist Testmail",
"Dieser Text wird als E-Mail versendet\n
```

```
\n
Mit freundlichen Grüßen\n
\n
Systemadministration\n",
"From: Systemadministrator <root@localhost>\n");
```

5.15 Konfiguration

Die Konfiguration von PHP wird durch die Datei `php.ini` festgelegt. Diese Datei finden Sie im Verzeichnis `/etc`. Im Folgenden sollen einige der wichtigen Konfigurationseinstellungen erläutert werden:

`asp_tags`: Durch Angabe von `on` bzw. `off` können Sie bestimmen, ob Ihr PHP-Skript auch durch die ASP-Schreibweise `<% ... %>` umschlossen werden darf.

`short_open_tag`: Ähnlich wie bei `asp_tags` könne Sie durch Ein- bzw. Ausschalten dieser Direktive angeben, ob Sie den PHP-Modus mit `<?` beginnen können oder ob `<?php` notwendig ist.

`error_log`: Hier geben Sie eine Datei an, in die Skript-Fehler protokolliert werden sollen. Sollten Sie hier `syslog` angeben, so wird mit Hilfe des Syslog-Dämons protokolliert.

`log_errors`: Diese Direktive schaltet die Fehlerprotokollierung ein (`on`) bzw. aus (`off`).

`open_basedir`: Mit dieser Direktive können Sie für PHP-Skripte einschränken, dass nur Dateien geöffnet werden können, die unter den angegebenen Verzeichnissen liegen. Grundeinstellung ist hier, dass alle Dateien geöffnet werden können. Falls Sie mehrere Verzeichnisse angeben möchten, so müssen Sie diese mit einem Doppelpunkt trennen.

`upload_tmp_dir`: Falls eine Datei zum Server hochgeladen wurde, wird sie in diesem temporären Verzeichnis auf dem Server abgelegt. Diese Direktive ist besonders interessant in Bezug auf `safe_mode`. Bei dem Verzeichnis ist noch zu beachten, dass es vom Skript aus schreibbar sein muss.

`safe_mode`: Durch Einschalten dieser Direktive können Sie PHP im sicheren Modus betreiben. Dadurch werden einige Einschränkungen aktiv:

- Auf eine Datei kann vom Skript aus nur dann zugegriffen werden, wenn der Eigentümer der Datei auch der Eigentümer des Skripts ist.
- Einzelne Funktionen können über `disable_functions` deaktiviert werden.

- Externe Programme können nur noch aus Verzeichnissen gestartet werden, die mit `safe_mode_exec_dir` angegeben wurden.

`disable_functions`: Alle Kommandos, die Sie mit dieser Direktive angeben, werden im `safe_mode` nicht in Skripten ausgeführt. Auf diese Weise können Sie „gefährliche" Funktionen verbieten.

`safe_mode_exec_dir`: Das hier angegebene Verzeichnis ist das einzige, in dem externe Dateien ausgeführt werden (z. B. mit der Funktion `system`), falls der `safe_mode` aktiviert wurde.

`mysql.allow_persistent`: Hiermit bestimmen Sie, ob persistente MySQL-Verbindungen erlaubt (`on`) sind oder nicht (`off`).

`mysql.max_persistent`: Diese Direktive bestimmt die Anzahl der maximal offenen persistenten Verbindungen.

`mysql.max_links`: Mit dieser Direktive bestimmen Sie die Gesamtzahl der offenen Verbindungen (persistente und normale).

`register_globals`: Durch Abschalten dieser Direktive (in PHP 4 ist sie noch standardmäßig aktiviert) können Sie bestimmen, dass Variablen nicht durch externe Informationen (Environment, Cookies, get, post, Server) gesetzt werden. In diesem Fall müssen Sie sich beispielsweise Informationen, die aus Formularen kommen, anhand von Systemvariablen erzeugen. Für weitere Informationen dazu sollten Sie sich Abschnitt 5.16.1 ansehen.

5.16 Sicherheit

5.16.1 Unsichere Variable

Beim Arbeiten mit Variablen in Abschnitt 5.6.5.4 haben Sie bereits gesehen, wie einfach Variable aus Formularen übergeben werden können. Diese einfache Übernahme der Werte in eine PHP-Variable kann aber auch ganz extreme Sicherheitslücken mit sich bringen. So kann beispielsweise ein bösartiger Benutzer mit der `get` Methode Werte an das Skript übergeben, die eigentlich gar nicht aus einem Formular erwartet würden. Dies bewirkt im Skript, dass plötzlich eine Variable bereits einen Wert hat, von der man möglicherweise im Skript erwarten würde, dass diese Variable nicht gesetzt ist.

Betrachten Sie dazu folgendes Skript:

```
<?php
$passwoerter=array("Tom"=>"Spion","Umberto"=>"Mönch");
if($passwoerter[$benutzer]!=$passwort){
```

```
        $angemeldet=1;
}
if($angemeldet){
        echo "Herzlich Willkommen";
        :
}
?>
```

Angenommen ein Angreifer auf Ihre Webseite würde dieses Skript mit dem URL `... skriptname.php?benutzer=a&passwort=b&angemeldet=1` aufrufen, so würde dieser Benutzer vom Skript als angemeldeter Benutzer betrachtet werden, obwohl er keinen korrekten Benutzernamen und auch kein Passwort eingegeben hat. Man könnte dies natürlich dadurch verhindern, dass Sie am Anfang des Skripts der Variablen `$angemeldet` den Startwert 0 zuweisen bzw. diese Variable über die Funktion `unset` aus dem Speicher entfernen.

Alternativ und auch etwas sicherer ist es, von vornherein die Möglichkeit, dass eine Variable automatisch gesetzt wird, mit der Option `register_globals` zu unterbinden. Dazu setzen Sie in der Datei `php.ini` die Direktive wie folgt:

```
register_globals = Off
```

Von un an werden Werte aus Formularen, Cookies etc. nicht mehr automatisch auch als Variable in Ihren Skripten definiert. Um an die benötigten Daten zu gelangen, sind die nachfolgenden vordefinierten Variablen in PHP vorhanden. Jede dieser Variablen enthält einen Hash (assoziativen Array) bei der als Schlüssel (Key) der Feldname verwendet wird, den Sie im Formular, im Cookie etc. festgelegt hatten.

Achtung: Dieses Variable ist seit Version 4.2.0 standardmäßig `Off`. – Bei SuSE Linux 8.0, das noch Version 4.1.0 enthält, ist `register_globals = On`.

`$HTTP_COOKIE_VARS` bzw. `$_COOKIE`: Dieser Hash enthält die Werte, die der Client in einem Cookie gespeichert an Ihr Skript zurückschickt.

Beispiele:

```
$HTTP_COOKIE_VARS['username']
```

```
$_COOKIE['username']
```

`$HTTP_get_VARS` bzw. `$_get`: Dieser Hash enthält die Werte, die der Client mit der `get`-Methode an Ihr Skript zurückschickt (entweder aus einem Formular oder direkt über den URL).

Beispiele:

```
$HTTP_get_VARS['vorname']
```

```
$_get['vorname']
```

`$HTTP_post_VARS` bzw. `$_post`: Dieser Hash enthält die Werte, die der Client mit der `post`-Methode an Ihr Skript zurückschickt (im Normalfall aus einem Formular).

Beispiele:

`$HTTP_post_VARS['strasse']`

`$_post['strasse']`

`$HTTP_ENV_VARS` bzw. `$_ENV`: Dieser Hash enthält die Umgebungsvariablen, die der Server aus der Umgebung, in der PHP gestartet wurde, an Ihr Skript schickt.

Beispiele:

`$HTTP_ENV_VARS['SHELL']`

`$_ENV['SHELL']`

`$HTTP_SERVER_VARS` bzw. `$_SERVER`: Dieser Hash enthält die Servervariablen, die der Webserver, der PHP gestartet hat, an Ihr Skript übergibt.

Beispiele:

`$HTTP_SERVER_VARS['PATH']`

`$_SERVER['PATH']`

`$HTTP_SESSION_VARS` bzw. `$_SESSION`: Dieser Hash enthält die Sessionvariablen, die die aktuelle Session an Ihr Skript übergibt.

Beispiele:

`$HTTP_SESSION_VARS['lastlogin']`

`$_SESSION['lastlogin']`

`$_REQUEST`: In diesem Hash sind alle Variablen, die vom Client an den Server geschickt werden, enthalten, also alles, was mit der `get`- oder der `post`-Methode gesendet wird oder in einem Cookie enthalten ist.

Seit PHP 4.1.0 existieren die Variablen `$_COOKIE, $_GET, $_POST, $_ENV, $_SERVER` und `$_SESSION`. Diese haben den gleichen Inhalt wie die zugehörigen `$HTTP_*_VARS`, allerdings ist der Geltungsbereich von `$_get, ...` automatisch global und daher der alten Variablen vorzuziehen.

Da bereits geplant ist, in einer der nächsten größeren PHP-Versionen als Standard `register_globals=off` einzustellen, sollten Sie bereits jetzt Ihre aktuellen Skripte dahingehend überarbeiten, dass Formulardaten nur noch mit den oben angesprochenen Variablen ausgelesen werden und erst dann in eine eigene Variable gespeichert werden. Dies sieht dann beispielsweise wie folgt aus:

```
<?php
$kommentar=$HTTP_GET_VARS['kommentar'];
# bzw.
$kommentar=$_GET['kommentar'];
# oder falls Sie sowohl get, post bzw. einen Cookie verwenden:
$kommentar=$_REQUEST['kommentar'];
?>
```

5.16.2 Unsichere SQL-Abfragen

Ein weiterer Ansatzpunkt für mögliche Attacken sind Formularfelder, deren Inhalt im PHP-Skript als Bestandteil einer SQL-Abfrage verwendet werden. Betrachten Sie dazu folgenden PHP-Code, der einen einfachen SQL-Aufruf enthält, um nach dem Benutzer zu suchen, den ein User im Formularfeld `benutzer` eingetragen hat:

```
<?php
$sql="SELECT * FROM benutzer WHERE username='$benutzername'";
$result=mysql_query($sql);
?>
```

Jeder Eintrag im Formularfeld `benutzer` wird in diesem Fall direkt an den SQL-Befehl `SELECT` weitergereicht. SQL unterstützt allerdings die Möglichkeit, mehrere Befehle mit einem einzigen Query an den Server zu senden. Die einzelnen Kommandos werden dabei mit Semikolon getrennt. Sollte nun ein User folgenden Eintrag im Feld `benutzer` eintragen, so werden mehrere SQL-Kommandos ausgeführt:

```
username'; UPDATE benuzter SET password='cracked
```

Die erste Angabe `username'` wird als Parameter an `SELECT` übergeben und beendet auch gleich diesen String. Im Anschluss daran wird durch Semikolon getrennt der zweite SQL-Befehl an den MySQL-Server gesendet. Dieser SQL-Befehl setzt alle Passwörter der Tabelle `benutzer` auf das Passwort `cracked`. Dieser letzte String wird hier zwar gestartet, aber nicht in der Benutzereingabe beendet. Das Ende dieses Strings ist ja bereits im SQL-Statement im PHP-Code enthalten.

Um dies zu verhindern, gibt es verschiedene Möglichkeiten, diese Eingabe aus dem Formular abzufangen:

- Prüfen Sie jede Eingabe, bevor Sie diese an die Datenbank weitergeben. Falls Sie in der Eingabe nur eine Zahl erwarten, so können Sie mit der Testfunktion `is_numeric` dies überprüfen.
- Jeder String, der von einem Formularfeld kommt, sollte unbedingt mit der Funktion `addslashes()` maskiert werden. Diese Funktion setzt vor jedes

Zeichen, das in Datenbankabfragen maskiert werden muss, einen Backslash. Dadurch verlieren die Zeichen „Single Quote" ('), „Double Quote" ("), Backslash (\) und NULL Ihre Sonderbeutung und werden als normaler Bestandteil des Strings an die Datenbank übermittelt. Im obigen Beispiel sollte der Benutzername wie folgt abgefangen werden:

```
$benutzername=addslashes($benutzername);
```

oder mit den in Abschnitt 5.16.1 eingeführten Variablen (zumindest falls Sie die get Methode zur Datenübermittlung verwenden):

```
$benutzername=addslashes($HTTP_get_VARS['benutzername']);
```

5.17 Beispiele

5.17.1 Kursverwaltung

Im folgenden Beispiel soll eine Kursverwaltung über eine Webseite durchgeführt werden. Die Aufgaben dabei sind:

- Eintragen von Kursteilnehmern
- Ändern der Daten eines Kursteilnehmers
- Löschen eines Teilnehmers
- Eintragen von Kursen
- Ändern von Kursdaten
- Zuordnen von Teilnehmern zu einem Kurs

Zuerst sollten Sie sich mit der „Stammdatenverwaltung" vertraut machen. Das bedeutet, dass Sie zuerst die Werte in den Tabellen kurse bzw. teilnehmer bearbeiten können sollten.

Im Folgenden sehen Sie die Dateien, die für die Teilnehmerverwaltung notwendig sind:

Die erste Datei ist daten.php. In dieser Datei stehen nur die Variablen, die in allen späteren Skripten benötigt werden, um auf die Datenbank zugreifen zu können. Diese Datei wird in die nachfolgenden Skripte per include("daten.php") eingelesen.

```
<?php
$dbserver="localhost";
$dbuser="dozent";
$dbpasswd="";
$datenbank="schulung";
?>
```

Die nächste Datei zeigt den Inhalt der Teilnehmertabelle an und bietet für jeden Datensatz zwei Links an: `bearbeiten` und `löschen`. Beim Aufruf dieser Links wird jeweils über die `get`-Methode der Wert der aktuellen `teilnehmernr` an das nächste Skript übermittelt. Diese Nummer dient ja zur eindeutigen Identifizierung eines bestimmten Datensatzes und reicht daher für die Kommunikation zwischen den Skripten völlig aus. Am Anfag der Tabelle wird noch ein Link angeboten, der einen neuen Teilnehmer aufnehmen könnte.

```
<html>
<body>
<a href="teilnehmer-edit.php">Neuen Teilnehmer aufnehmen</A>
<table border="1">
<tr>
<td> </td>
<td>Anrede</td>
<td>Vorname</td>
<td>Name</td>
<td>Firma</td>
<td>Straße</td>
<td>PLZ</td>
<td>Ort</td>
<td>Telefon</td>
<td>Telefax</td>
<td>Mobil</td>
<td>E-Mail</td>
<td> </td>
</tr>
<?php
include("daten.php");
$dbh=mysql_connect($dbserver,$dbuser,$dbpasswd);
mysql_select_db($datenbank,$dbh);
$sql="SELECT * FROM teilnehmer";
$result=mysql_query($sql,$dbh);
while($row=mysql_fetch_row($result)){
        echo "<tr><td>
         <a href=\"teilnehmer-edit.php?teilnehmernr=$row[0]\">
         Bearbeiten</A></td>\n";
        for($i=1; $i<=11;$i++){
                if($row[$i]){
                        echo "<td>",$row[$i],"</td>\n";
                }else{
                        echo "<td> </td>\n";
                }
        }
        echo "<td>
```

```
        <a href=\"teilnehmer-del.php?teilnehmernr=$row[0]\">
        Löschen</A></td>\n";
        echo "</tr>\n";
}
?>
</table>
</body>
</html>
```

Eine weitere Funktion, die hier im Beispiel verwendet wird, ist der Test auf Inhalt eines Feldes. Im Programm folgt der `for`-Schleife eine `if`-Anweisung, die den Inhalt des aktuellen Feldes prüft. Falls kein Inhalt in der Variablen `$row[$i]` ist, so wird anstelle dieses nicht vorhandenen Inhalts ein Leerzeichen in die Tabelle geschrieben. Dadurch wird auch eine leere Zelle mit Rahmen im Browser angezeigt, andernfalls hätten Sie hier eine etwas zerrissene Tabellendarstellung.

Die nächste Datei, die für die Teilnehmerverwaltung verwendet wird, ist das Skript `teilnehmer-edit.php`. Dieses Skript soll den Datensatz des aktuell zu bearbeitenden Teilnehmers anzeigen und vom Benutzer im Browser veränderbar sein. Daher müssen die Felder des Datensatzes in Formularfelder geschrieben werden, die vom Benutzer veränderbar sind.

```
<?php
include("daten.php");
if($teilnehmernr){
        $dbh=mysql_connect($dbserver,$dbuser,$dbpasswd);
        mysql_select_db($datenbank,$dbh);
        $sql="SELECT * FROM teilnehmer
              WHERE teilnehmernr=$teilnehmernr";
        $result=mysql_query($sql,$dbh);
        $row=mysql_fetch_array($result);
        if(mysql_num_rows($result)===1){
                $type="edit";
        }else{
                $type="new";
        }
}else{
        $type="new";
}
?>
<html>
<body>
<form action="teilnehmer-edit-new.php">
<input type="hidden" name="type" value="<?php echo $type;?>">
<?php
if($type==="edit"){
```

```
?>
        <input type="hidden" name="teilnehmernr"
         value="<?php echo $teilnehmernr;?>">
<?php
}
?>
<table border="1">
<tr>
<td>Anrede</td>
<td><input type="text" name="anrede"
 value="<?php echo $row[anrede];?>"></td></tr>
<td>Vorname</td>
<td><input type="text" name="vorname"
 value="<?php echo $row[vorname];?>"></td></tr>
<td>Name</td>
<td><input type="text" name="name"
 value="<?php echo $row[name];?>"></td></tr>
<td>Firma</td>
<td><input type="text" name="firma"
 value="<?php echo $row[firma];?>"></td></tr>
<td>Straße</td>
<td><input type="text" name="strasse"
 value="<?php echo $row[strasse];?>"></td></tr>
<td>PLZ</td>
<td><input type="text" name="plz"
 value="<?php echo $row[plz];?>"></td></tr>
<td>Ort</td>
<td><input type="text" name="ort"
 value="<?php echo $row[ort];?>"></td></tr>
<td>Telefon</td>
<td><input type="text" name="telefon"
 value="<?php echo $row[telefon];?>"></td></tr>
<td>Telefax</td>
<td><input type="text" name="telefax"
 value="<?php echo $row[telefax];?>"></td></tr>
<td>Mobil</td>
<td><input type="text" name="mobil"
 value="<?php echo $row[mobil];?>"></td></tr>
<td>E-Mail</td>
<td><input type="text" name="email"
 value="<?php echo $row[email];?>"></td></tr>
</table>
<input type="submit">
</form>
```

```
<hr>
<a href="teilnehmer-1.php">Teilnehmerverwaltung Startseite</A>
</body>
</html>
```

Am Anfang dieses Programms wird zuerst überprüft, ob eine `teilnehmernr` übergeben wurde. Ist das der Fall, wird der zugehörige Datensatz aus der Tabelle `teilnehmer` ausgelesen und das Formular bekommt als `type` den Wert `edit` gesetzt. Dies bewirkt, dass im nachfolgenden PHP-Skript eine `UPDATE`-SQL-Anweisung ausgeführt wird.

Falls keine `teilnehmernr` übermittelt wurde oder die `teilnehmernr` nicht existiert, wird `type` auf `new` gesetzt, um im nachfolgenden Skript eine `INSERT`-SQL-Anweisung auszuführen und damit einen neuen Datensatz in die Tabelle aufzunehmen.

Beim Senden des Formulars wird das PHP-Skript `teilnehmer-edit-new.php` aufgerufen, das die übermittelten Daten – je nach eingestelltem `type` – updaten oder neu anlegen soll.

```
<html>
<body>
<?php
if($type==="new"){
        $sql="INSERT INTO teilnehmer VALUES
        (NULL,'$anrede','$vorname','$name','$firma','$strasse',
         '$plz','$ort','$telefon','$telefax','$mobil','$email')";
}elseif($type==="edit"){
        $sql="UPDATE teilnehmer SET
         anrede='$anrede',vorname='$vorname',name='$name',
         firma='$firma',strasse='$strasse',plz='$plz',
         ort='$ort',telefon='$telefon',telefax='$telefax',
         mobil='$mobil',email='$email'
         WHERE teilnehmernr=$teilnehmernr";
}elseif($type==="del"){
        $sql="DELETE FROM teilnehmer
         WHERE teilnehmernr=$teilnehmernr";
}else{
        echo "Bitte rufen Sie zuerst das korrekte Formular auf";
        echo "</body></html>";
        exit;
}
include("daten.php");
$dbh=mysql_connect($dbserver,$dbuser,$dbpasswd);
mysql_select_db($datenbank,$dbh);
if(mysql_query($sql,$dbh)){
```

```
   echo "Ihre Daten wurden verarbeitet.";
}else{
   echo "Ein Fehler ist beim Berarbeiten der Daten aufgetreten";
}
?>
</table>
<hr>
<a href="teilnehmer-1.php">Teilnehmerverwaltung Startseite</a>
</body>
</html>
```

In diesem Skript wird am Anfang geprüft, mit welchem `type` es aufgerufen wurde, und anhand dieses `type` der dementsprechende SQL-Befehl in der Variablen `$sql` abgelegt. Sollte ein Benutzer versuchen, dieses Skript direkt aufzurufen, so bekommt er nur die Meldung, dass er vorher das korrekte Formular benutzen muss.

Ab dem Moment, wo klar ist, dass das Skript korrekt aufgerufen wurde, läuft das Skript für alle drei `type` (der `type del` ist noch hinzugekommen) genau gleich. Es wird das SQL-Kommando mit einem `mysql_query` an den Server gesendet und es erfolgt im Erfolgsfall die Ausgabe `Ihre Daten wurden verarbeitet.` Andernfalls wird ausgegeben, dass ein Fehler aufgetreten ist.

Sie sehen hier, wie universell dieses eine Skript bereits eingesetzt werden kann. In Abhängigkeit von `type` führt dieses Skript drei unterschiedliche Aufgaben durch.

Um die Teilnehmerverwaltung zu komplettieren, benötigen Sie noch ein letztes Skript, um eine Sicherheitsabfrage vor dem Löschen eines Datensatzes an den Benutzer zu stellen. Falls Sie diese Sicherheitsabfrage nicht wünschen, so müsste nur der Link zum Löschen beim Skript `teilnehmer-1.php` wie folgt verändert werden:

```
<a href="teilnehmer-edit-new.php?teilnehmernr=$row[0]&type=del">
Löschen</a></td>\n";
```

Dann wird bereits mit dem Anklicken des Links `Löschen` der Datensatz entfernt.

Hier allerdings das Skript mit Sicherheitsabfrage:

```
<?php
include("daten.php");
if($teilnehmernr){
        $dbh=mysql_connect($dbserver,$dbuser,$dbpasswd);
        mysql_select_db($datenbank,$dbh);
        $sql="SELECT * FROM teilnehmer
         WHERE teilnehmernr=$teilnehmernr";
        $result=mysql_query($sql,$dbh);
```

```
        $row=mysql_fetch_array($result);
}else{
        echo "Bitte benutzen Sie das korrekte Formular";
        exit;
}
?>
<html>
<body>
Möchten Sie diesen Datensatz wirklich löschen?
<table border="0">
<tr>
<td>Anrede</td>
<td><?php echo $row[anrede];?></td>
</tr>
<td>Vorname</td>
<td><?php echo $row[vorname];?></td>
</tr>
<td>Name</td>
<td><?php echo $row[name];?></td>
</tr>
<td>Firma</td>
<td><?php echo $row[firma];?></td>
</tr>
<td>Straße</td>
<td><?php echo $row[strasse];?></td>
</tr>
<td>PLZ</td>
<td><?php echo $row[plz];?></td>
</tr>
<td>Ort</td>
<td><?php echo $row[ort];?></td>
</tr>
<td>Telefon</td>
<td><?php echo $row[telefon];?></td>
</tr>
<td>Telefax</td>
<td><?php echo $row[telefax];?></td>
</tr>
<td>Mobil</td>
<td><?php echo $row[mobil];?></td>
</tr>
<td>E-Mail</td>
<td><?php echo $row[email];?></td>
</tr>
```

```
</table>
<a href="teilnehmer-edit-new.php?type=del&teilnehmernr=<?php
 echo $teilnehmernr; ?>">Ja</A> /
<a href="teilnehmer-1.php">Nein</A>
</body>
</html>
```

Dieses Skript zeigt noch einmal die Daten des Teilnehmers, den Sie löschen möchten, an und fragt nach, ob tatsächlich gelöscht werden soll. Falls ja, wird mit der `get`-Methode über den Link der `type` und die `teilnehmernr` an das Skript `teilnehmer-edit-new.php` übermittelt. Falls der Benutzer sich hier für „nein" entscheidet, bekommt er wieder die Ausgangsseite `teilnehmer-1.php` zu sehen.

Auch bei diesem deutlich längeren Beispiel gibt es wieder einige Verbesserungsmöglichkeiten:

- ❑ Beim Eintragen oder Ändern eines Datensatzes wird keine Rücksicht auf Pflichtfelder genommen (siehe 4.8.4). In der Definition wurden `name`, `strasse`, `ort` als Pflichtfelder angegeben. Falls ein neuer Datensatz aufgenommen wird und eines oder auch mehrere dieser Felder werden leergelassen, so bekommen Sie erst beim Versuch zu speichern eine Fehlermeldung.
- ❑ Das Feld `anrede` ist als `enum` definiert, es soll also nur bestimmte Werte (`Herr, Frau, Familie` oder nichts zulassen. Hier wäre eine Auswahlliste im Skript `teilnehmer-edit.php` zu empfehlen.
- ❑ Die in der Tabelle vorgegebenen Feldlängen werden nicht berücksichtigt. Auch das könnte vom Skript `teilnehmer-edit.php` angezeigt werden (es gibt zwei Parameter bei Eingabefeldern, die das beeinflussen können: `maxlength` und `size`).
- ❑ Sobald Sie eine bestimmte Anzahl an Teilnehmern in Ihrer Tabelle haben, wird die Tabelle sehr unübersichtlich. Hier wäre eine Sortierfunktion und eine Möglichkeit zum Suchen sehr praktisch.
- ❑ Es fehlen noch die Verwaltungsseiten für die Kurse und die Zuordnung der einzelnen Teilnehmer zu den jeweiligen Kursen.
- ❑ Die Seiten sind nicht sehr schön ...

Das sind noch längst nicht alle möglichen Verbesserungen. Lassen Sie sich nicht aufhalten und legen Sie noch ein paar Änderungen drauf!

5.18 Übungen

Übung 1:

Legen Sie eine Textdatei `aktien.txt` in Ihrem Verzeichnis `public_html` an. Diese Datei soll folgenden Inhalt haben:

```
Name,Stück,Einzelpreis
ALLIANZ AG VINK. NAMENS-AKTIEN O.N.,100,281.74
DAIMLERCHRYSLER AG NAMENS-AKTIEN O.N.,50,53.64
DEUTSCHE TELEKOM AG NAMENS-AKTIEN O.N.,150,17.34
INFINEON TECHNOLOGIES AG NAMENS-AKTIEN O.N.,250,24.62
MUENCHENER RUECKVERS.-GES. AG VINK.NAMENS-AKTIEN O.N.,75,291.73
SAP AG SYSTEME ANW.PRD.I.D.DV. STAMMAKTIEN O.N.,200,155.90
SIEMENS AG NAMENS-AKTIEN O.N.,125,71.88
VOLKSWAGEN AG STAMMAKTIEN O.N.,175,58.54
```

Lassen Sie sich von einem PHP-Skript den Inhalt dieser Datei in einer Tabelle ausgeben.

Die Lösung finden Sie in Anhang A.4.1.

Übung 2:

Ändern Sie die obige Tabelle so ab, dass eine vierte Spalte ergänzt wird, die den Gesamtwert (Stück * Einzelpreis) errechnet.

Die Lösung finden Sie in Anhang A.4.2.

Übung 3:

Ändern Sie die Auflistung so ab, dass jeweils die 1., 3., 5., ... Zeile mit Grau (`#aaaaaa`) hinterlegt wird, und die 2., 4., 6., ... Zeile mit Gelb (`#aaaa00`).

Die Lösung finden Sie in Anhang A.4.3.

Kapitel 6

phpMyAdmin

In den letzten Kapiteln haben Sie erfahren, wie man eine Datenbank mit MySQL aufbaut, verwaltet und wie man mit PHP Zugriffe bzw. Auswertungen mit dieser Datenbank durchführt. Allerdings ist dieses Verfahren mit dem textbasierenden Tool `mysql` an vielen Stellen recht schwierig und auch fehleranfällig, da Tippfehler nie auszuschließen sind und Sie möglicherweise die exakte Schreibweise eines Tabellen- oder Feldnamens gerade nicht parat haben.

Hier hilft Ihnen ein frei verfügbares Tool weiter: `phpMyAdmin`.

6.1 Was ist phpMyAdmin?

Mit Hilfe von `phpMyAdmin` können Sie die komplette Verwaltung Ihrer MySQL-Datenbank(en) mit einem Webinterface durchführen. Dadurch haben Sie von jedem beliebigen Rechner aus Zugriff auf die MySQL-Datenbank – ohne eine spezielle Client-Software, die auf Ihrem aktuellen Arbeitsplatz installiert sein muss.

Mit `phpMyAdmin` können Sie:

- Datenbanken anlegen und löschen
- Tabellen anlegen, bearbeiten und löschen
- Felder anlegen, bearbeiten und löschen
- SQL-Kommandos eingeben
- ...

Durch Konfigurationseinstellungen ist es sogar möglich, `phpMyAdmin` auf einem Server so zu installieren, dass jeder einzelne User auf seine persönliche Datenbank Zugriff hat, aber die übrigen Datenbanken erst gar nicht zu Gesicht bekommt. Dadurch eignet es sich sogar für den Einsatz bei Internet Service Providern, um den Kunden eine Webschnittstelle für die Datenbankadministration zur Verfügung zu stellen (genau das machen auch mittlerweile die meisten Anbieter von MySQL-Datenbanken).

Ein sehr wichtiger Punkt hierbei ist, dass phpMyAdmin unter der „GNU General Public License“ (GPL) steht. Daher können Sie dieses Tool wieder kostenlos auf Ihrem Rechner verwenden.

6.2 Installation von phpMyAdmin

Um phpMyAdmin einzusetzen, können Sie entweder die mit SuSE Linux mitgelieferte Version verwenden oder sich eine aktuelle aus dem Internet herunterladen. Da hierfür kein Kompilieren notwendig ist, ist die Installation von phpMyAdmin ohne größere Schwierigkeiten durchzuführen.

Zur Installation der mit SuSE Linux mitgelieferten Version starten Sie YaST 2 und gehen in den Punkt *Software installieren/löschen*. Wählen Sie phpMyAdmin wie folgt:

Paketname: phpMyAdmin
Serie: n
Gruppe (SuSE Linux < 8): Anwendungen/Netzwerk
Gruppe (SuSE Linux ≥ 8): Produktivität/Netzwerk/Web/Frontends

Um in Sachen phpMyAdmin auf dem Laufenden zu bleiben, können Sie sich auch die jeweils aktuelle Version aus dem Internet holen und diese auf Ihrem Rechner installieren. Der URL zum Download der aktuellen Version von phpMyAdmin lautet:
http://phpmyadmin.sourceforge.net/download.html

Auf dieser Seite stehen jeweils mehrere Versionen zum Download bereit. Sie finden hier normalerweise jeweils die aktuelle als stabil gekennzeichnete Version und eine neue Testversion. Diese beiden Varianten sind nochmals unterteilt in eine .php- und eine .php3-Version. Sofern Sie nicht ein etwas älteres System haben, dass nur mit .php3 umgehen kann, sollten Sie gleich die .php-Version verwenden. Die beiden Varianten unterscheiden sich nur in der Dateiendung und den entsprechenden Links; es gibt keine spezielle PHP 3- und PHP 4-Variante! Die jeweilige Version ist dann noch mit unterschiedlichen Kompressionsverfahren gespeichert. Wählen Sie die Datei mit der .bz2-Endung, da dieses Kompressionsverfahren die kompaktesten Dateien liefert und Sie damit die kürzeste Download-Zeit haben.

Sobald Sie die Datei auf Ihrem Rechner haben, müssen Sie die Daten noch entpacken. Falls Sie phpMyAdmin für alle Benutzer auf Ihrem Rechner zur Verfügung stellen möchten, so müssen Sie die folgende Installation als User root durchführen:

1. Zunächst müssen Sie entscheiden, in welchem Verzeichnis phpMyAdmin entpackt werden soll und damit auch, unter welchem Verzeichnis Sie später den Zugriff vom Web aus ermöglichen wollen. Im einfachsten Fall ist dies das Verzeichnis /usr/local/httpd/htdocs. Also wechseln Sie in dieses Verzeichnis:
```
linux: # cd /usr/local/httpd/htdocs
```
2. Falls Sie bereits das mit SuSE Linux mitgelieferte phpMyAdmin installiert hatten, finden Sie hier ein Verzeichnis phpMyAdmin, in dem Ihre bisherige Version installiert ist. Benennen Sie dieses Verzeichnis um, falls Sie nicht über die bereits bestehende Version von phpMyAdmin installieren wollen:
```
linux:/usr/local/httpd/htdocs # mv phpMyAdmin phpMyAdmin-orig
```
3. Nun entpacken Sie das File, das Sie heruntergeladen haben, mit dem folgenden Kommando (wobei x.y.z die Versionsnummer von phpMyAdmin ist):
```
linux:/usr/local/httpd/htdocs # tar xIvf \
> phpMyAdmin-x.y.z-php.tar.bz2
```
Hierbei wird ein neues Verzeichnis erstellt, in dem die kompletten Dateien für Ihre neue Version von phpMyAdmin stehen. Hier findet auch die Konfiguration statt.
4. Falls Sie phpMyAdmin unter einer etwas kürzeren Adresse erreichen möchten, so sollten Sie jetzt das neu erstellte Verzeichnis umbenennen:
```
linux:/usr/local/httpd/htdocs # mv phpMyAdmin-x.y.z \
> phpMyAdmin
```
5. Nun müssen noch einige grundlegende Einstellungen in der Konfiguration vorgenommen werden. Diese müssen sowohl für Ihre neue Version durchgeführt werden als auch für die mit SuSE Linux mitgelieferte. Die Konfiguration wird im Kapitel 6.2.1 beschrieben.

Die Installation als normaler User unterscheidet sich nur insofern von der oben gezeigten Methode, dass Sie keine Schreibberechtigung im globalen Webverzeichnis /usr/local/httpd/htdocs besitzen. Ein Benutzer wird phpMyAdmin daher irgendwo unter seinem public_html Verzeichnis ablegen. Desweiteren ist auch die Konfiguration etwas anders, da Sie hier im Normalfall keinen Zugriff auf alle Datenbanken besitzen, sondern nur auf einzelne Teile.

6.2.1 Grundlegende Konfiguration

Die Konfiguration von phpMyAdmin wird in der Datei config.inc.php durchgeführt. In dieser Datei können sehr viele Variable gesetzt werden, die die Arbeitsweise von phpMyAdmin beeinflussen. Die folgenden Variablen sind zwingend zu bearbeiten:

`$cfgServers[1]['host']`: Bei diesem Parameter geben Sie den Rechner an, auf dem der MySQL-Server-Dämon läuft. Dies kann die IP-Adresse des Rechners sein oder der Fully Qualified Domain Name, in den meisten Fällen muss hier `localhost` stehen.

`$cfgServers[1]['auth_type']`: Hier geben Sie die Art der Authentifizierung an, die für die Anmeldung eines Clients an der Datenbank über `phpMyAdmin` durchgeführt werden soll. Die möglichen Werte für die Authentifizierung sind:

`cookie`: Die Authentifizierung über Cookies ist momentan die geschickteste Variante in einer Mehrbenutzerumgebung. Hier wird das Passwort in einem Cookie abgespeichert, der mit dem Beenden des Browsers wieder gelöscht wird. Diese Authentifizierungsmethode ist auch die einzige, mit der sich derselbe Benutzer zweimal direkt nacheinander anmelden kann.

`http`: Dies entspricht in `phpMyAdmin`-Versionen vor 2.2.3 dem Parameter `$cfgServers[1]['adv_auth']` mit dem Wert `TRUE` und bestimmt, dass die Authentifizierung über die HTTP-Basic-Authentifizierung durchgeführt wird (siehe Anhang B.1.3). Der Benutzer sieht beim Start von `phpMyAdmin` ein Anmeldefenster und gibt hier die Benutzerdaten für den Zugriff auf den MySQL-Server ein.

`config`: Die unsicherste Methode der Authentifizierung ist die Variante `config`. Bei dieser Methode muss in der Konfigurationsdatei namens `config.inc.php` unter `$cfgServers[1]['user']` der gewünschte Datenbankbenutzer eingetragen werden und bei der Passwortvariablen `$cfgServers[1]['password']` das zugehörige Passwort. Da diese Datei allerdings auf dem Server mit der Leseberechtigung für alle versehen ist, muss man hierbei sehr vorsichtig sein, da andernfalls der Missbrauch Ihres eingetragenen Datenbankusers möglich ist. Falls Sie diese Variante wählen, sollten Sie auf jeden Fall eine alternative Sicherungsmethode für das `phpMyAdmin`-Verzeichnis wählen. Hierfür bieten sich die `.htaccess`-Dateien an (siehe Kapitel 3.3.9).

Neben den Pflichtvariablen können Sie noch folgende Variablen zur Anpassung von `phpMyAdmin` verwenden:

`$cfgPmaAbsoluteUri`: Bei dieser Variablen sollten Sie den absoluten URL zu Ihrem installierten `phpMyAdmin` eintragen. Dieser URL muss mit einem / beendet werden.

Z. B.: `http://192.168.1.201/phpMyAdmin/`

$cfgServers[n]['only_db']: Die Angabe einer Datenbank in dieser Variablen bewirkt, dass ein Web-User nur die hier angegebene Datenbank sieht. Alternativ zur Eingabe einer Datenbank können Sie auch ein Array von Datenbanknamen angeben, die dann alle sichtbar sein sollen. Bitte beachten Sie, dass dies nur die Anzeige der Datenbanken betrifft, es bewirkt nicht das Setzen von Privilegien zum Zugriff auf Datenbanken in MySQL. Daher kann ein User, der nur bestimmte Datenbanken sieht, theoretisch (vorausgesetzt er hat laut der MySQL-Privilegientabelle das Recht dazu) auf eine andere Datenbank zugreifen!

$cfgManualBaseShort: Hier hinterlegen Sie den Pfad zur MySQL-Online-Hilfe. Die Grundeinstellung verweist immer auf die Homepage von MySQL. Falls Sie allerdings lokal eine Kopie davon besitzen, so können Sie hier den URL Ihrer lokalen Dokumentation eintragen.

6.3 Arbeiten mit phpMyAdmin

Mit dieser Grundkonfiguration können Sie bereits mit phpMyAdmin arbeiten. Zum Start von phpMyAdmin geben Sie im Browser als URL die Adresse ein, unter der Sie phpMyAdmin installiert haben (dazu muss Ihr Webserver laufen). Falls die Installation als User root und im Verzeichnis /usr/local/httpd/htdocs durchgeführt wurde, lautet Ihr URL:

```
http://localhost/phpMyAdmin-x.y.z/
```

wobei natürlich für x.y.z wieder die aktuelle Version einzusetzen ist oder, falls Sie das Verzeichnis umbenannt haben, nur der Pfad:

```
http://localhost/phpMyAdmin/
```

Dieser Pfad ist auch die Grundeinstellung, unter der Sie die mit SuSE Linux mitgelieferte Version aufrufen können.

Haben Sie dagegen als normaler Benutzer die Installation durchgeführt, so geben Sie den Pfad unterhalb Ihres persönlichen Webverzeichnisses an, in dem phpMyAdmin nun steht. Dies könnte folgendermaßen lauten:

```
http://localhost/~user/phpMyAdmin/
```

Nach der Installation bekommen Sie je nach konfigurierter Authentifizierungsmethode (cookie, httpd, conf) entweder zuerst eine Anmeldemaske (cookie, httpd) oder sofort die in Abbildung 6.1 gezeigte Seite zu sehen. Der genaue Inhalt dieser ersten Seite hängt allerdings vom Benutzer und dessen Berechtigungen ab, der sich gerade bei phpMyAdmin angemeldet hat.

Falls Sie als User root angemeldet sind, sehen Sie zunächst folgende Funktionen:

- eine neue Datenbank erzeugen

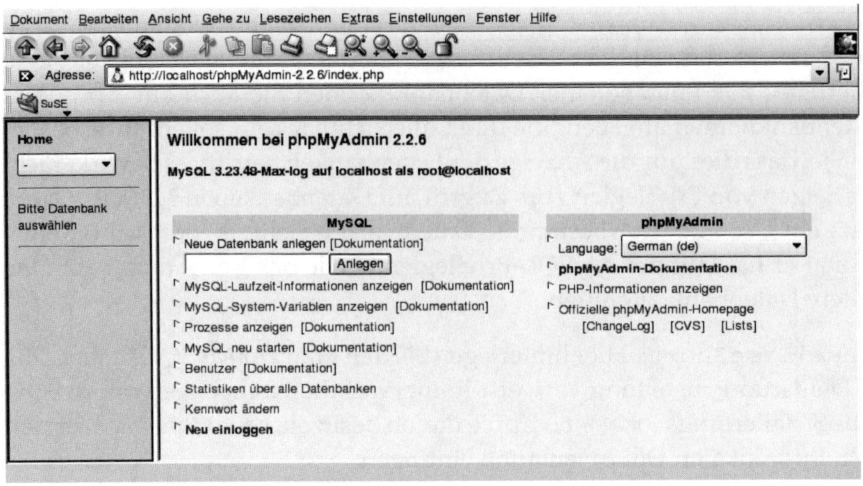

Abbildung 6.1: Start von `phpMyAdmin`

- Informationen über den laufenden MySQL-Server abfragen
- MySQL neu Starten
- Benutzerberechtigungen bearbeiten
- Statistiken über die verfügbaren Datenbanken anzeigen lassen

6.3.1 Datenbank anlegen

Um eine neue Datenbank anzulegen, geben Sie nur auf der Startseite den Namen der Datenbank ein, die Sie erzeugen möchten (vorausgesetzt, Ihr angemeldeter Benutzer hat die Berechtigung, eine Datenbank zu erzeugen). Die Beschränkungen für einen Datenbanknamen, die Sie in Tabelle 4.1 auf Seite 137 gesehen haben, gelten natürlich auch hier.

Erzeugen Sie zum Austesten der Funktionen eine Datenbank `lamp`.

6.3.2 Tabellen erstellen

In Abbildung 6.2 sehen Sie die Datenbank `lamp`; diese enthält noch keine Tabellen.

Sie könnten nun in dem großen Textfeld mit Hilfe eines SQL-Kommandos eine Tabelle anlegen. Da dies allerdings ähnlich „mühsam“ ist wie der Umgang mit dem Tool `mysql`, bietet Ihnen `phpMyAdmin` die Möglichkeit, im unteren Bereich einen Tabellennamen und die gewünschte Anzahl der Felder einzugeben.

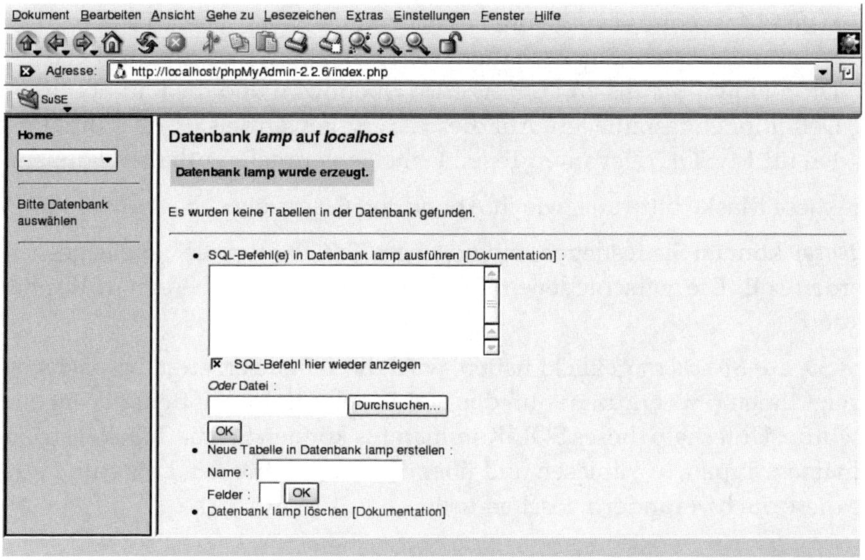

Abbildung 6.2: Leere Datenbank

Tragen Sie bei `Name` den Wert `adressen` ein und bei `Felder` geben Sie an, dass 7 Felder erzeugt werden sollen (es wird hier noch nichts erzeugt, sondern dies beeinflusst nur die Anzahl der Zeilen, die die nächste Bildschirmmaske anbieten wird).

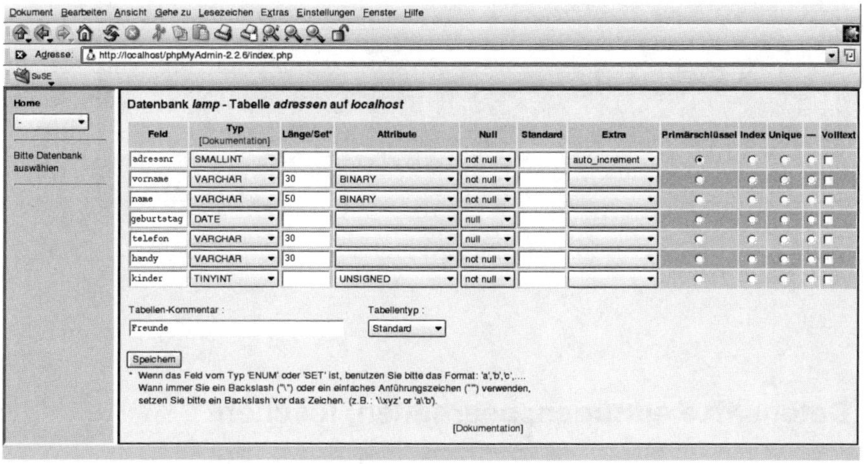

Abbildung 6.3: Tabellendefinition

In der nächsten Maske müssen Sie die Feldnamen, Feldatentypen, Feldlänge (je nach Datentyp) und weitere Eigenschaften festlegen. Sie können hier praktischerweise die Drop-Down-Menüs von `phpMyAdmin` benutzen und die Radiobuttons, um diese Definitionen festzulegen. Auf diese Art ist gewährleistet, dass Ihre Eingaben in den für MySQL relevanten Teilen keine Fehler mehr enthalten können.

Füllen Sie diese Maske bitte aus, wie in Abbildung 6.3 gezeigt.

Bei *Tabellentyp* können Sie festlegen, mit welchem Tabellentyp die Tabelle gespeichert werden soll. Die verschiedenen Tabellentypen wurden bereits in Kapitel 4.10 erläutert.

Nachdem Sie auf *Speichern* geklickt haben, wird die Tabelle erzeugt. Im nächsten Fenster zeigt Ihnen `phpMyAdmin` nun das SQL-Kommando, mit dem die Tabelle erzeugt wurde. Unterhalb dieses SQL-Kommandos können Sie die Tabellenstruktur (Feldnamen, Typen, ...) ablesen und über die entsprechenden Links am Ende der Zeile diese auch verändern, löschen usw.

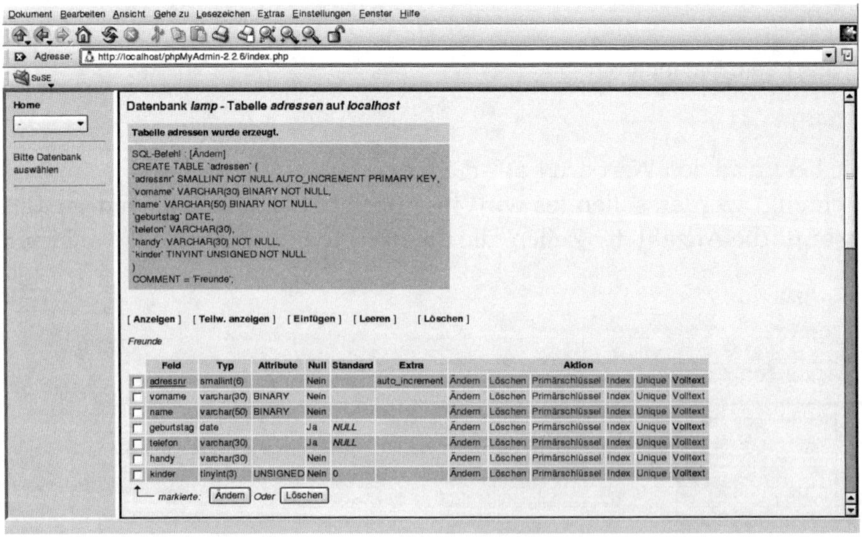

Abbildung 6.4: Neue Tabelle

6.3.3 Datensätze einfügen, bearbeiten, löschen

Da noch keine Datensätze in Ihrer Tabelle vorhanden sind, sollten Sie zuerst einige aufnehmen, um auch die weiteren Funktionen testen zu können. Klicken Sie hierzu auf den Link *Einfügen*.

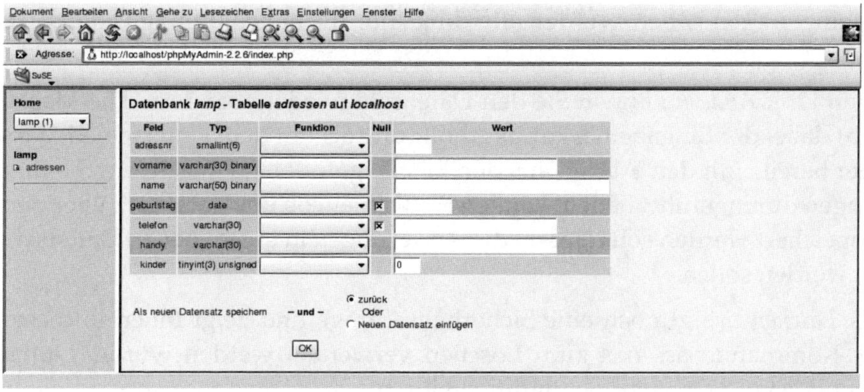

Abbildung 6.5: Neuer Datensatz

Sie bekommen die in Abbildung 6.5 dargestellte Maske, in der Sie die gesammten Tabellenfelder ausfüllen können. In dieser Maske sehen Sie zu jedem der Felder auch gleich den Datentyp, der in der Tabellendefinition hinterlegt ist.

In der Spalte *Funktion* können Sie eine Auswahl häufig verwendeter MySQL-Funktionen aufrufen und den Wert, der in das Feld geschrieben werden soll, dadurch beeinflussen. Dies ist beispielsweise für einen Eintrag in der Berechtigungstabelle notwendig, sobald Sie beim Feld `Passwort` einen Wert eintragen, muss hier als Funktion auch die `PASSWORD`-Funktion ausgewählt werden, um das verschlüsselte Passwort abzuspeichern.

Da das Feld `adressnr` als `auto_increment` definiert worden ist, ist hier kein Eintrag erforderlich (obwohl die Spalte `Null` nicht angekreuzt ist!). In der Spalte `Null` können Sie zum einen ablesen, welche Spalten als `NULL` definiert wurden, und zum anderen angeben, dass diese Spalte auch den Wert `NULL` bekommen soll. Sobald Sie einen Wert im nachfolgenden Textfeld angeben, so wird auch das Kreuz bei `Null` entfernt (vorausgesetzt, Sie haben JavaScript im Browser aktiviert).

Am Ende der Eingabe können Sie nun noch wählen, ob Sie nach dem Speichern einen weiteren Datensatz eintragen möchten oder ob Sie zurück zur Übersicht kommen möchten.

Falls Sie *Zurück* gewählt haben, kommen Sie nach dem Klicken auf *OK* wieder auf die Übersichtsseite und sehen wieder, mit welchem SQL-Kommando der Eintrag in die Tabelle vorgenommen wurde.

Möchten Sie nun die Datensätze in der Tabelle angezeigt bekommen, so klicken Sie in der Übersicht auf *Anzeigen*. Sie bekommen einen Überblick über sämtliche Datensätze, die in dieser Tabelle eingetragen sind. Falls Sie mehr als dreißig Datensätze eingetragen haben, werden allerdings nur die ersten dreißig Datensätze angezeigt.

Durch den Link *Ändern* können Sie den Datensatz wieder abändern. Die Maske entspricht dabei der Eingabemaske aus Abbildung 6.5 mit dem Unterschied, dass die Felder bereits mit den Werten aus der Tabelle gefüllt sind. Nachdem Sie Ihre Änderungen durchgeführt haben, können Sie wählen, ob der Datensatz über den alten gespeichert werden soll oder ob die Änderungen in einem neuen Datensatz abgelegt werden sollen.

Der Link *Löschen* bringt noch eine Sicherheitsabfrage und zeigt Ihnen in dieser das SQL-Kommando an, das zum Löschen verwendet werden würde. Durch Klick auf *OK* ist der Datensatz endgültig gelöscht.

6.3.4 Datensätze suchen

In der Tabellenansicht von `phpMyAdmin` können Sie über den Link *Teilw. anzeigen* eine Suche über Ihre Datensätze durchführen. Um auf dem schnellsten Weg in die Tabellenansicht zu kommen, klicken Sie auf der linken Seite von `phpMyAdmin` auf den Tabellennamen, zu dessen Tabellenansicht Sie wechseln möchten (momentan sollte hier nur `adressen` stehen, falls Sie noch keine weitere Tabelle in der aktuellen Datenbank angelegt haben).

In der Suchmaske der Abbildung 6.6 wählen Sie im oberen Bereich aus, welche Felder im Ergebnis angezeigt werden sollen. Um hier mehrere Felder auszuwählen, müssen Sie die (Strg)-Taste während des Klickens gedrückt halten.

Nach der Auswahl der anzuzeigenden Felder bestimmen Sie die Anzahl der Datensätze, die pro Seite dargestellt werden sollen. Der Standardwert hierfür ist 30, wie er auch bei der normalen Anzeige der Tabelle verwendet wird.

Als nächstes Feld können Sie die komplette Bedingung angeben, wie Sie das auch bei dem SQL-Kommando `SELECT` bei der `WHERE`-Klausel angegeben haben (siehe Kapitel 4.8.8). Allerdings müssen Sie wirklich exakt die gleiche Angabe wie bei `WHERE` hier eintragen. Einer der häufigsten Fehler, der hier gemacht wird, ist, die Anführungszeichen um Strings zu vergessen. Falls Sie beispielsweise nach dem Namensbestandteil `Müller` suchen möchten, so lautet Ihr Eintrag hier:

```
name LIKE '%Müller%'
```

Alternativ zur manuellen Eingabe einer Suchbedingung in diesem Feld können Sie auch in der darunter stehenden Tabelle zu den jeweiligen Feldern Ihre Kriterien eintragen und damit die `WHERE`-Klausel automatisch generieren lassen. In diesem Bereich eingetragene Werte (auch mehrere) werden dann als Bedingung zur `WHERE`-Klausel geschrieben. Diese Methode, bei der Sie die Suchkriterien durch ein Beispiel festlegen, wird als „query by example" bezeichnet und ist in den meisten Desktop-Datenbanken möglich.

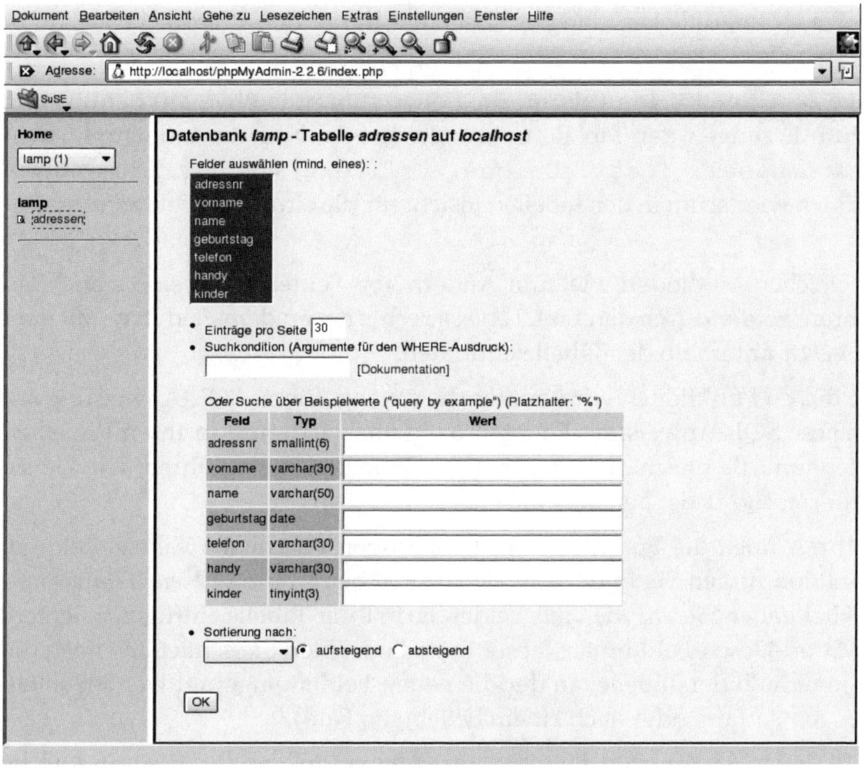

Abbildung 6.6: Suchfunktion „query by example“

Zu guter Letzt können Sie auf der Suchmaske unten noch die Sortierreihenfolge der Ergebnisse auswählen. Dies entspricht der Angabe von `ORDER BY` bei der `SELECT`-Anweisung (siehe Kapitel 4.8.9).

Sobald Sie die Abfrage ausführen, wird Ihnen `phpMyAdmin` auf der Ergebnisseite wieder zuerst den verwendeten SQL-Befehl anzeigen und im Anschluss daran die Ergebnisse (maximal die von Ihnen angegebene Anzahl).

6.3.5 Felder der Tabelle ändern/löschen/hinzufügen

Sie können die Felder Ihrer Tabelle auch nachträglich noch mit `phpMyAdmin` verändern. Dazu wechseln Sie wieder in die Tabellenansicht durch einen Klick auf den Tabellennamen im linken Frame Ihres Browsers. Hier sehen Sie in der Tabelle die aktuelle Felddefinition Ihrer Tabelle. Um nun ein Feld zu ändern, klicken Sie auf den Link *Ändern* in der Zeile des Feldes, das Sie ändern möchten. Falls Sie allerdings mehr als nur ein einzelnes Feld gleichzeitig bearbeiten möchten, bietet es sich an, die Checkboxen links neben den Feldnamen für die zu verändernden Felder anzuklicken und im Anschluss daran den Button *Ändern* unter der Feldertabelle.

Die Maske zum Ändern von Feldinformationen stimmt in etwa mit der überein, die Sie zum Erzeugen der Tabelle verwendet haben. Nur die Indexfunktionen (`Primärschlüssel, Index, Unique, Volltext`) sind hier nicht wählbar. Diese müssen wiederum in der Tabellenansicht für die einzelnen Felder festgelegt werden.

Mit den gleichen Methoden wie zum Ändern von Feldern können Sie auch ein bzw. mehrere Felder durch den Link *Löschen* rechts neben dem Feld bzw. mit dem Button *Löschen* unterhalb der Tabelle entfernen.

Auch bei diesen Funktionen wird immer die durchgeführte SQL-Anweisung angezeigt. Diese SQL-Anweisung könnten Sie dann wiederum in Ihren Projekten verwenden, um die gleiche Bearbeitung der Tabelle durchzuführen, wie Sie sie gerade mit `phpMyAdmin` gemacht haben.

Nun fehlt nur noch die Funktion zum Hinzufügen von neuen Tabellenfeldern. Diese Funktion finden Sie in der Tabellenansicht beim Eintrag *Neue Feld(er) hinzufügen*. Hier geben Sie an, wie viele Felder Sie in Ihrer Tabelle einfügen möchten. Mit dem Drop-Down-Feld hinter dieser Eingabe wählen Sie schließlich noch die Position innerhalb der Tabelle, an der die neuen Felder eingefügt werden sollen (am Ende, am Anfang oder nach einem beliebigen Feld).

Diese Funktionen entsprechen dem `ALTER`-Kommando, das Sie bereits in Kapitel 4.8.22 kennen gelernt haben.

6.3.6 Datenimport/-export

Für den Datenimport haben Sie in MySQL bisher das Tool `mysqlimport` im Kapitel 4.11.3 und das Kommando `LOAD DATA` auf Seite 180 gesehen. Die Möglichkeiten, die Sie damit haben, werden auch in `phpMyAdmin` zur Verfügung gestellt. Der zugehörige Link steht in der Tabellenansicht und heißt *Textdatei in Tabelle einfügen*.

Die Abbildung 6.7 zeigt Ihnen die zugehörige Dialogseite, in der Sie die Parameter für den Datenimport eingeben können.

Zunächst müssen Sie den Dateinamen und den Pfad der Datei angeben, die Sie importieren möchten. Dies erledigen Sie am einfachsten mit dem *Durchsuchen*-Button. Diese Datei muss den gleichen Aufbau haben wie die Dateien, die Sie mit `mysqlimport` oder `LOAD DATA` eingelesen haben. D. h., Sie müssen hier eine CSV-Datei angeben, in der die einzelnen Felder durch ein Trennzeichen separiert werden. Das Trennzeichen können Sie im Dialogfenster angeben.

Über die nächste Checkbox bestimmen Sie, ob die Daten in Ihrer Datei bereits bestehende Daten in der Tabelle überschreiben dürfen oder ob die Daten in der

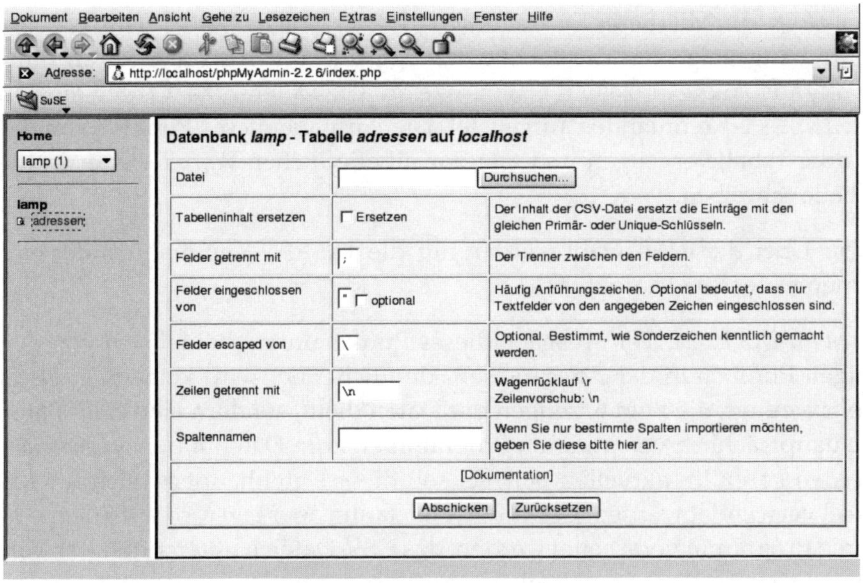

Abbildung 6.7: Textdateien importieren

Tabelle erhalten bleiben sollen. Diese Funktion ist allerdings nur dann sinnvoll, wenn Sie eine Spalte als Primärschlüssel oder als Unique festgelegt haben.

Nachdem Sie die Parameter in diesem Formular eingetragen haben und auf *Abschicken* geklickt haben, werden Ihre Daten mit der LOAD DATA-Anweisung automatisch importiert.

6.3.7 Datensicherung (Dump)

Auch die Datensicherung Ihrer Tabelle ist ein Bestandteil von phpMyAdmin. Der zugehörige Eintrag lautet *Dump (Schema) der Tabelle anzeigen*. Hier ist der Name etwas trügerisch, da Sie sich nicht nur den Dump anzeigen, sondern auch als Datei schicken lassen können, und damit ist diese Funktion zur Datensicherung geeignet.

Im folgenden Abschnitt wählen Sie, was Sie von Ihrer Tabelle ausgegeben haben möchten und in welchem Format. Folgende Optionen stehen zur Auswahl:

Nur Struktur: Bei der Angabe dieses Punkts wird in der Ausgabe nur der CREATE TABLE-Befehl angezeigt, der für das Erzeugen der Tabelle notwendig ist. Falls Sie die Tabellenstruktur rekonstruieren müssen, können Sie mit dem hier zurückgegebenen SQL-Kommando dies durchführen.

Struktur und Daten: Mit dieser Einstellung wird zuerst das `CREATE TABLE`-Kommando angezeigt, das die Tabelle erzeugt, und im Anschluss daran führt `phpMyAdmin` die einzelnen Datensätze an. Die Datensätze werden einzeln mit `INSERT`-Kommandos aufgelistet. Die Ausgabe dieses Punkts kann damit die Tabelle erzeugen und alle darin befindlichen Werte wieder in die Tabelle schreiben.

Nur Daten: Über diese Auswahl werden nur die `INSERT`-Kommandos der einzelnen Datensätze aufgeführt.

CSV-Daten für MS Excel: Die Ausgabe dieses Punkts unterscheidet sich von den obigen Punkten in der Ausgabe sehr deutlich. Hier wird keine SQL-Datei mehr erzeugt, die zum Erzeugen der Daten dient, sondern eine CSV-Datei, die hauptsächlich von anderen Programmen zum Datenimport verwendet werden kann. Im aktuellen Beispiel soll diese Datei hauptsächlich für MS Excel verwendet werden. Die CSV-Datei kannn aber genauso mit jedem anderen Programm verarbeitet werden, das CSV-Dateien unterstützt. Der Vorteil bei diesem Punkt im Vergleich zu `CSV-Daten` ist der, dass die Trennzeichen und die anderen Voreinstellungen an die Grundeinstellungen von MS Excel angepasst sind.

CSV-Daten: Diese Angabe gibt ebenfalls eine CSV-Datei aus. Allerdings sind Sie hier in der Lage, die Trennzeichen etc. für die Ausgabe anzugeben.

Neben der grundsätzlichen Entscheidung für den jeweiligen Ausgabetyp stehen Ihnen rechts neben dieser Auswahl noch einige optionale Angaben zur Verfügung.

Mit 'DROP TABLE': Durch die Angabe dieses Parameters legen Sie fest, dass in der Ausgabe am Anfang der SQL-Anweisungen noch ein `DROP TABLE` eingefügt wird. Durch dieses SQL-Kommando wird beim Zurückspielen Ihrer Datensicherung die Tabelle vor dem erneuten Erzeugen noch gelöscht, um doppelte Einträge und andere Fehler zu verhindern. Dieser Punkt wirkt sich nur auf die Einstellungen *Nur Struktur* und *Struktur und Daten* aus, da nur bei diesen beiden ein `CREATE TABLE` die Tabelle erzeugen wird.

Vollständige 'INSERT's: Bei der Ausgabe der Datensätze in die SQL-Datei werden durch diesen Punkt die `INSERT`-Anweisungen mit Angabe der Feldnamen ausgegeben. Dies ist nur in Kombination mit *Struktur und Daten* und *Nur Daten* sinnvoll.

Erweiterte 'INSERT's: Diese Angabe erzeugt in der Ausgabe nicht mehr für jeden Datensatz ein eigenes `INSERT`-Kommando, sondern lässt bei der Rücksicherung alle Datensätze von einer einzigen `INSERT`-Anweisung wieder in die Tabelle schreiben. Dieser Punkt ist nur in Kombination mit *Struktur und Daten* und *Nur Daten* sinnvoll.

Tabellen- und Feldnamen in einfachen Anführungszeichen: In der Ausgabe wird nun jeder Tabellen- und Feldname in einfachen Anführungszeichen geschrieben. Dieser Punkt kann mit allen Einstellungen verwendet werden, die eine SQL-Ausgabe erzeugen: *Nur Struktur*, *Struktur und Daten* und *Nur Daten*.

Senden: Die wohl wichtigste Option ist die Angabe von *Senden*. Solange dieser Parameter nicht gewählt ist, wird Ihnen der Dump Ihrer Tabelle nur im Browser angezeigt. Durch die Angabe von *Senden* schickt `phpMyAdmin` den Dump Ihrer Daten als Download an den Browser. Im Browser werden Sie aufgefordert zu entscheiden, was mit dieser Datei geschehen soll. Zur Datensicherung sollten Sie die Datei natürlich speichern.

In Zusammenhang mit *Senden* können Sie noch wählen, ob Ihre Daten für den Download noch komprimiert werden sollen und falls ja, mit welchem Kompressionsverfahren. Hier stehen Ihnen das unter Windows verbreitete Zip-Format und die beiden UNIX-Kompressionsverfahren `GZip` und der etwas stärker komprimierende `BZip`-Algorithmus zur Verfügung. Falls Sie größere Datenmengen in Ihrer Tabelle haben, so ist auf jeden Fall einer dieser Kompressionsalgorithmen zu empfehlen!

Um Ihre CSV-Daten wieder zu importieren, können Sie wie in Kapitel 6.3.6 bereits gesehen vorgehen.

Die SQL-Datensicherungsdateien müssen über einen anderen Punkt eingelesen werden. Dazu steht Ihnen unterhalb des großen Textfeldes zur Eingabe von SQL-Kommandos ein Dateiauswahlfeld zur Verfügung. Hier geben Sie die Datei an, die die Datensicherung im SQL-Format enthält. Daraufhin werden alle darin enthaltenen Kommandos ausgeführt und dadurch Ihre Datensicherung zurückgespielt. Falls Ihre Tabellen nicht komplett gelöscht wurden, empfiehlt es sich, bei der Sicherung Ihrer Tabellen `DROP TABLE` mit anzugeben, um eine Mischung aus bestehenden und gesicherten Datensätzen zu vermeiden. Falls dies gewünscht ist, so sollten Sie diesen Punkt natürlich auch nicht in Ihrer Datei stehen haben.

Sehr praktisch ist in diesem Zusammenhang auch, dass die Datensicherung mit jedem Texteditor bearbeitet werden kann, um mögliche Fehler in der Tabelle wieder zu korrigieren o. ä.

6.3.8 Sichern der kompletten Datenbank

Die in Kapitel 6.3.7 gezeigten Funktionen zur Datensicherung einer Tabelle können auch auf die gesamte Datenbank angewendet werden. Hierzu müssen Sie in die Datenbankansicht wechseln. Diese erreichen Sie, indem Sie im linken Frame auf den Namen der gerade benutzten Datenbank klicken oder sich im Drop-Down-Feld die Datenbank aussuchen, die gesichert werden soll.

Falls Ihre Datenbank mehrere Tabellen enthält, so können Sie nun bei den Dump-Parametern wählen, welche Tabellen gesichert werden sollen.

Auch hier können Sie wieder wählen, welche Informationen gesichert werden sollen (*Nur Struktur, Struktur und Daten* und *Nur Daten*). Im Unterschied zum Tabellendump stehen hier allerdings nur die SQL-Dumps zur Verfügung und kein CSV-Dump. Dies macht bei der gesamten Datenbank auch keinen Sinn, da die einzelnen Tabellen sehr unterschiedliche Felder enthalten und die Werte in nur einer Datei abgelegt werden.

6.3.9 Benutzer- und Berechtigungsverwaltung

Auf der Startseite von `phpMyAdmin` können Sie über den Punkt *Benutzer* auch Berechtigungen und Benutzer Ihres MySQL-Servers verwalten. Sobald Sie den Link *Benutzer* angeklickt haben, zeigt Ihnen `phpMyAdmin` in einer Tabelle die existierenden Benutzer mit den zugehörigen Berechtigungen.

Über den Link *Ändern* links neben jeder Berechtigung können Sie individuell die Berechtigungen dieses Benutzers abändern. Dies kann zum einen der Rechner sein, für den diese Berechtigung gesetzt werden soll. Zum anderen kann auch der Benutzername selbst verändert werden, und es kann dem Benutzer ein neues Passwort gesetzt werden. Zuletzt können Sie noch über die Checkboxen festlegen, welche Berechtigungen Sie diesem Benutzer zuordnen möchten.

Mit der Aktion *Löschen* können Sie den kompletten Berechtigungseintrag aus der Berechtigungsliste von MySQL löschen.

Falls Sie nur die bestehenden Berechtigungen ändern wollen, so verwenden Sie den Link *Rechte*. Hier bekommen Sie eine Übersicht über die aktuellen Berechtigungen dieses Benutzers und können diese individuell verändern. Um beispielsweise dem Benutzer `dozent`, der ja im Moment nur die Berechtigung besitzt, auf die Datenbank `schulung` zuzugreifen, noch Berechtigungen auf der Datenbank `lamp` zuzuweisen, führen Sie folgende Schritte aus:

1. Wählen Sie unter *Rechte hinzufügen* die Datenbank, für die Sie eine neue Berechtigung zuweisen möchten, also hier die Datenbank `lamp`.
2. Da die Berechtigungen auf der gesamten Datenbank gelten sollen, brauchen Sie keine Auswahl unter Tabelle bzw. Spalte machen. Dies wäre nur dann notwendig, falls Sie die Berechtigungen noch weiter einschränken möchten.
3. Wählen Sie unter *Rechte* die Berechtigungen aus, die dem Benutzer `dozent` zugeordnet werden sollen. Eine typische Auswahl ist hier: `Select`, `Insert`,

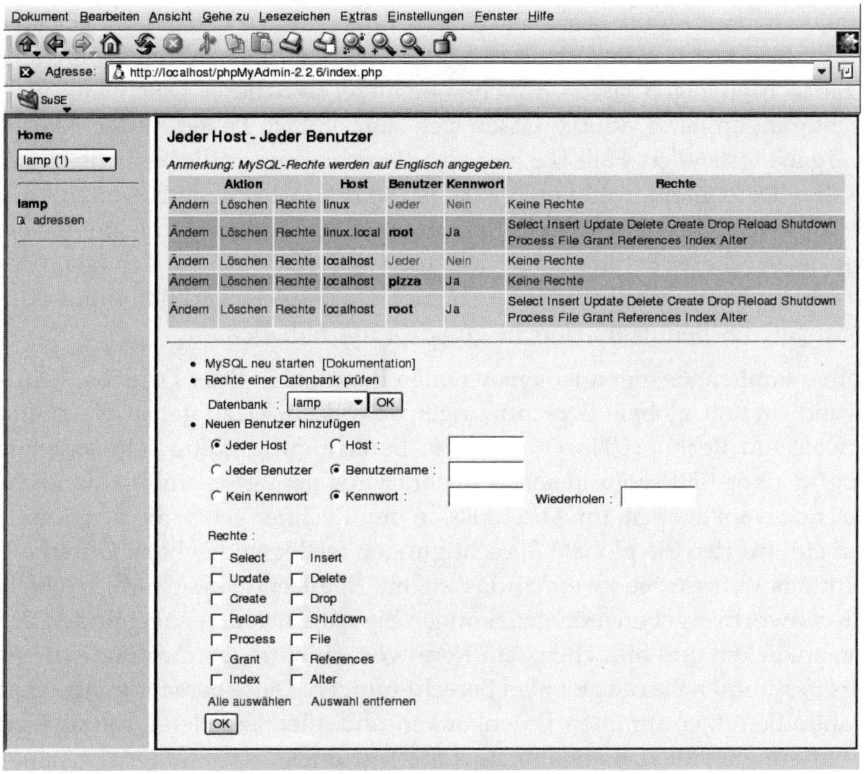

Abbildung 6.8: Berechtigungen verwalten

`Update`, `Create`, `Index`, `Alter` und, falls dieser Benutzer weitere Berechtigungen an andere Benutzer vergeben können soll, noch die Berechtigung `Grant`.

Zu den Bedeutungen der einzelnen Berechtigungen sehen Sie im Kapitel 4.12.1 nach.

Nach dem Klick auf *OK* bekommen Sie wieder den SQL-Befehl und sehen auch gleich eine weitere Zeile in der Berechtigungstabelle des Benutzers `dozent`.

Vor dieser Anzeige ist noch ein sehr wichtiger Hinweis, den man beim Verwenden von `phpMyAdmin` gerne vergisst: Änderungen an den Berechtigungen werden immer erst dann aktiv, nachdem die Datenbank entweder neu gestartet wurde oder zumindest das Kommando `flush-privileges` an den MySQL-Server gesendet wurde.

Hierzu gehen Sie über den Link *Zurück* zur Startseite der Berechtigungsverwaltung. Dort haben Sie einen weiteren Link, der den MySQL-Server neu startet.

Sehr nützlich ist der Punkt gleich nach dem Link zum Neustart von MySQL. Über den Eintrag *Rechte einer Datenbank prüfen* und der Auswahl der Datenbank können Sie sich anzeigen lassen, welcher Benutzer auf dieser Datenbank welche Berechtigungen hat. Dadurch lassen sich sehr einfach Fehler in der Berechtigungsvergabe feststellen. Falls Sie hier eine Berechtigung entdecken, die in der ausgewählten Datenbank nicht gewünscht ist, so brauchen Sie nur auf den Link *Entfernen* klicken. Achtung: Durch Entfernen einer Berechtigung, die global vergeben wurde, hat dieser Benutzer auch auf allen anderen Datenbanken keine Berechtigungen mehr! Kontrollieren Sie also nach einer solchen Aktion immer die Berechtigungen des Benutzers, den Sie gerade entfernt haben.

Zum Schluss können Sie hier auch einen neuen Benutzer in Ihrer Datenbank aufnehmen und diesem globale Berechtigungen zuweisen. Dazu geben Sie zuerst an, von welchem Rechner (Host) aus diese Berechtigung gültig sein soll. Für einen Zugriff über PHP vom gleichen Rechner aus genügt es völlig, als Rechner `localhost` anzugeben. Im Anschluss an den Rechner geben Sie den Benutzernamen ein, für den Sie globale Berechtigungen festlegen möchten. Unterhalb dieses Eintrags müssen Sie zweimal das zugehörige Kennwort eintragen. Falls Sie kein Kennwort vergeben möchten, können Sie natürlich den zugehörigen Radiobutton anklicken und brauchen kein Kennwort einzutragen. Am Ende dieses Formulars bestimmen Sie die globalen Berechtigungen. Diese Berechtigungen hat der gewählte Benutzer auf allen Datenbanken und allen Tabellen zusätzlich zu den Berechtigungen, die in einer Tabelle hinterlegt sind.

6.4 Erweiterte Konfiguration

6.4.1 SQL-Bookmarks

Die folgenden Konfigurationsvariablen können Sie setzen, um in `phpMyAdmin` eine Bookmarkverwaltung zu realisieren. Diese Bookmarkverwaltung speichert Ihnen bei Bedarf verwendete SQL-Abfragen in einer separaten Tabelle, um später auf diese Abfrage wieder zurückgreifen zu können. Um dies allerdings aktivieren zu können, müssen Sie noch einige Vorbereitungen treffen.

1. Entscheiden Sie sich, in welcher Datenbank Ihre Bookmarks gespeichert werden sollen. Es bietet sich hier an, eine neue Datenbank anzulegen, in der die Bookmarks und eventuell weitere Verwaltungstabellen gespeichert werden. Alternativ dazu kann natürlich auch jede weitere Datenbank verwendet werden.
2. Legen Sie in dieser Datenbank eine Tabelle mit folgendem Kommando an (wie Sie das mit `phpMyAdmin` erledigen, können Sie in Kapitel 6.3.2 nachlesen):

```
CREATE TABLE bookmark (
       id int(11) DEFAULT '0' NOT NULL auto_increment,
       dbase varchar(255) NOT NULL,
       user varchar(255) NOT NULL,
       label varchar(255) NOT NULL,
       query text NOT NULL,
       PRIMARY KEY (id)
    );
```

Nun können Sie den beiden Variablen in der Datei `config.inc.php` Werte zuweisen:

`$cfgServers[1]['bookmarkdb']`: Bei dieser Variablen müssen Sie den Namen der Datenbank eintragen, in der Sie Ihre Bookmarktabelle erzeugt haben.

`$cfgServers[1]['bookmarktable']`: Tragen Sie in dieser Variablen den Namen der Tabelle ein, in der die Bookmarks gespeichert werden (im aktuellen Fall ist das die Tabelle `bookmark`).

Sobald Sie die Variablen gesetzt haben, können Sie nach jeder durchgeführten SQL-Abfrage das SQL-Kommando, das diese Abfrage gestartet hat, in der Bookmark-Tabelle abspeichern lassen. Tragen Sie dazu bei *el:* neben *SQL-Abfrage speichern* den Namen ein, unter dem Ihr SQL-Kommando gespeichert werden soll.

Von nun an können Sie diese gespeicherten Abfragen in der Tabellenübersichtsdarstellung wieder aufrufen. Um die Bookmarks wieder zu deaktivieren, lassen Sie die beiden obigen Variablen leer.

6.4.2 Beziehungen

Eine weitere Hilfsfunktion, die mit der Version 2.2.4 von `phpMyAdmin` eingeführt wurde, ist die Möglichkeit, Beziehungen in einer Tabelle zu speichern. Diese Tabellenbeziehungen werden in `phpMyAdmin` (bisher) dazu verwendet, um in der Darstellung einer verknüpften Tabelle einen Link anzuzeigen, der auf den verknüpften Datensatz führt.

Auch für diese Funktion benötigen Sie eine Hilfstabelle, in der die Beziehungen gespeichert werden. Allerdings wird diese Hilfstabelle nun in der Datenbank angelegt, in der auch die jeweiligen verknüpften Tabellen stehen. Beispielsweise würden Sie hier für die Kursverwaltung in der Datenbank `schulung` die Tabelle wie folgt anlegen:

```
CREATE TABLE `relation` (
       `src_table` varchar(32) NOT NULL default '',
       `src_column` varchar(32) NOT NULL default '',
```

```
    `dest_table` varchar(32) NOT NULL default '',
    `dest_column` varchar(32) NOT NULL default '',
    PRIMARY KEY (`src_table`,`src_column`)
  ) TYPE=MyISAM COMMENT='Table Relation';
```

Nun müssen Sie in dieser Tabelle die jeweils miteinander verknüpften Tabellen und die Felder eintragen und in der folgende Variablen den Namen der Beziehungstabelle (hier `relation`) eintragen:

`$cfgServers[1]['relation']`

Von nun an werden die Felder, die in Beziehung zu einem anderen Wert in einer anderen Tabelle stehen, als Link angezeigt, und sobald Sie darauf klicken, wird zum verknüpften Wert gesprungen.

Anhang A

Lösungen zu den Übungen

A.1 Linux

A.1.1 Übung 1

Den Benutzer können Sie als User `root` mit YaST 2 oder mit folgendem Kommando anlegen:

```
linux: # useradd -m dozent
```

Das Passwort setzen Sie wie folgt:

```
linux: # passwd dozent
New Password: schulung
Re-enter new password: schulung
Password changed
```

A.1.2 Übung 2

Die Berechtigungen für das Home-Verzeichnis des Benutzers müssen für einen Zugriff aus dem Web unbedingt für den Rest der Welt das x gesetzt haben. Andernfalls könnte Apache nicht in das Verzeichnis des Benutzers wechseln. Daher setzten Sie die Berechtigungen mit folgendem Kommando:

```
dozent@linux: > chmod ~ o+x
```

Das Verzeichnis `public_html` sollte normalerweise bereits im Home-Verzeichnis des Benutzers existieren. Ist dies nicht der Fall, so legen Sie es wie folgt an:

```
dozent@linux: > mkdir ~/public_html
```

Auch für dieses Verzeichnis muss unbedingt die Berechtigung für Sonstige das x enthalten. Setzen Sie die Berechtigungen folgendermaßen:

```
dozent@linux: > chmod ~/public_html o+x
```

A.2 Apache

A.2.1 Übung 1

Um einen virtuellen Host für den Benutzer dozent anzulegen, benutzen Sie am besten die bereits angelegte Datei myvhost.conf und bearbeiten diese Datei so, dass noch ein weiterer virtueller Host von Apache benutzt wird. Allerdings müssen auch hierfür wieder die Voraussetzungen geschaffen werden. Zunächst benötigt Ihr Rechner den neuen Namen kurse.local. Diesen tragen Sie wieder in der Datei /etc/hosts wie folgt ein:

```
192.168.1.201    linux.local     linux
192.168.1.201    www.local         www
192.168.1.201    kurse.local     kurse
```

Im Anschluss daran muss noch der virtuelle Host in myvhost.conf angegeben werden:

```
NameVirtualHost 192.168.1.201

<VirtualHost 192.168.1.201>
ServerName linux.local
DocumentRoot /usr/local/httpd/htdocs
</VirtualHost>

<VirtualHost 192.168.1.201>
ServerName www.local
DocumentRoot /home/user/public_html
</VirtualHost>

<VirtualHost 192.168.1.201>
ServerName kurse.local
DocumentRoot /home/dozent/public_html
</VirtualHost>
```

Vergessen Sie nicht, dass der Apache nach diesen Änderungen seine Konfigurationsdatei neu einlesen muss! Dies muss der Benutzer root veranlassen:

```
linux: # rcapache reload
```

A.2.2 Übung 2

Legen Sie das Verzeichnis `admin` an und erstellen darin die Datei `.htaccess` mit folgendem Inhalt:

```
AuthName "Web-Administration der Kurse"
AuthType Basic
AuthUserFile /home/dozent/.htpasswd
require user kurs-admin
Allow from 127.0.0.1
Deny from all
Satisfy any
```

Nun benötigen Sie noch die Datei `.htpasswd`, in der der Benutzername und das Passwort gespeichert sind. Legen Sie diese Datei mit folgendem Kommando an:

```
user@linux: > htpasswd -c ~/.htpasswd kurs-admin
New password: schulung
Re-type new password: schulung
Adding password for user kurs-admin
```

A.3 MySQL

A.3.1 Übung 1

In dieser Aufgabe soll eine weitere Tabelle für alle verfügbaren Kurse angelegt werden. Folgende Aktionen sollen hier als Lösungsvorschlag dienen:

- Festlegen der Felddatentypen:

Feldname	Datentyp	Attribute
kursnr	SMALLINT UNSIGNED	NOT NULL, PRIMARY KEY, AUTO_INCREMENT
kursname	VARCHAR(50)	NOT NULL
beginn	DATE	NOT NULL
ende	DATE	NOT NULL
maxteilnehmer	TINYINT UNSIGNED	
dozent	VARCHAR(50)	
ort	VARCHAR(30)	
preis	FLOAT(6,2)	

Da die `kursnr` eine nicht-negative Zahl ist und Sie sich nicht auf maximal 255 Kurse einschränken möchten, wird hier `SMALLINT UNSIGNED` verwendet. Damit Sie sich um diese Zahl nicht weiter kümmern müssen, legen Sie das Feld als AUTO_INCREMENT an. Das hat automatisch zur Folge, dass auf dieses Feld ein eindeutiger Index gesetzt wird und es als NOT NULL definiert sein muss. Da die kursnr hier als Identifikationsmerkmal für den Kurs dienen wird, wählen Sie hier PRIMARY KEY. Das Feld kursname wählen Sie als VARCHAR, da die eingetragenen Informationen sehr unterschiedlicher Länge sein können. Das Attribut NOT NULL ist hier eigentlich logisch, da ein Eintrag in der Kursdatenbank ohne einen Kursnamen sinnlos ist.

Für beginn und ende legen Sie als Felddatentyp DATE fest, da es sich hier um reine Datumsangaben handelt. Ob diese beiden Felder als NOT NULL definiert sein müssen oder nicht, ist sicherlich ein Streitfall, da es in manchen Situationen auch sinnvoll sein kann, einen Kurs ohne Datum anzubieten und diesen dann nach Bedarf mit einem Datum zu versehen. In diesem Beispiel sollen allerdings der Beginn und das Enddatum festgelegt sein, daher wählen Sie hier NOT NULL.

Die Kurse, die hier verwaltet werden, sollen keinesfalls Massenveranstaltungen werden, und daher ist für maxteilnehmer der Datentyp TINYINT UNSIGNED zu wählen. Da hier nicht immer sofort eine Aussage über die Anzahl der Personen gemacht werden kann, lassen Sie den Wert NULL in diesem Feld zu. Dies ist der Standard, daher muss es nicht explizit angegeben werden.

Der Dozent eines Kurses ist auf jeden Fall in einem Textfeld abzulegen; da auch hier sehr unterschiedlich lange Einträge vorkommen können, wählen Sie VARCHAR. Bei manchen Kursen steht der Dozent möglicherweise noch nicht fest, also lassen Sie hier ebenfalls den Wert NULL zu.

Für den ort können Sie die gleiche Begründung wie für dozent nehmen und wählen daher auch VARCHAR und NOT NULL.

Da der preis eines Kurses ein Währungsbetrag ist und es bei Währungsbeträgen möglich ist, Nachkommastellen anzugeben, müssen Sie dies auch hier berücksichtigen. Sie wählen für den preis FLOAT(6,2) aus. um zwei Nachkommastellen für diese Eingabe zu erlauben.

- Erstellen der Tabelle schulung:

  Um die Tabelle schulung zu erzeugen, starten Sie das Tool mysql oder verwenden phpMyAdmin. Hier zuerst die Variante mysql.

```
user@linux: > mysql -u root -h localhost
Welcome to the MySQL monitor.  Commands end with ; or \g.
Your MySQL connection id is 15 to server version: 3.23.33-log

Type 'help;' or '\h' for help. Type '\c' to clear the buffer

mysql> USE schulung;
Reading table information for completion of table and column names
You can turn off this feature to get a quicker startup with -A
```

```
Database changed
mysql> CREATE TABLE kurse (
    -> kursnr SMALLINT UNSIGNED NOT NULL
    ->  AUTO_INCREMENT PRIMARY KEY,
    -> kursname VARCHAR (50) NOT NULL,
    -> beginn DATE NOT NULL,
    -> ende DATE NOT NULL,
    -> maxteilnehmer TINYINT UNSIGNED,
    -> dozent VARCHAR (50),
    -> ort VARCHAR (30),
    -> preis FLOAT (6,2))
    -> ;
Query OK, 0 rows affected (0.00 sec)

mysql>
```

- Das Eintragen der Werte in diese Tabelle kann nun mit den verschiedenen besprochenen Methoden durchgeführt werden. Hier wird exemplarisch nur eine der Varianten aufgeführt:

```
mysql> INSERT INTO kurse
    -> (kursname,beginn,ende,maxteilnehmer,dozent,ort,preis)
    -> VALUES
    -> ("Linux für Einsteiger","2002-09-09","2002-09-11",10,
    ->  "Franzis","München", 1800.00),
    -> ("Apache - Webserver","2002-09-10","2002-09-12",8,
    ->  "Schneider","Bonn",2400.00),
    -> ("MySQL - Relationale Datenbank",
    ->  "2002-09-09","2002-09-13",8,
    ->  "Kern","München", 3900.00),
    -> ("PHP - Programmierung interaktiver Webseiten",
    ->  "2002-09-11","2002-09-13",12,"Mann","Düsseldorf",2400.00)
    -> ;
Query OK, 4 rows affected (0.58 sec)
Records: 4  Duplicates: 0  Warnings: 0

mysql>
```

A.3.2 Übung 2

Die Suche, die in der Aufgabe verwendet wird, lautet `WHERE firma LIKE "%"`. Das heißt, dass alle Datensätze gefunden werden, bei denen das Feld `firma` nicht `NULL` ist. Bei einigen Datensätzen ist dies auch tatsächlich der Fall. Diese Datensätze haben im Feld `firma` den leeren String ("") stehen, und da das Prozentzeichen auch den leeren String findet, werden diese Datensätze hier mit angezeigt.

Um nun alle Datensätze zu bekommen, bei denen in `firma` tatsächlich ein Wert steht, können Sie unter anderem folgende Möglichkeiten verwenden:

```
SELECT name,vorname,firma FROM teilnehmer
WHERE firma LIKE "_%"
```

oder

```
SELECT name,vorname,firma FROM teilnehmer WHERE firma != ""
```

Bei der ersten Abfrage legen Sie fest, dass mindestens ein Zeichen (_) enthalten sein muss und danach beliebig viele weitere Zeichen folgen dürfen.

Die zweite Abfrage geht völlig ohne Muster vor und hat als Bedingung nur, dass `firma` nicht der leere String ("") sein darf. Dies impliziert automatisch auch, dass es auch nicht `NULL` ist.

```
mysql> SELECT name,vorname,firma FROM teilnehmer
    -> WHERE firma LIKE "_%";
+------------+---------+------------------------+
| name       | vorname | firma                  |
+------------+---------+------------------------+
| Mustermann | Max     | Sparkasse Musterhausen |
| Meier      | Frida   | Meier GmbH             |
+------------+---------+------------------------+
2 rows in set (0.00 sec)

mysql>
```

A.3.3 Übung 3

```
mysql> SELECT kursname,preis/(ende-beginn+1)
    -> AS "tagespreis" FROM kurse;
+------------------------------------------+------------+
| kursname                                 | tagespreis |
+------------------------------------------+------------+
| Linux für Einsteiger                     |        600 |
| Apache - Webserver                       |        800 |
| MySQL - Relationale Datenbank            |        780 |
| PHP - Programmierung interaktiver Webseiten |     800 |
+------------------------------------------+------------+
4 rows in set (0.01 sec)

mysql>
```

A.3.4 Übung 4

- Es soll der Durchschnitt der Kurspreise berechnet werden. Dies geschieht über die Aggregatfunktion AVG:

```
mysql> SELECT ort,AVG(preis) as durchschnitt
    -> FROM kurse GROUP BY ort;
+------------+--------------+
| ort        | durchschnitt |
+------------+--------------+
| Bonn       |  2400.000000 |
| Düsseldorf |  2400.000000 |
| München    |  2850.000000 |
+------------+--------------+
3 rows in set (0.00 sec)

mysql>
```

- Hier sollte die Summe aller Preise berechnet werden. Dazu verwenden Sie die SUM-Funktion.

```
mysql> SELECT beginn,SUM(preis) as summe
    -> FROM kurse GROUP BY beginn;
+------------+---------+
| beginn     | summe   |
+------------+---------+
| 2002-09-09 | 5700.00 |
| 2002-09-10 | 2400.00 |
| 2002-09-11 | 2400.00 |
+------------+---------+
3 rows in set (0.01 sec)

mysql>
```

  Alternativ dazu müssten Sie `beginn` durch `ende` ersetzen, um die zweite Abfrage durchzuführen.

- Die Anzahl der Kurse pro Ort wird mit folgender Abfrage berechnet:

```
mysql> SELECT ort,COUNT(*) as anzahl FROM kurse GROUP BY ort;
+------------+--------+
| ort        | anzahl |
+------------+--------+
| Bonn       |      1 |
| Düsseldorf |      1 |
| München    |      2 |
+------------+--------+
```

```
3 rows in set (0.00 sec)

mysql>
```

A.3.5 Übung 5

- Die Anzahl der Teilnehmer pro Kurs ermitteln Sie durch:

```
mysql> SELECT kursname,COUNT(*) as teilnehmer
    -> FROM kurseteilnehmer
    -> LEFT JOIN kurse USING(kursnr) GROUP BY kursname;
+---------------------------------------------+------------+
| kursname                                    | teilnehmer |
+---------------------------------------------+------------+
| Apache - Webserver                          |          4 |
| Linux für Einsteiger                        |          5 |
| MySQL - Relationale Datenbank               |          2 |
| PHP - Programmierung interaktiver Webseiten |          1 |
+---------------------------------------------+------------+
4 rows in set (0.00 sec)

mysql>
```

- Um zusätzlich die Anzahl absteigend sortieren zu lassen, verwenden Sie:

```
SELECT kursname,COUNT(*) as teilnehmer
FROM kurseteilnehmer LEFT JOIN kurse
USING(kursnr) GROUP BY kursname
ORDER BY teilnehmer DESC
```

- Die Berechnung der Einnahmen muss wie folgt lauten:

```
mysql> SELECT kursname,preis*COUNT(*) AS einnahme
    -> FROM kursteilnehmer LEFT JOIN kurse
    -> USING(kursnr) GROUP BY kursname;
+---------------------------------------------+-----------+
| kursname                                    | einnahmen |
+---------------------------------------------+-----------+
| Apache - Webserver                          |   9600.00 |
| Linux für Einsteiger                        |   9000.00 |
| MySQL - Relationale Datenbank               |   7800.00 |
| PHP - Programmierung interaktiver Webseiten |   2400.00 |
+---------------------------------------------+-----------+
4 rows in set (0.22 sec)

mysql>
```

A.4 PHP

A.4.1 Übung 1

Das PHP-Skript könnte beispielsweise wie folgt aussehen:

```
<html>
<body>
<table border>
<?php
$fh=fopen("aktien.txt","r");
while($zeile=fgetcsv($fh,4096,",")){
        echo "<tr>\n";
        foreach($zeile as $z){
                echo "<td>$z</td>\n";
        }
        echo "</tr>\n";
}
?>
</table>
</body>
</html>
```

Zunächst müssen Sie dafür sorgen, dass die Datei `aktien.txt` zum Lesen geöffnet wird (`fopen`). Während einer `while`-Schleife lesen Sie dann Zeile für Zeile aus dieser Datei aus. Das Auslesen wird von der Funktion `fgetcsv` durchgeführt, die den ausgelesenen String auch gleich anhand des Trennzeichens (hier das Komma) in ein Array auftrennt.

Da jede Zeile der Textdatei auch eine Zeile der Tabelle in der Ausgabe darstellen soll, wird mit einem `echo` in den HTML-Code ein `<tr>` ausgegeben.

In der anschließenden `foreach`-Schleife wird das Array `$zeile` durchlaufen und aus jedem Eintrag eine Zelle der Tabelle erzeugt (`<td>$z</td>`).

A.4.2 Übung 2

Als problematisch bei dieser Übung stellt sich sehr schnell heraus, dass man den Einzelpreis und die Stückzahl nicht als direkten Wert sofort greifbar hat, da das Array ja komplett mit einer `foreach`-Schleife durchlaufen wird.

Die Lösung dazu besteht einfach darin, dass Sie sich die Informationen, die Sie benötigen, aus dem Originalarray herausfiltern und mit diesen Informationen die Berechnung durchführen. Wichtig dabei ist, dass Sie voraussetzen können, dass der Einzelpreis und die Stückzahl immer an den angegebenen Positionen stehen. Ein häufiger Fehler besteht darin, dass in einem der gespeicherten Werte bereits das verwendete Trennzeichen vorkommt und damit einen weiteren Eintrag im Array bewirkt. Dieser Eintrag verschiebt die übrigen Informationen nach hinten. Falls Sie beispielsweise eine Aktie mit Namen `SuSE, Persönlich beteiligt,50,100` aufnehmen würden, so wird durch das zusätzliche Komma nach `SuSE` der Text `Persönlich beteiligt` als Stückzahl gewertet und die eigentliche Stückzahl (`50`) als Einzelpreis.

Daher sollten Sie das Trennzeichen bei CSV-Daten möglichst so wählen, dass es als normaler Bestandteil des Strings nicht vorkommen kann/soll.

```
<html>
<body>
<table border>
<?php
$fh=fopen("aktien.txt","r");
while($zeile=fgetcsv($fh,4096,",")){
        $gp=$zeile[1]*$zeile[2];
        echo "<tr>\n";
        foreach($zeile as $z){
                echo "<td>$z</td>\n";
        }
        echo "<td>$gp</td>\n";
        echo "</tr>\n";
}
?>
</table>
</body>
</html>
```

Diese Lösung hat noch einen kleinen Schönheitsfehler: In der ersten Zeile der Ausgabe (der Überschriftenzeile) wird ebenfalls ein Gesamtpreis berechnet statt die Überschrift „Gesamtpreis" einzutragen. Dies können Sie mit den Ergänzungen der nächsten Aufgabe allerdings relativ einfach abändern.

A.4.3 Übung 3

Wichtig bei dieser Aufgabe ist es nun, dass Sie zuerst einmal herausfinden, bei welcher Zeile Sie sich aktuell überhaupt befinden. Dies wird hier durch eine einfach Zählvariable (`$i`) erledigt. Diese Variable wird bei jedem Durchlauf durch die `while`-Schleife (was ja einer Zeile der Textdatei entspricht) um `1` erhöht. Damit ist schon festgelegt, welche Zeilennummer die aktuelle Zeile hat. Nun müssen Sie noch überprüfen, ob diese Zeile eine ungerade Zeile ist (1./3./5./...) oder eine gerade Zeile. Dafür steht der Modulo-Operator `%` zur Verfügung. Modulo liefert Ihnen den Rest beim Teilen. Falls Sie nun als Teiler 2 verwenden, so wird

Ihnen Module jeweils 0 bzw. 1 liefern, je nach dem, ob die Zahl nun gerade oder ungerade war.

Genau das können Sie sich mit Hilfe einer `if`-Abfrage zunutze machen und damit die Hintergrundfarbe festlegen. Erinnern Sie sich daran, dass bei der Definition von `FALSE` die Integer-Zahl 0 auch enthalten war!

```
<html>
<body>
<table border>
<?php
$fh=fopen("aktien.txt","r");
while($zeile=fgetcsv($fh,4096,",")){
        $gp=$zeile[1]*$zeile[2];
        $i++;
        if($i%2){
                $bgcolor="#aaaaaa";
        }else{
                $bgcolor="#aaaa00";
        }
        echo "<TR BGCOLOR=\"$bgcolor\">\n";
        foreach($zeile as $z){
                echo "<td>$z</td>\n";
        }
        echo "<td>$gp</td>\n";
        echo "</tr>\n";
}
?>
</table>
</body>
</html>
```

Hier noch die Ergänzung, um in der Überschriftenzeile den Text `Gesamtpreis` stehen zu haben:

Ersetzen Sie die Zeile:

```
        echo "<td>$gp</td>\n";
```

durch folgende Zeilen:

```
        if($i==1){
                echo "<td>Gesamtpreis</td>\n";
        }else{
                echo "<td>$gp</td>\n";
        }
```

Anhang B

Apache

B.1 Apache-Konfiguration

B.1.1 Direktiven in `/etc/httpd/httpd.conf`

Die Datei `httpd.conf` ist die eigentliche Hauptkonfigurationsdatei des Apache. Diese Datei wird von `SuSEconfig` automatisch generiert, daher sollten Sie Änderungen an dieser Datei nur dann durchführen, wenn Sie keine weitere automatische Konfiguration über `SuSEconfig` mehr wünschen. Die bessere Methode, um eigene Konfigurationseinstellungen vorzunehmen, ist, hierfür eine eigene Datei anzulegen und diese über `HTTPD_CONF_INCLUDE_FILES` (siehe 3.3.3) einzulesen.

Folgende Direktiven werden häufig benötigt:

ServerType

Im Normalfall sollten Sie an dieser Einstellung nichts verändern, es sei denn, Sie haben einen wirklich wichtigen Grund, den Apache über den Superdämon `inetd` starten zu lassen. In der Standardeinstellung wird der Apache als eigenständiger Prozess gestartet und verwaltet die Anzahl der gleichzeitig laufenden Serverprozesse, der Reserveprozesse etc. selbst.

Syntax	`ServerType="inetd|standalone"`
Standardwert	`standalone`
Beispiel	`ServerType="inetd"`

`ServerRoot`

Diese Angabe legt das Home-Verzeichnis des Webservers fest und bestimmt damit die Position der Fehlermeldungsfiles, Skripte etc.

Syntax	`ServerRoot="path"`
Standardwert	`/usr/local/httpd`
Beispiel	`ServerRoot="/opt/webserver"`

`TimeOut`

Diese Zeitangabe bestimmt, wie lange eine unbeantwortete Verbindung mit einem Client ohne Datentransfer aufrecht erhalten werden soll.

Syntax	`TimeOut="seconds"`
Standardwert	`300`
Beispiel	`TimeOut="600"`

`KeepAlive`

Mit dieser Direktive kann die Unterstützung für mehrere Anfragen über eine Verbindung eingeschaltet oder abgestellt werden. Dabei ist zu beachten, dass sowohl der Client als auch der Server diese Art der Übertragung unterstützen müssen. Aus Performance-Gründen sollten Sie diese Anweisung immer auf `On` lassen (Standardwert).

Syntax	`KeepAlive="On|Off"`
Standardwert	`On`
Beispiel	`KeepAlive="Off"`

`MaxKeepAliveRequests`

Diese Zahl bestimmt die Anzahl der Anfragen, die über eine Verbindung zulässig sind. Nach dieser Anzahl von Anfragen wird die Verbindung getrennt. Mit dem Wert `0` bestimmen Sie, dass unendlich viele Anfragen gestellt werden können. Sie sollten aus Performance-Gründen diese Anzahl immer hoch lassen.

Syntax	`MaxKeepAliveRequests="number"`
Standardwert	`100`
Beispiel	`MaxKeepAliveRequests="0"`

`KeepAliveTimeout`

Über diese Angabe bestimmen Sie, wie viel Zeit nach der letzten Anfrage bis zur nächsten Anfrage vergehen darf. Wird diese Zeit überschritten, so wird die Verbindung getrennt.

Syntax	`KeepAliveTimeout="seconds"`
Standardwert	`15`
Beispiel	`KeepAliveTimeout="30"`

`MinSpareServers`

Der Server erzeugt beim Starten immer die bei `MinSpareServers` eingestellte Anzahl von Reserve-Servern, die auf weitere Anfragen warten. Bei jeder eingehenden neuen Anfrage wird einer dieser Reserve-Server verwendet, um die Anfrage zu beantworten, und im Hintergrund wird ein neuer Reserve-Server gestartet.

Achtung! Diese Direktive wird durch `HTTPD_PERFORMANCE` (siehe Seite 90) gesetzt.

Syntax	`MinSpareServers="number"`
Standardwert	`1`
Beispiel	`MinSpareServers="10"`

`MaxSpareServers`

Die Anzahl der Reserve-Server darf die bei `MaxSpareServers` eingestellte Anzahl nicht überschreiten.

Achtung! Diese Direktive wird durch `HTTPD_PERFORMANCE` (siehe Seite 90) gesetzt.

Syntax	`MaxSpareServers="number"`
Standardwert	`1`
Beispiel	`MaxSpareServers="50"`

`StartServers`

Beim Starten des Servers wird die hier eingestellte Anzahl von Hauptprozessen gestartet.

Achtung! Diese Direktive wird durch `HTTPD_PERFORMANCE` (siehe Seite 90) gesetzt.

Syntax	`StartServers="number"`
Standardwert	`1`
Beispiel	`StartServers="5"`

`MaxClients`

Diese Zahl bestimmt die Anzahl der maximalen Clients, die gleichzeitig zugreifen können. Wird diese Anzahl überschritten, so wird jede weitere Anfrage abgewiesen.

Achtung! Diese Direktive wird durch `HTTPD_PERFORMANCE` (siehe Seite 90) gesetzt.

Syntax	`MaxClients="number"`
Standardwert	`150`
Beispiel	`MaxClients="10"`

`MaxRequestsPerChild`

Da jeder Zugriff auf den Webserver Speicher verbraucht (der normalerweise auch wieder freigegeben wird), kann man mit dieser Direktive bestimmen, nach wie vielen Zugriffen ein Server-Prozess beendet wird. Mit der Standardeinstellung von 0 können unendlich viele Anfragen bearbeitet werden.

Syntax	`MaxRequestsPerChild="number"`
Standardwert	`0`
Beispiel	`MaxRequestsPerChild="10000"`

`Listen`

Mit dieser Direktive weisen Sie Apache an, auf mehr als einer IP-Adresse bzw. mehr als einem Port auf Anfragen zu reagieren. Im Normalfall reagiert Apache auf allen IP-Adressen, die zur Verfügung stehen, und auf dem Port, der mit der Direktive `Port` (siehe Anhang B.1.1) eingestellt ist.

Diese Direktive benötigen Sie beispielsweise für SSL-Anfragen oder auch für portbasierende virtuelle Hosts (siehe Kapitel 3.5.3).

Syntax	`Listen="[ip:]port"`
Standardwert	`(Wert der bei Port eingestellt ist)`
Beispiel	`Listen="192.168.1.193:80"` `Listen="192.168.2.193:8080"`

`Port`

Die Direktive `Port` bestimmt, auf welchem Port Anfragen von diesem Webserver aus akzeptiert werden.

Diese Direktive benötigen Sie auch für portbasierende virtuelle Hosts (siehe Kapitel 3.5.3).

Syntax	`Port="number"`
Standardwert	`80`
Beispiel	`Port="8080"`

ServerAdmin

Hier wird die E-Mail-Adresse des Serveradministrators eingestellt. Diese wird unter eine generierte Seite geschrieben (beispielsweise Fehlermeldungen).

Achtung! Diese Direktive wird durch `HTTPD_SEC_SERVER_ADMIN` gesetzt.

Syntax	`ServerAdmin="email"`
Standardwert	`root@FQHOSTNAME`
Beispiel	`ServerAdmin="webmaster@linux.local"`

ServerName

Falls eine Anfrage eines Clients umgeleitet werden muss, so liefert der Webserver den unter `ServerName` eingetragenen Namen an den Client zurück. Dies muss ein gültiger DNS-Name für diesen Rechner sein. Auf diese Weise wird ein Rechner mit Namen `linux.local` bespielsweise den Namen `www.local` an den Client zurückliefern.

Diese Direktive benötigen Sie auch für namensbasierte virtuelle Hosts (siehe Kapitel 3.5.1).

Achtung! Diese Direktive wird durch `SuSEconfig` gesetzt.

Syntax	`ServerName="FQHOSTNAME|IP"`
Standardwert	`FQHOSTNAME`
Beispiel	`ServerAdmin="www.local"`

DocumentRoot

Mit dieser Direktive geben Sie das Root-Verzeichnis an, unter dem die Dokumente für das Web abgelegt sind.

Sie können für einzelne Web-Verzeichnisse auch an anderen Stellen im Dateibaum über die Direktive `Alias` verweisen.

Diese Direktive benötigen Sie auch für virtuelle Hosts (siehe Kapitel 3.5).

Syntax	`DocumentRoot="Path"`
Standardwert	`/usr/local/httpd/htdocs`
Beispiel	`DocumentRoot="/home/vhosta"`

`UserDir`

Das hier angegebene Verzeichnis wird verwendet, um den Benutzern auf Ihrem System die Möglichkeit zu geben, ein eigenes Webverzeichnis unter ihrem Benutzernamen zur Verfügung zu stellen. Dieses Verzeichnis wird mit dem URL `http://FQHOSTNAME/~username` vom Web aus erreichbar sein (siehe 3.3.3 und 3.3.8).

Achtung! Diese Direktive wird durch `HTTPD_SEC_PUBLIC_HTML` gesetzt.

Syntax	`UserDir="directoryname"`
Standardwert	`public_html`
Beispiel	`UserDir="www-data"`

`DirectoryIndex`

Mit der Direktive `DirectoryIndex` legen Sie fest, welches Dokument als Standarddokument angezeigt werden soll, falls in der Anfrage nur ein Verzeichnis bzw. nur der Webserver ohne Dateinamen aufgerufen wurde. Sie können hier mehrere Dateinamen angeben (durch Leerzeichen getrennt), die dann in der aufgelisteten Reihenfolge gesucht werden. Falls keines der Dokumente gefunden wird, so wird ein automatisch generiertes Inhaltsverzeichnis angezeigt, falls dies erlaubt ist, andernfalls eine Fehlermeldung.

Syntax	`DirectoryIndex="filename[ filename ...]"`
Standardwert	`index.html`
Beispiel	`DirectoryIndex="index.html index.php"`

`AccessFileName`

In der hier angegebenen Datei stehen weitere Zugriffsbeschränkungen. Diese Datei wird in jedem Verzeichnis gesucht.

Diejenigen Direktiven, die im Anhang B.3 unter Umgebung `.htaccess` stehen haben, können in diese Datei aufgenommen werden.

Syntax	`AccessFileName="filename[ filename ...]"`
Standardwert	`.htaccess`
Beispiel	`AccessFileName=".webaccess"`

`ErrorLog`

Mit dieser Direktive geben Sie die Datei an, in die alle Fehlermeldungen des Webservers geschrieben werden sollen.

Diese Direktive benötigen Sie auch für virtuelle Hosts (siehe Kapitel 3.5).

Syntax	`ErrorLog=filename`
Standardwert	`/var/log/httpd/error_log`
Beispiel	`ErrorLog=/home/vhosta/log/error_log`

CustomLog

Die hier angegebene Datei enthält alle Zugriffe auf den Webserver. Durch das Format können Sie einzelne Werte (z. B. `referer` = URL des Dokuments, das zu dieser Seite geführt hat) in separate Dateien mitschreiben.

Syntax	`CustomLog=filename formatname`
Standardwert	`/var/log/httpd/access_log common`
Beispiel	`CustomLog=/home/vhosta/log/access_log common` `CustomLog=/home/vhosta/log/referer_log referer`

Alias

Über die Direktive `Alias` können Sie ein beliebiges Verzeichnis (`path`) in Ihrem Verzeichnisbaum unter einem beliebigen URL-Pfad erreichbar machen. Dies entspricht in etwa dem, was im Dateisystem ein Softlink leistet.

Syntax	`Alias URL path`
Beispiel	`Alias /icons/ "/usr/local/httpd/icons/"`

ScriptAlias

Diese Direktive funktioniert prinzipiell wie die `Alias`-Direktive, nur mit dem Unterschied, dass die in diesem Verzeichnis stehenden Dateien als CGIs betrachtet werden und daher vom Server ausgeführt werden.

Syntax	`ScriptAlias URL path`
Beispiel	`ScriptAlias /cgi-bin/ "/usr/local/httpd/cgi-bin/"`

ErrorDocument

Mit der Angabe von `ErrorDocument` können Sie für bestimmte Statuscodes des Webservers eigene Fehlerdokumente vorgeben. Dies kann auf mehrere Arten geschehen:

- nur Text: Hier wird anstelle eines Dokuments der komplette Fehlertext beginnend mit einem " angegeben.
  `ErrorDocument 500 "Ein Fehler ist auf dem Server aufgetreten`

- lokale Umleitung: Sie geben ein Dokument auf Ihrem lokalen Server an.
  `ErrorDocument 404 /errors/missing.html`
- externe Umleitung: Sie geben den kompletten URL zum Fehlerdokument an.
  `ErrorDocument 402`
  `http://anmeldeserver.domain.tld/anmeldung.html`

Syntax `ErrorDocument error-code document`
Beispiel `ErrorDocument 500 /errors/internal.html`

SetHandler

Über diese Direktive können Sie einen Handler auf ein Verzeichnis angeben. Diese Direktive wird mit `<Directory>, <Location>, ...` verwendet.

Syntax `SetHandler handler-name`
Beispiel

```
<Location /cgi-bin>
SetHandler cgi-script
Options +ExecCGI
</Location>
```

Options

Die Direktive `Options` wird benutzt, um bestimmte Serverfunktionen zu aktivieren. Dies wird im Normallfall für einzelne Verzeichnisse festgelegt. Die folgenden Optionen können damit beeinflusst werden:

`None`: Keine der möglichen Funktionen wird aktiviert

`All`: alle Funktionen außer `MultiViews` werden aktiviert. Dies ist auch der Standardwert.

`ExecCGI`: In diesem Verzeichnis ist es möglich, CGI-Skripte ausführen zu lassen.

`FollowSymLinks`: Falls im Verzeichnis ein symbolischer Link vorhanden ist, wird der Server diesem folgen (auch außerhalb des Web-Verzeichnisses!). Diese Option stellt ein mögliches Sicherheitsrisiko dar! Die bessere Variante ist es, `SymLinksIfOwnerMatch` zu verwenden.

`Includes`: Diese Option erlaubt es, Server-Side-Includes (SSI) in diesem Verzeichnis auszuführen. Diese Option stellt ein mögliches Sicherheitsrisiko dar! Die bessere Variante ist, `IncludesNOEXEC` zu verwenden.

`IncludesNOEXEC`: Auch diese Option erlaubt Server-Side-Includes. Allerdings werden hier die riskanten Aufrufe `#exec` und `#include` nicht erlaubt.

`Indexes`: Falls der aufgerufene URL auf ein Verzeichnis verweist und in diesem Verzeichnis keine der unter `DirectoryIndex` angegebenen Dateien vorhanden ist, so wird ein Inhaltsverzeichnis dieses Verzheichnisses ausgegeben.

`MultiViews`: Der Server kann den zurückgegebenen Inhalt mit dem Client aushandeln. So kann beispielsweise ein Dokument in zwei Sprachen vorhanden sein. Der Client gibt dann an, welche der beiden Sprachen er bevorzugt.

`SymLinksIfOwnerMatch`: Der Server wird jetzt einem symbolischen Link nur dann folgen, falls das Ziel den gleichen Eigentümer hat wie auch der Link selbst.

Die Angabe von `Options` kann entweder relativ oder absolut durchgeführt werden. Bei der relativen Angabe bestimmen Sie, dass die `Options` des übergeordneten Verzeichnisses nur entsprechend Ihren Angaben verändert werden sollen. Diese relative Angabe geschieht durch ein vorangestelltes Plus- oder Minuszeichen (+ bzw. -). Achten Sie allerdings darauf, dass hierbei allen Optionen eines der beiden Zeichen vorangestellt werden muss.

Bei der absoluten Angabe werden die eventuell vorhandenen Optionen eines übergeordneten Verzeichnisses ignoriert und komplett durch die angegebenen Optionen ersetzt.

Folgende Beispiele sollen diese Möglichkeiten verdeutlichen:

Zuerst legen Sie fest, dass im Verzeichnis `/usr/local/httpd/htdocs` die Optionen `Indexes`, `Includes` und `MultiViews` gelten sollen. Die Angabe `-FollowSymLinks` wäre nicht notwendig, wird aber aus Sicherheitsgründen hier nochmals angegeben. Dies ist eine absolute Angabe, da nicht bei allen Optionen ein Plus bzw. ein Minus steht.

```
<Directory  /usr/local/httpd/htdocs/>
Options Indexes -FollowSymLinks Includes MultiViews
</Directory>
```

Mit der nachfolgenden Konfiguration bestimmen Sie, dass im Unterverzeichnis `manual` als Optionen nur noch `Indexes` und `MultiViews` erlaubt sind. Dies ist eine absolute Angabe, da weder Plus noch Minus angegeben wurde.

```
<Directory  /usr/local/httpd/htdocs/manual/>
Options Indexes MultiViews
</Directory>
```

Die gleiche Konfiguration wie eben kann man auch mit relativen Angaben erreichen. Hierbei bestimmen Sie, dass von den bereits vorherrschenden Optionen nur die Option `Includes` nicht mehr verwendet werden soll. Die zugehörige Konfiguration sieht dann wie folgt aus:

```
<Directory /usr/local/httpd/htdocs/manual/>
Options -Includes
</Directory>
```

Syntax	`Options option[ option ...]`
Beispiel	`Options -FollowSymLinks +Multiviews`

AllowOverride

Möchten Sie erlauben, in einzelnen Verzeichnissen über `.htaccess`-Dateien bestimmte Teile der Konfiguration zu verändern, können Sie mit `AllowOverride` angeben, welche Einstellungen in dieser Datei verändert werden dürfen.

Folgende Parameter können hierbei verwendet werden:

`None`: Mit `None` darf keine der Einstellungen durch eine `.htaccess` Datei verändert werden. Die Datei wird gar nicht gelesen.

`All`: Alle Einstellungen, bei denen als Umgebung `.htaccess` erlaubt ist, werden erlaubt.

`AuthConfig`: Alle Authorisierungsdirektiven können verwendet werden. Dies sind z. B. die Direktiven `AuthName, AuthType, AuthUserFile, AuthGroupFile, Require, ....`

`FileInfo`: Die Datei `.htaccess` kann Dokumententypendirektiven verwenden. Dies sind z. B. die Direktiven `ErrorDocument, AddLanguage, AddEncoding, ....`

`Indexes`: Die Direktiven, die das automatisch generierte Inhaltsverzeichnis beeinflussen, können geändert werden, z. B. `AddDescription`, `AddIcon`, `DefaultIcon`, `HeaderName`, `ReadmeName` ...

`Limit`: Alle rechnerbasierten zugangskontrollierenden Direktiven dürfen verwendet werden. Dies sind beispielsweise die Direktiven `Allow, Deny, Order, ...`

`Options`: Hiermit können Verzeichnisfunktionen wie `Options` oder `XBitHack` in einer `.htaccess`-Datei beeinflusst werden.

Syntax	`AllowOverride override[ override ...]`
Beispiel	`AllowOverride AuthConfig Limit`

B.1.2 Abschnitte in httpd.conf

Die folgenden Anweisungen bestehen nicht nur aus einer Direktive, sondern beschreiben einen ganzen Bereich. Alle Angaben, die zwischen dem öffnenden und dem schließenden Element stehen, wirken sich auf den am Beginn aufgeführten Teil aus.

<Directory>

Dieser Block wird mit `<Directory path>` gestartet und mit `</Directory>` beendet.

Hinter dem öffnenden Befehl wird ein Verzeichnis angegeben, auf das sich die dazwischenliegenden Direktiven auswirken sollen.

Bei der Angabe `path` können folgende unterschiedlichen Angaben gemacht werden:

- absoluter Verzeichnisname `/usr/local/httpd/htdocs`
- Pfad mit Jokerzeichen `/home/*/public_html`
- regulärer Ausdruck `"bilder"`

Diejenigen Direktiven, die im Anhang B.3 unter Umgebung `directory` stehen haben, können in diesen Abschnitt aufgenommen werden.

Syntax
```
<Directory path>...</Directory>
```
Beispiel
```
<Directory /home/*/public_html>
Options -FollowSymLinks
</Directory>
```

<Files>

Im Block `<Files>` geben Sie bestimmte Einstellungen an, die sich auf die angegebene(n) Datei(en) auswirken sollen.

Bei der Angabe `file` können folgende unterschiedliche Angaben gemacht werden:

- absoluter Dateiname `/usr/local/httpd/htdocs/index.html`
- Dateiname mit Jokerzeichen `/usr/local/httpd/htdocs/index.htm*`
- regulärer Ausdruck ~ `".(gif|jpg|png)"`

Syntax
```
<Files file>...</Files>
```
Beispiel
```
<Files test.php3>
Order deny,allow
deny from all
allow from localhost </Files>
```

<Location>

Dieser Block wird mit `<Location URL-path>` gestartet und mit `</Location>` beendet.

Hinter dem öffnenden Befehl wird ein Verzeichnis innerhalb des Webservers angegeben, auf das sich die dazwischenliegenden Direktiven auswirken sollen.

Bei der Angabe `path` können folgende unterschiedlichen Angaben gemacht werden:

- ein absoluter URL-Verzeichnisname `/server-status`
- ein Pfad mit Jokerzeichen `/server-*/`
- ein regulärer Ausdruck `"perl"`

Syntax `<Location URL-path>...</Location>`

Beispiel

```
<Location /server-status>
SetHandler server-status
</Location>
```

<VirtualHost>

Dieser Block wird mit `<VirtualHost IP[:port]>` gestartet und mit `</VirtualHost>` beendet.

Hinter dem öffnenden Befehl wird eine IP-Adresse und optional ein Port angegeben, auf der dieser virtuelle Webserver reagieren soll. Wird anstelle einer IP-Adresse der Asterisk (`*`) angegeben, so gilt, dass der virtuelle Webserver auf allen lokalen IP-Adressen reagiert.

Näheres zu den virtuelle Webservern finden Sie im Kapitel 3.5.

Syntax `<VirtualHost IP[:port]|*>...</VirtualHost>`

Beispiel

```
<VirtualHost *>
DocumentRoot /home/vhosta/www-data
ServerName www.vhosta.de
</VirtualHost>
```

B.1.3 Direktiven zur Zugriffskontrolle

Oft ist es notwendig, eine Webseite oder auch nur Teile einer Webseite mit einem Zugriffsschutz zu versehen. In Apache sind verschiedene Arten des Zugriffsschutzes möglich:

- Authentifizierung mit Benutzername und Passwort
- Rechnerbasierte Zugriffskontrolle

Für die Zugriffskontrolle stehen folgende Direktiven zur Verfügung:

AuthName

Über diese Direktive legen Sie den Namen des Bereichs fest, der zu schützen ist. Dieser Bereichsname muss nichts mit der Verzeichnisstruktur oder den Inhalten der Webseite zu tun haben und kann völlig frei gewählt werden. Sie sollten hier einen Namen eintragen, mit dem ein potenzieller Interessent erkennen kann, welche Daten er zur Authentifizierung eingeben muss. Der Client kann anhand dieser Angabe auch entscheiden, ob bereits ein Zugriff auf diesen Bereich erfolgt ist und damit die Authentifizierung automatisch (ohne eine erneute User-Eingabe) durchführen.

Kennt der Client noch keine Kombination Benutzername/Passwort für den hier benannten Bereich, so sendet der Server den Statuscode `401 Unauthorized`, und der Benutzer wird mit der in Abbildung B.1 gezeigten Maske aufgefordert sich anzumelden.

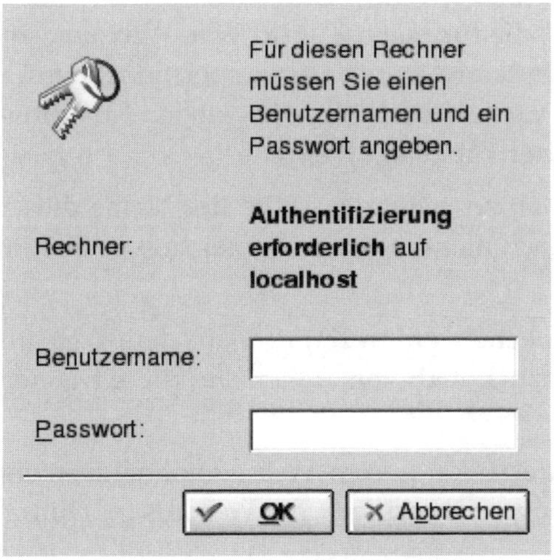

Abbildung B.1: Anmeldungsdialog im *Konqueror*

Syntax	`AuthName "string"`
Beispiel	`AuthName "Zugangscode erforderlich"`

AuthType

Mit der Angabe von `AuthType` bestimmen Sie die Art der Authentifizierung. Apache unterstützt sowohl die momentan am meisten verbreitete Variante `Basic` als auch seit der Version 1.1 die Möglichkeit, Authentifizierungen über den wesentlich sichereren Modus `Digest` durchzuführen.

Bei der `Basic` Methode wird stets die Kombination aus Benutzername und Passwort mit dem `Authorization`-Header an den Server geschickt. Allerdings werden diese Daten nur mit base64 MIME-kodiert. Diese Kodierung ist nicht sicher, da sie jederzeit umkehrbar ist. Sollte jemand in der Lage sein, das Datenpaket abzuhören, das diesen Header enthält, können mit einem MIME-Dekodieralgorithmus der Benutzername und das Passwort wieder sichtbar gemacht werden.

Die `Digest` Methode wird bei der Authentifizierung niemals das Passwort an den Server übermitteln, daher ist diese Methode deutlich sicherer. Leider wird momentan die `Digest`-Methode noch von keinem gängigen Browser unterstützt.

Syntax	`AuthType "Basic|Digest"`
Beispiel	`AuthType Basic`

AuthUserFile

Um die Benutzernamen und Passwörter, die für einen Zugriff vom Web aus verwendet werden sollen, nicht in der Systemdatei `/etc/passwd` speichern zu müssen, geben Sie bei `AuthUserFile` die Datei an, in der Ihre jeweiligen Kombinationen aus Benutzernamen und Passwörtern abgelegt werden.

Um die Datei vor Zugriffen aus dem Web zu schützen, sollte der Name dieser Datei entweder mit `.ht` beginnen oder sich nicht in einem Verzeichnis befinden, das vom Web aus erreichbar ist.

In der SuSE-Grundkonfiguration von Apache werden Zugriffe aus dem Web auf Dateien, die mit `.ht` beginnen, grundsätzlich verboten, daher sind diese Dateien relativ sicher vor unbefugtem Zugriff.

Eine Datei außerhalb der Web-Verzeichnisse kann vom Web aus ohnehin nicht erreicht werden und ist damit vor unbefugten Zugriffen vom Web aus geschützt.

Um eine Passwortdatei zu erzeugen, benutzen Sie am einfachsten das mit dem Apache mitgelieferte Tool `htpasswd`. Eine genaue Erläuterung dieser Passwortdatei finden Sie in den Beispielen im Kapitel 3.

Syntax	`AuthUserFile path`
Beispiel	`AuthUserFile /etc/httpd/passwd`

AuthGroupFile

Ähnlich wie bei der Direktive `AuthUserFile` legen Sie bei `AuthGroupFile` eine Datei für die Authentifizierung fest. In dieser Datei stehen jetzt allerdings Benutzergruppen und deren Mitglieder. Diese Gruppierung von Benuztern erleichtert die Verwaltung von Berechtigungen auf einer Ressource.

Auch diese Datei sollte wie die Datei, die bei `AuthUserFile` angegeben wurde, entweder mit `.ht` beginnen (meist `.htgroup`) oder in einem vom Web aus nicht erreichbaren Verzeichnis abgelegt werden.

In dieser Datei werden die Gruppennamen und die zugehörigen User in folgendem Format eingetragen:

```
groupname: user1 user2 user3 ...
```

Syntax	`AuthGroupFile path`
Beispiel	`AuthGroupFile /etc/httpd/group`

Order

Die Angabe von `Order` bestimmt die Reihenfolge, in der die Direktiven `allow` und `deny` ausgewertet werden. Die möglichen Angaben dabei sind:

`allow,deny`: Zunächst wird die `allow`-Direktive ausgewertet und anschließend die Direktive `deny`. Standardmäßig ist hierbei der Zugriff gesperrt, es sei denn, Sie erlauben einen expliziten Zugriff mit einer `allow`-Direktive.

`deny,allow`: Hiermit wird zuerst die `deny`-Direktive ausgewertet und im Anschluss daran die Direktive `allow`. Standardmäßig ist hierbei der Zugriff erlaubt, es sei denn, Sie verbieten einen expliziten Zugriff mit einer `deny` Direktive.

Achten Sie darauf, dass die Schlüsselwörter `deny,allow` nur durch ein Komma getrennt sein dürfen.

Folgendes Beispiel verbietet den Zugriff auf den Webserver, es sei denn, der Zugriff erfolgt von einem Rechner der Domain `suse.de`.

```
Order Deny,Allow
Deny from all
Allow from suse.de
```

Folgendes Beispiel erlaubt pauschal den Zugriff auf den Webserver, außer für die Domains `spionage.de` und `ccc.de`.

```
Order Allow,Deny
Allow from all
Deny from spionage.de
Deny from ccc.de
```

Es ist auch möglich, ohne weitere Angabe von `Allow from` bzw. `Deny from` mit `Order` den Zugriff zu sperren, da ja als Standard alle Zugriffe allein durch Angabe von `Order Allow,Deny` bereits abgewiesen werden.

```
<Directory /usr/local/httpd/testsuite>
Order Allow,Deny
</Directory>
```

Syntax	`Order allow,deny	deny,allow`
Beispiel	`Order deny,allow`

`Allow from`

Mit der `Allow from`-Direktive bestimmen Sie, welche Rechner Zugriff auf den Webserver bzw. auf ein Verzeichnis oder auch eine Datei bekommen sollen. Die Angabe kann dabei folgendes sein:

`All`: Es erfolgt keine Einschränkung, alle Rechner haben Zugriff.

IP: Der Zugriff darf über die angegebene IP-Adresse erfolgen.
Beispiel: `Allow from 192.168.1.2`

Domain: Der Zugriff darf über die angegebene Domain erfolgen. Dabei kann die Domain komplett angegeben werden oder nur der Teil, auf den die Domain des zugreifenden Rechners enden muss. Achtung: Es werden nur vollständige Domainabschnitte berücksichtigt:
Beispiel: `Allow from gelb.de`
Damit erlauben Sie den Zugriff von allen Rechnern und Subdomains von `gelb.de`, allerdings wird kein Zugriff von der Domain `eigelb.de` erlaubt.

Partielle IP: Bei einer partiellen IP geben Sie nur einen Teil – die ersten 1 bis 3 Bytes – der IP- Adresse an.
Beispiel: `Allow from 192.168`
Sie erlauben damit Rechnern, deren IP-Adresse das Format `192.168.x.y` hat, den Zugriff.

IP/Netmask: Über die Kombination IP-Adresse und Netzmaske können Sie ein ganz bestimmtes Subnetz erlauben.
Beispiel: `Allow from 192.168.1.0/255.255.255.0`
Mit dieser Angabe werden alle Rechner zugelassen, deren IP-Adresse das Format `192.168.1.x` hat. Die Netzmaske kann auch über die Anzahl der 1er bits in der Netzmaske angegeben werden.
Beispiel: `Allow from 192.168.1.0/24`

Syntax	`Allow from all|IP|domain|partielle IP|IP/netmask`
Beispiel	`Allow from 192.168`

`Deny from`

Mit der `Deny from`-Direktive bestimmen Sie, welche Rechner keinen Zugriff auf den Webserver bzw. auf ein Verzeichnis oder auch eine Datei bekommen sollen. Die Parameter werden dabei wie bei `Allow from` angegeben (siehe Seite 380).

`require`

Mit dem Parameter `require` geben Sie an, welche Benutzer bzw. welche Gruppen Zugriff auf einen passwortgeschützten Bereich bekommen sollen. Die Angabe von `require` kann nur in Zusammenhang mit `AuthName` (siehe Seite 377), `AuthType` (siehe Seite 377) und einer Direktive wie `AuthUserFile` (siehe Seite 378) verwendet werden.

Mit `require` wird zuerst bestimmt, ob Benutzer oder ganze Gruppen Zugriff haben sollen. Dies geschieht mit einer der folgenden Angaben (entity-name):

`user`: Die Angabe(n) nach `user` sind einzeln aufgeführte Benutzernamen, die Zugriff erhalten sollen.
Beispiel: `require user heiko web guest`
Sie erlauben den Benutzern `heiko, web` und `guest` Zugriff auf die Ressource. Die Benutzer müssen der Datei, die mit `AuthUserFile` angegeben wurde, auch existieren!

`group`: Alle Benutzer, die in der oder den angegebenen Gruppe(n) Mitglieder sind, haben Zugriff auf die Ressource. Hierfür muss sowohl eine Benutzerdatei mit `AuthUserFile` und eine Gruppendatei mit `AuthGroupFile` angegeben werden.
Beispiel: `require group verkauf`

`valid-user`: Jeder Benutzer, der in der Benutzerdatei (`AuthUserFile`) vorhanden ist, hat Zugriff. Nach `valid-user` wird keine weitere Angabe vorgenommen.
Beispiel: `require valid-user`

Syntax	`require entity-name [entity entity ...]`
Beispiel	`require group vertrieb`

`Satisfy`

Falls Sie in der Zugangsbeschränkung sowohl eine Authentifizierung mit Benutzername/Passwort angegeben haben als auch eine rechnerbasierende Authentifizierung, so können Sie mit `Satisfy` angeben, ob alle Kriterien erfüllt werden müssen oder ob bereits eines der Kriterien ausreichend ist.

Auf diese Weise können Sie beispielsweise eine Ressource mit Benutzernamen/ Passwort schützen, aber für bestimmte Rechner die Ressource auch ohne diese Eingabe freigeben.

Folgendes Beispiel soll dies erläutern:

Sie möchten die Ressource nur für den Benutzer `heiko` freigeben. Falls allerdings ein Zugriff vom Rechner `linux.suse.de` kommt, so soll der Zugriff auch ohne Benutzername und Passwort möglich sein.

```
AuthUserFile /etc/httpd/htpasswd
AuthName "Gesperrter Bereich"
require user heiko
allow from linux.suse.de
Satisfy any
```

Syntax	`Satisfy any|all`
Beispiel	`Satisfy all`

<Limit>

Ihre Zugangsbeschränkungen werden normalerweise auf sämtliche HTTP-Methoden (siehe Tabelle 3.1) angewandt. Falls Sie den Zugriff nur mit bestimmten Methoden einschränken möchten, so können Sie Ihre Direktiven zwischen `<Limit>` und `</Limit>` setzen. Sie sollten es allerdings soweit als möglich vermeiden, Zugangskontrollen nur für bestimmte Methoden zu verwenden!

Im folgenden Beispiel wird der Zugriff mit den Methoden `DELETE, POST` und `PUT` nur dann ermöglicht, wenn eine korrekte Kombination aus Benutzername und Passwort eingegeben wurde. Alle anderen Methoden (z. B. `GET, OPTIONS, ...`) sind ohne weiteres möglich.

```
AuthUserFile /etc/httpd/htpasswd
AuthName "Gesperrter Bereich"
<Limit DELETE, POST, PUT>
require valid-user
</Limit>
```

Syntax `<Limit method>...</Limit>`

Beispiel

```
<Limit GET POST OPTIONS PROPFIND>
Order allow,deny
Allow from localhost
</Limit>
```

B.2 Statuscodes

Auf Anforderungen des Client liefert Apache im Header den Statuscode zurück. Diese Statuscodes sind in mehrere Arten unterteilt:

Tabelle B.1: Übersicht über die verschiedenen Statuscode

Code	Art	Beschreibung
1xx	Informationen	dienen nur der Information. Diese Art der Codes wird erst mit HTTP/1.1 verwendet.
2xx	Erfolgreich	Anfrage des Clients wurde erfolgreich bearbeitet
3xx	Umleitung	die Anfrage wurde umgeleitet
4xx	Client Fehler	Fehler ist auf der Client-Seite aufgetreten
5xx	Server Fehler	Fehler auf der Server-Seite ist aufgetreten

Tabelle B.2: Detaillierte Auflistung der Statuscodes

Code	Meldung	Beschreibung
100	`Continue`	Der Client wird informiert, dass die Anfrage weiterbearbeitet werden kann und er fortfahren soll.
101	`Switching Protocols`	Der Client hat eine Anfrage gestartet, ein höheres Protokoll zu verwenden. Mit dieser Antwort signalisiert der Server, dass er zu diesem angeforderten Protokoll gewechselt hat.
200	`OK`	Die Anfrage war erfolgreich. Je nach Art der Anfrage (`GET`, `HEAD`, `POST`, `TRACE`) werden die entsprechenden Daten zurückgeliefert.
201	`Created`	Die Anfrage wurde ausgeführt und eine neue Ressource wurde erstellt. Der Ort der Ressource wird als Rückgabewert mit übermittelt.
202	`Accepted`	Die Anfrage wurde zur Bearbeitung akzeptiert. Allerdings ist die Verarbeitung noch nicht abgeschlossen.

Tabelle B.2 – Fortsetzung

Code	Meldung	Beschreibung
203	`Non-Authorative Information`	Die zurückgegebenen Informationen sind nicht vom Original-Server, sondern aus einem Cache oder stammen von einem Dritten.
204	`No Content`	Der Server hat die Anfrage bearbeitet, es werden allerdings keine Inhalte an den Client zurückgeliefert. Dies soll verhindern, dass der Browser seine Seite neu aufbaut.
205	`Reset Content`	Die Anfrage wurde durch den Server bearbeitet und der Browser soll seine aktuelle Seite neu aufbauen. Dies wird verwendet, um ein Formular abzuschicken und anschließend wieder ein leeres Formular zur weiteren Dateneingabe zur Verfügung zu stellen, ohne jedoch dieses Formular erneut vom Server zu laden.
206	`Partial Content`	Die Anfrage wird bearbeitet und liefert nur den Teil der Ressource zurück, der vom Client angefordert wurde.
300	`Multiple Choices`	Die angeforderte Ressource ist mehrdeutig. Dies kann beispielsweise dann der Fall sein, wenn eine Seite in mehreren Sprachen vorliegt und der Browser keine bevorzugte Sprache eingestellt hat.
301	`Moved Permanently`	Die Ressource, auf die sich die Anfrage bezieht, wurde an einen neuen Ort verschoben. Dieser neue Ort wird vom Server zurückgegeben, um dem Browser eine automatische Umleitung zu ermöglichen. Der Client soll alle zukünftigen Anfragen an die neue Adresse senden.
302	`Found`	Die Ressource ist tempörar unter einer andern URI zu erreichen. Alle zukünftigen Anfragen sollen aber weiterhin unter der alten URI abgerufen werden.
303	`See Other`	Die Ressource ist unter einer anderen URI mit der `GET`-Methode zu erreichen.

Tabelle B.2 – Fortsetzung

Code	Meldung	Beschreibung
304	Not Modified	Diese Antwort kommt bei einer Anfrage mit If-Modified-Since, falls die Ressource seit dem angefragten Datum nicht mehr verändert wurde. Damit wird einem Proxy mitgeteilt, dass er das Dokument aus seinem lokalen Speicher verwenden soll statt das Dokument erneut vom Server abzurufen.
305	Use Proxy	Die angeforderte Ressource muss über einen Proxy abgerufen werden. Die Adresse des Proxy wird mit im Header übermittelt.
306	Unused	Dieser Statuscode wurde früher verwendet und ist jetzt nur noch als reservierter Code vorhanden.
307	Temorary Redirect	Die Ressource ist temporär unter der zurückgegebenen URI zu erreichen.
400	Bad Request	Die Anforderung des Clients enthält einen Syntax-Fehler.
401	Unauthorized	Die angeforderte URI erfordert eine Authentifizierung des Benutzers. Im Header muss für den Browser eine Aufforderung zur Authentifizierung des Benutzers vorhanden sein. Im Browser wird dadurch ein Fenster geöffnet, das Benutzername und Passwort verlangt.
402	Payment Required	Dieser Code wird momentan noch nicht verwendet.
403	Forbidden	Die Anfrage wurde vom Server verstanden, der Client besitzt allerdings keine Berechtigung, um auf die angeforderte URI zuzugreifen. Dies ist beispielsweise dann der Fall, wenn die Berechtigungen der angeforderten Datei nicht korrekt gesetzt sind.
404	Not Found	Die angeforderte Ressource wurde nicht gefunden.

Tabelle B.2 – Fortsetzung

Code	Meldung	Beschreibung
405	Method Not Allowed	Die Methode, mit der die Anfrage gestartet wurde, ist für diese URI nicht zulässig. In der Antwort wird eine Liste mit allen erlaubten Methoden zurückgeliefert.
406	Not Acceptable	Die Ressource ist zwar vorhanden, kann aber mit den angeforderten Formaten nicht zurückgegeben werden. Beispielsweise wurde ein Dokument in einer Sprache angefordert, in der das Dokument nicht vorhanden ist.
407	Proxy Authentication Required	Dieser Code wird von einem Proxy zurückgegeben. Für diese Anforderung an den Proxy muss der Client sich authentifizieren. Hier wird – wie bei `401` – ein Fenster geöffnet, das Benutzername und Passwort verlangt.
408	Request Timeout	Innerhalb der vom Server festgelegten Zeit wurde die Anfrage nicht vollständig vom Client aus gesendet. Der Server beendet die Verbindung.
409	Conflict	Die Anforderung kann nicht abgeschlossen werden, da sie mit den aktuellen Einstellungen der Ressource nicht vereinbar ist.
410	Gone	Die Ressource ist permanent nicht mehr verfügbar und es steht auch keine Adresse zur Verfügung, an die weitergeleitet werden soll.
411	Length Required	Für diese Anfrage wird ein `Content-Length` gefordert und dieser wurde vom Client nicht gesendet.
412	Preconditions Failed	Eine der übermittelten `If`-Bedinungen im Header war falsch.
413	Request Entity Too Large	Der Server verweigert die Annahme dieser Anfrage, da der Body der Anfrage größer war als das, was der Server akzeptiert bzw. verarbeiten kann. Der Server beendet die Verbindung.

Tabelle B.2 – Fortsetzung

Code	Meldung	Beschreibung
414	`Request-URI Too Long`	Der Server verweigert die Annahme dieser Anfrage, da die URI länger war als das, was der Server verarbeiten kann.
415	`Unsupported Media Type`	Der Server verweigert die Annahme der Anfrage, da er nicht mit dem angeforderten Medientyp umgehen kann.
416	`Requested Range Not Satisfiable`	Die Client-Anfrage enthielt einen Bereich für die angeforderte Ressource. Dieser Bereich liegt außerhalb des gültigen Bereichs für diese Ressource.
417	`Expectation Failed`	Die angeforderten Erwartungen, die im Anfrage-Header enthalten waren, konnten nicht erfüllt werden.
500	`Internal Server Error`	Diese Meldung gibt an, dass ein unerwartetes Ereignis auf dem Server eingetreten ist. Meist tritt das in Zusammenhang mit CGI-Skripten auf, in denen ein Fehler aufgetreten ist bzw. bei denen die Berechtigungen nicht korrekt gesetzt sind.
501	`Not Implemented`	Die angeforderte Funktion wird vom Server nicht unterstüzt. Beispielsweise wurde eine Methode angefordert, die für diese Ressource nicht verfügbar ist (`POST`, wo nur `GET` erlaubt ist).
502	`Bad Gateway`	Der Server erhielt eine ungültige Antwort von einem übergeordneten Server. Diese Meldung kommt nur, falls Ihr Server als Gateway oder Proxy arbeitet.
503	`Service Unavailable`	Durch Wartungsarbeiten oder Überlastung bedingt steht der angeforderte Server temporär nicht zur Verfügung. Falls die Dauer der Verzögerung bekannt ist, kann der Server diese im Header mitteilen.
504	`Gateway Timeout`	Der Server erhielt innerhalb eines Zeitlimits vom übergeordneten Server keine Antwort. Diese Meldung kommt nur, falls Ihr Server als Gateway oder Proxy arbeitet.
505	`HTTP Version Not Supported`	Die vom Client angeforderte HTTP-Version wird vom Server nicht unterstützt.

B.3 Konfigurationsdirektiven im Überblick

AccessConfig

Syntax	`AccessConfig filename`
Standardwert	`AccessConfig conf/access.conf`
Umgebung	`server config, virtual host`
Status	`core`

AccessFileName

Syntax	`AccessFileName filename [filename] ...`
Standardwert	`AccessFileName .htaccess`
Umgebung	`server config, virtual host`
Status	`core`

Action

Syntax	`Action method cgi-script`
Umgebung	`server config, virtual host, directory, .htaccess`
Override	`FileInfo`
Status	`Base`
Modul	`mod_actions`
Verfügbar ab	`>= Version 1.1`

AddAlt

Syntax	`AddAlt string file [file] ...`
Umgebung	`server config, virtual host, directory, .htaccess`
Override	`Indexes`
Status	`Base`
Modul	`mod_autoindex`

AddAltByEncoding

Syntax	`AddAltByEncoding string MIME-encoding [MIME-encoding] ...`
Umgebung	`server config, virtual host, directory, .htaccess`
Override	`Indexes`
Status	`Base`
Modul	`mod_autoindex`

AddAltByType

Syntax	`AddAltByType string MIME-encoding [MIME-encoding]...`
Umgebung	`server config, virtual host, directory, .htaccess`
Override	`Indexes`
Status	`Base`
Modul	`mod_autoindex`

AddCharset

Syntax	`AddCharset charset extension [extension] ...`
Umgebung	`server config, virtual host, directory, .htaccess`
Override	`FileInfo`
Status	`Base`
Modul	`mod_mime`
Verfügbar ab	`>= Version 1.3.10`

AddDefaultCharset

Syntax	`AddDefaultCharset On|Off|charset`
Standardwert	`AddDefaultCharset Off`
Umgebung	`all`
Status	`Core`
Verfügbar ab	`>= Version 1.3.12`

AddDescription

Syntax	`AddDescription string file [file] ...`
Umgebung	`server config, virtual host, directory, .htaccess`
Override	`Indexes`
Status	`Base`
Modul	`mod_autoindex`

AddEncoding

Syntax	AddEncoding MIME-encoding extension [extension] ...
Umgebung	server config, virtual host, directory, .htaccess
Override	FileInfo
Status	Base
Modul	mod_mime

AddHandler

Syntax	AddHandler handler-name extension [extension] ...
Umgebung	server config, virtual host, directory, .htaccess
Override	FileInfo
Status	Base
Modul	mod_mime
Verfügbar ab	>= Version 1.1

AddIcon

Syntax	AddIcon icon name [name] ...
Umgebung	server config, virtual host, directory, .htaccess
Override	Indexes
Status	Base
Modul	mod_autoindex

AddIconByEncoding

Syntax	AddIconByEncoding icon MIME-encoding [MIME-encoding] ...
Umgebung	server config, virtual host, directory, .htaccess
Override	Indexes
Status	Base
Modul	mod_autoindex

AddIconByType

Syntax	`AddIconByType icon MIME-type [MIME-type] ...`
Umgebung	`server config, virtual host, directory, .htaccess`
Override	`Indexes`
Status	`Base`
Modul	`mod_autoindex`

AddLanguage

Syntax	`AddLanguage MIME-lang extension [extension] ...`
Umgebung	`server config, virtual host, directory, .htaccess`
Override	`FileInfo`
Status	`Base`
Modul	`mod_mime`

AddModule

Syntax	`AddModule module [module] ...`
Umgebung	`server config`
Status	`core`
Verfügbar ab	`>= Version 1.2`

AddModuleInfo

Syntax	`AddModuleInfo module-name string`
Umgebung	`server config, virutal host`
Status	`Extension`
Modul	`mod_info`
Verfügbar ab	`>= Version 1.3`

AddType

Syntax	`AddType MIME-type extension [extension] ...`
Umgebung	`server config, virutal host, directory, .htaccess`
Override	`FileInfo`
Status	`Base`
Modul	`mod_mime`

AgentLog

Syntax	`AgentLog file-pipe`
Standardwert	`AgentLog logs/agent_log`
Umgebung	`server config, virutal host`
Status	`Extension`
Modul	`mod_log_agent`

Alias

Syntax	`Alias url-path verzeichnisname`
Umgebung	`server config, virutal host`
Status	`Base`
Modul	`mod_alias`

AliasMatch

Syntax	`AliasMatch regex verzeichnisname`
Umgebung	`server config, virutal host`
Status	`Base`
Modul	`mod_alias`
Verfügbar ab	`>= Version 1.3`

Allow

Syntax	`Allow from all|host|env=variablenname [host|env=variablenname] ...`
Umgebung	`directory, .htaccess`
Status	`Base`
Modul	`mod_access`

AllowCONNECT

Syntax	`AllowCONNECT port [port] ...`
Standardwert	`AllowCONNECT 443 563`
Umgebung	`server config, virtual host`
Status	`Base`
Modul	`mod_proxy`

AllowOverride

Syntax	`AllowOverride All|None|directive-type [directive-type] ...`
Standardwert	`AllowOverride All`
Umgebung	`directory`
Status	`Core`

Anonymous

Syntax	`Anonymous user [user] ...`
Umgebung	`directory, .htaccess`
Override	`AuthConfig`
Status	`Extension`
Modul	`mod_auth_anon`

Anonymous_Authoritative

Syntax	`Anonymous_Authoritative on|off`
Standardwert	`Anonymous_Authoritative off`
Umgebung	`directory, .htaccess`
Override	`AuthConfig`
Status	`Extension`
Modul	`mod_auth_anon`

Anonymous_LogEmail

Syntax	`Anonymous_LogEmail on|off`
Standardwert	`Anonymous_LogEmail on`
Umgebung	`directory, .htaccess`
Override	`AuthConfig`
Status	`Extension`
Modul	`mod_auth_anon`

Anonymous_MustGiveEmail

Syntax	`Anonymous_MustGiveEmail on|off`
Standardwert	`Anonymous_MustGiveEmail on`
Umgebung	`directory, .htaccess`
Override	`AuthConfig`
Status	`Extension`
Modul	`mod_auth_anon`

Anonymous_NoUserID

Syntax	`Anonymous_NoUserID on|off`
Standardwert	`Anonymous_NoUserID off`
Umgebung	`directory, .htaccess`
Override	`AuthConfig`
Status	`Extension`
Modul	`mod_auth_anon`

Anonymous_VerifyEmail

Syntax	`Anonymous_VerifyEmail on|off`
Standardwert	`Anonymous_VerifyEmail off`
Umgebung	`directory, .htaccess`
Override	`AuthConfig`
Status	`Extension`
Modul	`mod_auth_anon`

AuthAuthoritative

Syntax	`AuthAuthorative on|off`
Standardwert	`AuthAuthorative on`
Umgebung	`directory, .htaccess`
Override	`AuthConfig`
Status	`Base`
Modul	`mod_auth`

AuthDBAuthoritative

Syntax	`AuthDBAuthorative on|off`
Standardwert	`AuthDBAuthorative on`
Umgebung	`directory, .htaccess`
Override	`AuthConfig`
Status	`Base`
Modul	`mod_auth`

AuthDBGroupFile

Syntax	`AuthDBGroupFile filename`
Umgebung	`directory, .htaccess`
Override	`AuthConfig`
Status	`Extension`
Modul	`mod_auth_db`

AuthDBMAuthoritative

Syntax	`AuthDBMAuthoritative on|off`
Standardwert	`AuthDBMAuthorative on`
Umgebung	`directory, .htaccess`
Override	`AuthConfig`
Status	`Extension`
Modul	`mod_auth_dbm`

AuthDBMGroupFile

Syntax	`AuthDBMGroupFile filename`
Umgebung	`directory, .htaccess`
Override	`AuthConfig`
Status	`Extension`
Modul	`mod_auth_dbm`

AuthDBUserFile

Syntax	`AuthDBUserFile filename`
Umgebung	`directory, .htaccess`
Override	`AuthConfig`
Status	`Extension`
Modul	`mod_auth_db`

AuthDBMUserFile

Syntax	`AuthDBMUserFile filename`
Umgebung	`directory, .htaccess`
Override	`AuthConfig`
Status	`Extension`
Modul	`mod_auth_dbm`

AuthDigestFile

Syntax	`AuthDigestFile filename`
Umgebung	`directory, .htaccess`
Override	`AuthConfig`
Status	`Base`
Modul	`mod_digest`

AuthGroupFile

Syntax	`AuthGroupFile filename`
Umgebung	`directory, .htaccess`
Override	`AuthConfig`
Status	`Base`
Modul	`mod_auth`

AuthName

Syntax	`AuthName auth-domain`
Umgebung	`directory, .htaccess`
Override	`AuthConfig`
Status	`core`

AuthType

Syntax	`AuthType Basic|Digest`
Umgebung	`directory, .htaccess`
Override	`AuthConfig`
Status	`core`

AuthUserFile

Syntax	`AuthUserFile filename`
Umgebung	`directory, .htaccess`
Override	`AuthConfig`
Status	`Base`
Modul	`mod_auth`

BindAddress

Syntax	`BindAddress *|IP-address|domain-name`
Standardwert	`BindAdress *`
Umgebung	`server config`
Status	`core`

BrowserMatch

Syntax	`BroswerMatch regex envar[=value] [envar[=value]] ...`
Umgebung	`server config, virtual host, directory, .htaccess`
Override	`FileInfo`
Status	`Base`
Modul	`mod_setenvif`
Verfügbar ab	`>= Version 1.2`

BrowserMatchNoCase

Syntax	`BroswerMatchNoCase regex envar[=value] [envar[=value]] ...`
Umgebung	`server config, virtual host, directory, .htaccess`
Override	`FileInfo`
Status	`Base`
Modul	`mod_setenvif`
Verfügbar ab	`>= Version 1.2`

BS2000Account

Syntax	`BS2000Account account`
Umgebung	`server config`
Status	`core`
Verfügbar ab	`>= Version 1.3 nur auf BS2000 Maschinen`

CacheDefaultExpire

Syntax	`CacheDefaultExpire hours`
Standardwert	`CacheDefaultExpire 1`
Umgebung	`server config, virtual host`
Status	`Base`
Modul	`mod_proxy`
Verfügbar ab	`>= Version 1.1`

CacheDirLength

Syntax	CacheDirLength length
Standardwert	CacheDirLength 1
Umgebung	server config, virtual host
Status	Base
Modul	mod_proxy
Verfügbar ab	>= Version 1.1

CacheDirLevels

Syntax	CacheDirLevels levels
Standardwert	CacheDirLevels 3
Umgebung	server config, virtual host
Status	Base
Modul	mod_proxy
Verfügbar ab	>= Version 1.1

CacheForceCompletion

Syntax	CacheForceCompletion prozent
Standardwert	CacheForceCompletion 90
Umgebung	server config, virtual host
Status	Base
Modul	mod_proxy
Verfügbar ab	>= Version 1.3.1

CacheGcInterval

Syntax	CacheGcInterval stunden
Umgebung	server config, virtual host
Status	Base
Modul	mod_proxy
Verfügbar ab	>= Version 1.1

CacheLastModifiedFactor

Syntax	CacheLastModifiedFactor faktor
Standardwert	CacheLastModifiedFactor 0.1
Umgebung	server config, virtual host
Status	Base
Modul	mod_proxy
Verfügbar ab	>= Version 1.1

CacheMaxExpire

Syntax	`CacheMaxExpire stunden`
Standardwert	`CacheMaxExpire 24`
Umgebung	`server config, virtual host`
Status	`Base`
Modul	`mod_proxy`
Verfügbar ab	`>= Version 1.1`

CacheNegotiatedDocs

Syntax	`CacheNegotiatedDocs`
Umgebung	`server config`
Status	`Base`
Modul	`mod_negotiation`
Verfügbar ab	`>= Version 1.1`

CacheRoot

Syntax	`CacheRoot directory`
Umgebung	`server config, virtual host`
Status	`Base`
Modul	`mod_proxy`
Verfügbar ab	`>= Version 1.1`

CacheSize

Syntax	`CacheSize kilobytes`
Standardwert	`CacheSize 5`
Umgebung	`server config, virtual host`
Status	`Base`
Modul	`mod_proxy`
Verfügbar ab	`>= Version 1.1`

`CheckSpelling`

Syntax	`CheckSpelling on|off`
Standardwert	`CheckSpelling off`
Umgebung	`server config, virtual host, directory, .htaccess`
Override	`Options`
Status	`Base`
Modul	`mod_spelling`
Verfügbar ab	`>= Version 1.1`

`ClearModuleList`

Syntax	`ClearModuleList`
Umgebung	`server config`
Override	`Options`
Status	`core`
Verfügbar ab	`>= Version 1.2`

`ContentDigest`

Syntax	`ContentDigest on|off`
Standardwert	`ContentDigest off`
Umgebung	`server config, virtual host, directory, .htaccess`
Override	`Options`
Status	`experimental`
Verfügbar ab	`>= Version 1.1`

`CookieExpires`

Syntax	`CookieExpires ablaufzeit`
Umgebung	`server config`
Status	`optional`
Modul	`mod_usertrack`

`CookieLog (mod_cookies)`

Syntax	`CookieLog filename`
Umgebung	`server config, virtual host`
Status	`Experimental`
Modul	`mod_cookies`

CookieLog (mod_log_config)

Syntax	CookieLog filename
Umgebung	server config, virtual host
Modul	mod_cookies
Verfügbar ab	>= Version 1.2

CookieTracking

Syntax	CookieTracking on|off
Umgebung	server config, virtual host, directory, .htaccess
Modul	mod_usertrack

CoreDumpDirectory

Syntax	CoreDumpDirectory directory
Standardwert	CoreDumpDirectory ServerRoot
Umgebung	server config,
Status	core

CustomLog

Syntax	CustomLog file|pipe format|nickmane [env=[!]environment-variable]
Umgebung	server config
Status	Base
Modul	mod_log_config
Verfügbar ab	>= Version 1.3

DefaultIcon

Syntax	DefaultIcon url
Umgebung	server config, virtual host, directory, .htaccess
Override	Indexes
Status	Base
Modul	mod_autoindex

DefaultLanguage

Syntax	DefaultLanguage MIME-lang
Umgebung	server config, virtual host, directory, .htaccess
Override	FileInfo
Status	Base
Modul	mod_mime
Verfügbar ab	>= Version 1.3.4

DefaultType

Syntax	DefaultType MIME-type
Standardwert	DefaultType text/html
Umgebung	server config, virtual host, directory, .htaccess
Override	FileInfo
Status	core

Define

Syntax	Define variable value
Umgebung	server config, virtual host, directory, .htaccess
Status	Extension
Modul	mod_define.c

Deny

Syntax	Deny from all|host|env=variablenname [host|env=variablenname] ...
Umgebung	directory, .htaccess
Override	Limit
Status	Base
Modul	mod_access

<Directory>

Syntax	<Directory directory>...</Directory>
Umgebung	server config, virtual host
Status	core

<DirectoryMatch>

Syntax	`<DirectoryMatch regex>...</DirectoryMatch>`
Standardwert	
Umgebung	server config, virtual host
Status	core
Verfügbar ab	>= Version 1.3

DirectoryIndex

Syntax	DirectoryIndex local-url [local-url] ...
Standardwert	DirectoryIndex index.html
Umgebung	server config, virtual host, directory, .htaccess
Override	Indexes
Status	Base
Modul	mod_dir

DocumentRoot

Syntax	DocumentRoot verzeichnisname
Standardwert	DocumentRoot /usr/local/apache/htdocs
Umgebung	server config, virtual host
Status	core

EBCDICConvert

Syntax	EBCDICConvert on|off[=direction] extension [extension] ...
Umgebung	server config, virtual host, directory, .htaccess
Override	FileInfo
Status	core
Verfügbar ab	>= Version 1.3.19

EBCDICConvertByType

Syntax	`EBCDICConvertByType on|off[=direction] mimetype [mimetype] ...`
Umgebung	`server config, virtual host, directory, .htaccess`
Override	`FileInfo`
Status	`core`
Verfügbar ab	`>= Version 1.3.19`

EBCDICKludge

Syntax	`EBCDICKludge on|off`
Standardwert	`EBCDICKludge off`
Umgebung	`server config, virtual host, directory, .htaccess`
Override	`FileInfo`
Status	`core`
Verfügbar ab	`>= Version 1.3.19`

ErrorDocument

Syntax	`ErrorDocument error-code document`
Standardwert	
Umgebung	`server config, virtual host, directory, .htaccess`
Override	`FileInfo`
Status	`core`
Verfügbar ab	`>= Version 1.1`

ErrorLog

Syntax	`ErrorLog filename|syslog[:facility]`
Standardwert	`ErrorLog logs/error_log` auf Unix Systemen `ErrorLog logs/error.log` auf Windows,OS/2 Systemen
Umgebung	`server config, virtual host`
Status	`core`

Example

Syntax	Example
Umgebung	server config, virtual host, directory, .htaccess
Override	Options
Status	Extension
Modul	mod_example
Verfügbar ab	>= Version 1.2

ExpiresActive

Syntax	ExpiresActive on|off
Umgebung	server config, virtual host, directory, .htaccess
Override	Indexes
Status	Extension
Modul	mod_expires

ExpiresByType

Syntax	ExpiresByType mime-type <code>seconds
Umgebung	server config, virtual host, directory, .htaccess
Override	Indexes
Status	Extension
Modul	mod_expires

ExpiresDefault

Syntax	ExpiresDefault <code>seconds
Umgebung	server config, virtual host, directory, .htaccess
Override	Indexes
Status	Extension
Modul	mod_expires

ExtendedStatus

Syntax	ExtendedStatus on|off
Umgebung	server config
Status	Base
Modul	mod_status
Verfügbar ab	>= Version 1.3.2

FancyIndexing

Syntax	FancyIndexing on|off
Umgebung	server config, virtual host, directory, .htaccess
Override	Indexes
Status	Base
Modul	mod_autoindex

<Files>

Syntax	<Files filename>...</Files>
Umgebung	server config, virtual host, .htaccess
Status	core
Verfügbar ab	>= Version 1.2

<FilesMatch>

Syntax	<FilesMatch regex>...</FilesMatch>
Umgebung	server config, virtual host, .htaccess
Status	core
Verfügbar ab	>= Version 1.3

ForceType

Syntax	ForceType media-type
Umgebung	directory, .htaccess
Status	Base
Modul	mod_mime
Verfügbar ab	>= Version 1.1

Group

Syntax	`Group unix-group`
Standardwert	`Group #-1`
Umgebung	`server config, virtual host`
Status	`core`

Header

Syntax	`Header set|append|add header value`
Syntax	`Header unset header`
Umgebung	`server config, virtual host, directory, .htaccess`
Override	`FileInfo`
Status	`Extension`
Modul	`mod_header`

HeaderName

Syntax	`HeaderName filename`
Umgebung	`server config, virtual host, directory, .htaccess`
Override	`Indexes`
Status	`Base`
Modul	`mod_autoindex`

HostNameLookups

Syntax	`HostNameLookups on|off|double`
Umgebung	`server config, virtual host, directory`
Status	`core`

IdentityCheck

Syntax	`Indentitycheck on|off`
Umgebung	`server config, virtual host, directory`
Status	`core`

<IfDefine>

Syntax	`<IfDefine [!]parameter-name>...</IfDefine>`
Umgebung	server config, virtual host, directory, .htaccess
Status	core
Verfügbar ab	>= Version 1.3.1

<IfModule>

Syntax	`<IfModule [!]module-name>...</IfModule>`
Umgebung	server config, virtual host, directory, .htaccess
Status	core
Verfügbar ab	>= Version 1.2

ImapBase

Syntax	ImapBase map|referer|URL
Umgebung	server config, virtual host, directory, .htaccess
Override	Indexes
Modul	mod_imap
Verfügbar ab	>= Version 1.1

ImapDefault

Syntax	ImapDefault error|nocontent|map|referer|URL
Umgebung	server config, virtual host, directory, .htaccess
Override	Indexes
Modul	mod_imap
Verfügbar ab	>= Version 1.1

ImapMenu

Syntax	ImapMenu none|formatted|semiformatted|unformatted
Umgebung	server config, virtual host, directory, .htaccess
Override	Indexes
Modul	mod_imap
Verfügbar ab	>= Version 1.1

Include

Syntax	`Include filename`
Umgebung	`server config`
Status	`core`
Verfügbar ab	`>= Version 1.3`

IndexIgnore

Syntax	`IndexIgnore file [file] ...`
Umgebung	`server config, virtual host, directory, .htaccess`
Override	`Indexes`
Status	`Base`
Modul	`mod_autoindex`

IndexOptions

Syntax	`IndexOptions option [option] ...` (<= Version 1.3.2)
Syntax	`IndexOptions [+|-]option [[+|-]option] ...` (>= Version 1.3.3)
Umgebung	`server config, virtual host, directory, .htaccess`
Override	`Indexes`
Status	`Base`
Modul	`mod_autoindex`

IndexOrderDefault

Syntax	`IndexOrderDefault Ascending|Descending Name|Date|Size|Description`
Umgebung	`server config, virtual host, directory, .htaccess`
Override	`Indexes`
Status	`Base`
Modul	`mod_autoindex`
Verfügbar ab	`>= Version 1.3.4`

KeepAlive

Syntax	`KeepAlive max-requests` Version 1.1
Syntax	`KeepAlive on|off` >=Version 1.2
Standardwert	`KeepAlive 5` Version 1.1
Standardwert	`KeepAlive On` >=Version 1.2
Umgebung	`server config`
Status	`core`
Verfügbar ab	`>= Version 1.1`

`KeepAlive` gab in der Version 1.1 des Apache an, wie viele Keep-Alive-Verbindungen gleichzeitig existieren dürfen. Ab der Version 1.2 steht hier nur noch, ob Keep-Alive Verbindungen von Clients angefordert werden. Die Anzahl der gleichzeitigen Verbindungen wird seit Version 1.2 mit `MaxKeepAliveRequests` eingestellt.

KeepAliveTimeout

Syntax	`KeepAliveTimeout seconds`
Standardwert	`KeepAliveTimeout 15`
Umgebung	`server config`
Status	`core`
Verfügbar ab	`>= Version 1.1`

Die hier eingestellte Zeit bestimmt die Zeit nach der letzten Anfrage, die die Verbindung aufrecht erhalten wird. Nach dieser Zeit wird die Verbindung vom Server wieder abgebrochen.

LanguagePriority

Syntax	`LanguagePriority MIME-lang [MIME-lang]`
Umgebung	`server config, virtual host, directory, .htaccess`
Override	`FileInfo`
Status	`Base`
Modul	`mod_negotation`

<Limit>

Syntax	`<Limit method [method] ...>...</Limit>`
Umgebung	`server config, virtual host, directory, .htaccess`
Status	`core`

<LimitExcept>

Syntax	`<LimitExcept method [method] ...>...</Limit>`
Umgebung	server config, virtual host, directory, .htaccess
Status	core

LimitRequestBody

Syntax	LimitRequestBody bytes
Standardwert	LimitRequestBody 0
Umgebung	server config, virtual host, directory, .htaccess
Status	core
Verfügbar ab	>= Version 1.3.2

LimitRequestFields

Syntax	LimitRequestFields number
Standardwert	LimitRequestFields 100
Umgebung	server config
Status	core
Verfügbar ab	>= Version 1.3.2

LimitRequestFieldsize

Syntax	LimitRequestFiledsize bytes
Standardwert	LimitRequestFieldsize 8190
Umgebung	server config
Status	core
Verfügbar ab	>= Version 1.3.2

LimitRequestLine

Syntax	LimitRequestLine bytes
Standardwert	LimitRequestLine 8190
Umgebung	server config
Status	core
Verfügbar ab	>= Version 1.3.2

Listen

Syntax	`Listen [IP-address:]port`
Umgebung	`server config`
Status	`core`
Verfügbar ab	`>= Version 1.1`

ListenBacklog

Syntax	`ListenBacklog backlog`
Standardwert	`ListenBacklog 511`
Umgebung	`server config`
Status	`core`
Verfügbar ab	`>= Version 1.2.0`

LoadFile

Syntax	`LoadFile filename [filename] ...`
Umgebung	`server config`
Status	`Base`
Modul	`mod_so`

LoadModule

Syntax	`LoadModule module filename`
Umgebung	`server config`
Status	`Base`
Modul	`mod_so`

<Location>

Syntax	`<Location URL>...</Location>`
Umgebung	`server config, virtual host`
Status	`core`
Verfügbar ab	`>= Version 1.1`

<LocationMatch>

Syntax	`<LocationMatch regex>...</LocationMatch>`
Umgebung	`server config, virtual host`
Status	`core`
Verfügbar ab	`>= Version 1.3`

LockFile

Syntax	`LockFile filename`
Standardwert	`LockFile logs/accept.lock`
Umgebung	`server config`
Status	`core`

LogFormat

Syntax	`LogFormat format|nickname [nickname]`
Standardwert	`LogFormat "%h %l %u %t \"%r\"%>s %b"`
Umgebung	`server config, virtual host`
Status	`Base`
Modul	`mod_log_config`
Verfügbar ab	`>= Version 1.1`

LogLevel

Syntax	`LogLevel level`
Standardwert	`LogLevel error`
Umgebung	`server config, virtual host`
Status	`core`
Verfügbar ab	`>= Version 1.3`

MaxClients

Syntax	`MaxClients number`
Standardwert	`MaxClients 256`
Umgebung	`server config`
Status	`core`

MaxKeepAliveRequests

Syntax	`MaxKeepAliveRequests number`
Standardwert	`MaxKeepAliveRequests 100`
Umgebung	`server config`
Status	`core`
Verfügbar ab	`>= Version 1.2`

MaxRequestsPerChild

Syntax	`MaxRequestsPerChield number`
Standardwert	`MaxRequestsPerChild 0`
Umgebung	`server config`
Status	`core`

MaxSpareServers

Syntax	`MaxSpareServers number`
Standardwert	`MaxSpareServers 10`
Umgebung	`server config`
Status	`core`

MetaDir

Syntax	`MetaDir directory`
Standardwert	`MetaDir .web`
Umgebung	`server config` < Version 1.3
Umgebung	`directory` >= Version 1.3
Status	`Base`
Modul	`mod_cern_meta`
Verfügbar ab	`>= Version 1.1`

MetaFiles

Syntax	`MetaFiles on|off`
Standardwert	`MetaFiles off`
Umgebung	`directory`
Status	`Base`
Modul	`mod_cern_meta`
Verfügbar ab	`>= Version 1.3`

MetaSuffix

Syntax	`MetaSuffix suffix`
Standardwert	`MetaSuffix .meta`
Umgebung	`server config` < Version 1.3
Umgebung	`directory` >= Version 1.3
Status	`Base`
Modul	`mod_cern_meta`
Verfügbar ab	`>= Version 1.1`

MimeMagicFile

Syntax	MimeMagicFile magic-file-name
Umgebung	server config, virtual host
Status	Extension
Modul	mod_mime_magic

MinSpareServers

Syntax	MinSpareServers number
Standardwert	MinSpareServers 5
Umgebung	server config
Status	core

MMapFile

Syntax	MMapFile filename [filename] ...
Umgebung	server config
Status	Experimental
Modul	mod_mmap_static
Verfügbar ab	>= Version 1.3

NameVirtualHost

Syntax	NameVirtualHost addr[:port]
Umgebung	server config
Status	core
Verfügbar ab	>= Version 1.3

NoCache

Syntax	NoCache *|word|host|domain [word|host|domain] ...
Umgebung	server config, virtual host
Status	Base
Modul	mod_proxy
Verfügbar ab	>= Version 1.1

Options

Syntax	`Options [+|-]option [[+|-]option] ...`
Umgebung	`server config, virtual host, directory, .htaccess`
Override	`Options`
Status	`core`

Order

Syntax	`Order ordering`
Standardwert	`Order Deny,Allow`
Umgebung	`directory, .htaccess`
Override	`Limit`
Status	`Base`
Modul	`mod_access`
Verfügbar ab	`>= Version 1.1`

PassEnv

Syntax	`PassEnv variable [variable] ...`
Umgebung	`server config, virtual host`
Status	`Base`
Modul	`mod_env`
Verfügbar ab	`>= Version 1.1`

PidFile

Syntax	`PidFile filename`
Standardwert	`PidFile logs/httpd.pid`
Umgebung	`server config`
Status	`core`

Port

Syntax	`Port number`
Standardwert	`Port 80`
Umgebung	`server config`
Status	`core`

ProxyBlock

Syntax	`ProxyBlock *|word|host|domain [word|host|domain] ...`
Umgebung	`server config, virtual host`
Status	`Base`
Modul	`mod_proxy`
Verfügbar ab	`>= Version 1.2`

ProxyDomain

Syntax	`ProxyDomain Domain`
Umgebung	`server config, virtual host`
Status	`Base`
Modul	`mod_proxy`
Verfügbar ab	`>= Version 1.3`

ProxyPass

Syntax	`ProxyPass path url`
Umgebung	`server config, virtual host`
Status	`Base`
Modul	`mod_proxy`
Verfügbar ab	`>= Version 1.1`

ProxyPassReverse

Syntax	`ProxyPassReverse path url`
Umgebung	`server config, virtual host`
Status	`Base`
Modul	`mod_proxy`
Verfügbar ab	`>= Version 1.3b6`

ProxyReceiveBufferSize

Syntax	`ProxyReceiveBufferSize bytes`
Umgebung	`server config, virtual host`
Status	`Base`
Modul	`mod_proxy`
Verfügbar ab	`>= Version 1.3`

ProxyRemote

Syntax	`ProxyRemote match remote-server`
Umgebung	`server config, virtual host`
Status	`Base`
Modul	`mod_proxy`
Verfügbar ab	`>= Version 1.1`

ProxyRequests

Syntax	`ProxyRequests on|off`
Umgebung	`server config, virtual host`
Status	`Base`
Modul	`mod_proxy`
Verfügbar ab	`>= Version 1.1`

ProxyVia

Syntax	`ProxyVia on|off|full|block`
Umgebung	`server config, virtual host`
Status	`Base`
Modul	`mod_proxy`
Verfügbar ab	`>= Version 1.3.2`

ReadmeName

Syntax	`ReadmeName filename`
Umgebung	`server config, virtual host, directory, .htaccess`
Override	`Indexes`
Status	`Base`
Modul	`mod_autoindex`

Redirect

Syntax	`Redirect [status] url-path url`
Umgebung	`server config, virtual host, directory, .htaccess`
Override	`FileInfo`
Status	`Base`
Modul	`mod_alias`
Verfügbar ab	`>= Version 1.1`

Status kann die folgenden Werte annehmen:

`permanent`: Die Umleitung wird als permanente Umleitung dem Client mitgeteilt (der Statuscode `301` wird zurückgegeben).

`temp`: Die Umleitung wird als temporäre Umleitung dem Client mitgeteilt (der Statuscode `302` wird zurückgegeben).

`seeother`: Die Umleitung wird als „See Other"-Umleitung dem Client mitgeteilt (der Statuscode `303` wird zurückgegeben).

`gone`: Es wird der Statuscode für „Gone" (`410`) zurückgegeben. Dadurch wird dem Client mitgeteilt, dass dieser URL nicht mehr verfügbar ist. Hier darf keine Ziel-`url` mit angegeben werden.

RedirectMatch

Syntax	`RedirectMatch [status] regex url`
Umgebung	`server config, virtual host, directory, .htaccess`
Override	`FileInfo`
Status	`Base`
Modul	`mod_alias`
Verfügbar ab	`>= Version 1.3`

RedirectPermanent

Syntax	`RedirectPermanent url-path url`
Umgebung	`server config, virtual host, directory, .htaccess`
Override	`FileInfo`
Status	`Base`
Modul	`mod_alias`
Verfügbar ab	`>= Version 1.2`

Dieses Kommando bewirkt exakt das gleiche wie die Angabe von `Redirect` mit dem Parameter `permanent`.

RedirectTemp

Syntax	`RedirectTemp url-path url`
Umgebung	`server config, virtual host, directory, .htaccess`
Override	`FileInfo`
Status	`Base`
Modul	`mod_alias`
Verfügbar ab	`>= Version 1.2`

Dieses Kommando bewirkt exakt das gleiche wie die Angabe von `Redirect` mit dem Parameter `temp`.

RefererIgnore

Syntax	`RefererIgnore string [string] ...`
Umgebung	`server config, virtual host`
Status	`Extension`
Modul	`mod_log_referer`

RefererLog

Syntax	`RefererLog file-pipe`
Standardwert	`RefererLog logs/referer_log`
Umgebung	`server config, virtual host`
Status	`Extension`
Modul	`mod_log_referer`

RemoveEncoding

Syntax	`RemoveEncoding extension [extension] ...`
Umgebung	`directory, .htaccess`
Status	`Base`
Modul	`mod_mime`
Verfügbar ab	`>= Version 1.3.13`

RemoveHandler

Syntax	`RemoveHandler extension [extension] ...`
Umgebung	`directory, .htaccess`
Status	`Base`
Modul	`mod_mime`
Verfügbar ab	`>= Version 1.3.4`

RemoveType

Syntax	`RemoveType extension [extension] ...`
Umgebung	`directory, .htaccess`
Status	`Base`
Modul	`mod_mime`
Verfügbar ab	`>= Version 1.3.13`

Require

Syntax	`Require entity-name [entity-name] ...`
Umgebung	`directory, .htaccess`
Override	`AuthConfig`
Status	`core`

Bei `require` können sie folgende Direktiven angeben, die für die Authentifizierung erforderlich sein sollen:

`user`: Mit dieser Angabe können Sie festlegen, welche Benutzer sich anmelden können.

`group`: Mit dieser Angabe können Sie festlegen, welche Gruppen sich anmelden können.

`valid-user`: Durch diese Angabe legen Sie fest, dass alle vorhandenen Benutzer sich anmelden können.

Voraussetzung für `require` ist die Angabe von `AuthUserFile` bzw. von `AuthGroupFile`, in denen die Dateien festgelegt werden, die die Benutzernamen bzw. die Gruppennamen enthalten. Desweiteren muss natürlich ein Authentifizierungsbereich mit `AuthType` und `AuthName` festgelegt sein.

ResourceConfig

Syntax	`ResourceConfig dateiname`
Standardwert	`ResourceConfig conf/srm.conf`
Umgebung	`server config, virtual host`
Status	`core`

RewriteBase

Syntax	`RewriteBase BaseURL`
Umgebung	`directory, .htaccess`
Override	`FileInfo`
Status	`Extension`
Modul	`mod_rewrite.c`
Verfügbar ab	`>= Version 1.2`

RewriteCond

Syntax	RewriteCond TestString1 CondPattern
Umgebung	server config, virtual host, directory, .htaccess
Override	FileInfo
Status	core
Modul	mod_rewrite.c
Verfügbar ab	>= Version 1.2

RewriteEngine

Syntax	RewriteEngine on|off
Standardwert	RewriteEngine off
Umgebung	server config, virtual host, directory, .htaccess
Override	FileInfo
Status	Extension
Modul	mod_reqrite.c
Verfügbar ab	>= Version 1.2

RewriteLock

Syntax	RewriteLock Dateiname
Umgebung	server config
Status	Extension
Modul	mod_rewrite.c
Verfügbar ab	>= Version 1.3

RewriteLog

Syntax	RewriteLog Dateiname
Umgebung	server config, virtual host
Status	Extension
Modul	mod_rewrite.c
Verfügbar ab	>= Version 1.2

RewriteLogLevel

Syntax	`RewriteLogLevel Level`
Standardwert	`RewriteLogLevel 0`
Umgebung	`server config, virtual host`
Status	`Extension`
Modul	`mod_rewrite.c`
Verfügbar ab	`>= Version 1.2`

RewriteMap

Syntax	`RewriteMap MapName MapType:MapSource`
Umgebung	`server config, virtual host`
Status	`Extension`
Modul	`mod_rewrite.c`
Verfügbar ab	`>= Version 1.2`

RewriteOptions

Syntax	`RewriteOptions Option`
Umgebung	`server config, virtual host, directory, .htaccess`
Override	`FileInfo`
Status	`Extension`
Modul	`mod_rewrite.c`
Verfügbar ab	`>= Version 1.2`

RewriteRule

Syntax	`RewriteRule Pattern Substitution`
Umgebung	`server config, virtual host, directory, .htaccess`
Override	`FileInfo`
Status	`Extension`
Modul	`mod_rewrite.c`
Verfügbar ab	`>= Version 1.3`

RLimitCPU

Syntax	`RLimitCPU number|max [number|max]`
Umgebung	`server config, virtual host`
Status	`core`
Verfügbar ab	`>= Version 1.2`

RLimitMEM

Syntax	RLimitMEM number|max [number|max]
Umgebung	server config, virtual host
Status	core
Verfügbar ab	>= Version 1.2

RLimitNPROC

Syntax	RLimitNPROC number|max [number|max]
Umgebung	server config, virtual host
Status	core
Verfügbar ab	>= Version 1.2

Satisfy

Syntax	Satisfy any|all
Standardwert	Satisfy all
Umgebung	directory, .htaccess
Status	core
Verfügbar ab	>= Version 1.2

ScoreBoardFile

Syntax	ScoreBoardFile Dateiname
Standardwert	ScoreBoardFile logs/apache_status
Umgebung	server config
Status	core
Verfügbar ab	>= Version 1.2

Script

Syntax	Script method cgi-script
Umgebung	server config, virtual host, directory
Status	Base
Modul	mod_actions
Verfügbar ab	>= Version 1.1

ScriptAlias

Syntax	`ScriptAlias url-path verzeichnisname`
Umgebung	`server config, virtual host`
Status	`Base`
Modul	`mod_alias`

ScriptAliasMatch

Syntax	`ScriptAliasMatch regex verzeichnisname`
Umgebung	`server config, virtual host`
Status	`Base`
Modul	`mod_alias`
Verfügbar ab	`>= Version 1.3`

ScriptInterpreterSource

Syntax	`ScriptInterpreterSource registry|script`
Standardwert	`ScriptInterpreterSource script`
Umgebung	`directory, .htaccess`
Status	`core`
Verfügbar ab	`>= Version 1.3.5`

ScriptLog

Syntax	`ScriptLog Dateiname`
Umgebung	`server config`
Modul	`mod_cgi`

ScriptLogBuffer

Syntax	`ScriptLogBuffer bytes`
Standardwert	`ScriptLogBuffer 1024`
Umgebung	`server config`
Modul	`mod_cgi`

ScriptLogLength

Syntax	`ScriptLogLength bytes`
Standardwert	`ScriptLogLength 10385760`
Umgebung	`server config`
Modul	`mod_cgi`

SendBufferSize

Syntax	`SendBufferSize bytes`
Umgebung	`server config`
Status	`core`

ServerAdmin

Syntax	`ServerAdmin email-adresse`
Umgebung	`server config, virtual host`
Status	`core`

ServerAlias

Syntax	`ServerAlias hostname [hostname] ...`
Umgebung	`virtual host`
Status	`core`
Verfügbar ab	`>= Version 1.1`

ServerName

Syntax	`ServerName full-qualified-domain-name`
Umgebung	`server config, virtual host`
Status	`core`

ServerPath

Syntax	`ServerPath Pfad`
Umgebung	`virtual host`
Status	`core`
Verfügbar ab	`>= Version 1.1`

ServerRoot

Syntax	`ServerRoot verzeichnisname`
Standardwert	`ServerRoot /usr/local/apache`
Umgebung	`server config`
Verfügbar ab	`>= Version 1.1`

ServerSignature

Syntax	`ServerSignature on|off|email`
Standardwert	`ServerSignature off`
Umgebung	`server config, virtual host, directory, .htaccess`
Status	`core`
Verfügbar ab	`>= Version 1.3`

ServerTokens

Syntax	`ServerTokens Minimal|ProductOnly|OS|Full`
Standardwert	`ServerTokens Full`
Umgebung	`server config`
Status	`core`
Verfügbar ab	`>= Version 1.3`

ServerType

Syntax	`ServerType inetd|standalone`
Standardwert	`ServerType standalone`
Umgebung	`server config`
Status	`core`

Die beiden Angaben haben folgende Bedeutung:

`inetd`: Ihr Server soll vom Superdämon `inetd` gestartet werden. Diese Methode sollte nicht mehr verwendet werden.

`standalone`: Ihr Server startet als eigenständiger Prozess und verwaltet seine Kindprozesse selbstständig.

SetEnv

Syntax	`SetEnv variable wert`
Umgebung	`server config, virtual host`
Status	`Base`
Modul	`mod_env`
Verfügbar ab	`>= Version 1.1`

SetEnvIf

Syntax	`SetEnvIf attribute regex envar[=wert] envar[=wert] ...`
Umgebung	`server config, virtual host, directory, .htaccess`
Override	`FileInfo`
Status	`Base`
Modul	`mod_setenvif`
Verfügbar ab	`>= Version 1.3`

SetEnvIfNoCase

Syntax	`SetEnvIfNoCase attribute regex envar[=wert] envar[=wert] ...`
Umgebung	`server config, virtual host, directory, .htaccess`
Override	`FileInfo`
Status	`Base`
Modul	`mod_setenvif`
Verfügbar ab	`>= Version 1.3`

SetHandler

Syntax	`SetHandler handler-name`
Umgebung	`directory, .htaccess`
Status	`Base`
Modul	`mod_mime`
Verfügbar ab	`>= Version 1.1`

SSLPassPhraseDialog

Syntax	`SSLPassPhraseDialog builtin|exec:/path/to/program`
Standardwert	`SSLPassPhraseDialog builtin`
Umgebung	`server config`
Status	`Extension`
Modul	`mod_ssl`
Verfügbar ab	`mod_ssl >= Version 2.1`

SSLMutex

Syntax	`SSLMutex none|file:/path/to/mutex|sem`
Standardwert	`SSLMutex none`
Umgebung	`server config`
Status	`Extension`
Modul	`mod_ssl`
Verfügbar ab	`mod_ssl >= Version 2.1`

SSLRandomSeed

Syntax	`SSLRandomSeed builtin|file:/path/to/source|exec:/path/to/program|egd:/path/to/egd-socket`
Umgebung	`server config`
Status	`Extension`
Modul	`mod_ssl`
Verfügbar ab	`mod_ssl >= Version 2.1`

SSLSessionCache

Syntax	`SSLSessionCache none|dbm:/path/to/datafile|shm:/path/to/datafile`
Standardwert	`SSLSessionCache none`
Umgebung	`server config`
Status	`Extension`
Modul	`mod_ssl`
Verfügbar ab	`mod_ssl >= Version 2.1`

SSLSessionCacheTimeout

Syntax	`SSLSessionCacheTimeout sekunden`
Standardwert	`SSLSessionCacheTimeout 300`
Umgebung	`server config, virtual host`
Status	`Extension`
Modul	`mod_ssl`
Verfügbar ab	`mod_ssl >= Version 2.1`

SSLEngine

Syntax	`SSLEngine on|off`
Standardwert	`SSLEngine off`
Umgebung	`server config, virtual host`
Status	`Extension`
Modul	`mod_ssl`
Verfügbar ab	`mod_ssl >= Version 2.1`

SSLProtocol

Syntax	`SSLProtocol SSLv2|SSLv3|TLSv1|ALL`
Standardwert	`SSLProtocol all`
Umgebung	`server config, virtual host`
Override	`Options`
Status	`Extension`
Modul	`mod_ssl`
Verfügbar ab	`mod_ssl >= Version 2.1`

SSLCipherSuite

Syntax	`SSLCipherSuite cipher-spec`
Standardwert	`SLCipherSuite ALL:!ADH:RC4+RSA:+HIGH:+MEDIUM:+LOW:+SSLv2:+EXP`
Umgebung	`server config, virtual host, directory, .htaccess`
Override	`AuthConfig`
Status	`Extension`
Modul	`mod_ssl`
Verfügbar ab	`mod_ssl >= Version 2.1`

SSLCertificateFile

Syntax	`SSLCertificateFile Dateiname`
Umgebung	`server config, virtual host`
Status	`Extension`
Modul	`mod_ssl`
Verfügbar ab	`mod_ssl >= Version 2.0`

`SSLCertificateKeyFile`

Syntax	`SSLCertificateKeyFile Dateiname`
Umgebung	`server config, virtual host`
Status	`Extension`
Modul	`mod_ssl`
Verfügbar ab	`mod_ssl >= Version 2.0`

`SSLCACertificatePath`

Syntax	`SSLCACertificatePath Verzeichnis`
Umgebung	`server config, virtual host`
Status	`Extension`
Modul	`mod_ssl`
Verfügbar ab	`mod_ssl >= Version 2.0`

`SSLCACertificateFile`

Syntax	`SSLCACertificateFile Dateiname`
Umgebung	`server config, virtual host`
Status	`Extension`
Modul	`mod_ssl`
Verfügbar ab	`mod_ssl >= Version 2.0`

`SSLCARevocationPath`

Syntax	`SSLCARevocationPath Verzeichnis`
Umgebung	`server config, virtual host`
Status	`Extension`
Modul	`mod_ssl`
Verfügbar ab	`mod_ssl >= Version 2.3`

`SSLCARevocationFile`

Syntax	`SSLCARevocationFile Dateiname`
Umgebung	`server config, virtual host`
Status	`Extension`
Modul	`mod_ssl`
Verfügbar ab	`mod_ssl >= Version 2.3`

SSLVerifyClient

Syntax	`SSLVerifyClient level`
Standardwert	`SSLVerifyClient none`
Umgebung	`server config, virtual host, directory, .htaccess`
Override	`AuthConfig`
Status	`Extension`
Modul	`mod_ssl`
Verfügbar ab	`mod_ssl >= Version 2.0`

SSLVerifyDepth

Syntax	`SSLVerifyDepth number`
Standardwert	`SSLVerifyDepth 1`
Umgebung	`server config, virtual host, directory, .htaccess`
Override	`AuthConfig`
Status	`Extension`
Modul	`mod_ssl`
Verfügbar ab	`mod_ssl >= Version 2.0`

SSLLog

Syntax	`SSLLog dateiname`
Umgebung	`server config, virtual host`
Status	`Extension`
Modul	`mod_ssl`
Verfügbar ab	`mod_ssl >= Version 2.1`

SSLLogLevel

Syntax	`SSLLogLevel none|error|warn|info|trace|debug`
Standardwert	`SSLLogLevel none`
Umgebung	`server config, virtual host`
Status	`Extension`
Modul	`mod_ssl`
Verfügbar ab	`mod_ssl >= Version 2.1`

SSLOptions

Syntax	`SSLOptions [+|-]option ...`
Umgebung	`server config, virtual host, directory, .htaccess`
Override	`Options`
Status	`Extension`
Modul	`mod_ssl`
Verfügbar ab	`mod_ssl >= Version 2.1`

SSLRequireSSL

Syntax	`SSLRequireSSL`
Umgebung	`directory, .htaccess`
Override	`AuthConfig`
Status	`Extension`
Modul	`mod_ssl`
Verfügbar ab	`mod_ssl >= Version 2.0`

SSLRequire

Syntax	`SSLRequire expression`
Umgebung	`directory, .htaccess`
Override	`AuthConfig`
Status	`Extension`
Modul	`mod_ssl`
Verfügbar ab	`mod_ssl >= Version 2.1`

StartServers

Syntax	`StartServers number`
Standardwert	`StartServers 5`
Umgebung	`server config`
Status	`core`

ThreadsPerChild

Syntax	`ThreadsPerChild number`
Standardwert	`ThreadsPerChild 50`
Umgebung	`server config`
Status	`core`
Verfügbar ab	`>= Version 1.3`

TimeOut

Syntax	TimeOut sekunden
Standardwert	TimeOut 300
Umgebung	server config
Status	core

TransferLog

Syntax	TransferLog dateiname|pipe
Umgebung	server config, virtual host
Status	Base
Modul	mod_log_config

TypesConfig

Syntax	TypesConfig dateiname
Standardwert	TypesConfig conf/mime.types
Umgebung	server config
Status	Base
Modul	mod_mime

UnsetEnv

Syntax	UnsetEnv variable [variable] ...
Umgebung	server config, virtual host
Status	Base
Modul	mod_env
Verfügbar ab	>= Version 1.1

UseCanonicalName

Syntax	UseCanonicalName on|off|dns
Standardwert	UseCanonicalName on
Umgebung	server config, virtual host, directory
Override	Options
Verfügbar ab	>= Version 1.3

User

Syntax	User username|#userid
Standardwert	User #-1
Umgebung	server config, virtual host
Status	core

UserDir

Syntax	`UserDir verzeichnisname`
Standardwert	`UserDir public_html`
Umgebung	`server config, virtual host`
Status	`Base`
Modul	`mod_userdir`
Verfügbar ab	`>= Version 1.1`

<VirtualHost>

Syntax	`<VirtualHost addr[:port] [addr:[port]] ...>... </VirtualHost>`
Standardwert	
Umgebung	`server config`
Status	`core`
Verfügbar ab	`>= Version 1.1`

VirtualDocumentRoot

Syntax	`VirtualDocumentRoot interpoliertes-verzeichnis`
Umgebung	`server config, virtual host`
Status	`Extension`
Modul	`mod_vhost_alias`
Verfügbar ab	`>= Version 1.3.7`

VirtualDocumentRootIP

Syntax	`VirtualDocumentRootIP interpoliertes-verzeichnis`
Umgebung	`server config, virtual host`
Status	`Extension`
Modul	`mod_vhost_alias`
Verfügbar ab	`>= Version 1.3.7`

VirtualScriptAlias

Syntax	`VirtualScriptAlias interpoliertes-verzeichnis`
Umgebung	`server config, virtual host`
Status	`Extension`
Modul	`mod_vhost_alias`
Verfügbar ab	`>= Version 1.3.7`

VirtualScriptAliasIP

Syntax	VirtualScriptAliasIP interpoliertes-verzeichnis
Umgebung	server config, virtual host
Status	Extension
Modul	mod_vhost_alias
Verfügbar ab	>= Version 1.3.7

XBitHack

Syntax	XBitHack on|off|full
Standardwert	XBitHack off
Umgebung	server config, virtual host, directory, .htaccess
Override	Options
Status	Base
Modul	mod_include

Anhang C

MySQL-Referenz

Im Folgenden werden die wichtigsten SQL-Befehle erklärt. Da MySQL permanent weiterentwickelt wird, sollten Sie allerdings ab und zu auf der MySQL-Homepage unter `http://www.mysql.com/` die aktuellen Befehle und Funktionsweisen von MySQL nachschlagen.

Folgende Schreibweisen werden in der Syntaxbeschreibung, die direkt unter dem jeweiligen Befehl steht, verwendet:

1. Angaben, die in eckigen Klammern („ [ ]“) stehen, sind optional. Das bedeutet, dass Sie diese Schlüsselwörter als Ergänzung zum Kommando verwenden können, diese aber für den eigentlichen Befehl nicht unbedingt erforderlich sind.
2. Ein senkrechter Balken („ | “) bedeutet „oder“. Damit werden Alternativen angezeigt.
3. `db_name` steht für einen Datenbanknamen
4. `tbl_name` steht für einen Tabellennamen
5. `col_name` bezeichnet einen Spaltennamen (Feldname)
6. `col_type` ist einer der Datentypen aus Kapitel 4.2
7. `index_name` steht für den Namen eines Index
8. `select_statement` ist die Auswahl, die mit `SELECT` erzeugt wird

C.1 SQL-Kommandos

CREATE DATABASE

```
CREATE DATABASE [IF NOT EXISTS] db_name
```

Mit CREATE DATABASE können Sie eine neue Datenbank mit Namen db_name erstellen. Der Datenbankname kann aus allen Zeichen bestehen, die in einem Verzeichnisnamen vorkommen dürfen, mit Ausnahme von „/“. Dieses Kommando wird auf der Festplatte im Datenverzeichnis von MySQL ein leeres Verzeichnis mit dem Namen db_name anlegen. Sollten Sie keine Berechtigung zum Erzeugen einer Datenbank haben, wird hier eine Fehlermeldung zurückgegeben. Falls die Datenbank bereits existiert und Sie nicht IF NOT EXISTS im Aufruf angegeben haben, wird hier ebenfalls ein Fehler angezeigt.

Eine Alterntive zum SQL-Kommando CREATE DATABASE ist das Verwenden von mysqladmin.

```
mysql> CREATE DATABASE kurse;
Query OK, 1 row affected (0.00 sec)

mysql>
```

DROP DATABASE

```
DROP DATABASE [IF EXISTS] db_name
```

Über den Befehl DROP DATABASE löschen Sie die Datenbank db_name. Falls in der Datenbank noch Tabellen vorhanden sind, werden diese ebenfalls mit entfernt. Dieser Vorgang ist endgültig! Seien Sie also vorsichtig mit dem Löschen von Datenbanken.

Um die Fehlermeldung zu unterdrücken, die ausgegeben wird, wenn man eine nicht existierende Datenbank löschen möchte, geben Sie IF EXISTS als Zusatz zu DROP DATABASE an. Es wird ebenfalls eine Fehlermeldung ausgegeben, falls Sie keine Berechtigung besitzen, die Datenbank db_name zu löschen.

Das Verzeichnis, das auf der Festplatte Ihrer Datenbank entspricht, wird mit diesem Kommando entfernt.

Alternativ zum SQL-Kommando DROP DATABASE lässt sich eine Datenbank auch mit mysqladmin löschen.

```
mysql> DROP DATABASE kurse;
Query OK, 0 row affected (0.00 sec)

mysql>
```

CREATE TABLE

```
CREATE [TEMPORARY] TABLE [IF NOT EXISTS] tbl_name
  (create_definition,...)
```

```
[table_options]
[[IGNORE | REPLACE] select_statement]
```

Beim Aufruf des Kommandos wird `create_definition` ersetzt durch:

```
create_definition:
  col_name col_type
  [NOT NULL | NULL] [DEFAULT default_value]
  [AUTO_INCREMENT] [PRIMARY KEY]
  | PRIMARY KEY (index_columns)
  | KEY [index_name] (index_columns)
  | INDEX [index_name] (index_columns)
  | UNIQUE [INDEX] [index_name] (index_columns)
  | FULLTEXT [INDEX] [index_name] (index_columns)
```

`col_type` steht hier für eine der Datentypdefinitionen aus Kapitel 4.2:

```
    TINYINT[(länge)] [UNSIGNED] [ZEROFILL]
  | SMALLINT[(länge)] [UNSIGNED] [ZEROFILL]
  | MEDIUMINT[(länge)] [UNSIGNED] [ZEROFILL]
  | INT[(länge)] [UNSIGNED] [ZEROFILL]
  | INTEGER[(länge)] [UNSIGNED] [ZEROFILL]
  | BIGINT[(länge)] [UNSIGNED] [ZEROFILL]
  | FLOAT[(länge,dezimalstellen)]
  | DOUBLE[(länge,dezimalstellen)]
  | DOUBLE PRECISION[(länge,dezimalstellen)]
  | REAL[(länge,dezimalstellen)]
  | DECIMAL[(länge,dezimalstellen)]
  | NUMERIC[(länge,dezimalstellen)]
  | CHAR[(länge)] [BINARY]
  | VARCHAR[(länge)] [BINARY]
  | TINYBLOB
  | TINYTEXT
  | BLOB
  | TEXT
  | MEDIUMBLOB
  | MEDIUMTEXT
  | LONGBLOB
  | LONGTEXT
  | ENUM(wert1,wert2,wert3,...)
  | SET(wert1,wert2,wert3,...)
  | DATE
  | DATETIME
  | TIMESTAMP(länge)
```

```
| TIME
| YEAR(2|4)
```

`table_options` können folgende Optionen sein:

```
  TYPE = {ISAM | MYISAM | HEAP | MERGE}
| AUTO_INCREMENT = #
| AVG_ROW_LENGTH = #
| CHECKSUM = {0 | 1}
| COMMENT = "string"
| MAX_ROWS = #
| MIN_ROWS = #
| PACK_KEYS = {0 | 1}
| PASSWORD = "string"
| DELAY_KEY_WRITE = {0 | 1}
| ROW_FORMAT = { default | dynamic | static | compressed }
| RAID_TYPE= {1 | STRIPED | RAID0}
| RAID_CHUNKS = #
| RAID_CHUNKSIZE = #
| UNION = (table_name,[table_name...])
```

Das `select_statement` kann folgendermaßen aussehen:

```
[IGNORE | REPLACE] SELECT ...
```

Mit der Angabe des `select_statement` werden an die angegebene Tabellendefinition alle nötigen Felder angehängt, um die Werte, die der `SELECT` Befehl liefert, einzufügen.

Der Befehl `CREATE TABLE` erzeugt eine Tabelle mit dem angegebenen Namen in der aktuellen Datenbank. Durch die Angabe von `TEMPORARY` wird Ihre Tabelle automatisch gelöscht, sobald die Verbindung zum Server beendet wird.

Falls die Tabelle bereits existiert, die Sie erzeugen möchten, so würde hier ein Fehler ausgegeben werden. Mit der Angabe von `IF NOT EXISTS`, können Sie dies vermeiden und die Tabelle wird nicht erzeugt.

Beim Erzeugen einer Tabelle kommt es in manchen Fällen vor, dass MySQL den Spaltentyp verändert. In folgenden Fällen werden die Datentypen umgewandelt:

- Eine `VARCHAR`-Spalte mit weniger als vier Zeichen Länge wird in `CHAR` umgewandelt.
- Sollte eine der Spalten der Tabelle variable Länge haben, so werden alle `CHAR`-Spalten mit mehr als drei Zeichen in `VARCHAR` umgewandelt.
- Falls Sie eine `TIMESTAMP`-Spalte mit einer ungeraden Länge angeben, so wird diese Zahl in die nächsthöhere gerade Länge konvertiert. Eine Länge von 0 oder größer 14 wird in die Länge 14 konvertiert.

Ein Beispiel für die Erstellung einer Tabelle lautet wie folgt:

```
mysql> CREATE TABLE teilnehmer
    -> (teilnehmernr SMALLINT UNSIGNED not null
    ->  AUTO_INCREMENT PRIMARY KEY,
    -> anrede ENUM ("Herr","Frau","Familie"),
    -> vorname VARCHAR (30),
    -> name VARCHAR (50) not null,
    -> firma VARCHAR (50),
    -> strasse VARCHAR (50) not null,
    -> plz VARCHAR (9),
    -> ort VARCHAR (50) not null,
    -> telefon VARCHAR (30),
    -> telefax VARCHAR (30),
    -> mobil VARCHAR (30),
    -> email VARCHAR(50));
Query OK, 0 rows affected (0.00 sec)

mysql>
```

ALTER TABLE

```
ALTER [IGNORE] TABLE tbl_name alter_spec [,
alter_spec ...] [ORDER BY col]
```

Wobei hier `alter_specification` folgende Kommandos bedeutet:

```
    ADD [COLUMN] create_definition [FIRST |
       AFTER column_name]
  | ADD [COLUMN] (create_definition, create_definition,...)
  | ADD INDEX [index_name] (index_col_name, ...)
  | ADD PRIMARY KEY (index_col_name, ...)
  | ADD UNIQUE [index_name] (index_col_name, ...)
  | ADD FULLTEXT [index_name] (index_col_name, ...)
  | ADD [CONSTRAINT symbol] FOREIGN KEY index_name
       (index_col_name, ...) [reference_definition]
  | ALTER [COLUMN] col_name {SET DEFAULT literal |
       DROP DEFAULT}
  | CHANGE [COLUMN] old_col_name create_definition
  | MODIFY [COLUMN] create_definition
  | DROP [COLUMN] col_name
  | DROP PRIMARY KEY
  | DROP INDEX index_name
  | RENAME [TO] new_tbl_name
  | table_options
```

Der Befehl ALTER TABLE wird dazu verwendet, die Struktur einer bestehenden Tabelle zu verändern. Dazu gehören die Möglichkeiten, eine Spalte hinzufügen, zu löschen, zu verändern, einen Index zu erzeugen oder zu löschen.

Wenn Sie bei ALTER TABLE den Datentyp ändern, kann – genau wie beim Erzeugen von Tabellen – der angegebene Datentyp von MySQL automatisch in einen anderen umgewandelt werden (siehe Seite 440).

RENAME TABLE

```
RENAME TABLE tbl_name TO new_table_name
  [, tbl_name2 TO new_table_name2, ...]
```

RENAME TABLE wird benutzt, um eine Tabelle umzubennenen. Während des Umbenennens werden beide Tabellen gesperrt, sodass kein anderer Benutzer auf die Tabellen zugreifen kann.

Zum Umbenennen benötigen Sie die Berechtigungen ALTER und DROP auf der Originaltabelle und CREATE und INSERT auf der neuen Tabelle.

DROP TABLE

```
DROP TABLE [IF EXISTS] tbl_name [, tbl_name, ...]
```

DROP TABLE löscht die angegebene(n) Tabelle(n) endgültig. Es werden sowohl die Daten als auch die Struktur der Tabelle gelöscht.

OPTIMIZE TABLE

```
OPTIMIZE TABLE tbl_name[,tbl_name] ...
```

OPTIMIZE TABLE defragmentiert die angegebene(n) Tabelle(n). Das bedeutet, dass die Datenanordnung, die nach mehreren Löschvorgängen entstanden ist, erneuert wird.

CHECK TABLE

```
CHECK TABLE tbl_name[,tbl_name ...] [option [option ...]]
option = QUICK | FAST | EXTEND | CHANGED
```

BACKUP TABLE

```
BACKUP TABLE tbl_name[,tbl_name ...]
  TO '/path/to/backup/directory'
```

RESTORE TABLE

```
RESTORE TABLE tbl_name[,tbl_name ...]
  FROM '/path/to/backup/directory'
```

ANALYZE TABLE

```
ANALYZE TABLE tbl_name[,tbl_name ...]
```

REPAIR TABLE

```
REPAIR TABLE tbl_name[,tbl_name ...] [QUICK] [EXTENDED]
```

DELETE

```
DELETE [LOW_PRIORITY] FROM tbl_name
  [WHERE where_definition] [LIMIT rows]
```

TRUNCATE

```
TRUNCATE table_name
```

SELECT

```
SELECT [STRAIGHT_JOIN] [SQL_SMALL_RESULT] [SQL_BIG_RESULT]
    [SQL_BUFFER_RESULT] [HIGH_PRIORITY]
    [DISTINCT | DISTINCTROW | ALL]
  select_expression, ...
  [INTO {OUTFILE | DUMPFILE} 'file_name' export_options]
  [FROM table_references
    [WHERE where_definition]
    [GROUP BY {unsigned_integer | col_name | formula}]
    [HAVING where_definition]
    [ORDER BY {unsigned_integer | col_name |
    formula}[ASC | DESC] ,...]
    [LIMIT [offset,] rows] [PROCEDURE procedure_name]
    ]
```

INSERT

```
    INSERT [LOW_PRIORITY | DELAYED] [IGNORE]
      [INTO] tbl_name [(col_name,...)]
      VALUES (expression, ...),(...),...
 |  INSERT [LOW_PRIORITY | DELAYED] [IGNORE]
      [INTO] tbl_name [(col_name,...)] SELECT ...
 |  INSERT [LOW_PRIORITY | DELAYED] [IGNORE]
      [INTO] tbl_name
      SET col_name=expression, col_name=expression, ...
```

REPLACE

```
    REPLACE [LOW_PRIORITY | DELAYED]
      [INTO] tbl_name [(col_name,...)]
      VALUES (expression, ...),(...),...
 |  REPLACE [LOW_PRIORITY | DELAYED]
      [INTO] tbl_name [(col_name,...)] SELECT ...
 |  REPLACE [LOW_PRIORITY | DELAYED]
      [INTO] tbl_name
      SET col_name=expression, col_name=expression, ...
```

LOAD DATA INFILE

```
LOAD DATA [LOW_PRIORITY] [LOCAL] INFILE 'file_name.txt'
  [REPLACE | IGNORE] INTO TABLE tbl_name
  [FIELDS
    [TERMINATED BY '\t']
    [[OPTIONALLY] ENCLOSED BY "]
    [ESCAPED BY '\\' ]
  ]
  [LINES TERMINATED BY '\n']
  [IGNORE number LINES]
  [(col_name,...)]
```

UPDATE

```
UPDATE [LOW_PRIORITY] [IGNORE] tbl_name
  SET col_name1=expr1,col_name2=expr2,...
  [WHERE where_definition] [LIMIT #]
```

USE

```
USE db_name
```

FLUSH

```
FLUSH flush_option [,flush_option]
```

KILL

```
KILL thread_id
```

SHOW

```
   SHOW DATABASES [LIKE wild]
|  SHOW TABLES [FROM db_name] [LIKE wild]
|  SHOW COLUMNS FROM tbl_name [FROM db_name] [LIKE
   wild]
|  SHOW INDEX FROM tbl_name [FROM db_name]
|  SHOW TABLE STATUS [FROM db_name] [LIKE wild]
|  SHOW STATUS [LIKE wild]
|  SHOW VARIABLES [LIKE wild]
|  SHOW [FULL] PROCESSLIST
|  SHOW GRANTS FOR user
|  SHOW CREATE TABLE table_name
```

EXPLAIN

```
   EXPLAIN tbl_name
|  EXPLAIN SELECT select_options
```

DESCRIBE

```
{DESCRIBE | DESC} tbl_name {col_name | wild}
```

GRANT

```
GRANT priv_type [(column_list)]
   [, priv_type [(column_list)] ...]
  ON {tbl_name | * | *.* | db_name.*}
  TO user_name [IDENTIFIED BY password"]
   [, user_name [IDENTIFIED BY password"] ...]
  [WITH GRANT OPTION]
```

REVOKE

```
REVOKE priv_type [(column_list)]
   [, priv_type [(column_list)] ...]
  ON {tbl_name | * | *.* | db_name.*}
  FROM user_name [, user_name ...]
```

CREATE INDEX

```
CREATE [UNIQUE|FULLTEXT] INDEX index_name
  ON tbl_name (col_name[(length)],...)
```

DROP INDEX

```
DROP INDEX index_name ON tbl_name
```

C.2 Funktionen

C.2.1 Kontrollstrukturen

```
IFNULL(expr1,expr2)
```

```
NULLIF(expr1,expr2)
```

```
IF(expr1,expr2,expr3)
```

```
CASE value WHEN [compare-value] THEN result
  [WHEN [compare-value] THEN result ...] [ELSE result] END
```

```
CASE WHEN [condition] THEN result [WHEN [CONDITION]
  THEN result ...] [ELSE result] END
```

C.2.2 Mathematische Funktionen

```
ABS(X)
```

SIGN(X)

MOD(N,M)
%

FLOOR(X)

CEILING(X)

ROUND(X)

ROUND(X,D)

EXP(X)

LOG(X)

LOG10(X)

POW(X,Y)
POWER(X,Y)

SQRT(X)

PI()

COS(X)

SIN(X)

TAN(X)

ACOS(X)

ASIN(X)

ATAN(X)

ATAN2(X,Y)

COT(X)

RAND([N])

LEAST(X,Y,...)

GREATEST(X,Y,...)

DEGREES(X)

RADIANS(X)

TRUNCATE(X,D)

C.2.3 Zeichenkettenfunktionen

ASCII(str)

ORD(str)

CONV(N,from_base,to_base)

```
BIN(N)

OCT(N)

HEX(N)

CHAR(N,...)

CONCAT(str1,str2,...)

CONCAT_WS(separator,str1,str2,...)

LENGTH(str)
OCTET_LENGTH(str)
CHAR_LENGTH(str)
CHARACTER_LENGTH(str)

LOCATE(substr,str)
POSITION(substr IN str)

LOCATE(substr,str,pos)

INSTR(str,substr)

LPAD(str,len,padstr)

RPAD(str,len,padstr)

LEFT(str,len)

RIGHT(str,len)

SUBSTRING(str,pos,len)
SUBSTRING(str FROM pos FOR len)
MID(str,pos,len)

SUBSTRING(str,pos)
SUSTRING(str FROM pos)

SUBSTRING_INDEX(str,delim,count)

LTRIM(str)

RTRIM(str)

TRIM([[BOTH | LEADING | TRAILING] [remstr] FROM] str)

SOUNDEX(str)

SPACE(N)

REPLACE(str,from_str,to_str)

REPEAT(str,count)

REVERSE(str)

INSERT(str,pos,len,newstr)

ELT(N,str1,str2,str3,...)
```

```
FIELD(str,str1,str2,str3,...)

FIND_IN_SET(str,strlist)

MAKE_SET(bits,str1,str2,...)

EXPORT_SET(bits,on,off,[separator[,number_of_bits]])

LCASE(str)
LOWER(str)

UCASE(str)
UPPER(str)

LOAD_FILE(file_name)
```

C.2.4 Funktionen für Datum und Zeit

```
DAYOFWEEK(date)

WEEKDAY(date)

DAYOFMONTH(date)

DAYOFYEAR(date)

MONTH(date)

DAYNAME(date)

MONTHNAME(date)

QUARTER(date)

WEEK(date[,first])

YEAR(date)

YEARWEEK(date[,first])

HOUR(time)

MINUTE(time)

SECOND(time)

PERIOD_ADD(P,N)

PERIOD_DIFF(P1,P2)

DATE_ADD(date,INTERVAL,expr type)
DATE_SUB(date,INTERVAL,expr type)
ADDDATE(date,INTERVAL,expr type)
SUBDATE(date,INTERVAL,expr type)

TO_DAYS(date)

FROM_DAYS(N)
```

```
DATE_FORMAT(date,format)

TIME_FORMAT(time,format)

CURDATE()
CURRENT_DATE

CURTIME()
CURRENT_TIME

NOW()
SYSDATE()
CURRENT_TIMESTAMP()

UNIX_TIMESTAMP([date])

FROM_UNIXTIME(unix_timestamp[,format])

SEC_TO_TIME(seconds)

TIME_TO_SEC(time)
```

C.2.5 Diverse Funktionen

```
DATABASE()

USER()

SYSTEM_USER()

SESSION_USER()

PASSWORD(str)

ENCRYPT(str[,salt])

ENCODE(str,pass_str)

DECODE(crypt_str,pass_str)

MD5(str)

LAST_INSERT_ID([expr])

FORMAT(X,D)

VERSION()

CONNECTION_ID()

GET_LOCK(str,timeout)

RELEASE_LOCK(str)

BENCHMARK(count,expr)

INET_NTOA(expr)

INET_ATON(expr)
```

C.2.6 Aggregatfunktionen

`AVG(expr)`: Die `AVG(expr)`-Funktion gibt den Mittelwert aller Zeilen von `expr` zurück.

`BIT_AND(expr)`: Mit der `BIT_AND(expr)`-Funktion werden alle einzelnen Werte der ausgewählten Spalten Bit-weise `AND`-verknüpft.

`BIT_OR(expr)`: Mit der `BIT_OR(expr)`-Funktion werden alle einzelnen Werte der ausgewählten Spalten Bit-weise `OR`-verknüpft.

`COUNT(expr)`: Die `COUNT(expr)`-Funktion gibt die Anzahl der Zeilen zurück, die nicht `NULL` sind.

Dabei stellt `COUNT(*)` eine Ausnahme dar: Diese Funktion zählt alle Zeilen, egal ob der Wert `NULL` enthalten ist oder nicht.

`MAX(expr)`: Die Funktion `MAX(expr)` gibt den größten Wert für alle Nicht-`NULL`-Spalten zurück. Dabei spielt es keine Rolle, welcher Datentyp in der abgefragten Spalte verwendet wird. Es ist also auch möglich, damit den maximalen String auszuwerten. Der maximale String ist derjenige, der den größten lexikalischen Wert hat.

`MIN(expr)`: Die Funktion `MIN(expr)` gibt den kleinsten Wert für alle Nicht-`NULL`-Spalten zurück. Dabei spielt es keine Rolle, welcher Datentyp in der abgefragten Spalte verwendet wird. Es ist also auch möglich, damit den minimalen String auszuwerten. Der minimale String ist derjenige, der den kleinsten lexikalischen Wert hat.

`STD(expr)`: Mit der Funktion `STD(expr)` wird die Standardabweichung der Zeilen ermittelt, die nicht `NULL` enthalten.

`STDDEV(expr)`: Diese Funktion entspricht `STD(expr)`.

`SUM(expr)`: Über die Funktion `SUM(expr)` ermitteln Sie die Summe aller Zeilen, die nicht `NULL` enthalten.

Literaturverzeichnis

Linux

Barth, Wolfgang: *Das Firewall Buch – Grundlagen, Aufbau und Betrieb sicherer Netzwerke mit Linux*, SuSE PRESS 2001.

Deutsch, Karl: *SuSE Linux – System und Anwendungen im Überblick*, SuSE PRESS 2001.

Dubbert, Thomas / Bergeau, Dominik: *Linux – New Reference*, Markt & Technik 2000.

Kofler, Michael: *Linux. Installation, Konfiguration, Anwendung*, 6. Aufl., Addison-Wesley 2001.

Siever, Ellen u. a.: *Linux in a Nutshell*, 2. Aufl., O'Reilly 1999.

Apache

Apache HTTP Server Version 1.3 – URL: `http://httpd.apache.org/docs/`

Berners-Lee, Tim u. a.: *Hypertext Transfer Protocol – HTTP/1.1*, 1999 RFC 2616.

Bowen, Rick / Coar, Ken: *apache und cgi – administration und programmierung*, Markt & Technik 2000.

Eilebrecht, Lars: *Apache Web-Server – Installation, Konfiguration, Administration*, 3. Aufl., mitp 2000.

MySQL

Axmark, David / Widenius, Michael (Monty) u. a.: *MySQL – Das offizielle Handbuch*. mitp 2002; vgl. auch: `http://www.mysql.com/documentation/`

Dubois, Paul: *MySQL – entwicklung, implementierung und referenz*, Markt & Technik 2000.

Greenspan, Jay / Bulger, Brad: *MySQL/PHP-Datenbankanwendungen*, mitp 2001.

Kofler, Michael: *MySQL – Einführung, Programmierung, Referenz*, Addison-Wesley 2001.

PHP

PHP Handbuch , URL: `http://www.php.net/download-docs.php`

Enseleit, Damir: *PHP 3/4 Befehlsreferenz*, Franzis' 2001.

Hess, Uwe / Karl, Günther: *PHP 4*, bhv 2000.

Lerdorf, Rasmus: *PHP kurz & gut*, O'Reilly 2000.

Stoll, Rolf D. / Leierer, Gudrun Anna: *PHP 4 + MySQL*, 2. Aufl., Data Becker 2000.

Wigard, Dr. Susanne: *Das Einsteigerseminar PHP4.0*, bhv 2000.

HTML

Herold, Helmut: *Das HTML/XHTML Buch – mit Cascading Style Sheets und einer Einführung in XML*, SuSE PRESS 2002.

Münz, Stefan: *Selfhtml 8.0*, URL: `http://selfhtml.teamone.de`

Index